KRIEGSENDE UND FRANZÖSISCHE BESATZUNG AM OBERRHEIN 1918–1923

OBERRHEINISCHE STUDIEN

Herausgegeben von der
Arbeitsgemeinschaft für geschichtliche
Landeskunde am Oberrhein e. V.

Band 42

KRIEGSENDE UND FRANZÖSISCHE BESATZUNG AM OBERRHEIN 1918–1923

Herausgegeben von
Martin Furtwängler, Lenelotte Möller
und Armin Schlechter

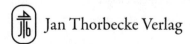

Gedruckt mit freundlicher Unterstützung

des Ministeriums für Wissenschaft, Forschung und Kunst Baden-Württemberg

und des Kulturbüros der Stadt Karlsruhe

Für die Verlagsgruppe Patmos ist Nachhaltigkeit ein wichtiger Maßstab ihres Handelns.
Wir achten daher auf den Einsatz umweltschonender Ressourcen und Materialien.

Bibliografische Information der Deutschen Nationalbibliothek
Die Deutsche Nationalbibliothek verzeichnet diese Publikation in der Deutschen Nationalbibliografie;
detaillierte bibliografische Daten sind im Internet über http://dnb.d-nb.de abrufbar.

Alle Rechte vorbehalten
© 2020 Jan Thorbecke Verlag
Verlagsgruppe Patmos in der Schwabenverlag AG, Ostfildern
www.thorbecke.de

Umschlaggestaltung: Finken & Bumiller, Stuttgart
Umschlagabbildung: Zur Besetzung einrückende französische Kavallerie in Zweibrücken im Dezember 1918; aus: Zeitschrift ›Bayernland‹, Sonderausgabe zum Ende der Besetzung 1930, S. 359.
Satz und Repro: Schwabenverlag AG, Ostfildern
Druck: Memminger MedienCentrum, Memmingen
Hergestellt in Deutschland
ISBN 978-3-7995-7845-5

Inhalt

Vorwort 7

Michael Martin
   Ein vergessenes Kapitel des Ersten Weltkrieges?
   Die deutsche Besatzung in Nordfrankreich 1914–1918 9

Sebastien Schlegel
   La poursuite de la guerre en temps de paix :
   l'occupation militaire française en Rhénanie et en Sarre (1918–1923) 23

Armin Schlechter
   Kriegsende und Besetzung der Pfalz Ende 1918 im Spiegel der pfälzischen
   Presse 39

Hans-Ludwig Selbach
   Das Bistum Speyer nach dem Ersten Weltkrieg (1918–1924) 73

Frank Teske
   »Kampf um den Rhein« – Französische Besatzung und Separatismus in
   Mainz 1918–1923/24 99

Ute Engelen
   Herausforderungen für Industrieunternehmen
   in der französisch besetzten Zone (1918–1924) 113

Martin Furtwängler
   Die Karlsruher Regierung und die Besetzung badischer Gebiete durch
   Frankreich nach dem Ersten Weltkrieg 131

Ernst Otto Bräunche
   Badische Woche, Heimattag, Grenzlandkundgebung – zum Umgang der
   Stadt Karlsruhe mit der Grenzlandsituation nach 1918 167

Konrad Krimm
   Prinz Max von Baden und die Heidelberger Vereinigung.
   Zum Frankreich-Bild einer heterogenen Elite 193

Philip Rosin
    ... in jeder Stadt und in jedem Dorf der Pfalz dafür Sorge trägt, daß Land und Leute deutsch bleiben.
    Der Faktor »Frankreich« im publizistischen Werk Hermann Onckens 1914–1933 219

Abkürzungsverzeichnis 235

Abbildungsnachweis 237

Literaturverzeichnis 239

Orts- und Personenregister
bearbeitet von Katharina Raifarth
    Personenregister 253
    Ortsregister 256

Mitarbeiterverzeichnis 260

Vorwort

Am 9. November 1918 proklamierte der sozialdemokratische Politiker Philipp Scheidemann von einem Balkon des Reichstagsgebäudes in Berlin die Deutsche Republik. Zwei Tage später endete der Erste Weltkrieg mit der Unterzeichnung des Waffenstillstandes durch die deutsche Delegation im Wald von Compiègne. Zwar war in den offiziellen deutschen Heeresberichten seit der Mitte des Jahres 1918 die bedrohlicher werdende militärische Lage an der Westfront immer offensichtlicher geworden. Das jähe Kriegsende und die als hart empfundenen Waffenstillstandsbedingungen erlebte die deutsche Bevölkerung trotzdem als einen Schock. Der Krieg hatte sich überwiegend auf belgischem und französischem Territorium abgespielt. Die linksrheinischen deutschen Gebiete waren, von vereinzelten Fliegerangriffen abgesehen, von Kriegsschäden verschont geblieben. Nun sahen die Bewohner dieser Gebiete aber einer Besetzung durch die Truppen der ehemaligen Kriegsgegner entgegen (*Tafel 1*). Am Oberrhein, in Rheinhessen, der Pfalz und Baden, waren dies französische Truppen, die ab Anfang Dezember 1918 einmarschierten. Das Gefühl der Bedrohung und Unsicherheit wurde durch die revolutionären Umwälzungen vor allem in Kiel, Berlin und München verstärkt, die zum Sturz der Monarchie in Deutschland führten. Vor diesem Hintergrund rückte die Bereitschaft, sich mit dem verlorenen Krieg und insbesondere mit den großen Verwüstungen auseinanderzusetzen, die deutsche Truppen in Belgien und Frankreich angerichtet hatten, in den Hintergrund. Der Kampf gegen den in weiten Kreisen als ungerecht empfundenen Versailler Vertrag, die fortdauernde Auseinandersetzung mit den Siegermächten, insbesondere mit Frankreich, und die mangelnde Identifikation mit der Weimarer Republik gehörten zu den Wurzeln, die 1933 das Abgleiten Deutschlands in die nationalsozialistische Diktatur begünstigten.

Diese Umbruchzeit nach dem Ersten Weltkrieg stand im Mittelpunkt einer Tagung unter dem Titel ›Kriegsende und französische Besatzung am Oberrhein 1918–1923‹, die am 9. und 10. November 2018 im Sitzungssaal des Stadtrates und im Historischen Ratssaal der Stadt Speyer stattfand und auf der die Ereignisse im rechtsrheinischen Baden, in der linksrheinischen Pfalz sowie im Rheinland im Vordergrund standen. Ihre Ergebnisse sind im vorliegenden Sammelband dokumentiert. Der Themenkomplex »Kriegsende und Besatzung« wird dabei aus unterschiedlichen Perspektiven beleuchtet, ohne den Anspruch zu erheben, die Besatzungszeit umfassend darzustellen. Vielmehr sollen Schlaglichter gesetzt werden, die zu weiteren Forschungen anregen. Dabei wird die Besatzungszeit deutscher Gebiete nicht isoliert betrachtet. Als Kontrapunkt zu den Verhältnissen in den besetzten deutschen Gebieten beleuchtet zunächst *Michael Martin* die Besetzung Nordfrankreichs durch deutsche Truppen im Krieg. Dem folgt ein überblicksartiger Beitrag von *Sebastien Schlegel*, der die Besetzung der Rheinlande und des Saarlands durch Frankreich und die sich daraus ergebenden Konflikte zwischen Deutschland und Frankreich als einen »Kalten Krieg« beschreibt. Die Autorinnen und Autoren der folgenden

Beiträge setzen sich dann mit einzelnen Aspekte der Besatzungszeit auseinander: Mit den kirchlichen Verhältnissen in den besetzten Gebieten (*Hans-Ludwig Selbach*) oder mit den wirtschaftlichen Problemen (*Ute Engelen*), mit dem durch Frankreich geförderten Separatismus (*Frank Teske*), aber auch mit den Verhältnissen in kleineren territorialen Einheiten (*Frank Teske, Martin Furtwängler*). Wie stark die Besetzung sich auch auf Orte und Gebiete auswirken konnte, die nicht oder nur in geringerem Maße unmittelbar von ihr betroffen waren, zeigt der Beitrag von *Ernst Otto Bräunche* über den Umgang der Stadt Karlsruhe mit ihrer neuen Rolle als Grenzstadt.

Der Konflikt um die Besetzung des Rheinlandes besaß natürlich auch eine starke propagandistische Seite, die sich bereits in der Presseberichterstattung über Kriegsende und den Beginn der Besatzungszeit in Pfälzer Zeitungen widerspiegelt (*Armin Schlechter*). Wie sich der Konflikt um die Besetzung deutscher Gebiete auf das Frankreichbild deutscher Eliten auswirkte, verfolgen die Beiträge von *Konrad Krimm* und *Philip Rosin*; ihre Betrachtungen über Prinz Max von Baden und seine Umgebung bzw. über Hermann Oncken gelten Persönlichkeiten aus dem eher liberal-konservativen Lager.

Die Herausgeber danken allen Institutionen, die diese Tagung und die Drucklegung ihrer Ergebnisse ermöglicht haben: der in Karlsruhe beheimateten Arbeitsgemeinschaft für geschichtliche Landeskunde am Oberrhein e. V. als Hauptausrichter, in deren Schriftenreihe ›Oberrheinische Studien‹ der Tagungsband erscheint; aber auch der Stadt Speyer, die unter anderem den repräsentativen Tagungsraum zur Verfügung stellte und deren Oberbürgermeister Hansjörg Eger die Teilnehmer mit einem Grußwort willkommen hieß. Finanzielle und personelle Unterstützung kamen zudem von der Pfälzischen Gesellschaft zur Förderung der Wissenschaften und von der Bezirksgruppe Speyer des Historischen Vereins der Pfalz, beides Einrichtungen, bei denen die Förderung der Erforschung und Vermittlung der Geschichte der Pfalz im Zentrum ihrer Arbeit steht.

Die Herausgeber hoffen, dass dieser Band einen Beitrag dazu leisten wird, ein vernachlässigtes Kapitel deutscher bzw. europäischer Geschichte wieder verstärkt in den Fokus des Interesses zu rücken.

Karlsruhe und Speyer im August 2020

Martin Furtwängler,
Lenelotte Möller
und Armin Schlechter

Ein vergessenes Kapitel des Ersten Weltkrieges?
Die deutsche Besatzung in Nordfrankreich 1914–1918

VON MICHAEL MARTIN

Einige Auszüge aus Verordnungen militärischer Besatzungsbehörden:

Versammlungen sind verboten [...]
Während der Dunkelheit ist es unter Todesstrafe verboten, sich außerhalb der eigenen Gemeinde aufzuhalten [...]
Niemand darf nach sieben Uhr abends ohne besondere Genehmigung auf der Straße sein [...]
Es ist verboten, ohne besondere Erlaubnis, auch bei Tage, das eigene Haus oder die eigene Wohnung zu verlassen[1].

Außerhalb der Gemeinden darf niemand ohne schriftliche Erlaubnis verkehren [...]
Jede Ansammlung ist verboten [...]
Keine Vereinigung, keine Versammlung irgendwelcher Art darf ohne Erlaubnis der örtlichen Militärbehörde und vorherige Vorlegung und beglaubigte Annahme des Programms durch dieselbe stattfinden [...]
Es besteht Grußpflicht gegenüber den Offizieren der Besatzung[2].

Dies sind nur einige Zitate, die man beliebig ergänzen könnte. Das Bemerkenswerte daran: Sie stammen aus zwei verschiedenen Quellen und Jahren, ähneln sich aber so sehr, dass sie im Grunde völlig austauschbar sind. Die ersten Zitate stammen von der deutschen Kommandantur in Sedan aus dem Jahre 1916 und die letzten vier aus der Polizeiverordnung General Gérards vom 1. Dezember 1918 und galten in der Pfalz.

Sie stammen also aus zwei Besatzungszeiten. Die zweite dieser Besatzungszeiten wird Gegenstand der Tagung sein. Die erste, die deutsche Besatzung Belgiens und Nordfrankreichs, ist ein weitgehend vergessenes Kapitel der Geschichte. Wie sieht es mit der Literatur zu diesem Kapitel aus? Auf deutscher Seite haben sich vor allem Gerd Krumeich und Gerhard Hirschfeld mit dem Thema beschäftigt[3]. Damit ist die Suche nach deutschen Autoren schon beendet. Die zwei irischen Historiker John Horn und Alan Kramer pub-

---

[1] P. STEPHANI, Sedan sous la dominaton allemande, Paris 1919, S. 19.
[2] G. ZERFASS (Hg.), Die Pfalz unter französischer Besatzung von 1918 bis 1930, Koblenz 1996, S. 15.
[3] G. KRUMEICH/G. HIRSCHFELD/I. RENZ (Hgg.), Die Deutschen an der Somme. 1914–1918. Krieg, Besatzung, Verbrannte Erde, Essen 2016.

lizierten ihr fast 750 Seiten umfassendes Standardwerk im Jahre 2004 in deutscher Sprache: »Deutsche Kriegsgreuel 1914. Die umstrittene Wahrheit«[4]. Hinzuweisen ist auch auf das Buch von Annette Becker, Spezialistin der Geschichte des Ersten Weltkriegs, die in Paris lehrt[5].

Haben deutsche Soldaten in den ersten Kriegsmonaten 1914 Tausende von unbewaffneten Zivilisten in Belgien und Nordfrankreich getötet und verstümmelt, ganze Dörfer in Brand gesetzt und bedeutende Kulturdenkmäler vorsätzlich zerstört? Oder waren Berichte über solche Gräueltaten ein Produkt der alliierten Propaganda und der Versuch, von heimtückischen Angriffen der »Franctireurs« auf die deutschen Truppen abzulenken? Und haben deutsche Truppen wie die Hunnen gehaust und bei ihrem Rückzug im Jahre 1917 eine Spur der Verwüstung hinterlassen, die man als »Verbrannte Erde« bezeichnen könnte? Das sind nur einige der Fragen, die von Horn und Kramer gestellt wurden. Ihre akribisch recherchierten Antworten, immerhin haben sie in acht verschiedenen Ländern Akten eingesehen, wurden gleichwohl von bestimmten Kreisen sofort angegriffen. Wissenschaftliche Gegendarstellungen wurden freilich seit dem Erscheinen des Buches nicht erarbeitet. Wenn das Buch nach eigener Auffassung der Autoren weniger als definitives Ergebnis verstanden werden sollte, sondern eher als Diskussionsgrundlage, dann hat sich hier doch wenig getan.

Eigene umfassende Quellenstudien konnten für den vorliegenden Beitrag nicht unternommen habe. Zumindest wurden aber in den Archives Nationales in Pierrefitte einige Dossiers eingesehen. Auch die Chroniken einiger pfälzischer Regimenter wurden auf das Thema hin überprüft und erwartungsgemäß wurde nichts gefunden[6]. Der blumigen und immer siegesgewissen Sprache ist wenig Konkretes zu entnehmen. Nur in den wenigen zitierten Berichten einzelner Soldaten ist andeutungsweise von Übergriffen auf die Zivilbevölkerung die Rede. Allgemein bekannt sind die Feldpostkarten mit Bildern zerstörter Städte und Dörfer. Sie sind in ihrem Quellenwert beschränkt, denn man müsste jedes Bild auf das Aufnahmedatum hin prüfen, um zu sehen, ob es sich um eine von Deutschen oder den Alliierten zusammengeschossene Ortschaft handelt und, was in den seltensten Fällen gemacht wird, man müsste die Kommentare der Absender lesen. Eine der seltenen persönlichen und emotional geschriebenen Zeugnisse ist das Tagebuch des Speyerer Artilleristen Heinrich Blanck, die dessen Enkel dankenswerterweise dem Stadtarchiv überlassen hat. Über den Rückzug seiner Einheit aus dem besetzten französischen Gebiet im Oktober 1918 schreibt Blanck[7]:

---

[4] J. Horne/A. Kramer, Deutsche Kriegsgreuel 1914. Die umstrittene Wahrheit, Hamburg 2004.

[5] A. Becker, Les cicatrices rouges, 1914–1918, France et Belgique occupées, Paris 2010.

[6] K. Theyson (Bearb.), Geschichte des K. bay. 12. Feldartillerie-Regiments, München 1935; K. Theyson (Bearb.), Das K.B. 20. Feldartillerie-Regiment, München 1934; A. Ritter (Bearb.), Das K. B. 18. Infanterie-Regiment Prinz Ludwig Ferdinand, München 1926; W. Kripp (Hg.), Die Landauer Regimenter von 1900 bis 1918, Landau 1936.

[7] StadtA Speyer, ohne Signatur. Wann Blanck die Erinnerungen niederschrieb, ist nicht bekannt, offenbar setzte er mehrfach an (vgl. die Unterschrift nach dem ersten Abschnitt; danach wechselt die Handschrift). In ihrer Mischung aus präzisen Angaben, Emotion, Sprachformeln und Unbeholfenheit im Ausdruck sind die Erinnerungen ein eindrucksvolles Zeugnis von unmittelbarem Erleben des Kriegsgeschehens und Sicht auf den Krieg aus der Zeit danach. Das Heft

Neuville im Okt.
Am Tag herrscht Ruhe nur des Nachts Bombenabwürfe. Der Ort war noch von Civilisten bewohnt. Das Feuer nahm von Tag zu Tag an Stärke zu. Die Kommandantur sah sich deßhalb veranlaßt den Ort von Civil zu räumen. [S. 2] Nun kam der Befehl; daß sämtliche Einwohner mit Sack und Pack vor den Rathaus anzutreten hatten das heißt: Es durfte nur mitgenommen werden was man tragen kann. Ein alter Mann oder Mütterlein durfte einen Kinderwagen mitführen; denn Lebensmittel müßten für einige Tage mitgeführt werden. Am Abend punkt 6 Uhr standen sämmtliche Einwohner vor dem Rathaus nur ein alter Mann der Schmied von Neuville mußte noch da bleiben für unsere Pferde, wir hatten leider keinen dabei. Welch ein Bild des Durcheinanders. Frauen weinten, Männer mit bösen Blicken (nur alte Männer selbstredend waren da), Angst in allen verzweifelnden Gedanken und Gesichtern war[...] gezeichnet [S. 3] so deutlich, daß es dem jüngeren Soldaten auffiel. Ja ein hartes Los ist es sicher, Heimat mit Haus und Herd und den vielen kleinen lieb gewordenen Erinnerungen zu verlassen mit der Ungewißheit wohin werden wir geführt heute durch stockfinstere Nacht? Gefangene. Ich will auch nicht versäumen zu erwähnen, daß manche harte Soldatenhand beim Packen gute Dienste leistete auch die Armen tröstete so gut es eben ging. Ich selbst wachte mit noch vier Kameraden bei einer Frau mit 4 Kindern. Auch ich tat was nur möglich war den Schmerz zu lindern. Ich schlachtete ihre Kaninchen füllte in Töpfe damit etwas Mehl ein Brot und die notwendigsten Kleidungsstücke [S. 4] wurden verpackt: Alles dies gut begossen mit Tränen. Keine Mutter der Erde könnte anders. Noch ein wehmutsvoller Blick in die Truhe den Kleiderschrank. Alles nochmals betasten mit dem Gedanken seeligens Gedenkens »Lebewohl« ja für immer.
Kaum standen wir der Befehl lautete abends 6 Uhr die Flüchtlinge vor dem Rathaus, machten wir uns zu den Besitzern des Nachlasses. Socken Unterwäsche Lebensmittel Betten; Auch Civilkleidung Bettzeug für Fußlappen alles waren willkommene Artikel. Ich nahm mir noch einen Klappzylinder und eine Mandoline und unterhielt damit oft meine Kameraden mit Heimatlieder und Soldatenlieder. [S. 5] Daß es dabei nicht schonend zuging ist begreiflich. Wäre auch zwecklos, denn die Artillerie schießt was übrig bleibt doch zu Asche. Andere weniger gebildet oder besser gesagt unüberlegte schnitten Betten auf warfen die Schränke zusammen suchten Geld und Schmucksachen, sogar vor dem Allerheiligen der Kirche schreckten sie nicht zurück und nahmen Teppiche und anderes mehr für sie nutzloses Zeug. Nachdem der Durcheinander schön groß war Geschirr demoliert Betten durcheinander Kleider mit Füßen getreten. Ein Bild für den Besitzer der es noch schauen sollte des Grauens. Es kam nämlich Befehl; daß nicht abmarschirt wird sondern jedes heim kann um am nächsten Abend [S. 6] 6h wieder vor dem Rathause zu sein. Als nun die Armen um ½ 8h kamen und Heim besahen konnten viele vor Gram und Schrecken nicht mehr weinen. Es war eigentlich ein Glück daß bald darnach die ersten Granaten kamen die Gedanken vom irdischen fortlenkten und mit dem Soldaten als Familienglied im Keller den Tag abwarteten.
Nach dem folgenden Abend der Abmarsch kam, ging das Gejammer von vorne an. Der eine Handkarren war zu voll beladen viel um nochmals schnell aufladen manches blieb schon liegen. Das Rad eines Kinderwagens bricht zusammen. Mon Dieu, Mon Dieu. Dem Einen

---

wurde 2017 von einem Enkel Heinrich Blancks, Günter Steck, freundlicherweise dem Stadtarchiv Speyer übergeben. Eine Edition ist beabsichtigt.

wird die Last auf dem Rücken oder auf dem Kopf zu schwer [S. 7] wirft das entbehrlichste fort. Denn der Soldat, wenn noch so herzensgut, darf darüber seine Pflicht nicht vergessen und seinen Befehl ausführen. Weiter! Weiter! Ein wirklich hartes und trauriges Los. Im Stillen dankte ich Gott, daß unsere Lieben in der Heimat nichts von derlei erleben mußten und wünschte es möchte ein solches nie eintreffen. Helft jedes mit auf Erden den Frieden zu fördern und zu wahren. Es ist das schönste von Gott gewollte Geschenk. [...]
Unfrieden ist Krieg, Elend Not, Tod. Eine wahre miterlebte Begebenheit Unser Kompanieführer ein ganz gerechter Führer, Hauptmann Pfeiffer
Heinrich Blanck
[S. 8] [...] Wenige Tage später kamen wir ans abrücken wohin unbestimmt. Jetzt wohin mit all dem Grams. Die jüngeren hatte ja allerhand erbeutet. Pfannen Mehl Gries alles Eßbare wurde mitgenommen. Sogar Dekbetten, Kopfkissen schleppten viele auf ihrem Tornister mit. Sich freuend auf ein gutes Lager. Wir wurden alle getäuscht. Nach einigen Stunden Marsch schon wurde manches weggeworfen Geschirr Mehl Decken Kleider. Nach weiter Stunden sah man fast nichts mehr auf dem Tornister als was der Soldat braucht. Alles lag recht und links am Wege. Auch die schönen Daunenbetten wurden weggeworfen.
Wer noch etwas ans Ziel brachte gab alles dem Komando das zurückblieb. Ich übergab meine Mandoline und den Klappzylinder. Wie wir später erfuhren sind die Franzmänner [S. 9] eingerückt so rasch, daß unsere Hüter der Ware alles im Stiche ließen und ihre eigene Haut in Sicherheit brachten. Gesehen haben wir nichts mehr von Allem.
Es ging ja rückwärts im deutschen Heere. Alle Gebäude Eisenbahnen Brücken wurden zum Sprengen fertig gemacht Bahnlinien unterminiert. Nacht stieg öfter ein Feuerschein zum Himmel. Es wurde gesprengt. Ganze Obstgärten wurden sämtliche Bäume auf 1 mtr. abgesägt und mit Stacheldraht verbunden Straßen aufgerissen Drahtverhau und nichts als Drahtverhau gemacht.

Die Chronologie der deutschen Besetzung Nordfrankreichs und Belgiens lässt sich in zwei Abschnitte gliedern:
– Der deutsche Angriff 1914 und die Besetzung und Besatzung Belgiens und Nordfrankreichs,
– Der Rückzug der deutschen Truppen im Jahre 1917.
Zumindest in etwa können die Grundzüge des deutschen Angriffs vom 4. August 1914 als bekannt vorausgesetzt werden, also der sogenannte Schlieffenplan aus dem Jahre 1905, der einen schnellen Vorstoß durch das neutrale Belgien auf die französischen Nordflanke vorsah. Was allerdings nicht eingeplant war, war der erbitterte Widerstand der belgischen Armee im August 1914. Hinzu kamen aufreibende Kämpfe um die Festungen von Lüttich, Namur und Antwerpen. Zwar zogen bereits am 20. August deutsche Verbände in die Hauptstadt Brüssel ein, doch im Süden und Westen des Landes, vor allem entlang der Flüsse Maas und Yser, wurde weiter gekämpft, und damit waren deutsche Truppen gebunden, die eigentlich zügig auf Paris hätten zumarschieren sollen. Damit war der große deutsche Angriffsplan obsolet geworden.

Jeder hat die Bilder vom euphorischen Abschied der deutschen Truppen aus der Heimat im Kopf, *Verein reisender Krieger* usw., wie sie auf Abb. 1 zu erkennen sind.

Abb. 1   Deutsche Soldaten in Eisenbahnwagen auf dem Weg an die Westfront im Ersten Weltkrieg 1914. Viele Züge waren mit Sprüchen verziert, die die deutsche Siegesgewissheit zum Ausdruck brachten.

Die Realität sah jedoch anders aus. Für die auf einen raschen und verlustarmen, zudem siegreichen Feldzug eingestimmten deutschen Soldaten entpuppte sich der heftige belgische Widerstand als eine mehr als unangenehme Überraschung. Dieser Widerstand wurde nicht den regulären belgischen Truppen zugerechnet, sondern die alten Soldaten erinnerten sich an den deutsch-französischen Krieg von 1870/71 oder die Söhne und Enkel hatten oft genug davon gehört. »Francireurs« war das Schlüsselwort, das noch eine Generation später Ängste auslöste. Man kann schon von einer Massenhysterie sprechen, die die deutschen Soldaten erfasst hatte. Sie sahen keine einzelnen Vorkommnisse, sondern einen organisierten Volkskrieg. Für ihn machten sie die Regierung, die Bürgermeister und auch die Priester verantwortlich. Die Bilanz war erschreckend: etwa 6.500 Zivilisten kamen um, davon 4.500 in Belgien und allein 674 in der Stadt Dinant, was etwa zehn Prozent der Einwohner ausmacht. Hinzu kamen etwa 2.000 französische Tote.

Andere Bewohner wurden nach Deutschland deportiert. Horne schätzt die Zahl auf etwa mehrere zehntausend, ungefähr 1,5 Millionen Menschen waren auf der Flucht. Unter Hinterlassung ihrer Habe flüchteten sie zumeist ins innere, unbesetzte Frankreich, wo die Gemeinden auf diese unvorhergesehene Flucht überhaupt nicht vorbereitet waren. Hinzu kam, dass die ortsansässige Bevölkerung die Ankommenden keineswegs mit offenen Armen aufnahm. Der Flüchtlingszug reichte nicht nur bis Paris, wo die Menschen in den Logen des Zirkus eine erste Notaufnahme fanden, sondern sogar im fernen Süden, in Nizza, wurden Flüchtlinge aufgenommen.

Schon in der Anfangszeit des Krieges begann sowohl auf alliierter als auch auf deutscher Seite eine Propagandaschlacht. Aber kein Verstoß gegen das internationale Kriegsrecht während des Ersten Weltkriegs hat der alliierten Propaganda mehr genutzt als das brutale Vorgehen der deutschen Armeen in Belgien und Nordfrankreich 1914. Die »deutschen Gräueltaten« und die schlimmen Zerstörungen von Kulturdenkmälern, deren bekannteste der Brand der Bibliothek von Löwen war, wurden noch 1919 zur Verschärfung der Schuld- und Strafbestimmungen des Versailler Vertrags herangezogen. Clemenceau machte Deutschland nicht nur für den Kriegsausbruch, sondern auch für die Brutalisierung des Kriegs verantwortlich. Die deutsche Seite hat die standrechtlichen Erschießungen belgischer und französischer Zivilisten übrigens keineswegs bestritten, sie bezeichnete diese jedoch als im Einklang mit dem Kriegsrecht stehend und als angemessene Reaktion auf die Angriffe von Freischärlern. Horne und Kramer haben jedoch nachgewiesen, dass es sich bei der Mehrzahl der summarisch vollstreckten Hinrichtungen der Zivilisten (darunter auch zahlreiche Frauen und Kinder) eindeutig um Verstöße gegen das Kriegsrecht, mithin um Kriegsverbrechen, handelte[8].

Eigentlich hätte die Besatzung sich nach der Haager Landkriegsordnung von 1907 zu richten gehabt. Sie sah die Trennung von Front und Etappe vor. In den besetzten Departements Nordfrankreichs war die Grenze allerdings zwischen den beiden Bereichen fließend und sie konnte sich täglich ändern.

Ein weiterer Verstoß gegen die Haager Konvention waren Plünderungen[9]. Daran waren nicht nur die einfachen Soldaten beteiligt, sondern auch obere Ränge. Im Nationalarchiv in Paris finden sich zahlreiche bebilderte Schilderungen solcher Übergriffe[10]. Dokumentiert ist der Raubzug – anders kann man es nicht nennen – eines Mitglieds des Fürstenhauses Reuss, das sich in dem 1870 erbauten Schloss Montrouge in der Gemeinde Rogecourt im Departement Aisne südlich von St. Quentin mit seinem Stab einquartierte und bei seiner Abreise das Wertvolle an Hausrat und die Kunstgegenstände des Schlosses mitnahm[11]. Unter vielen der nach 1918 der Plünderung Beschuldigten finden sich z. B. die Namen von General Herzog Wilhelm Karl von Urach Graf von Württemberg und von Prof. Oskar Vulpius aus Heidelberg, nach dem noch heute die von ihm 1912 begründete Klinik in Bad Rappenau benannt ist. Für die Archivare und Historiker mag der Hinweis auf zahlreiche vor allem zu Beginn des Einmarschs willentlich in Brand gesteckte Ortsarchive wichtig sein. Ausgenommen von diesen Brandschatzungen blieben häufig die Flurkarten, die die Deutschen für ihre Zwecke mitnahmen und die natürlich auch verloren sind.

Kein Gebiet in Frankreich hat so unter dem Krieg gelitten wie der Norden. Es war ja nicht nur besetzt, sondern hier spielte sich ja auch die größte Schlacht des Krieges ab. In der Somme-Schlacht starben mehr als 1,1 Millionen Soldaten, doppelt so viel wie vor Verdun, wurden verwundet oder kamen in Gefangenschaft. Es war eine Material- und Abnutzungsschlacht unvorstellbaren Ausmaßes, in der zum ersten Male Tanks eingesetzt wurden. Noch heute findet das Minenräumkommando von Amiens jedes Jahr rund 50 Tonnen Granaten aus dieser Schlacht. Gleichzeitig wurde Nordfrankreich ungewollt zu einem wichtigen Kriegslieferanten. Deutlich wird dies in einem Buch von Adolf Gün-

---

[8] Vgl. HORNE/KRAMER (wie Anm. 4).
[9] ANF F 7/14820.
[10] ANF AJ 4/43.
[11] ANF F 7/14712.

ther¹². In seinem dortigen Vorwort schreibt der General der Infanterie und Chef des stellvertretenden Generalstabes der Armee, Freiherr Hugo von Freytag-Loringhoven: *Hinter der Front unserer kämpfenden Armee ist im besetzten französischen Gebiet eine ungeheure Arbeit geleistet worden. Sie ist nicht nur dem Heere, sondern auch der deutschen Heimat von hohem Nutzen gewesen, hat dieser gewaltige Summen erspart. Die ausgiebige Verwertung des besetzten Gebietes in landwirtschaftlicher und industrieller Hinsicht. [...] In den von uns besetzten Gebieten haben wir gewichtige Pfänder in Besitz. Zur Klärung der für einen bevorstehenden Friedensschluß wichtigen Frage, wie hoch ihr Wert einschätzen ist, wird dieses Buch in willkommener Weise beitragen. Darüber hinaus vermittelt es nützliche Kenntnisse für den künftigen friedlichen Handelsverkehr Frankreichs. Dem deutschen Volkswirt, dem Kaufmann und Industriellen gibt es dafür machen wertvollen Wink.*

Bis zum Erscheinen des Buches war Nordfrankreich allerdings schon weitgehend ausgeplündert, und doch spricht aus dem Geleitwort noch 1918 der Glaube an einen für Deutschland günstigen Verhandlungsfrieden.

Einen Einblick in den Besatzungsalltag gibt das bereits erwähnte Buch von P. Stephani *Sedan sous la domination allemande*¹³. Selbst wenn man die zahlreichen Kommentare des Autors als chauvinistische Ausfälle verstehen kann und will, so reichen die zahlreichen wiedergegebenen öffentlichen Bekanntmachungen und Befehle der örtlichen deutschen Standortkommandantur, um die Besatzung als ein perfektioniertes und brutales System von Ausbeutung und Unterdrückung zu kennzeichnen.

Kennzeichnend für den Ton, in dem die Deutschen mit der Bevölkerung umgingen, ist das Französische *Tornisterwörterbuch*, das 1913, also schon vor dem Krieg in der 33. Auflage erschien¹⁴. Dort heißt es zum Stichwort Quartiersuche: *Zeigen Sie mir sofort mein Zimmer. Was, dieses schmutzige Loch? Was fällt Ihnen ein, ich werde mir selbst eins suchen. Öffnen Sie sofort alle Türen* [Zeichnung einer Pistole]

*So, hier werde ich bleiben. Trocknen Sie zunächst meine Sachen: und jetzt will ich zwei Stunden schlafen. Vermeiden Sie jedes Geräusch währenddessen. Klopfen Sie dann an meine Türe, und nachher will ich etwas zu essen haben. Ich mache Sie für alles verantwortlich. Wenn Sie das geringste gegen mich arrangieren, werden Sie erschossen*¹⁵.

Zum Vergleich einige Zitate aus einem analogen Handbüchlein für französische Soldaten, die 1918 nach Deutschland kamen: *Guten Tag mein Fräulein! Wie geht es Ihnen? Sie sind sehr liebenswürdig! Wollen Sie mit mir spazieren gehen? Wie alt sind Sie? Sind Sie verheiratet? Auf Wiedersehen!*¹⁶

---

[12] A. GÜNTHER, Das besetzte französische Gebiet. Seine Bedeutung für Frankreich und die Weltwirtschaft, für deutsche und europäische Wirtschaftspolitik, München/Berlin 1918. Mit einem Geleitwort von Hugo Freiherr von Freytag-Loringhoven, General und Chef des Stellvertretenden Generalstabes der Armee; Adolf Günther (21.03.1881 Ansbach – 04.01.1958 Innsbruck) war ab 1938 Mitarbeiter im Arbeitswissenschaftlichen Institut der DAF, 1940 – 1948 Professor für Staatswissenschaften in Wien und 1946 findet man ihn in der Deutschen Gesellschaft für Soziologie.

[13] STEPHANI (wie Anm. 1).

[14] Französisches Tornisterwörterbuch mit genauer Angabe der Aussprache, neu bearbeitet von Viktor E. von WELTZIEN, Oberleutnant im Infanterie-Regiment Nr. 26, kommandiert zur Kriegsakademie, Berlin-Schöneberg³³um 1913.

[15] Zitiert nach Abbildung in KRUMEICH/HIRSCHFELD/RENZ (wie Anm. 3), S. 38.

[16] StadtA Landau, Sammlung Kohl 2664.

Schon beim Einmarsch der deutschen Truppen kam es zu Übergriffen auf die Bevölkerung. Am 25. und 26. August 1914 kamen in Sedan 20 Zivilisten ums Leben, darunter Frauen und Kinder. In der Tat kam es während der Besatzungszeit zu mehreren Hinrichtungen. Als völlig abstruses Beispiel ist die Erschießung des Direktors der Gaswerke von Sedan anzusehen, der hingerichtet wurde, weil er versuchte, mit einer Brieftaube seiner Frau in Paris eine Nachricht zu schicken. Die Bestattung fand unter Ausschluss der Öffentlichkeit statt, der Friedhof wurde für einige Tage gesperrt[17].

Ab 1914 reglementierte die deutsche Militärbürokratie das tägliche Leben mit einer Unzahl von Bestimmungen, von denen nur einige aus dem Buch von Stephani über Sedan zitiert seien[18]:

Ablieferung von Woll- und Pferdehaarmatratzen (werden nach Gebrauch neu gefüllt zurückgegeben) [August 1917][19];
Ablieferung aller Tresore[20];
Ablieferung von Kartonpapier [September 1918][21];
Ablieferung von Brennesseln zur Gewinnung von Textilfasern[22];
Ablieferung von Kleintieren und deren Kadaver[23]

An den daraus resultierenden Ablieferungslisten lassen sich im Übrigen deutlich die zunehmenden Versorgungsengpässe und die Mangelwirtschaft ablesen. Darüber hinaus wurden aber auch noch weitere Lebensbereiche reglementiert:

Den Kindern wird jede Art von Spielen verboten, die an Krieg, Soldaten oder ähnliches erinnern könnten[24];
Befehl zur täglichen Reinigung der Trottoirs[25];
Jeder Kontakt mit Kriegsgefangenen wird bestraft[26].

Die letztgenannte Anordnung hatte in Sedan eine besondere Bedeutung, da in der Zitadelle ein Kriegsgefangenen- und Zwangsarbeiterlager mit mehreren tausenden Männern eingerichtet war.

Über die schikanösen und oft erniedrigenden Anweisungen hinaus war der Besatzungsalltag hart und auch grausam. Aus den noch nicht zerstörten Kirchen wurden mit Hinweis auf den Staat als Besitzer der Gotteshäuser die Metallgegenstände herausgeholt, natürlich mussten auch die Glocken abgeliefert werden[27]. Der bei uns nach 1918 erfolgte übermäßige Holzeinschlag im Pfälzerwald hatte sein Vorspiel schon ab 1914 in den Ardennen[28]. Die Zivilbevölkerung wurde entgegen den Bestimmungen der Haager Land-

---

[17] STEPHANI (wie Anm. 1), S. 157 ff.
[18] Auch für Noyon liegt eine Sammlung von Befehlen der deutschen Armee vor: E. GIRAN, Sous le joug. Placards et avis de l'Armée Allemande dans les régions envahies, Paris 1919.
[19] STEPHANI (wie Anm. 1), S. 97.
[20] Ebd., S. 127, 196.
[21] Ebd., S. 84.
[22] Ebd., S. 185.
[23] Ebd., S. 100 f.
[24] Ebd., S. 123 f.
[25] Ebd., S. 186.
[26] Ebd., S. 163.
[27] Ebd., S. 68.
[28] Ebd., S. 105 f.

kriegsordnung zu Zwangsarbeit herangezogen[29]. Mit Hinweis auf die Franctireurs in Belgien wurde angeordnet: *Die Gemeinden, in denen ein Gewaltverbrechen gleich welcher Art gegen die Besatzung verübt wurde, werden zerstört*[30].

Allgemein muss festgehalten werden, dass die ständigen Requisitionen von Lebensmitteln nicht nur in den Städten, sondern auch in den Dörfern zu erheblichen Versorgungsproblemen für die Zivilbevölkerung führten. Besonders betroffen waren natürlich die Kinder und die Säuglinge, bei denen es auf Grund der Mangelernährung zu zahlreichen Fällen von Rachitis oder Missbildungen kam. Auffallend waren auch die Todesfälle durch Ruhr, nicht zuletzt bedingt durch die mangelhafte und unsaubere Wasserversorgung.

Wenn die Einwohnerzahl Sedans zwischen 1914 und 1918 von 19.515 auf 9.000 gefallen war, lag dies weniger an einer erhöhten Mortalitätsrate, sondern vielmehr an der Flucht der Bevölkerung ins Innere Frankreichs und in die Schweiz. Waren diese Fluchten schon nicht freiwillig, so waren es noch weniger die systematischen Vertreibungen und Deportationen. Unter den knapp 600 Franzosen, die im Januar 1918 bis nach Litauen transportiert wurden, befanden sich zwölf Damen der besseren Gesellschaft von Sedan und 22 Notabeln[31]. Der Grund für die Ausweisungen, ein euphemistischer Begriff für die Deportationen, wurde den Menschen nicht mitgeteilt. Sie wurden in ungeheizten und kaum beleuchteten Eisenbahnwaggons 3. und 4. Klasse quer durch Deutschland transportiert und in ein ehemaliges Lager für russische Kriegsgefangene in der Region von Wilna untergebracht. 25 von ihnen starben in diesem Lager, darunter auch ein Deutschprofessor. Das weitere Schicksal der Gefangenen habe ich nicht verfolgt.

Ein weiteres Beispiel ist die Stadt Lille: Sie hatte in den vier Jahren der Besatzung 184 Millionen Francs an Kontributionen zu zahlen. Metall, Textilien, Leder, Kautschuk, Maschinen, Automobile und Fahrräder mussten gegen Rechnungen, die nie bezahlt wurden, abgeliefert werden. Im Januar 1915 protestierte der zuständige Präfekt und wurde dafür nach Norddeutschland deportiert. Nach der Somme-Schlacht wurden an Ostern 1916 etwa 10.000 Personen zwischen 17 und 30 Jahren zur Zwangsarbeit in das Departement Aisne und in die Ardennen abtransportiert. Im November des gleichen Jahres wurden 70 Personen aus dem Departement Nord als Geiseln in ein *Konzentrationslager* (so die Bezeichnung in der Quelle) in Holzminden bei Braunschweig deportiert[32]. Die Beispiele ließen sich fortsetzen.

Auf die militärischen Gründe der Rückwärtsbewegung der deutschen Armee im März 1917 unter dem Kennwort »Siegfried« will ich nicht eingehen. Vielmehr auf die Rückzugsvorbereitungen unter dem Decknamen »Alberich«. Sie umfassten die terminmäßig geplante Räumung aller zivilen Anlagen, alles beweglichen Gutes und aller Einwohner sowie die systematische Zerstörung des geräumten Terrains (seiner Bauten, seiner landwirtschaftlichen Betriebe und der privaten Gärten sowie seiner gesamten Infrastruktur).

---

[29] Ebd., S. 120 ff.
[30] Ebd., S. 173.
[31] Ebd., S. 206 ff.
[32] C. WALLART, Déportation de prisonniers civils »au camp de concentration« d'Holzminden, Novembre 1916–Avril 1917, in: Revue du Nord, tome LXXX, Avril–Juin 1998, Nr. 325, S. 417–448.

„Mit ›Siegfried‹ und ›Alberich‹ wurde der Krieg mit und gegen Zivilisten zum ersten Mal bewusst und systematisch von einer modernen Armee durchexerziert und als militärische Notwendigkeit aus der Abwehr heraus legitimiert"[33].

Grundlage für das Vorgehen war eine Weisung des Chefs des Generalstabes des Heeres Ludendorff an die Heeresgruppe vom 2. Oktober 1916. Dort heißt es grundsätzlich: *Der Gegner muss ein völlig ausgesogenes Land vorfinden, in dem seine Bewegungsmöglichkeit auf das Äußerste erschwert ist.* Im Detail ist ausgeführt: *Zur völligen Zerstörung stehen an: Straßen, Brücken, Kunstwasserstraßen, Schleusen, Ortschaften und alle Vorräte und Anlagen, die von uns nicht zurückgeführt werden, aber dem Feind von irgendeinem Nutzen sein könnten.* Unter Räumung wurde von den Befehlsempfängern auch der Abtransport der Zivilbevölkerung verstanden[34]. In dem zehn bis 15 km tiefen unmittelbaren Angriffsgelände vor der Siegfriedlinie *müsse besonders gründliche Zerstörungsarbeit geleistet werden, was etwa Unterkünfte mit ihren schusssicheren Kellern, günstige Beobachtungsstellen, Kunstbauten mit einschloss, während bei weiter entfernten Ortschaften Vorbereitung zum Abbrennen sanitärer Anlagen (Wasserleitungen) genüge. Nach Durchführung des Rückmarsches soll der Gegner eine Wüste vorfinden*[35].

Der einzige Heerführer, dem bei diesem Programm Bedenken kamen, war Kronprinz Rupprecht von Bayern. Er hatte schon im Frühjahr 1916, als die Oberste Heeresleitung erwog, die gesamte belgische und französische Bevölkerung nach vorne durch die Front abzuschieben, protestiert und sich *außer Stande erklärt, bei dieser Sache mitzumachen*[36]. Nun, im Oktober 1916, schrieb er wenigstens in sein Tagebuch: *Mich erinnert diese Weisung an jene, die einst Louvois zur Verwüstung der Pfalz erteilte [...] Sie scheint mir ungemein hart*[37]. Es gibt allerdings in den französischen Quellen konkrete Hinweise, dass er Bittgesuche von französischer offizieller Seite um Linderung oder Verkürzung von Geiselhaften mit Hinweis auf die erforderliche Disziplin der Bevölkerung ablehnte[38]. Allgemein gab sich der Kronprinz wohl mehr der Hoffnung hin, dass *die Maßregelung aus technischen Gründen nicht zur Durchführung kommen wird*[39]. Er sollte sich täuschen. Mit einer Präzision sondergleichen wurde der Plan umgesetzt und entwickelte dazu noch eine schnelle Eigendynamik, von der sich Rupprecht dann im März 1917 deutlich distanzierte: *Die vor Beziehung der Siegfried-Stellung befohlenen Zerstörungen von Ortschaften sind in dem angeordneten Umfang gar nicht nach meinem Sinn. Bis zum letzten Augenblick hatte ich gehofft, daß die diesbezüglichen Anordnungen noch geändert würden, es aber nur zu erreichen vermocht, daß einige größere Orte wie Nesle, Ham und Moyon verschont bleiben sollten. Am liebsten hätte ich meinen Abschied genommen, es wurde mir aber bedeutet, daß*

---

[33] KRUMEICH/HIRSCHFELD/RENZ (wie Anm. 3), S. 163.
[34] Im Findmittel Heeresgruppe Kronprinz Rupprecht im Kriegsarchiv München sind entsprechende Akten unter der Signatur 324 als *Einwohnerabschub, Räumung des besetzten Gebiets* bezeichnet.
[35] Zitiert nach KRUMEICH/HIRSCHFELD/RENZ (wie Anm. 3), S. 240 ff.
[36] Ebd., S. 241 Anm. 40.
[37] Ebd., S. 241.
[38] ANF F7/14712.
[39] Kronprinz Rupprecht VON BAYERN, Mein Kriegstagebuch, 3 Bde., München 1929, hier Bd. 2, S. 37, 1. Oktober 1916 und S. 47, 17. Oktober 1916.

dies nichts nutzen und mir aus politischen Gründen auch nicht genehmigt würde, da der Vorgang im Ausland als ein Zerwürfnis zwischen Bayern und dem Reiche gedeutet würde. So mußte ich mich denn darauf beschränken, meine Unterschrift zu den Ausführungsbestimmungen zu verweigern[40].

Es gab sogar Gedanken, Brunnen zu vergiften, was abgelehnt wurde. Allerdings wurden Tümpel und andere stehende Gewässer zur *Unbrauchbarmachung durch Chemikalien freigegeben*. Zumindest vermied man das Wort *Vergiften*[41]. Im Niederlegen ganzer Ortschaften entwickelten die Pioniere mehr und mehr Geschick. *So wurde Bapaume, ein Städtchen im Pas-de-Calais, in 45 Minuten zerstört, 5 gleichzeitige Sprengungen im Zentrum, dann die weiteren Sprengungen, einige Minuten später wurde die Stadt an über 400 Stellen in Brand gesetzt*[42]. Ein Augenzeuge war übrigens Ernst Jünger, der die Zerstörung in seinem Buch *In Stahlgewittern* beschreibt[43].

Einige Zahlen zum Abtransport der Plündermasse verdeutlichen die Dimension: *17.490 Waggon beförderten alles mögliche Räumungsmaterial, 11.711 Wagen das Eisenbahnmaterial und 7.522 die Bevölkerung*[44]. Auf die militärische Effizienz der Maßnahmen kann hier nicht eingegangen werden. Sie zeitigten ihre Wirkung weit über den Tag hinaus. Man kann nun darüber streiten, ob alle Grausamkeiten nur von Deutschen verübt wurden. Das ist sicher nicht der Fall. Aber weil sich der harte Kern der alliierten Vorwürfe, nämlich die zahlreichen, in den ersten Wochen des Krieges begangenen Massaker, nicht leugnen ließ, bleibt festzuhalten, dass eben in der französischen Kriegs- und vor allem in der Nachkriegspropaganda alles pauschal der deutschen Seite angerechnet wurde.

Die Strafbestimmungen des Versailler Vertragswerks bestimmten, dass dem ehemaligen Kaiser der Prozess gemacht werden sollte und alle Verantwortlichen für die Kriegsverbrechen – rund 900 – von Deutschland auszuliefern seien. Der Versuch der Siegermächte scheiterte. Im Februar 1920 verzichteten die Alliierten auf die Auslieferung und übergaben Deutschland eine »Probeliste« mit 45 Personen, deren Aburteilung sie forderten. In den Prozessen vor dem Reichsgericht in Leipzig 1921 wurde deutlich, dass die deutschen Richter kaum Interesse an einer juristischen Verfolgung der Straftaten hatten. Zu den Leipziger Prozessen hat Gerd Hankel bereits 2003 ein wichtiges Buch veröffentlicht[45]. Ein vom Reichstag eingesetzter Untersuchungsausschuss kam gar zu dem Ergebnis, dass alle alliierten Anschuldigungen grundlos seien. *Mit reinen Händen* habe das deutsche Heer das Schwert geführt, stellte auch der ehemalige Feldmarschall Hindenburg, seit 1925 Reichspräsident, bei der Einweihung des Tannenberg-Denkmals im Jahre 1927 fest[46].

---

[40] Ebd., Bd. 2, S. 116.
[41] KRUMEICH/HIRSCHFELD/RENZ (wie Anm. 3), S. 242.
[42] Ebd., S. 243.
[43] E. JÜNGER, In Stahlgewittern, Stuttgart 2005, S. 145.
[44] KRUMEICH/HIRSCHFELD/RENZ (wie Anm. 3), S. 243.
[45] G. HANKE, Die Leipziger Prozesse. Deutsche Kriegsverbrechen und ihre strafrechtliche Verfolgung, Hamburg 2003.
[46] Zitiert nach J. von HOEGEN, Der Held von Tannenberg. Genese und Funktion des Hindenburg-Mythos, Köln/Weimar 2007, S. 287.

Längst ist noch nicht alles erforscht, z. B. die Bemühungen der deutschen Besatzungsbehörden, besonders in Flandern die Bevölkerung für deutsche Kultur zu gewinnen. Zu den führenden Köpfen dieser Methode gehörte u. a. der Gründer und Leiter der Mannheimer Kunsthalle, Fritz Wichert, dessen Nachlass im Stadtarchiv Mannheim verwahrt wird. Zu nennen ist auch Rudolf Alexander Schröder, der den Protestanten eher als Verfasser von Kirchenliedern bekannt ist und der mit Wichert zusammenarbeitete.

Ist die Erinnerung an die deutsche Besatzungszeit wirklich vergessen? In Belgien sicher weniger als in Frankreich. Aber hier wie dort ist sie im kollektiven Gedächtnis doch überlagert von der Besatzungszeit im Zweiten Weltkrieg. Und bei uns? Um die Erinnerung an den Ersten Weltkrieg aufzufrischen, bedurfte es erst eines Gedenkjahres. Das Vergessen und Verdrängen der Erinnerung an die Besatzung in Belgien und Frankreich setzte schon nach 1918 ein. Unter die wenigen publizistischen Proteste ist die ›Freie Zeitung‹ zu nennen, die von dem aus Pirmasens stammenden Schriftsteller Hugo Ball herausgegeben wurde[47]. Im Rahmen dieses Beitrags konnte nicht ermittelt werden, wie weit diese Schriften Verbreitung fanden.

Soweit die Schilderungen der Besatzung und des Rückzugs. Aber was hat das Ganze mit dem Thema des vorliegenden Bandes zu tun? Sehr viel. Beide Seiten waren tief von der jeweiligen Propaganda beeindruckt. Und noch geprägter waren die meisten Männer der französischen 8. Armee, die die Pfalz nach 1918 besetzte. Diese Armee setzte sich zum Großteil aus Männern zusammen, die aus Nordfrankreich und aus Lothringen stammten. Sie hatten die Besatzung direkt oder indirekt erlebt (*Abb. 2*).

Marcel Proust schrieb: *Certains souvenirs sont comme des amis communs, ils savent faire des réconciliations.* (Manche Erinnerungen sind wie gemeinsame Freunde; sie können zur Versöhnung beitragen)[48]. In diesem Sinne sei das Referat als Anstiftung zum Studium französischer Quellen und französischer Literatur gedacht. Diese Arbeit ist bis jetzt sicher zu kurz gekommen bzw. gar nicht erfolgt. Dazu am Ende einige Bemerkungen. Innerhalb des etwa 630 laufenden Meter umfassenden Bestandes[49] in den Archives Nationales zur Besatzungszeit von 1918 bis 1930 finden sich zahllose Dossiers speziell zur Pfalz und Rheinhessen, von Mainz über Worms bis Pirmasens.

Als Beispiel für die Nichtbeachtung französischer Quellen diene das immer wieder zitierte Weißbuch der bayerischen Regierung von 1930 *Die Pfalz unter französischer Besatzung*[50]. Hier werden in einer minutiösen Chronologie Tag für Tag alle Ereignisse der Besatzungsjahre auflistet. Bei der Lektüre dieses Buches und besonders bei den unzähligen Zwischenfällen mit der Besatzung stellt sich die Frage, konnten die Besatzungssoldaten eigentlich tun und lassen, was sie wollten? War die deutsche Bevölkerung wirklich der Willkür der Besatzer ausgeliefert? Erstaunlicherweise findet sich in den Archives Nationales eben unter dem Stichwort *Zwischenfälle* analog zur deutschen Chronologie zu fast

---

[47] Almanach der Freien Zeitung, hg. von Hugo Ball, Bern 1918, S. 33–50.
[48] M. Proust, Oeuvres complètes, Arvensa Éditions 2015, S. 1732 [E-Book: https://www.arvensa.com/bibliotheque-numerique/oeuvres-completes/marcel-proust-oeuvres-completes-ebook-epub-pdf-kindle].
[49] Archives Nationales Paris-Pierrefitte Série AJ 9. Papiers Tirard. Das Inventar ist im Internet auf der Homepage des Archivs abrufbar.
[50] Zerfass (wie Anm. 2).

Abb. 2   Einzug der Französischen Besatzungstruppen in Landau am 2. Dezember 1918

jedem Vorfall ein Dossier der Gendarmerie oder der Militärjustiz. Die Akten enthalten die Untersuchungsprotokolle und auch die Sanktionen, bzw. Strafen. Diese gingen von Versetzungen, Arresten, Gefängnisstrafen bis hin zu Todesurteilen. Ein Aspekt, der hier bislang bei uns nicht wahrgenommen wurde.

Ein anderes Beispiel: die Verfasser oder Verfasserinnen aller deutschen Standardwerke zum Thema »Schwarze Schande« oder »Rheinlandbastarde« haben nie in Pariser Archiven gearbeitet[51]. Dabei gibt es auch zu diesem Thema – übrigens unter dem gleichen Stichwort oder unter der Rubrik *Schwarze Truppen* leicht aufzufindende Quellen, die einer neuen Betrachtung wert wären.

Ein letzter Befund: Gerade zwei französische Dossiers haben die Verfasser des umfangreichen Werkes über den Separatismus in der Pfalz in Paris benutzt[52]. Eigentlich unbegreiflich angesichts der Menge von Quellen, die vorhanden sind. Da ist noch viel nachzuarbeiten. Das geht von den genannten Akten zu den Zwischenfällen über Briefe der Schwester von Heinz Orbis bis hin zu Dossiers über die Aufnahme der Separatisten in Frankreich – wo sie übrigens nicht immer mit offenen Armen aufgenommen wurden. Neben der Quellenüberlieferung im Nationalarchiv bietet auch das Militärarchiv in Vincennes vieles noch unerschlossenes Material wie z. B. die Berichte der Delegierten über die Stimmung in der Bevölkerung.

---

[51]   I. Wigger, Die »Schwarze Schmach am Rhein«, Münster 2007.
[52]   G. Gräber/M. Spindler, Revolverrepublik am Rhein, Bd. 1, Landau 1992.

Also, nochmals und zum Schluss: Wenn wir Historiker uns schon in unserer Arbeit von anstehenden Jubiläen oder Gedenkjahren getrieben fühlen, wären nun noch – zumindest für die Jüngeren – zwölf Jahre Zeit, um bis 2030 zu dem Thema Besatzungszeit neue Quellen zu finden und sicher auch neue Ergebnisse vorzulegen.

La poursuite de la guerre en temps de paix : l'occupation militaire française en Rhénanie et en Sarre (1918–1923)

VON SEBASTIEN SCHLEGEL

À l'issue de la guerre franco-prussienne de 1870–1871, l'annexion de l'Alsace-Lorraine avait été perçue par la jeune République française comme une profonde blessure, un outrage. Près d'un demi-siècle plus tard et une guerre de quatre ans, l'occupation française en Rhénanie, dont les modalités sont fixées par l'armistice du 11 novembre 1918 et le traité de paix de Versailles, agit comme une revanche prise sur une Allemagne vaincue. La Rhénanie, la Sarre et le bassin de la Ruhr deviennent le théâtre du prolongement de la Grande Guerre sur le sol allemand, en délaissant les formes de combat empruntées pendant quatre années de guerre. Face à l'arbitraire français et la propagande allemande, la période de l'occupation est marquée par la permanence d'un climat tendu, des conflits et des actes de violences, et demeure encore aujourd'hui un épisode douloureux dans l'histoire des relations franco-allemandes.

Dans le chaos d'une fin de guerre mondiale, les tractations en vue d'un armistice

À partir de l'été 1918, les espoirs d'une victoire allemande s'évanouissent progressivement. Face aux déconvenues allemandes lors des offensives du printemps 1918, les Empires centraux se disloquent progressivement alors que les Alliés voient leur position renforcée avec l'arrivée sur le sol européen des troupes américaines[1]. Le 14 septembre 1918, l'Autriche-Hongrie demande à négocier sa fin de guerre avec les Alliés. Au même moment, l'état-major allemand pense que seul un armistice immédiat peut éviter la catastrophe à l'Empire. Le 3 octobre 1918, Guillaume II demande au prince Max de Bade, partisan d'une paix de compromis, de former un nouveau gouvernement. Le jour suivant, le nouveau gouvernement adresse un télégramme au président Wilson, dans lequel il lui demande de prendre en main la préparation d'une paix sur la base des 14 points. Face à la

---

[1] Les Etats-Unis déclarent la guerre à l'Allemagne, le 6 avril 1917. Les premières troupes débarquent sur le sol français, le 26 juin 1917, et sont engagées pour la première fois les 2 et 3 novembre 1917.

crainte d'une main mise française sur le texte de l'armistice, le président américain met tout en œuvre pour qu'il prenne le ton d'un armistice de coalition. Le maréchal Foch obtient toutefois des gouvernements alliés le principe du retrait de l'armée allemande de tous les territoires situés à l'ouest du Rhin, ligne géostratégique[2] dont il estime la saisie nécessaire afin de tenir le Reich militairement à sa merci. Clemenceau, quant à lui, obtient que soit reconnu, dès la convention d'armistice, le droit à réparations des pays victimes de l'agression allemande. Ces principes, arrêtés dès l'automne 1918, ont une incidence sur la poursuite des négociations. Le 5 novembre 1918, le président Wilson fait savoir à Berlin que les représentants de l'Allemagne peuvent obtenir les conditions d'armistice auprès du maréchal Foch. Trois jours plus tard, dans un climat qui s'est détérioré pour l'Allemagne, la délégation allemande, dirigée par Erzberger, rencontre Foch, au carrefour de Rethondes, dans la forêt de Compiègne. Les conditions d'armistice proposées sont à accepter en bloc sans négociations. Dans la nuit du 10 au 11 novembre, la délégation allemande se retrouve à Rethondes dans le wagon-salon de Foch et signe le document. Le 11 novembre 1918, à 11h00, l'armistice entre en vigueur.

Les conditions d'armistice préparent l'occupation de la Rhénanie par les Alliés

Les clauses de la convention d'armistice, signées par les plénipotentiaires alliés et allemands, engagent une future occupation de l'Allemagne. Cette occupation sous régime d'armistice est définie par les articles 5 et 9. L'article 5 prévoie l'évacuation des pays de la rive gauche du Rhin, qui restent administrés par les autorités locales mais sont placés sous le contrôle des Alliés et des Etats-Unis. Les Alliés tiennent les principaux points de passage et les villes (Coblence, Mayence, Cologne), ainsi que les têtes de pont de 30 kilomètres de rayon sur la rive droite du Rhin. Une zone neutre est réservée sur la rive droite du fleuve (entre le Rhin et la ligne tracée à 10 kilomètres de là, de la frontière hollandaise à la frontière suisse). Les troupes allemandes doivent quitter cet espace 15 jours après l'entrée des Français et des Belges sur le sol allemand (31 jours après l'Armistice), mais en respectant des lignes successives. L'article 9 émet les principes d'organisation de l'occupation en quatre zones d'occupation. Il statue en particulier que *le droit de réquisition sera exercé par les armées des Alliés et des Etats-Unis dans les territoires occupés* et que *l'entretien des troupes d'occupation a été affectée respectivement du nord au sud aux Belges (région d'Aix-la-Chapelle et Crefeld), aux Anglais (région de Cologne), aux Américains (région de Mayence) et aux Français (région de Coblence)*. Ces clauses engagent une occupation temporaire, jusqu'à l'entrée en vigueur d'un traité de paix, qui devait définitivement mettre un terme à la Première Guerre mondiale.

---

[2] Le général Foch estimait que la rive gauche du Rhin devait servir de glacis entre la France et l'Allemagne, en y interdisant notamment la présence de toute armée allemande.

L'entrée des troupes françaises en Allemagne et l'esprit de l'occupation française

L'occupation de la rive gauche du Rhin débute réellement lorsque les troupes du général Mangin entrent sur le sol allemand au début du mois de décembre 1918. Peu de temps avant, Foch fixe les principes d'une occupation des pays rhénans en quatre zones : une première, occupée par les troupes françaises, s'étend de la Lauter à Bingen, la deuxième de Bingen à Bonn est occupée par les Américains, la troisième, britannique, de Bonn à Düsseldorf et enfin la dernière zone est occupée par l'armée belge et s'étend de Düsseldorf à la frontière hollandaise. Les trois premières zones sont prolongées au-delà du Rhin par des têtes de pont de 30 kilomètres de rayon, dont les centres sont Mayence, Coblence et Cologne. Ces prolongements des zones d'occupation devaient être contrôlés par des troupes internationales pour donner un caractère coordonné à cette operation.

Le 5 décembre, le général Mangin s'adresse ainsi aux soldats de la Xe Armée : *Vous allez vous trouver en contact avec des populations nouvelles qui ignorent les bienfaits passés de la domination française. Personne ne peut vous demander d'oublier les abominations commises par vos ennemis durant quatre années de guerre, la violation de la foi jurée, les meurtres des femmes et d'enfants, les dévastations systématiques sans aucune nécessité militaire. Mais ce n'est pas sur le terrain de la barbarie que vous pourrez lutter contre vos sauvages ennemis, vous seriez vaincus d'avance. Donc partout vous resterez dignes de votre grande mission et de vos victoires. Sur la rive gauche du Rhin, vous vous souviendrez que les armées de la République française, à l'aurore des grandes guerres de la Révolution, se comportèrent de telle sorte que les populations rhénanes ont voté, par acclamation, leur incorporation à la France. Et les*

Abb. 1   General Mang in Begleitung von Marschall Foch in Wiesbaden 1919.

pères de ceux que vous allez rencontrer ont combattu, côte à côte avec les nôtres, sur tous les champs de bataille de l'Europe, pendant vingt-trois ans. Soyez dignes de vos pères, et songez à vos enfants dont vous préparez l'avenir[3].

Cette déclaration traduit toute l'ambiguïté de la présence française en Allemagne. Avant l'entrée des troupes françaises sur le sol allemand, les poilus français avaient traversé les zones occupées par l'Allemagne. Au cours de ce voyage, les témoignages de la population civile et les destructions et outrages commis par les troupes allemandes ne permettent pas une »démobilisation culturelle« et prédispose les soldats français à entrer en Allemagne avec un regard haineux vis-à-vis de la population allemande. L'occupation de l'Allemagne se révèle comme une expérience fondamentale de la sortie de guerre. Après quatre années de lutte sur le sol français, les troupes françaises vont être confrontés à la terre de l'ennemi et à ses habitants.

Au début du mois de décembre 1918, ce sont 16 corps d'armée et 5 divisions de cavalerie qui traversent la frontière pour occuper les pays rhénans. Pour compléter ce dispositif, 52 divisions sont positionnées à proximité de la frontière allemande, prêtes à intervenir. Le 23 novembre 1918, la 10ᵉ armée française entre en Allemagne et occupe Sarrebruck et une grande partie de la Sarre. Le 1ᵉʳ décembre, la »marche au Rhin« débute. Le 9, la ligne du Rhin est atteinte et le fleuve franchi, le 13 décembre. Le 17 décembre 1918, les armées alliées occupent les têtes de pont de Mayence, Coblence et Cologne. Le 4 février 1919, la tête de pont de Kehl est occupée. La »garde au Rhin« est complète. Au cours des premiers mois de l'occupation de l'Allemagne, les effectifs de l'Armée du Rhin ne cessent d'augmenter, passant de 120 000 (janvier 1919) à 220 000 hommes (juin 1919). Le maintien du potentiel de l'armée française est rendu nécessaire pour faire respecter les clauses de l'Armistice et dissuader l'Allemagne de reprendre les armes.

La mise en place du régime d'occupation et l'organisation de la Rhénanie occupée

Avec l'entrée des troupes alliées en Allemagne, un appareil administratif est mis en œuvre. Le maréchal Foch, commandant en chef, reçoit par la convention d'armistice le pouvoir suprême dans les territoires occupés. Le pouvoir réglementaire lui est confié afin d'assurer la satisfaction des besoins et la sécurité des troupes d'occupation. Il crée à cet effet un contrôle général de l'administration des territoires occupées, dont le siège fut primitivement fixé à Luxembourg, avant d'être transféré, dans les derniers temps de la période d'armistice, à Coblence.

Les droits des puissances occupantes sont déterminés par la convention de La Haye[4], qui recommande une reprise de la vie normale du temps de paix par les populations, avec un fonctionnement normal des services publics et privés dans les domaines économiques, sociaux et culturels. Les autorités d'occupation ne s'immiscent en rien dans le fonctionnement de ces services, mais en effectuent un contrôle étroit dans le souci d'assurer la sécu-

---

[3] Cité par L.-E. MANGIN, Le Général Mangin, 1866–1925, Paris, 1986, S. 273.
[4] 2ᵉ Conférence de La Haye (15 juin au 18 octobre 1907), section 3, De l'autorité militaire sur le territoire de l'État ennemi, article 42 à 56.

Abb. 2 General Andlauer, Administrateur supérieur de la Sarre, in Saarbrücken 1919.

rité des troupes d'occupation. Les principes de la cohabitation sont fixés le 15 novembre 1918[5] par une instruction de Foch sur l'administration civile des territoires occupés. Les commandants d'armée sont responsables du maintien de l'ordre et peuvent agir selon leur jugement ou à la demande des autorités allemandes. La sûreté des communications, élément essentiel dans le contrôle du territoire occupé, est assurée à partir de Wiesbaden, par une commission centrale interalliée. Dans toutes les gares, des cheminots français sous statut militaire assurent la sûreté du réseau ferré. La sécurité des troupes d'occupation est également entretenue par le contrôle de l'information de la population. Dès le 10 décembre 1918, la censure de la presse entre en vigueur. Les journaux de la rive droite du Rhin ne sont plus admis dans la zone d'occupation.

---

[5] Instruction de Foch sur l'administration civiles des territoires occupés, 15 novembre 1918.

En Sarre, l'organisation du territoire est arrêtée par une instruction datée du 29 janvier 1919[6]. Un administrateur militaire était placé dans chacun des cercles (Sarrebruck-Ville, Sarrebruck-campagne, Ottweiler, Sankt-Wendel, Birkenfeld) du »district« de la Sarre. Il avait pour mission de contrôler l'administration civile. Le commandement militaire était exercé par le général commandant la zone, et s'appuyait sur des commandants de subdivisions. Le maréchal Foch avait nommé le général Andlauer, commandant la 18e division d'infanterie, administrateur supérieur du Territoire de la Sarre, le 17 février 1919. Le poste de commandement du 9e corps d'armée se trouvait à Sarrebruck.

Les premiers temps de l'occupation militaire française

Au moment d'entrer sur le sol allemand, l'état d'esprit des troupes françaises est davantage marqué par le mal du pays que par l'esprit de vengeance. Le long chemin vers l'Allemagne permet au soldat français de se rendre compte de la fin de la guerre et de la victoire française. En Allemagne, les soldats de l'armée impériale sur le retour sont acclamés tels des héros par la population. Pourtant, l'arrivée programmée de troupes d'occupation françaises plonge la population allemande dans la crainte, celle d'être confrontée à un ennemi assoiffé de revanche. De nombreux citoyens allemands décident de quitter les zones qui seront occupées par les troupes alliées: *Beaucoup de familles aisées quittent à la hâte Trèves, Mayence, Aix-la-Chapelle, pour ne pas se trouver sous la domination ennemie. L'Etat-major veut empêcher cet exode qui augmente de jour en jour. Aussi a-t-il donné l'ordre qu'on ne délivre plus aux civils de billets de chemin de fer. Le service des trains sera peut-être interrompu pendant quelques heures dans la région du Rhin. Les soldats rentrent en foule en Allemagne et les trains en sont remplis, même certains voyagent sur les toits des voitures*[7].

Dès les premières heures de l'occupation, tout est mis en œuvre par les troupes victorieuses pour asseoir leur domination sur les territoires occupées. Des défilés sont organisés dans les principales villes allemandes, au moment de l'entrée des troupes d'occupation. Démonstrations de force des troupes victorieuses, ils doivent servir à établir un rapport de force entre les armées victorieuses et les civils. Les premières heures sont cruciales. Face à l'hostilité d'une partie de la population rhénane (insultes, chants nationaux dans la rue), les autorités françaises prennent des mesures pour garantir la sécurité des troupes d'occupation et l'ordre public. Ces mesures pèsent sur la population civile et créent des tensions. Elles sont allégées à partir du printemps 1919. Les cabarets et les tavernes, lieux de sociabilité, deviennent le théâtre d'affrontements réguliers entre soldats français et civils allemands. Le logement des troupes d'occupation apparaît très vite comme le premier problème à régler. A la fin de la Première Guerre mondiale, on estime que la Rhénanie dispose entre 80 000 et 90 000 logements en casernes ou en baraquements, ce qui est fort insuffisant face au nombre de soldats français qui afflue en Rhénanie (entre 120 000 hommes en janvier 1919 et 220 000 hommes en juin 1919). La construction de nouveaux caserne-

---

[6] Instruction du 29 janvier 1919 sur la Sarre.
[7] Ministère des Affaires étrangères (AE), A 224, télégramme du 2 décembre 1918, sur l'exode des populations de la rive gauche du Rhin.

ments, à la charge des administrations locales, la réquisition des bâtiments publics ou le logement chez l'habitant, sont des réponses à ce problème.

Les sentiments de la population rhénane évoluent et des relations plus cordiales se créent. Le maintien de l'ordre par les troupes alliées soulage les Rhénans aux oreilles desquels sont parvenus les nouvelles de la situation révolutionnaire en Allemagne. Par ailleurs, au cours de l'hiver et du printemps 1919, les autorités militaires proposent leur aide à la population civile, en proie aux restrictions causées par l'interruption des échanges avec la rive droite. La signature du traité de Versailles prenant du retard, les relations entre les militaires et les civils rhénans se détériorent à la mi-juin 1919. Les Français souhaitent rentrer rapidement chez eux. Ils apprennent avec soulagement la signature du traité de paix, le 29 juin 1919. Les Rhénans, quant à eux, durcissent leur attitude face aux Français. De fortes tensions apparaissent. Une partie de la jeunesse rhénane paraît s'engager dans la défiance voire la résistance face à l'occupant. Des violences éclatent, se terminant parfois dramatiquement. Le 14 juillet 1919, première fête nationale française sur le sol allemand, cristallise ces tensions. La Rhénanie devient le lieu d'affrontement entre les Français des classes 1918 et 1919 qui souhaitent poursuivre la guerre sur le sol allemand pour gagner le respect des poilus, et la jeunesse allemande qui a assisté impuissante à la défaite et accepte de plus en plus mal l'occupation imposée.

Globalement, la présence des troupes coloniales est critiquée et perçue comme une tentative française de détruire la civilisation allemande. Environ 42 000 soldats venant des colonies françaises, dont beaucoup étaient présents depuis les premières semaines de l'occupation, étaient stationnés au printemps 1920, en Rhénanie. Aux mois d'avril et de mai 1919, environ 10 000 hommes arrivent du Sénégal et de Madagascar. Leur logement suscite l'indignation de la population rhénane. Celle-ci y voit une manœuvre d'humiliation de la part des autorités militaires et politiques françaises : les soldats noirs sont installés en maîtres en Rhénanie, un territoire européen civilisé. Une violente campagne sur le thème de la »honte noire« est lancée par la propagande allemande. La protestation est soutenue par des ligues et le service allemand de propagande (Reichszentrale für Heimatdienst) et prend différentes formes : pamphlet *Der blaue Schrecken und die schwarze Schmach*, chanson *Die Wacht am Rhein* (1920), médailles de Karl Goetz représentant la présence des troupes coloniales comme une des horreurs de la guerre, film *La honte noire* (1921), etc. Des rumeurs sont colportées et finissent par apparaître comme des faits avérés. L'affaire des enlèvements de Sarrebruck, au début de l'année 1919, en est le parfait exemple. Plusieurs jeunes filles de Sarrebruck auraient disparu et les troupes coloniales avaient été accusées d'être l'auteur de ces faits. Des problèmes disciplinaires étaient connus des autorités militaires françaises qui avaient renforcé l'encadrement et ouvert des cafés maures, pour encadrer le commerce sexuel.

Le Traité de Versailles fixe l'occupation alliée dans les pays rhénans

Au moment de la signature de l'armistice, au mois de novembre 1918, les Alliés s'engagent dans un processus de négociation visant à établir une paix durable. La responsabilité de l'Allemagne devient rapidement le cœur du débat et domine les propos du document proposé aux plénipotentiaires allemands au printemps 1919. Les Alliés souhaitent réorganiser l'Europe sur la base toute nouvelle du droit des peuples à disposer d'eux-mêmes. Première ombre au tableau, l'Allemagne n'est pas invitée à la table des négociations, les Français ne souhaitant pas voir leurs ennemis participer aux négociations. Versailles doit avant tout être une conférence des vainqueurs.

L'essentiel des négociations se fait dans le cadre du Conseil des Dix (deux délégués pour la France, les Etats-Unis, le Royaume-Uni, l'Italie et le Japon), remplacé le 24 mars 1919, par un Conseil des Quatre (Wilson, président américain, Clemenceau et Orlando, présidents du Conseil français et italien, Lloyd George, premier ministre britannique). Clemenceau devient le porte-parole d'une France meurtrie par quatre années de guerre et marquée par un anti-germanisme violent. Le traité de paix doit mettre à l'abri la France d'un nouveau conflit. Lloyd George et Wilson posent un regard moins revanchard sur l'Allemagne pour éviter que le pays ne glisse vers le bolchévisme et ne souhaite une revanche. Ils souhaitent une paix de conciliation.

Au cours des négociations, la responsabilité de l'Allemagne est clairement affirmée par les Alliés. Pourtant, la question des réparations et de l'affaiblissement de l'Allemagne fait débat. Traditionnellement, le vaincu devait payer une indemnité au vainqueur, fixée arbitrairement en fonction de l'estimation des capacités de paiement du vaincu. Avec la Première Guerre mondiale, apparaît la notion de »réparations«, prise en compte dans les articles 231 et 232 du traité de paix. L'Allemagne devait s'acquitter d'une somme de 20 milliards de marks-or, en espèce ou en nature, avant le 1er mai 1921, jour où la Commission des réparations doit fixer le montant total de la dette allemande. En cas de manquement à ces dispositions, des sanctions doivent être prises par les Alliés. L'occupation de certains territoires allemands comme gage serait une conséquence directe du non-paiement des réparations.

La délégation française posa la question de la Sarre, de la ville de Landau et du charbon sarrois comme compensation aux destructions des mines du Nord pendant la guerre. Les Anglais et les Américains s'opposaient à une annexion française de ces territoires. Un compromis est proposé à la France : la propriété des mines sarroises revenait à la France pendant 15 ans, en échange d'une non-annexion de ces territoires. L'administration du territoire est assurée par la Société des Nations et une union douanière doit être conclue avec la France, réalisée en 1925. Le délai de 15 ans passé, un plébiscite doit être organisé pour déterminer le choix des Sarrois. Par ailleurs, les milieux dirigeants français pensaient à affaiblir durablement l'Allemagne, en mettant la main sur la rive gauche du Rhin. Foch en était le grand protagoniste. Dans une note du 27 novembre 1918, Foch propose à Clemenceau l'annexion – à peine déguisée – de la rive gauche du Rhin. Le 10 janvier 1919, il propose même de créer un certain nombre d'Etats autonomes intégrés à l'espace douanier français en Rhénanie. Le Rhin devait devenir la frontière occidentale de l'Allemagne sur toute sa longueur. Clemenceau, d'abord en accord avec Foch sur ces propositions, avait rapidement compris qu'elles ne passeraient pas auprès des Alliés et qu'il devait trouver un compromis. Au final, la solution retenue correspondait à une prise de garanties auprès des Alliés : en échange de la rive gauche du Rhin, la France obtenait la garantie d'une intervention des Etats-Unis et du Royaume-Uni en cas d'agression allemande. La rive gauche du Rhin et des têtes de pont sur la rive droite étaient occupées pendant 15 ans. Tous les cinq ans, si l'Allemagne remplissait ses obligations, les territoires seraient évacués par tiers.

Le passage au régime d'occupation versaillais

Le régime d'occupation sous conditions du Traité de Versailles débutait le 10 janvier 1920. Les articles 428 et suivants du Traité de paix fixaient l'armée française comme garante de l'exécution des conditions de paix. Un second texte, annexé au Traité de Versailles, l'arrangement rhénan, entrait en vigueur, au même moment, et définissait les attributions de la HCITR et des troupes d'occupation. L'autorité militaire se subordonnait à une haute commission interalliée des territoires rhénans (HCITR), représentante suprême des puissances alliées et associées dans les territoires occupés, à Coblence. Celle-ci donnait aux armées ses directives dans les domaines économiques et administratifs.

Alors que les Américains refusent de ratifier le traité de paix et signent une paix séparée à Berlin, d'importantes modifications surviennent dans l'organisation de l'occupation des territoires rhénans. Le 10 janvier 1923, les Américains évacuent la Rhénanie, et le 27 janvier 1923, la zone passe sous commandement français. Dans le cadre de cette nouvelle organisation, les effectifs français en Rhénanie varient entre 94 000 hommes, au 1er février 1920, à 108 000 hommes, au 1er juillet 1924. La crise d'avril 1921 porte ces effectifs à 210 000 hommes. En vertu des articles 249 et 251 du Traité de Versailles, l'Allemagne devait assumer le coût total d'entretien de toutes les armées alliées dans les territoires rhénans. L'arrangement rhénan du 28 juin 1919 complétait ces dispositions en précisant notamment les modalités de logement des troupes. Les autres dépenses (solde, habillement de la troupe, alimentation des hommes et des chevaux) étaient avancées par la France sur »un compte spécial« à imputer aux dettes allemandes.

En 1920, un territoire nouveau est constitué autour de Sarrebruck, selon les clauses du traité de Versailles, par prélèvement sur la Prusse rhénane et le Palatinat Bavarois. Pendant 15 ans, ce territoire est confié à la Société des Nations qui délègue une commission de gouvernement siégeant à Sarrebruck, composée d'un Français, d'un Danois, et de trois autres membres, ni Français, ni Allemand. Après 15 ans, un plébiscite doit être organisé pour déterminer le sort du territoire. La commission de gouvernement de la Sarre dispose de pouvoirs étendus, avec notamment un droit de police. Les habitants conservent leur nationalité. Pour assurer l'ordre, les troupes françaises sont maintenues dans la Sarre avec un statut de »troupes de garnison«, après le 10 janvier 1920, date d'entrée en vigueur des dispositions du Traité de Versailles. Victor Rault, écrivait en ces termes au ministre des Affaires étrangères, pour justifier la présence des troupes françaises : *Comme [...] aucun service militaire ne doit être imposé aux habitants de la Sarre, il ne reste à la commission de gouvernement qu'un seul moyen d'assurer le maintien de l'ordre public, et c'est d'y employer les troupes présentes dans la Sarre [...]. Dans ces conditions, la commission de gouvernement a l'honneur de faire connaître qu'elle estime de toute nécessité de maintenir intégralement avec quelques légères modifications dans leur composition les troupes qui se trouvent présentement dans la Sarre [...]. Ces troupes ne sont plus des troupes d'occupation. Elles doivent être considérées comme des troupes de garnison*[8].

---

[8] SHD/DAT, arch. de Russie, EMA 1, c. 83, d. 1, lettre de V. Rault au ministre des Affaires étrangères, 26 mars 1920.

L'occupation de la Rhénanie, gage du respect du traité de Versailles

Dès les premiers moments de l'occupation française en Rhénanie, ce territoire devenait un terrain de lutte entre les gouvernements français et allemand. En 1920, le putsch de Kapp avait eu une résonance en Rhénanie et se manifestait par une grève générale dans les mines de la Ruhr dégénérant en une insurrection armée. Le gouvernement Ebert ayant repris la main à Berlin, donna l'ordre à la Reichswehr de marcher sur la Ruhr pour rétablir l'ordre. Le 28 mars, les Français et les Belges protestèrent contre l'incursion armée dans la zone démilitarisée. Restée lettre morte, le gouvernement français décide d'envoyer ses troupes dans les régions de Francfort-sur-le-Main et Darmstadt, le 6 avril 1920. La situation dégénère, le lendemain. La population devient hostile aux troupes françaises qui sont contraintes d'ouvrir le feu. Au cours de ces débordements, quatre citoyens allemands perdent leur vie et quinze sont blessés. La Belgique envoie ses troupes, le 8 avril. L'opération obtient le soutien des Britanniques. La conférence de San Remo (26 avril 1920) permet une sortie de crise. Il est décidé d'évacuer les zones occupées au cours de la crise, dès que la zone neutre serait évacuée par les troupes allemandes. Le 11 mai, Berlin ordonne à la Reichswehr de quitter la Rhénanie, le 17 mai, les Alliés se retirent des zones occupées de Francfort et de Darmstadt. La tension reste vive entre l'Allemagne et les Alliés, qui préparent une opération sur le bassin de la Ruhr.

De nouvelles tensions secouent l'année 1921. L'ambiance générale est marquée par les négociations sur la question des réparations. Le 1er mars 1921, une proposition alliée sur la fixation de la dette est refusée par l'Allemagne. Les Alliés réclamaient 50 milliards de marks-or payables en 30 annuités, déduction faite des 20 milliards déjà avancés. Le 7 mars 1921, les accords de Paris permettent l'occupation des ports de Düsseldorf, Duisburg et Ruhrort. À partir du 4 mars, les forces alliées se préparent à intervenir en Rhénanie. Quatre jours plus tard, les opérations militaires débutent. L'occupation de Düsseldorf par trois bataillons français est réalisée le 8 mars 1921. Les Belges occupent, sans incidents, Ruhrort et les Français, Duisbourg. Les populations des territoires occupés s'attendaient depuis plusieurs jours à l'arrivée des troupes de l'Entente.

La propagande rhénane s'était faite l'écho d'une occupation par des troupes coloniales et de l'instauration de mesures draconiennes par les autorités françaises. Tout au contraire, les Français avaient assuré la sécurité et la satisfaction des besoins des troupes en gênant le moins possible la population. Le 3 mai, Londres adresse un ultimatum à Berlin, mais les responsables politiques allemands ne s'y plient pas. Le premier pas vers l'occupation de la Ruhr est lancé. Cette opération, qui devait débuter au mois de mai, visait à couper complètement la Ruhr de l'Allemagne et d'en assurer son exploitation. Le 11 mai, l'Allemagne capitule. Le 31 août, elle paie le premier milliard de marks-or, plongeant par là-même le pays dans une crise économique et politique. La préparation d'un plan d'occupation de la Ruhr se poursuit à partir du printemps 1922.

Abb. 3 Titelblatt des »Le Petit Journal« vom 28.1.1923, Besetzung von Fabrikanlagen im Ruhrgebiet.

La crise de la Ruhr ou l'apogée de la guerre froide franco-allemande (janvier – septembre 1923)

Dans la nuit du 3 au 4 janvier 1923, l'Armée du Rhin est mise en état d'alerte par le Ministère de la Guerre. Les Français et les Belges prévoient une action commune visant à prendre en gage la Ruhr, mettant la Grande-Bretagne en présence du fait accompli. Le 9 janvier 1923, la commission des réparations constate un nouveau manquement de l'Allemagne dans les livraisons de charbon. Le lendemain, la France et la Belgique notifient à l'Allemagne son intention d'appliquer les sanctions prévues au Traité et de donner l'ordre de pénétrer dans la région de la Ruhr. Le général Degoutte est chargé de l'opération. Elle débute le 11 janvier, avec l'encerclement d'Essen. La population reste calme, curieuse, mais ne présente aucune hostilité. Dès le 14 janvier, l'état d'esprit change. Les premiers ordres de résistance sont donnés par Berlin. Le 15 janvier, c'est au tour de Bochum et de Recklinghausen d'être occupés. Le 16 janvier, les troupes françaises entrent dans Dortmund. L'état de siège est proclamé dans la Ruhr, permettant la réquisition et la mise en place de la justice militaire, mais les Français et les Belges laissent à l'Allemagne sa souveraineté administrative, sur le modèle de la Ruhr. Le gouvernement allemand est surpris par la décision du gouvernement français, pensant que, devant la réprobation britannique, la France n'oserait pas s'engager dans la Ruhr. À partir du 11 janvier, la résistance allemande s'organise depuis Berlin qui demande de ne pas livrer le charbon dans la zone occupée. Les fonctionnaires d'Etat ne doivent pas coopérer avec les forces internationales ou françaises. Les sabotages se multiplient contre les communications ferroviaires et téléphoniques. A partir du 19 janvier, la grève des chemins de fer, suivie par les transports fluviaux, paralyse le transport du charbon vers la France et la Belgique. En réponse, l'armée d'occupation garde les gares et interdit l'accès aux grévistes. Le gouvernement français envoie des douaniers pour boucler le bassin et contrôler les communications avec l'Allemagne. Dès le 31 janvier, 4 300 cheminots français rejoignent la Rhénanie pour acheminer le charbon de la Ruhr vers la France. Dans le même temps, les pouvoirs du général Degoutte sont renforcés. Il détient l'autorité sur tous les services civils et militaires. L'armée française est juridiquement armée pour agir contre la résistance passive.

La situation dégénère pourtant à partir du mois de février 1923. La Ruhr est bouclée et l'exportation du charbon, du coke et des produits manufacturés est bloquée. Le refus d'obéissance des fonctionnaires et services publics s'accompagne de sabotages et d'attentats contre les troupes d'occupation. Les arrestations, comparutions devant la juridiction militaire, les condamnations et expulsions se suivent. Dans certains cas, à la suite d'un attentat commis sur les troupes françaises, les troupes alliées prennent des otages et réclament la livraison du coupable. Après l'assassinat du soldat Schmidt du 154e R.I., dans la gare d'Essen, dans la nuit du 17 au 18 mars 1923, six notables allemands sont arrêtés. La livraison des coupables par les autorités policières allemandes est la condition de leur libération. Le 31 mars, des incidents sanglants ont lieu à Essen. Un détachement du 171e R.I. se présente aux usines Krupp pour y réquisitionner des automobiles. Les sirènes de l'usine retentissent et appellent les ouvriers à la résistance. La foule surexcitée par les nationalistes oblige l'armée française à ouvrir le feu sur la foule. Dix Allemands sont tués et 33 autres blessés. A partir du 1er mai 1923, les actes criminels (assassinat, sabotage, etc.) se multiplient. Sur demande de Berlin, les sabotages se généralisent dans les usines, réduisant

Abb. 4 Titelblatt der »La Domenica del Corriere«, nr. 4 1923: Die Besetzung von Essen durch französische Truppen.

considérablement les capacités d'extraction du charbon et l'approvisionnement en minerai de la France et de la Belgique.

En représailles, la haute commission supprime le commissariat d'Empire et prononce plus de 1 500 nouvelles expulsions de fonctionnaires allemands des chemins de fer ou de l'administration des douanes. Les entrées et sorties du bassin de la Ruhr sont drastiquement contrôlées. De son côté, Berlin s'efforce à démontrer que l'Allemagne est dans son bon droit. En juillet 1923, le Royaume Uni souhaite que l'occupation de la Ruhr se termine. La résistance passive ruine par ailleurs l'Allemagne. Le 12 septembre 1923, Gustav Stresemann engage le processus de sortie de crise. Le 27 septembre, il notifie aux ambassadeurs français et belges la cessation de la résistance passive.

Vers la fin de l'occupation alliée en Rhénanie : le plan Dawes et ses conséquences

Si la victoire dans la Ruhr est française, la crise mène à un processus de négociations qui doit permettre de trouver une issue à l'occupation française en Rhénanie. Le 25 avril 1924, les gouvernements alliés acceptent le plan Dawes, que l'Allemagne avait accepté neuf jours auparavant. Ce plan modifiait les conditions d'occupation. Les dépenses afférentes à la vie et aux opérations des troupes d'occupation étaient désormais à la charge des puissances occupantes. Avec les accords de Londres (16 août 1924), la France s'engageait à évacuer la Ruhr dans un délai d'un an et à retirer immédiatement ses troupes des autres régions occupées à titre de sanction. L'évacuation de la zone de Dortmund, sous le commandement du général Degoutte, débute immédiatement et s'achève en octobre. Celle de Cologne est retardée. La Ruhr et les trois ports charbonniers du Rhin, Düsseldorf, Duisbourg et Ruhrort, occupés depuis 1921, sont évacués au cours de l'été 1925. Le 31 août 1925, les Français quittent Essen, drapeaux déployés et clairons sonnant.

Avec les événements du Maroc[9], le haut-commandement français prélève des troupes de l'Armée du Rhin pour les affecter au Maroc. Les accords de Locarno règlent le sort de la zone de Cologne. L'évacuation de la région se déroule au cours des mois de décembre 1925 et de janvier 1926. L'année 1926 voit les effectifs de l'Armée du Rhin fondre. A la fin de l'année, il ne reste plus que 56 000 Français en Allemagne. La signature du pacte Briand-Kellog (27 août 1928) accélère encore le processus. Le plan Young, signé le 7 juin 1929, règle le problème des réparations, en fixant le montant de la dette allemande et sa répartition en annuités. La conférence de La Haye fixe l'évacuation de la 2ᵉ zone à la fin de l'année 1929. Le 30 novembre, les troupes françaises quittent la 2ᵉ zone. Le 17 mai 1930, les ordres pour l'évacuation de la troisième zone sont donnés. Le repli des troupes françaises débute le 21 mai 1930 et se termine le 30 juin. Lorsque les dernières troupes quittent le sol allemand, des fêtes sont données pour célébrer la libération du territoire. Le président Hindenburg visite officiellement le Palatinat, Mayence et Coblence, le 19 juillet 1930, symbolisant par là-même le retour de la Rhénanie à l'Allemagne. Seul le Territoire de la Sarre restait encore sous contrôle international, pour cinq ans.

---

[9] Au cours de l'hiver et du printemps 1925, les zones françaises au Maroc sont attaquées par des troupes du rif. La France est contrainte à l'intervention.

En guise de conclusion : une guerre froide avant l'heure

L'occupation française en Rhénanie et en Sarre est marquée par une méfiance et une défiance croissante entre les populations locales et les militaires français. La question des réparations inscrite dans le traité de paix de Versailles, en 1919, servit de justification à la présence de troupes d'occupation en Rhénanie et en Sarre. La tension née de l'occupation, de la mise en place d'une force d'administration et de coercition étrangère, ou encore des débordements entre Français et Allemands, ne permettent pas une démobilisation des esprits. Les relations franco-allemandes de l'Entre-deux-guerres sont marquées par cette situation, qui dégénère très fréquemment en conflits périphériques sur le sol rhénan, sans pour autant que les gouvernements français et allemand soient directement en confrontation. Le gouvernement français utilisant son armée et l'appareil administratif pour asseoir son autorité, le gouvernement allemand jouant en sous-main les agitateurs en conseillant les Rhénans, les tensions entre la France et l'Allemagne prennent l'apparence d'une guerre froide. De la phase d'installation de cette guerre froide franco-allemande, de 1918 à 1920, on assiste à une montée des tensions au cours de la période 1920–1923, qui atteint son paroxysme au moment de la crise de la Ruhr, en 1923. La phase de détente qui s'en suit permet de trouver, par le jeu diplomatique de Gustav Stresemann et d'Aristide Briand, une issue favorable à la question de l'occupation française en Rhénanie et en Sarre. La présence militaire française en Rhénanie et en Sarre aura été le point de cristallisation des tensions de ces années d'Entre-deux-guerres.

Bibliographie

Les armées françaises dans la Grande Guerre, Tome VII-2, La campagne offensive de 1918 et la marche au Rhin (18 juillet 1918 – 28 juin 1919), Paris 1938.
N. BEAUPRÉ, « Occuper l'Allemagne après 1918 », in: Revue historique des armées 254 (2009) S. 9–19.
J.-B. DUROSELLE, Histoire diplomatique de 1919 à nos jours, Paris 1966.
Y. LE NAOUR, La honte noire : l'Allemagne et les troupes coloniales françaises, 1914–1945, Paris 2003.
S. JEANNESSON, Poincaré, la France et la Ruhr (1922–1924): histoire d'une occupation, Strasbourg 1998.
F.-A. PAOLI, L'Armée française de 1919 à 1939, 4 Bde., Paris 1969–1974.
E. PÉNICAULT, « L'armée française en Sarre, 1918–1930 », in: Revue historique des armées, 254 (2009), S. 20–28.
R. POIDEVIN/J. BARIÉTY, Les relations franco-allemandes, 1815–1975, Paris 1977.
G.-H. SOUTOU, La Grande Illusion, Quand la France perdait la paix, 1914–1920, Paris 2015.

Zusammenfassung

Die französische Besetzung deutscher Gebiete nach dem Ersten Weltkrieg war auf französischer Seite von Zwiespältigkeit geprägt, die bereits in der Erklärung von General Mangin an die einmarschierenden französischen Truppen Ende 1918 zum Ausdruck kam: Diese sollten die von Deutschen im Krieg auf französischem Boden begangenen Gräuel nicht vergessen, sich aber als Besatzer des Sieges würdig erweisen und sich nicht zu barbarischen Aktionen hinreißen lassen.

Die Besatzung der deutschen Gebiete links und z. T. rechts des Rheins erfolgte auf der Grundlage des Waffenstillstandes von 1918 und später des Versailler Friedensvertrages sowie des Rheinlandabkommens. Zwar hegte insbesondere Marschall Foch Annektionspläne zu Lasten Deutschlands, diese scheiterten jedoch am Widerstand der Briten und Amerikaner. Daher zielte die Besatzung vor allem darauf ab, die Ausführung der Friedenbedingungen zu garantieren, insbesondere die Erfüllung der Reparationsforderungen durch Deutschland. Die Zahl der Besatzungssoldaten schwankte bis 1923 zwischen 100.000 und 220.000 Mann, die Kosten für sie hatte Deutschland zu tragen.

Das Verhältnis zwischen der französischen Besatzungsmacht und der deutschen Zivilbevölkerung war wechselhaft, zeichnete sich letztlich aber durch wachsendes Misstrauen und zunehmende Spannungen aus. Denn den Bemühungen Frankreichs um korrekte Behandlung der Bevölkerung standen starke Belastungen gegenüber, die sich aus der Besatzungssituation ergaben: Requisitionen öffentlicher Gebäude und Einquartierungen zur Unterbringung der Truppen, Pressezensur etc. Verschärft wurden die Ressentiments auf deutscher Seite nicht zuletzt durch die rassistisch geprägte Propaganda aus dem nichtbesetzen Deutschland gegen den Einsatz von Truppen aus den französischen Kolonien im Besatzungsgebiet.

Die Besatzungszeit deutscher Gebiete nach dem Ersten Weltkrieg kann letztlich als »Kalter Krieg« zwischen Deutschland und Frankreich gewertet werden, der in den Jahren 1918 bis 1920 seinen Anfang nahm, sich dann bis 1923 steigerte und in der Ruhrkrise 1923 seinen Höhepunkt fand.

Kriegsende und Besetzung der Pfalz Ende 1918 im Spiegel der pfälzischen Presse

VON ARMIN SCHLECHTER

Die linksrheinische Pfalz wurde bis zum Ende des Ersten Weltkriegs von direkten Kampfhandlungen verschont, da sich der Krieg im Westen in erster Linie auf belgischem und französischem Territorium abspielte. Allerdings litt sie unter Flugzeugangriffen, unter der seit Kriegsbeginn bestehenden Militärverwaltung und der immer schwierigeren Ernährungslage. Die immer prekärer werdende militärische Lage wurde der Öffentlichkeit in den in der pfälzischen Presse abgedruckten Heeresberichten ab Ende September 1918 mehr und mehr deutlich gemacht. Diese offiziellen Verlautbarungen ließen keine Zweifel daran, dass das deutsche Heer an der Westfront die Vorstöße der zahlenmäßig überlegenen Truppen der Entente lediglich noch aufhalten konnte, beziehungsweise die Frontlinien nach und nach zurückverlegen musste. Hinzu kamen sich häufende Meldungen über die Verbündeten Bulgarien, Türkei und Österreich-Ungarn, die nach und nach um einen Waffenstillstand baten und aus dem Krieg ausschieden.

Nach einer Erhebung vom April 1915 erschienen in der Pfalz mehr als 60 Zeitungen, die Pflichtexemplare ablieferten; allerdings zeigten nur wenige, darunter das ›Rheinische Volksblatt‹ oder die ›Pfälzische Post‹, eine gewisse Selbständigkeit[1]. Mit dem Übergang zur Militärverwaltung in der Pfalz am 31. Juli 1914 fiel dieser auch die Ausübung der Zensur zu. Betroffen waren hiervon militärische Nachrichten, die vor der Veröffentlichung vorzulegen waren, mehr und mehr aber auch Artikel über die sich zunehmend verschärfende Ernährungslage. Unterdrückt wurden auch Berichte über Luftangriffe auf pfälzische Städte, was bei der Bevölkerung Verunsicherung auslöste und die Entstehung von Gerüchten begünstigte. In der Summe wurden Zensurmaßnahmen in der pfälzischen Presse bis Ende 1918 aber nur selten angewandt. Nach einer kurzen zensurfreien Zeit zwischen Kriegsende und Besetzung übernahm die französische Militärverwaltung die Kontrolle der pfälzischen Presse[2].

Ab September 1918 herrschte in der pfälzischen Öffentlichkeit eine große Unsicherheit, was die Zukunft betraf. Die wichtigsten Aspekte waren der offensichtlich sich dem Ende nähernde Krieg, die Kriegsziele der einzelnen Entente-Staaten sowie die parallel verlaufenden revolutionären Ereignisse in Deutschland. Unter fehlenden oder wider-

---

[1] H. THALMANN, Die Pfalz im Ersten Weltkrieg. Der ehemalige bayerische Regierungskreis bis zur Besetzung Anfang Dezember 1918, Kaiserslautern 1990, S. 229–237.
[2] Ebd., S. 227, 229f., 237–240.

sprüchlichen Informationen in dieser Zeit litt auch die pfälzische Pressearbeit. Im Folgenden sollen Kriegsende und Besetzung der Pfalz von Oktober bis Dezember 1918 auf der Grundlage ausgewählter regionaler Zeitungen nachgezeichnet werden. Ausgewertet wurden in erster Linie die nationalliberale ›Speierer Zeitung‹, das dem Zentrum nahestehende, ebenfalls in Speyer produzierte ›Rheinische Volksblatt‹, die sozialdemokratische, in Ludwigshafen erscheinende ›Pfälzische Post‹ sowie der vergleichsweise liberale, in Zweibrücken verlegte ›Pfälzische Merkur‹[3].

Zwischen Kriegsende und Waffenstillstand

Vor dem Hintergrund der sich zuspitzenden militärischen Lage erschienen ab Anfang Oktober 1918 die ersten Zeitungsartikel, die davor warnten, dass sich der Krieg in die Pfalz und in andere westdeutsche Gebiete verlagern könnte. Sie hatten einerseits die Funktion von Durchhalteappellen, andererseits spielten die großen Zerstörungen, die das deutsche Heer in Belgien und Frankreich unter dem Decknamen ›Alberich‹ beim Rückzug auf die Siegfried-Stellung 1917 angerichtet hatte[4], und die Furcht vor entsprechenden französischen Racheaktionen eine große Rolle. Am 2. Oktober 1918 druckten das ›Rheinische Volksblatt‹ und die ›Pfälzische Post‹ einen Artikel des ›Berliner Tageblatts‹ nach, das sich auf den Londoner ›Daily Express‹ berief. Ferdinand Foch (1851–1929)[5], Oberbefehlshaber der alliierten Truppen an der Westfront und Marschall von Frankreich, habe auf eine Anfrage nach Friedensmöglichkeiten geantwortet, dass selbst dann nicht daran gedacht werden könne, wenn *die alliierten Heere am Rhein stehen* würden. *Der Friede*, so Foch weiter, *den Frankreich brauche, könne erst nach völliger Vernichtung und Zertrümmerung Deutschlands geschlossen werden*. Die ›Pfälzische Post‹ ordnete diese Äußerung als *Stimmungsmache* ein[6]. Am gleichen Tag schrieb die ›Speierer Zeitung‹, *daß dem deutschen Volke die ernsteste Stunde des Krieges geschlagen* habe: *Unmöglicher als je ist heute eine Verständigung mit unseren Feinden. Sie wollen Deutschland in eine Wüste verwandeln. Sie sehen sich schon im Geiste die Trümmerstätten unseres ganzen Industriegebietes umjubeln, und ihre Zerstörungswut kennt keine Grenzen mehr*[7]. Unter der Überschrift *Wenn die Westfront bräche* druckte dasselbe Blatt am 5. Oktober 1918 eine apokalyptische Vision aus dem ›Vorwärts‹ und der ›Münchner Post‹ nach: *Deutsche Städte gehen in Rauch und Flammen auf. Flüchtlingsscharen wälzen sich ostwärts, ihr Zug*

---

[3] Die Liste der Zeitungen bei THALMANN, Pfalz (wie Anm. 1), S. 231–237 enthält für die meisten der pfälzischen Blätter Angaben zur politischen Ausrichtung, zum Zielpublikum und zur Auflage. Zu den Zeitungen in Ludwigshafen in der Zeit des Ersten Weltkriegs siehe S. MÖRZ, Vom Westboten zur Rheinpfalz. Die Geschichte der Presse im Raum Ludwigshafen. Von den Anfängen bis zur Gegenwart, Ludwigshafen 1994, S. 67–79.

[4] M. GEYER, Rückzug und Zerstörung 1917, in: G. HIRSCHFELD/G. KRUMEICH/I. RENZ (Hgg.), Die Deutschen an der Somme 1914–1918. Krieg, Besatzung, verbrannte Erde, Essen ^{4}2016, S. 231–247.

[5] H. DUCHÈNE-MARULLAZ, Foch (Ferdinand), in: M. PREVOST/R. D'AMAT/H. TRIBOUT DE MOREMBERT (Hgg.), Dictionnaire de Biographie Française 14, Paris 1979, Sp. 153–157.

[6] Rheinisches Volksblatt, 2. Oktober 1918, Nr. 229, S. 1; Pfälzische Post, 2. Oktober 1918, Nr. 231, S. 3.

[7] Speierer Zeitung, 2. Oktober 1918, Nr. 229, S. 3.

vermischt sich mit dem des ordnungslos zurückflutenden Heeres [...] Die Nahrungsmittelzufuhr [...] versagt jetzt ganz. Auf den Straßen sieht man Menschen, die sich plötzlich um sich selbst drehen und dann niederstürzen, vom Hunger getötet. Dieser Friede werde die *Hölle auf Erden sein, schlimmer sein selbst als Krieg*[8]. Am 16. Oktober 1918 veröffentlichte die ›Pfälzische Post‹ eine nichtamtliche Berliner Meldung, die über die *Französische Forderung nach Repressalien* in der *französischen Presse* berichtete. Verlangt werde vom »Comité national d'action pour le réparation integrale des dommages causes par la guerre«, das im Oktober 1914 vom französischen Ingenieur Léon Francq (1848–1930)[9] gegründet worden war, *Vergeltung für alle Städte, Dörfer und Kunstbauten [...], die die Deutschen auf ihrem Rückzug zerstört haben* sollen: *Stadt für Stadt, Dorf für Dorf, Kirche für Kirche, Schloß für Schloß, Eigentum für Eigentum*[10].

Schon vor Abschluss des Waffenstillstandsvertrags am 11. November 1918 veröffentlichte die pfälzische Presse hierzu teils widersprüchliche Einzelheiten. Bereits am 2. November 1918 bezeichnete die ›Pfälzische Post‹ als eine der Bedingungen die *Räumung der Pfalz*. Sie wurde dafür am 4. November 1918 vom ›Rheinischen Volksblatt‹ massiv angegriffen; es handle sich um *Sensationsmeldungen* und *ganz leichtfertiges Geschwätz*[11]. Aber schon einen Tag später gab die ›Pfälzische Post‹ auf der Grundlage *Genfer Blätter* die Waffenstillstandsbedingungen, darunter die *Räumung des linken Rheinufers, Elsaß-Lothringens und der Pfalz*, im Kern korrekt wieder[12]. Mit einer widersprüchlichen Meldung sorgte das ›Rheinische Volksblatt‹ am 9. November 1918 für weitere Verwirrung: *Unter der hiesigen Bevölkerung werden seit einigen Tagen aufregende Gerüchte über die Räumung der Pfalz verbreitet, die einer Grundlage entbehren. Wie man uns von autoritativer Seite mitteilt, handelt es sich um ein grundloses Gerede. Die zuständigen Behörden haben zugesichert, daß bei einer etwa nötigen Räumung die Bevölkerung derart rechtzeitig benachrichtigt würde, daß alle Räumungsmaßnahmen in Ruhe getroffen werden können*[13].

Die Annahme der Waffenstillstandsbedingungen durch das Deutsche Reich am 11. November 1918 brachte allerdings auch noch keine endgültige Klarheit über das Schicksal der Pfalz. Sämtliche Blätter druckten die Bedingungen gekürzt oder in voller Länge ab. Von besonderer Bedeutung für die Pfalz war Artikel 5: *Räumung des linken Rheinufers durch die deutschen Armeen. Das linke Rheinufer wird durch die örtlichen Behörden unter Aufsicht der Besatzungstruppen der Verbündeten und der Vereinigten Staaten verwaltet. Die Truppen der Verbündeten und die Vereinigten Staaten werden die Besetzung dieser Gebiete sichern, indem sie die hauptsächlichsten Rheinübergänge (Mainz, Koblenz, Köln), inbegriffen je eines Brückenkopfes von 30 Kilometer Durchmesser auf dem rechten Ufer und außerdem die strategischen Punkte des Gebietes besetzen*, so die ›Pfälzische Post‹ am 13. November 1918[14]. Ein Kommentar im ›Rheinischen Volksblatt‹ vom 11. Novem-

---

[8] Speierer Zeitung, 5. Oktober 1918, Nr. 232, S. 1.
[9] S. Bégué, Francq (Léon), in: Prevost/d'Amat/Tribout de Morembert (wie Anm. 5), Sp. 1091 f.
[10] Pfälzische Post, 16. Oktober 1918, Nr. 244, S. 2.
[11] Rheinisches Volksblatt, 4. November 1918, Nr. 256, S. 1; Thalmann, Pfalz (wie Anm. 1), S. 367 f.
[12] Pfälzische Post, 5. November 1918, Nr. 261, S. 2.
[13] Rheinisches Volksblatt, 9. November 1918, Nr. 261, S. 4 f.
[14] Pfälzische Post, 13. November 1918, Nr. 270, S. 1; Thalmann, Pfalz (wie Anm. 1), S. 368 f.

ber 1918 interpretierte diesen Paragraphen falsch: *Wenn auch nach den bekanntgegebenen Waffenstillstandsbedingungen die Pfalz militärisch geräumt werden muß, so bleibt sie doch von einer Besetzung verschont und auch auf die Annexion der Pfalz scheint die Entente, entgegen ihren früheren Plänen und Absichten nicht zu bestehen*[15]. Nützlicher war ein von Albert Zapf (1870–1940), Rechtsanwalt am Oberlandesgericht in Zweibrücken[16], namentlich gezeichneter Beitrag im ›Pfälzischen Merkur‹, der die einzelnen Bestimmungen des Abkommens erläuterte. Zapf ließ keinen Zweifel daran, dass die Pfalz von *feindlichen Truppen besetzt* werde, auch wenn deren Nation noch nicht feststehe. Nicht geregelt sei auch die Frage *des Verkehr[s] mit dem rechtsrheinischen Deutschland*[17]. Am 14. November 1918 publizierte das ›Rheinische Volksblatt‹ den Inhalt einer Rede des amerikanischen Staatssekretärs Robert Lansing (1864–1928) vor dem *Senatsausschuß zu den Waffenstillstandsbedingungen*. Die Besetzung der linksrheinischen Gebiete sei nur eine *vorübergehende Maßnahme: Je schneller der Friede zustande kommt und je schneller Deutschland seinen Anschluß an die großen Demokratien sucht, desto schneller wird auch das linke Rheinufer geräumt werden*[18].

Um den 15. November 1918 setzten in den pfälzischen Zeitungen Aufrufe verschiedener Institutionen ein, die die pfälzische Bevölkerung davor warnten, angesichts der zu erwartenden Besetzung ihre Heimat zu verlassen. So druckte die ›Pfälzische Post‹ an diesem Tag eine von Albrecht Matthes, Oberbefehlshaber des Arbeiter- und Soldatenrates beim stellvertretenden Generalkommando[19] und General Ludwig von Gebsattel (1857–1930)[20] in Würzburg gezeichnete, entsprechende Verlautbarung ab: [...] *Da die Räumung kampflos erfolgt, hat die Pfalz keinerlei Schrecknisse des Krieges zu gewärtigen. Es wird jeder Bewohner der Pfalz dringend ersucht, nicht zu flüchten, sondern ruhig in seiner Wohnstätte zu bleiben [...] Würden die rechtsrheinischen Gebiete mit Flüchtlingen überschwemmt, so würde eine Katastrophe in Bezug auf Verpflegung eintreten. Auch würden die Flüchtlinge größtenteils obdachlos werden, da rechts des Rheines starke Belegungen mit Truppen eintreten werden [...] Der Feind will Euch keinen Schaden zufügen, wenn Ihr bei Eurem Hab und Gut bleibt. Wer aber sein Eigentum verläßt, läuft Gefahr, daß er Einbuße erleidet [...]*[21].

Am 18. November 1918 meldeten sich der pfälzische Regierungspräsident Theodor von Winterstein (1861–1945)[22] und der Vertreter des Vollzugsausschusses für die Pfalz in

---

[15] Rheinisches Volksblatt, 11. November 1918, Nr. 262, S. 3.
[16] V. Carl, Lexikon Pfälzer Persönlichkeiten, Edenkoben ³2004, S. 973 f.
[17] A. Zapf, Der Rechtszustand der Pfalz nach der Besetzung durch feindliche Truppen, in: Pfälzischer Merkur, 15. November 1918, Nr. 269, S. 1 f.
[18] Rheinisches Volksblatt, 14. November 1918, Nr. 265, S. 1.
[19] B. Köttnitz-Porsch, Novemberrevolution und Räteherrschaft 1918/19 in Würzburg, Würzburg 1985, S. 46, 51 f., 54.
[20] M. Buchner, Gebsattel, Ludwig Freiherr von, in: A. Chroust (Hg.), Lebensläufe aus Franken 5, Erlangen 1936, S. 85–100.
[21] Pfälzische Post, 15. November 1918, Zweites Blatt zu Nr. 272, S. 1; A. Schlechter, Kriegsende, in: M. Krauss/W. Rummel (Hgg.), »Heimatfront«. Der Erste Weltkrieg und seine Folgen im Rhein-Neckar-Raum (1914–1924), Ubstadt-Weiher u. a. 2014, S. 190 f.
[22] W. Schineller, Die Regierungspräsidenten der Pfalz. Festgabe zum 60. Geburtstag des Regierungspräsidenten Hans Keller am 6. Mai 1980, Speyer 1980, S. 63 f.

Speyer Friedrich Ackermann (1876–1949)²³ zu Wort und sprachen ein Verbot für die Zivilbevölkerung aus, *das nach den Waffenstillstandsbestimmungen von uns militärisch zu räumende linksrheinische Gebiet [...] zu verlassen*²⁴. Etwa zeitgleich äußerte sich die deutsche Waffenstillstandskommission. Sie bekräftigte die die linksrheinischen Gebiete betreffenden Garantien der Waffenstillstandsvereinbarung und betonte, dass der *Zusammenhang der linksrheinischen Gebiete mit dem deutschen Reich [...] in keiner Weise [...] angetastet* werde. Da *Leben und Eigentum der Bevölkerung [...] nicht gefährdet* seien, handele sie *richtig, wenn sie ihren Wohnsitz nicht verläßt und auch sonst keine unüberlegten Maßnahmen trifft, um eingebildeten Gefahren zu begegnen*²⁵.

In Artikel 6 der Waffenstillstandsbestimmungen wurde die *Fortführung von Einwohnern* der besetzten Gebiete *untersagt*. Von großer Bedeutung für die deutschen Soldaten war ein Zusatz zu Artikel 5: *Von den Einwohnern wird niemand wegen des Verübens oder der Teilnahme an Kriegshandlungen vor Unterzeichnung des Waffenstillstandes verfolgt werden*²⁶. Am 21. November 1918 teilte das Oberkommando der Truppen in der Pfalz mit, dass alle sich in diesem Gebiet *aufhaltenden Wehrpflichtigen [...] bis zum Eintreffen der Entente-Truppen im Besitz eines militärischen Entlassungsscheines sein* müßten²⁷. Zwei Tage später präzisierte eine weitere Meldung des Oberkommandos der Truppen in der Pfalz die Lage ehemaliger deutscher Soldaten: *Nach Mitteilung der Waffenstillstandskommission in Spaa können zufolge Uebereinkunft mit Marschall Foch alle demobilisierten Personen einschließlich Offiziere in der Pfalz wohnen bleiben oder dahin zurückkehren, sofern sie vor dem Kriege daselbst ihren Wohnsitz hatten*²⁸. Am 25. November 1918 warnte dann der Regierungspräsident der Pfalz ehemalige Soldaten dringend vor dem *Tragen militärischer Bekleidungsstücke [...], da sonst Fortnahme und Abführung durch den besetzenden Teil zu erwarten* sei²⁹. Bereits am 21. November 1918 war Matthias Erzberger (1875–1921), Zentrumspolitiker und Staatssekretär³⁰, im Namen der deutschen Waffenstillstandskommission Gerüchten entgegengetreten, *dass die im wehrfähigen Alter stehende männliche Bevölkerung entweder als Kriegsgefangene oder zu Arbeitszwecken nach Belgien oder Nordfrankreich weggeführt würde*³¹. Das ›Rheinische Volksblatt‹ kolportierte am 22. November 1918 *furchtbare Rachsucht bei allen französischen Stellen*, die nur auf einen Vorwand warteten, um im rechtsrheinischen Deutschland einzumarschieren³². Am 26. November 1918 druckte dasselbe Blatt unter der Überschrift *Siegerstimmung in Frankreich* die Meldung, das *deutsche Volk* müsse sich *mit dem Gedanken vertraut*

---

²³ H. THALMANN, Die pfälzische Sozialdemokratie in der Zeit des Ersten Weltkriegs, in: M. GEIS/G. NESTLER (Hgg.), Die pfälzische Sozialdemokratie. Beiträge zu ihrer Geschichte von den Anfängen bis 1948/49, Edenkoben 1999, S. 283–287.
²⁴ Speierer Zeitung, 18. November 1918, Nr. 268, S. 2; Rheinisches Volksblatt, 16. November 1918, Nr. 267, S. 6.
²⁵ Speierer Zeitung, 18. November 1918, Nr. 269, S. 1.
²⁶ Pfälzische Post, 13. November 1918, Nr. 270, S. 1 f.
²⁷ Pfälzische Post, 21. November 1918, Nr. 277, S. 3.
²⁸ Pfälzische Post, 23. November 1918, Nr. 279, S. 1.
²⁹ Pfälzische Post, 25. November 1918, Zweites Blatt zu Nr. 280, S. 1.
³⁰ Klaus EPSTEIN, Erzberger, Matthias, in: NDB 4 (1959), S. 638–640.
³¹ Speierer Zeitung, 21. November 1918, Nr. 271, S. 1.
³² Rheinisches Volksblatt, 22. November 1918, Nr. 272, S. 2.

machen, daß bei den bevorstehenden Friedensverhandlungen sein härtester und rücksichtsloser Widersacher Frankreich sein werde[33].

Die Frage der Verpflegung sowohl der Bevölkerung als auch der Besatzungstruppen spielte eine wichtige Rolle. Schon am 15. November 1918 erschien eine Meldung, gemäß der der pfälzische Regierungspräsident von Winterstein sich an das bayerische Staatsministerium des Inneren gewendet habe, da *die in der Pfalz vorhandenen Vorräte schon für die pfälzische Zivilbevölkerung nicht ausreichen* und *einzuquartierende Truppen* nicht versorgt werden könnten. Das stellvertretende Generalkommando in Würzburg teilte daraufhin mit, daß die Besatzungstruppen aus *militärischen Beständen* verpflegt werden sollten[34]. Am gleichen Tag glossierte die ›Pfälzische Post‹ Meldungen über geplante Zusagen von Lebensmittellieferungen nach Deutschland durch die Entente, die in der Furcht vor revolutionären Ereignissen begründet seien: *Zweifellos hat die Entente die Lebensversorgung Deutschlands, deren Umfang ihrem Gutdünken überlassen bleibt,* [nicht] *aus purer Menschenliebe bewilligt. Zu einem gewissen Grade hat die Furcht vor der Erregung bolschewistischer Zustände, die von Deutschland nach West-Europa hinüber wirken könnten, mitgewirkt*[35].

Die ›Speierer Zeitung‹ berichtete am 23. November 1918 über eine Stadtratssitzung am Vortag, bei der über die bevorstehende Besetzung beraten wurde. Stadtrat Hermann Vollmer[36] thematisierte *die große Unruhe* in der Bevölkerung, *wie die Besetzung durchgeführt werde,* und nahm zur Frage der Requisitionen Stellung. Sie beträfen nur *Lebensmittel; niemand* müsse wegen des *Privateigentums Befürchtungen* hegen. In keinem Fall dürften aber die Besatzungstruppen provoziert werden; so solle man *Bilder und Büsten von deutschen Fürsten* entfernen. Stadtrat Wilhelm Krebs[37] appellierte an die Frauen, nicht *zu freundlich* zu sein; *wenn man lese, daß in den von uns besetzt gehaltenen Gebieten jetzt Gerichte über jene abgehalten würd*[en], *die sich angeblich mit der Besatzung zu weit eingelassen hätten, so müsse befürchtet werden, daß solche Fälle auch bei uns vorkämen*[38].

Das ›Rheinische Volksblatt‹ meldete am 22. November 1918, dass der *gesamte Postverkehr, insbesondere der Telephon- und Telegraphenverkehr, in den vom Feind zu besetzenden links- und rechtsrheinischen Gebieten in vollem Umfang aufrechterhalten* werde, wenn auch *unter Kontrolle des Feindes,* weiter auch der *Güterverkehr*[39]. Noch am Folgetag wiederholte die Zeitung unter der Überschrift *Die Besetzung des linken Rheinufers* die irreführende Meldung, *nur Rheinübergänge* und Brückenköpfe würden besetzt. Wie die genannten Orte zeigen, bezog sich der Artikel aber nicht auf die Pfalz, sondern lediglich auf das nördlich beziehungsweise südlich anschließende rheinische sowie badische Gebiet[40].

---

[33] Rheinisches Volksblatt, 26. November 1918, Nr. 275, S. 3.
[34] Rheinisches Volksblatt, 15. November 1918, Nr. 266, S. 3; Pfälzische Post, 15. November 1918, Zweites Blatt zu Nr. 272, S. 2.
[35] Pfälzische Post, 15. November 1918, Zweites Blatt zu Nr. 272, S. 3.
[36] H. FENSKE, Speyer in der Weimarer Republik (1918 bis 1933), in: W. EGER (Red.), Geschichte der Stadt Speyer, Bd. 2, Stuttgart u. a. ²1983, S. 314, 330.
[37] DERS., Speyer im 19. Jahrhundert (1814–1918), in: W. EGER (Red.) (wie Anm. 36), S. 244.
[38] Speierer Zeitung, 23. November 1918, Nr. 273, S. 2.
[39] Rheinisches Volksblatt, 22. November 1918, Nr. 272, S. 3.
[40] Rheinisches Volksblatt, 23. November 1918, Nr. 273, S. 3.

Auseinandersetzungen um die künftige staatliche Zugehörigkeit der Pfalz

Schon früh wurde in der pfälzischen Presse die Frage der künftigen staatlichen Zugehörigkeit der Pfalz thematisiert. Die ›Speierer Zeitung‹ vom 23. Oktober 1918 griff *Gerede [...] unter den Schwachmütigen und Verzagenden, den Unbesonnenen und Voreiligen [...]* an: *Da soll Alles verloren sein, der Feind in 3 Wochen im Land stehen [...] Manche,* so das Blatt weiter, *von den Allzuvielen geben auch jedes vaterländische Ehrgefühl preis und ergehen sich dumm und gedankenlos oder frech und herausfordernd in Redensarten wie: Da werden wir halt französisch; da zahlen wir halt unsere Steuern an Frankreich*[41]. Über die Frage der künftigen Zugehörigkeit der Pfalz zu Bayern nahm der aus Zweibrücken stammende pfälzische SPD-Abgeordnete Friedrich Profit (1874–1951)[42], der 1919 entschieden gegen die separatistischen Kreise in der Pfalz kämpfte, am 10. November 1918 im Speyerer Stadtsaal in einer Rede Stellung. Er sprach *gewisse phantastische Pläne* in der Pfalz an, bekannte sich selbst aber zu Bayern, wie das ›Rheinische Volksblatt‹ berichtete. Auch die Münchener Revolutionsregierung selbst, so die Zeitung weiter, zeige das *feste Bestreben [...], die Pfalz unter keinen Umständen von Bayern loslösen zu lassen*[43]. Am 19. November 1918 griff die ›Pfälzische Post‹ unter der Überschrift *Und die Pfalz?* die ›Frankenthaler Zeitung‹ an, ein *bürgerliches, nationalliberales Blatt*, in dem am 14. November 1918 ein *Leitartikel* erschienen sei, *worin sie die Trennung der Pfalz von Bayern fordert. Die Pfalz soll an Elsaß oder Baden, aber nicht an Hessen angegliedert werden*[44].

Im ›Pfälzischen Kurier‹ wurde am 23. November 1918 die *räumliche Abgeschiedenheit der Pfalz* von Bayern als Grund für separatistische Pläne bezeichnet, zwei Tage später dann von im Rheinland entstandenen Plänen berichtet, aus den linksrheinischen Gebieten und Hessen einen eigenen Staat zu bilden[45]. Unter der Überschrift *Geheime Pläne* verbreitete das ›Rheinische Volksblatt‹ unter Berufung auf eine Berliner Quelle am 21. November 1918 Informationen, die deutsche *sozialistische Kreise* aus der Schweiz erhalten hätten. In *französischen chauvinistischen Kreisen* bestehe die *Absicht, das linke Rheinufer solange besetzt zu halten, bis alle Entschädigungen voll bezahlt werden. In dieser Zeit soll unter der rheinischen Bevölkerung eine großzügige Werbetätigkeit entfaltet werden, um sie zum Anschluß an Frankreich zu bewegen und schließlich in irgend einer Form eine Entscheidung in diesem Sinne zu erhalten, die es ermöglicht, den Anschluß als freien Willen der linksrheinischen Bevölkerung auszugeben. Feindliche [...] Agenten* würden dies durch *Aussicht auf bessere Ernährungsverhältnisse und durch Vorspiegelung geringerer Steuerlasten* zu erreichen versuchen[46].

In die Diskussion um die Zukunft der Pfalz mischten sich auch französische Zeitungen ein, wie pfälzische Blätter am 22. November 1918 berichteten. Im Zusammenhang mit Elsass-Lothringen habe der ›Temps‹ eine Karte veröffentlicht, *worin die Grenze von*

---

[41] Speierer Zeitung, 23. Oktober 1918, Nr. 247, S. 3.
[42] W. BREUNIG, Friedrich Profit (1874–1951). Vom Eisenbahner zum Parteiführer, in: GEIS/NESTLER (wie Anm. 23), S. 380–386.
[43] Rheinisches Volksblatt, 11. November 1918, Nr. 262, S. 3; vgl. auch Pfälzischer Merkur, 10. November 1918, Nr. 264a, S. 2; THALMANN, Pfalz (wie Anm. 1), S. 369f.
[44] Pfälzische Post, 19. November 1918, Nr. 275, S. 1; THALMANN, Pfalz (wie Anm. 1), S. 370.
[45] THALMANN, Pfalz (wie Anm. 1), S. 371, 466 Anm. 29f.
[46] Rheinisches Volksblatt, 21. November 1918, Nr. 271, S. 3.

1815 mit dem Bezirke von Landau und dem Saarbrückener Bezirk als zu Frankreich gehörend bezeichnet wird. »Petit Parisien« verlangt die Herausgabe dieser Bezirke, namentlich von Saarlouis, Saarbrücken und Landau an Frankreich. Er verlangt ferner, eine Klausel in den Friedensvertrag aufzunehmen, daß niemals wieder eine deutsche Garnison auf das linke Rheinufer kommen dürfe. Ein derartiger Pufferstaat sei zur Sicherstellung von Paris vor neuen, wenn auch unwahrscheinlichen Gelüsten Deutschlands notwendig[47].

Ende November und Anfang Dezember 1918 kam es zu zwei Kontroversen zwischen pfälzischen Personen beziehungsweise Amtsträgern und der bayerischen Revolutionsregierung unter Ministerpräsident Kurt Eisner (1867–1919)[48] sowie dessen Minister für Unterricht und Kultus Johannes Hoffmann (1867–1930)[49], der aus dem pfälzischen Ilbesheim stammte. Am 17. November 1918 hatte der konservative Zweibrückener Justizrat Wenz einen Brief an den mit ihm persönlich bekannten Hoffmann geschrieben, der wenige Tage später veröffentlicht wurde. Wenz bezog sich auf Eisners Antrittsrede, in der er versprochen habe, *daß kein Feind bayerischen Boden betreten werde. Es ist ihm*, so der Justizrat weiter, *da offenbar gegangen wie der früheren bayerischen Regierung stets*, die die Pfalz *nicht zu Bayern* gerechnet hätte: *Aber die Rheinpfalz darf doch wohl, wenn sie bei Bayern bleiben soll und die Franzosen dies gestatten, verlangen, daß sie künftighin im freien Volksstaate Bayern ebenso wie der rechtsrheinische Teil behandelt wird und nicht stiefmütterlich wie zu den Zeiten des so jäh verblichenen Königtums*. Weiter wandte sich Wenz scharf gegen das Requisitionsrecht, das den Besatzungstruppen in Artikel 9 der Waffenstillstandsbedingungen zugestanden worden war[50]. Am 28. November 1918 folgte ein weiterer Brief des Konservativen Wenz. Ihn hätten *zahlreiche Zuschriften* auf seinen ersten Brief zum Teil mit *begeisterte[r] Zustimmung* erreicht. *Die meisten Zuschriften*, so Wenz weiter, *betonen, daß uns mit Bayern keinerlei Bande mehr verknüpfen, nachdem die dynastischen gerissen sind. Was hatten wir von Bayern?, fragen alle! Nur ungern waren die letzten Wittelsbacher daran erinnert, daß die Wiege ihres Geschlechtes in der Pfalz steht. Die Pfalz diente nur als Austauschgegenstand [...] Die Pfalz war eine stets ergiebige Steuerquelle [...] Sie selbst wurde stets beiseite geschoben, noch in diesem vernichtenden Krieg, insbesondere in der Frage der Versorgung mit Lebensmitteln und Gegenständen des täglichen Bedarfs, geradezu als Ausland behandelt*. Hieran schloss sich ein massiver, teils antisemitischer Angriff auf die bayerische Revolutionsregierung an, gegen Kurt Eisner, *geborener Berliner und Abkömmling eines polnischen Juden namens Veilchenblau und ein paar Sozzen; Rüpel aus der Shakespearekomödie* seien nun *allen Ernstes Herrscher*. Dieser *nämliche Geist* habe *kampflos ohne zwingende Not vor dem triumphierenden Feinde weite, schönste Teile deutscher Erde* [ge]*räumt [...], seit Karthagos schmählichem Untergang der erste Fall*

---

[47] Pfälzische Post, 22. November 1918, Nr. 278, S. 2; Speierer Zeitung, 22. November 1918, Nr. 272, S. 1; Rheinisches Volksblatt, 22. November 1918, Nr. 272, S. 2.

[48] A. Ritthaler, Eisner, Kurt, in: NDB 4 (1959), S. 422 f.

[49] H. Fenske, Johannes Hoffmann (1867–1930), in: K. Baumann (Hg.), Pfälzer Lebensbilder 3, Speyer 1977, S. 267–299.

[50] Pfälzischer Merkur, 21. November 1918, Nr. 274, S. 2; Rheinisches Volksblatt, 22. November 1918, Nr. 272, S. 3; Thalmann, Pfalz (wie Anm. 1), S. 370 f.; G. Gräber/M. Spindler, Revolverrepublik am Rhein. Die Pfalz und ihre Separatisten, Bd. 1: November 1918–November 1923, Landau 1992, S. 34 f.

in der Weltgeschichte[51]. Am Folgetag antworteten Christian Schwartz (1877–1941) und Wilhelm Wittenmeier[52] vom Volksrat Zweibrücken auf den Brief. Sie stimmten Wenz zu, was das Verhältnis Bayern und Pfalz betraf, resümierten aber auch, *daß der bayer. Staatskarren vollständig verfahren war, als die neue Regierung die Geschäfte übernahm.* Die *bürgerlichen Parteien* drückten sich nun, *gekränkten Ehrgeizes wegen, von der Mitarbeit.* Weiter trat der Volksrat der Dolchstoßlegende von Wenz entgegen: *Also Kampf bis zum Weißbluten, trotz der Waffenstillstandsforderungen der obersten Heerführer? [...] Der Zusammenbruch der Armee soll auf die sozialistische Wühlarbeit zurückzuführen sein. Von der Zinne eines Anwaltsbüros leicht behauptet*[53]. In einem weiteren, am 30. November 1918 abgedruckten Brief versuchte Wenz, den Volksrat zu widerlegen, der ihm am 2. Dezember 1918 antwortete und ihm, wie auch schon am 29. November 1918, Korruption bei der Zuckerverteilung in der Kriegszeit vorwarf. Am gleichen Tag erschien allerdings die Meldung, dass der *Volksrat Zweibrücken* vom *Oberbefehlshaber* der französischen *Besatzungstruppen* nicht anerkannt und daher aufgelöst werde[54]. Am 30. November 1918 berichtete die ›Pfälzische Post‹ ausführlich über den Fall, hob hervor, dass die bayerische Regierung auf die Monita von Justizrat Wenz sehr wohl reagiert hätte, und verwies ihm mit deutlichen Worten seine antisemitischen Ausfälle[55].

Eine zweite Kontroverse entzündete sich nach einem Besuch des von Eugen Abresch (1867–1959), Guts- und Bergwerksbesitzer sowie von 1907 bis 1918 Mitglied des bayerischen Landtags[56], vertretenen Neustadter Arbeiter- und Soldatenrates im November 1918 in München, der nach seiner Rückkehr in die Pfalz der bayerischen Regierung vorwarf, dieses Gebiet aufgeben zu wollen. Am 30. November 1918 nahm Eisner selbst zu diesen Vorwürfen Stellung. Seine Regierung habe beim Besuch *weitestgehende Hilfeleistung* organisiert: *Herr Abresch verabschiedete sich mit Dankesworten von uns, aber unmittelbar darauf hat er durch seine Presse in der Pfalz verbreiten lassen, daß er von uns unter dem Eindruck geschieden sei, daß wir im rechtsrheinischen Bayern die Pfalz aufgegeben hätten. Warum denn das? Weil die Bourgeoisie in der Pfalz sich bereits anschickt, zu Frankreich überzugehen [...]* Sie *sagen sich eben: Deutschland ist wirtschaftlich ein niedergehendes Land, dort drüben aber bei der Entente werden wir einen wirtschaftlichen Aufschwung erleben und so richten wir uns nach dem Geschäft [...] Nicht die Franzosen wollen die Pfalz haben, sondern gewisse pfälzische Kreise wollen zu Frankreich [...] Wir verzichten nicht auf die Pfalz, unter keinen Umständen, weil gerade der Pfälzer den geistigen Wein im Temperament der Bayerischen Bevölkerung darstellt*[57]. Am 28. November 1918 glossierte die

---

[51] Pfälzischer Merkur, 28. November 1918, Nr. 280, S. 2; THALMANN, Pfalz (wie Anm. 1), S. 378–381.
[52] E. J. KEIM, Parteitage und Vorstände der pfälzischen Sozialdemokratie von 1889 bis 1919, in: GEIS/NESTLER (wie Anm. 23), S. 725; K. LEGRUM, Die Anfänge der Sozialdemokratie in Blieskastel, in: Saarpfalz. Blätter für Geschichte und Volkskunde 2003, Heft 2, S. 12.
[53] Pfälzischer Merkur, 29. November 1918, Nr. 281, S. 2.
[54] Pfälzischer Merkur, 30. November 1918, Nr. 282, S. 2, 2. Dezember 1918, Nr. 283, S. 1 f.
[55] Pfälzische Post, 30. November 1918, Nr. 285, S. 1.
[56] F. J. BAUER/D. ALBRECHT (Bearb.), Die Regierung Eisner 1918/19. Ministerratsprotokolle und Dokumente, Düsseldorf 1987, S. 45 Anm. 4, 87 f. u. Anm. 1, 91 f.
[57] Pfälzischer Merkur, 3. Dezember 1918, Nr. 284, S. 1; THALMANN, Pfalz (wie Anm. 1), S. 371–377; H. FENSKE, Bayern und die Pfalz, in: W. KREUTZ/K. SCHERER (Hgg.), Die Pfalz unter französischer Besetzung (1918/19–1930), Kaiserslautern 1999, S. 31.

›Pfälzische Post‹ diese Affäre an hervorgehobener Stelle unter der ironischen Überschrift *Die »Retter der Pfalz«*. Die Polemik gegen Eisner sei lediglich eine *durchsichtige Stimmungsmache gegen die bayerische Volksregierung*. Allerdings wurde auch die Vernachlässigung des *Anhängsel[s] Pfalz* durch die Regierung in München kritisiert: *Vielleicht ist es das Prinzip der neuen Regierung, lieber zu wenig als zu viel zu regieren und die Pfalz sich langsam an eine größere Selbständigkeit gewöhnen zu lassen, für die sie in absehbarer Zeit gute Verwendung haben kann*[58]. Am 2. Dezember 1918 veröffentlichte die ›Pfälzische Post‹ zu der Angelegenheit noch einmal ein Nachwort[59], und am 4. Dezember 1918 rechtfertigte sich die *Neustadter Deputation* im ›Pfälzischen Merkur‹, ihr Bericht habe nur ihren *persönlichen Eindruck* wiedergegeben[60]. Die Intentionen der konservativen pfälzischen Kreise, die die Revolution in München ablehnten, trafen sich mit der Furcht der französischen Besatzungsmacht vor einem Ausufern solcher Ereignisse in ihrem Besatzungsgebiet und insbesondere vor einem Übergreifen nach Frankreich; dies war einer der Gründe für den Einsatz von Kolonialtruppen, die an der politischen Entwicklung, so hoffte man, kein Interesse zeigten. Diese konservative Konvergenz führte auch zum Verbot von Arbeiter- und Soldatenräten, über das die konservative Presse, so das ›Rheinische Volksblatt‹, mit kaum verhohlener Befriedigung berichtete[61].

Am 26. November 1918 erschien im ›Rheinischen Volksblatt‹ als Teil der bereits erwähnten Kolumne *Siegerstimmung in Frankreich* eine weitere widersprüchliche Notiz zu den Intentionen der Franzosen: Sie *begnügen sich in Bezug auf Gebietserwerbungen mit Elsaß-Lothringen. Das übrige linke Rheinufer wollen sie [sich] nicht einverleiben, denn eine derartige Annexion würde, wie der »Temps« offen zugibt, die Folge haben, daß Frankreich deutsche Provinzen erhalten würde die nach dem Beispiel der Elsaß-Lothringer im deutschen Reichstag eine Protestpartei in der französischen Regierung bilden würden. Man will deshalb die Pfalz und Rheinpreußen nur als Pfand für die erhoffte Kriegsentschädigung militärisch besetzt halten, in der Erwartung, daß diese Kriegsentschädigung möglichst hoch bemessen wird, damit sie vielleicht überhaupt nie getilgt werden kann*[62].

Unter der Überschrift *Eine fette Ente* druckte die ›Pfälzische Post‹ am 30. November 1918 eine Meldung der ›Neuen Badischen Landeszeitung‹ nach. Diese hatte publiziert, daß *höhere französische Offiziere, die sich jetzt in Elsaß-Lothringen aufhalten, an die Regierungsinstanzen in der Pfalz und in Rheinhessen die Anfrage haben stellen lassen, ob sie nicht gewillt seien, sich unter französische Herrschaft zu stellen. Eine Antwort ist selbstverständlich auf diese Frage nicht erteilt worden. Bei den pfälzischen Regierungsinstanzen*, so der Kommentar der ›Pfälzischen Post‹, *ist von einer solchen Anfrage nichts bekannt*[63]. Am 2. Dezember 1918 berichtete die ›Pfälzische Post‹ über Meldungen in *holländische[n] Blätter[n]*, wonach die *Entente* plane, einen *Sonderbund aus den südlichen und den rheinischen Gebietsteilen* zu bilden. Dieser Plan würde sich aber nur verwirklichen lassen, wenn

---

[58] Pfälzische Post, 28. November 1918, Nr. 283, S. 1.
[59] Pfälzische Post, 2. Dezember 1918, Nr. 286, S. 1.
[60] Pfälzischer Merkur, 4. Dezember 1918, Nr. 285, S. 1.
[61] U. a. Rheinisches Volksblatt, 30. November 1918, Nr. 279, S. 3; THALMANN, Pfalz (wie Anm. 1), S. 382f.
[62] Rheinisches Volksblatt, 26. November 1918, Nr. 275, S. 3.
[63] Pfälzische Post, 30. November 1918, Nr. 285, S. 2, ohne Kommentar auch im Rheinischen Volksblatt, 30. November 1918, Nr. 279, S. 2.

er auch *innerhalb Deutschlands Unterstützung findet.* Zu den solche Überlegungen in Deutschland fördernden *Strömungen,* die von der Entente *leicht zum Vorwand ihrer Zerstückelungspläne genommen* werden könnten, gehörten in erster Linie Kreise, bei denen die *Preußenfurcht* dominiere[64].

Wie die ›Speierer Zeitung‹ am 3. Dezember 1918 meldete, befassten sich die Vertreter der Arbeiter- und Soldatenräte auf einer Sitzung in Neustadt ebenfalls mit dem Verhältnis der Pfalz zu Bayern und verabschiedeten eine Entschließung: *Die Vertreter der Volksräte der Pfalz verurteilen mit Entschiedenheit die Bestrebungen reaktionärer und kapitalistischer Gruppen, die Pfalz vom Mutterlande Bayern loszulösen. Sie würden die Loslösung von Deutschland überhaupt und damit den Zerfall des deutschen Reiches bedeuten. Nur die Zusammenfassung aller Deutschen in der einigen deutschen Republik kann uns die Errungenschaften der sozialen Kämpfe der Vergangenheit, der jetzigen Volkserhebung sowie den raschen Abschluß eines eine glückliche Zukunft verbürgenden Friedens sichern*[65]. Am gleichen Tag druckte die ›Pfälzische Post‹ einen Artikel der ›Deutschen Allgemeinen Zeitung‹ nach, in dem die *durch keinerlei militärische [...] Gründe zu rechtfertigende Einbeziehung des Saarreviers [...] in das besetzte Reichsland und die völlige strengste Grenzsperre* thematisiert wurden: *Cynischer und rücksichtsloser ist noch nie annektiert worden und das nennt sich »Wiedergutmachung von Unrecht«, »Selbstbestimmungsrecht der Völker«, »Dauerfriede«, »Völkerbund« usw.*[66]. Am 5. Dezember 1918 gab die ›Speierer Zeitung‹ eine Meldung des französischen ›Homme libre‹ wieder, Organ des französischen Präsidenten Georges Clemenceau (1841–1929). Danach habe die *Entente [...] ihren Willen dahin bekundet, dass das linke Rheinufer nicht bei Frankreich zu belassen sei. Mit Eroberungen gebe sich die jetzige Regierung nicht mehr ab*[67]. Eine im unterfränkischen Königshofen stationierte pfälzische Einheit wies laut Bericht der ›Speierer Zeitung‹ vom 4. Dezember 1918 in einem Telegramm an den bayerischen Landes-Soldatenrat in München die *Unterstellung, als ob die Pfälzer zu Frankreich hinneigen würden, mit Entrüstung zurück*[68]. Am 5. Dezember 1918 berichtete das ›Rheinische Volksblatt‹, dass der *Pariser Temps* schreibe, *daß eine längere französische Besetzung der Rheinlande alle Bewohner zu Frankreich bekehren werde*[69].

Unter Verweis auf die ›Badische Landeszeitung‹ in Karlsruhe meldete die ›Pfälzische Post‹ am 13. Dezember 1918 unter der Überschrift *Eine Zerreißung Badens?,* dass *sich im nördlichen Teile Badens gegenwärtig Bestrebungen bemerkbar machen, die auf eine Zertrümmerung des durch die Verfassung vom Jahre 1818 festgelegten Grundsatzes der Unteilbarkeit des Badener Landes in allen seinen Teilen hinauslaufen. Es handelt sich um die Abtrennung der ehemals kurpfälzischen Gebiete des Landes. Wie auf das Bestimmteste ver-*

---

[64] Pfälzische Post, 2. Dezember 1918, Nr. 286, S. 2.
[65] Speierer Zeitung, 3. Dezember 1918, Nr. 281, Zweites Blatt, S. 1.
[66] Pfälzische Post, 3. Dezember 1918, Nr. 287, S. 1.
[67] Speierer Zeitung, 5. Dezember 1918, Nr. 283, S. 1; A. KREBS, Clemenceau (Georges), in: M. PREVOST/R. D'AMAT (Hgg.), Dictionnaire de Biographie Française 8, Paris 1959, Sp. 1420–1423.
[68] Speierer Zeitung, 4. Dezember 1918, Nr. 282, S. 2. Vgl. Pfälzischer Merkur, 19. Dezember 1918, Nr. 298, S. 2f.
[69] Rheinisches Volksblatt, 5. Dezember 1918, Nr. 283, S. 2.

sichert wird, sind Kräfte am Werk, die sich um eine Wiedervereinigung der Kurpfalz bemühen[70].

Das Verhältnis zwischen der Pfalz und Bayern beleuchtete die ›Pfälzische Post‹ am 14. Dezember 1918 aus einer ganz anderen Perspektive. Anlass war ein Bericht in der ›Pfälzischen Rundschau‹, gemäß dem ein *Teil der Bourgeoisie in der Pfalz französisch werden* wolle. Die *Großunternehmer* in Zweibrücken würden die *neuen sozialen Bestimmungen der bayerischen Regierung* nicht anerkennen, weshalb sich die Arbeiterschaft an die Besatzungstruppen gewandt hätte. Die ›Pfälzische Post‹ konnte in ihrer Stellungnahme ergänzen, dass die *Metallindustriellen in Zweibrücken* den Arbeitern erklärt hätten, *sie kümmern sich überhaupt nicht um den 8-Stundentag, die bayerische Regierung habe ihnen gar nichts zu sagen, sie machen was sie wollen und sie bezahlen an ihre Arbeiter einfach die Lohnsätze vom Jahre 1917*. Die Geschäftsleitung des Deutschen Metallarbeiterverbandes habe daraufhin den *Schutz des Kommandanten der Besatzungstruppen* angerufen, um die *Arbeiter vor der Ausbeutungswut der Unternehmer* zu schützen[71]. Die französischen Militärbehörden reagierten aber in der Weise, dass sie, wie die ›Pfälzische Post‹ am 16. Dezember 1918 berichtete, alle *seit 11. November 1918 erschienenen Gesetze der deutschen Regierung oder der Republik Bayern* für ungültig erklärten. Dies betraf auch den Achtstundentag, über dessen Zulassung Marschall Foch entscheiden würde[72]. Wie die ›Pfälzische Post‹ am 19. Dezember 1918 berichtete, empfing der Stadtkommandant von Zweibrücken zwar eine *Arbeiter-Abordnung* und stellte ihr die *Regelung der Angelegenheit durch Rücksprache mit den Industriellen in Aussicht*[73]. Andererseits teilte die ›Pfälzische Post‹ am 20. Dezember 1918 aus Kaiserslautern mit, dass die Militärverwaltung die *Regelung der Arbeitsstunden in der Industrie* auf den Stand vom 4. Dezember 1918 einfror, also auf den Vortag der Besetzung der Stadt. Eine Änderung könne nur durch *gemeinschaftliche Verabredung zwischen den Arbeitgebern und Arbeitnehmern* getroffen werden, die dem Militärverwalter mitzuteilen sei[74].

Pfälzer, Besatzungstruppen und die Moral

Fremdenfeindliche und rassistische Vorbehalte gegenüber den Besatzungstruppen setzten bereits zwischen dem Waffenstillstand und dem regulären Beginn der Besatzung am 1. Dezember 1918 ein. Am 21. November 1918 berichtete das ›Rheinische Volksblatt‹ unter der Überschrift *Die Katzlmacher kommen* über einen auf eine Pariser Meldung zurückgehenden Artikel des ›Corriere della Sera‹, gemäß dem ein *italienisches Armeekorps* an der Besetzung Deutschlands mitwirken werde, und fügte die Bemerkung *Vielleicht kommen sie mit Drehorgel und Mäuse- und Rattenfallen* an[75]. Die größten Vorbe-

---

[70] Pfälzische Post, 13. Dezember 1918, Nr. 296, S. 1; Pfälzischer Merkur, 17. Dezember 1918, Nr. 296, S. 3.
[71] Pfälzische Post, 14. Dezember 1918, Zweites Blatt zu Nr. 297, S. 1.
[72] Pfälzische Post, 16. Dezember 1918, Zweites Blatt zu Nr. 298, S. 2.
[73] Pfälzische Post, 19. Dezember 1918, Nr. 301, S. 3.
[74] Pfälzische Post, 20. Dezember 1918, Zweites Blatt zu Nr. 302, S. 1.
[75] Rheinisches Volksblatt, 21. November 1918, Nr. 271, S. 1.

halte bestanden allerdings gegenüber den französischen Kolonialtruppen[76]. Das >Rheinische Volksblatt< thematisierte am 20. November 1918 die Verhandlungen zwischen den deutschen Vertretern des Oberkommandos in Spa und dem Oberkommando der Alliierten. Die deutsche Seite habe verlangt, *daß die Besatzung nicht aus schwarzen Truppen bestehen* dürfe[77]. Drei Tage später teilte der >Pfälzische Merkur< allerdings mit, General Foch habe *Zusagen über die Nichtverwendung schwarzer Truppen [...] nicht gemacht*[78].

Ebenfalls am 23. November 1918 erschienen im >Pfälzischen Merkur< als Leitartikel unter der Überschrift *Wenn der Feind kommt* Verhaltensmaßregeln für die Zeit der Besetzung, die das >Rheinische Volksblatt< am 30. November 1918 nachdruckte. Sie gehen auf den von 1918 bis 1932 amtierenden Kaiserslauterner Bürgermeister Franz Xaver Baumann (1880–1932)[79] zurück. Maßstab sei die *Ansicht jedes anständigen deutschen Mannes, jeder anständigen deutschen Frau*. Dem Feinde sei mit *kühler sachlicher Höflichkeit* zu begegnen; ihn als Gast zu sehen wäre dagegen *charakterlose Liebedienerei*. Vorbild sei die Bevölkerung Frankreichs in von deutschen Truppen besetzten Gebieten, *die keinen Augenblick vergaß, daß die deutsche Armee der Feind war, und daß seine Anwesenheit auf französischem Boden eine Schmach bedeutete. Es wird leider*, so Baumann weiter, *immer Flachköpfe geben, die sich wunders wie erhaben und geistesstark dünken, wenn sie »nationale Vorurteile« beiseite setzen und dem Feind die Bruderhand entgegenstrecken; es wird unreife Bengel geben, denen die trübste Angelegenheit Stoff zu karnevalistischem Ergötzen liefern muß, es wird unter den Frauen Dirnennaturen geben, die sich an den Feind wegwerfen*. Diese *Mahnung* richte sich aber auch an die Oberschicht. *Böse Zungen wollen im voraus wissen, die schmählichsten Verletzungen der nationalen Ehre würden nicht auf der Straße, sondern in hochherrschaftlichen Salons vorkommen, hervorgerufen durch bängliche Knechtseligkeit, gesellschaftliche Eitelkeit, snobistischen Drang, sich als freigeistigen Kosmopoliten aufzuspielen [...]*. Die öffentliche Meinung werde solche Männer als *Gesinnungslumpen* und eine solche Frau als *Dirne [...] brandmarken*, denn *sie gibt mit der Ehre des Vaterlandes die eigene Ehre preis*[80].

Ebenfalls am 23. November 1918 geißelte ein Leserbriefschreiber in der >Speierer Zeitung< *Unwürdiges Verhalten der weiblichen Jugend von Speier*. Anlass war der Durchzug österreichische[r] *Offiziere, Kadetten und Soldaten, unsere einstigen Bundesgenossen, die mit halbwüchsigen Mädeln, teilweise sogar Arm in Arm, bummelten [...] Bei der bevorstehenden allenfallsigen Besetzung Speiers durch Amerikaner, Engländer und sogar Schwarze wäre es bei der nun mal bestehenden Sucht der Deutschen, im Ausländischen wahre Wunder zu suchen, Pflicht der Eltern, diesem mehr als unwürdigen Treiben deutscher Mädchen energisch Halt zu gebieten*[81].

---

[76] FENSKE, Speyer in der Weimarer Republik (wie Anm. 36), S. 306; THALMANN, Pfalz (wie Anm. 1), S. 383.
[77] Rheinisches Volksblatt, 20. November 1918, Nr. 270, S. 1.
[78] Pfälzischer Merkur, 23. November 1918, Nr. 276, S. 2.
[79] K. SCHERER, Kaiserslautern – Bürger, Besatzer und Separatisten (1918–1924), in: KREUTZ/SCHERER (wie Anm. 57), S. 352 f.; CARL, Lexikon (wie Anm. 16), S. 40.
[80] Pfälzischer Merkur, 23. November 1918, Nr. 276, S. 1; Rheinisches Volksblatt, 30. November 1918, Nr. 279, S. 5.
[81] Speierer Zeitung, 23. November 1918, Nr. 273, S. 3.

Angesichts der näher rückenden Besetzung der Stadt erschien im ›Pfälzischen Merkur‹ am 25. November 1918 eine städtische Bekanntmachung zum Verhalten der Einwohner Zweibrückens. Sie sollten *der Besatzung gegenüber ein entsprechend würdiges Verhalten an den Tag legen, wie es der Verkehr mit der fremden Besatzung verlangt. Anderseits wird der Einwohnerschaft dringend nahegelegt, sich der Besatzung gegenüber jeder unfreundlichen oder unbesonnenen Aeußerung oder Handlung zu enthalten, denn ein derartiges Benehmen kann die schlimmsten Folgen (Strafen usw.) nicht nur für den einzelnen, sondern auch für die gesamte Stadt in Gefolge haben*[82].

Auf den 25. November 1918 datiert ist unter der Überschrift *An die Bevölkerung der Pfalz* ein Aufruf des pfälzischen Regierungspräsidenten von Winterstein zum gleichen Thema. Er rief zur Ruhe auf und wiederholte die Bestimmungen über die Behandlung demobilisierter Soldaten, über Requisitionen und zum Schutz des Eigentums. Winterstein ermahnte alle Einwohner, *sich in diese Verhältnisse, die nach Lage der Sache getragen werden müssen, ruhig zu fügen [...]. Den Anforderungen der Feinde, zu denen sie nach den Bestimmungen des Waffenstillstandsvertrags ein Recht haben, ist gutwillig und ohne Verzug zu entsprechen.* Vergehen gegen die Besatzungstruppen könnten zur *Kündigung des Waffenstillstandes* führen. Zum erwünschten persönlichen Verhalten der Einwohner führte der Regierungspräsident aus: *Bei allem Entgegenkommen gegen die berechtigten Forderungen der Feinde wird aber, wie ich fest vertraue, die pfälzische Bevölkerung immer die gebotene Würde und stolze Zurückhaltung zu wahren wissen. Sie bedenke, daß unangebrachte Unterwürfigkeit und Liebedienerei auch auf den Feind einen sehr schlechten Eindruck machen wird. Er wird sicher demjenigen, der sich ihm gegenüber charakterlos benimmt, mit weit weniger Achtung begegnen als dem Manne, der zwar seinen Verpflichtungen gewissenhaft nachkommt, im übrigen aber nie vergißt, daß er nicht Gästen, sondern Angehörigen einer feindlichen Macht gegenübersteht*[83]. Ähnlich zurückhaltend äußerte sich, was das künftige Verhältnis zwischen Einwohnern und Besatzungstruppen betraf, zwei Tage später der Vollzugsausschuss der Pfalz in der ›Pfälzischen Post‹, der vor allem vor *beunruhigende[n] Gerüchte[n] aller Art* warnte, die von der *Bevölkerung auch geglaubt* würden; er rief dagegen zu *Ruhe und Besonnenheit* auf. Die Besetzung sei eine *rein militärische; die innere Verwaltung und Justiz arbeitet weiter wie bisher*[84]. An die Moral der pfälzischen Frauen richtete sich auch eine *Privatmeldung* aus Berlin, die im ›Rheinischen Volksblatt‹ am 30. November 1918 abgedruckt wurde und die eine *ganz besondere Gefahr* thematisierte: *Es ist festgestellt, daß die feindlichen Heere in ganz außerordentlichem Maße an Syphilis und anderen Geschlechtskrankheiten durchseucht sind. Es ist daher dringend geboten, daß sich die Bevölkerung weiteste Zurückhaltung auferlegt und Vorsichtsmaßnahmen trifft, um ein Uebergreifen dieser Seuchen, die ja auf den verschiedensten Wegen möglich ist, vorzubeugen*[85].

Ein das deutsch-französische Verhältnis unmittelbar vor der Besetzung beleuchtendes Beispiel für die Behandlung eines französischen Kriegsgefangenen in Ludwigshafen pub-

---

[82] Pfälzischer Merkur, 25. November 1918, Nr. 277, S. 2.
[83] Speierer Zeitung, 27. November 1918, Nr. 276, S. 2; Rheinisches Volksblatt, 27. November 1918, Nr. 276, S. 3; Pfälzische Post, 28. November 1918, Zweites Blatt zu Nr. 283, S. 1 f.
[84] Pfälzische Post, 27. November 1918, Zweites Blatt zu Nr. 282, S. 1.
[85] Rheinisches Volksblatt, 30. November 1918, Nr. 279, S. 3.

lizierte der ›Pfälzische Merkur‹ am 30. November 1918: *Zu einem Zusammenstoß zwischen einem deutschen Offizier und einem kriegsgefangenen Franzosen kam es gestern beim Brückenaufgang. Als der Offizier mit seiner Begleitung zur Rheinbrücke hinauftritt, streckte ihm der Franzose die Zunge heraus und machte ihm eine ›lange Nase‹. Der über dieses Benehmen aufs höchste empörte Offizier drängte sein Pferd an den Franzosen heran und hieb mit der Reitpeitsche auf den fliehenden Franzmann ein, der schließlich auf die Polizeiwache gebracht wurde*[86].

Auch nach dem Beginn der Besetzung der Pfalz fand die Diskussion um die französischen Kolonialtruppen kein Ende. Am 3. Dezember 1918 wurde bei einer Sitzung des bayerischen Landes-Soldatenrates in München ein *Antrag eines pfälzischen Delegierten einstimmig angenommen, die Regierung zu ersuchen, ihren ganzen Einfluß aufzubieten, daß die Kolonialtruppen aus der Pfalz herausgezogen* würden[87]. Das ›Rheinische Volksblatt‹ widersprach am 4. Dezember 1918 Meldungen eines *Berliner Blattes*, wonach *in einigen Pfälzer Ortschaften 28 Mädchen von Negern vergewaltigt* worden seien[88]. Auch die deutsche Waffenstillstandskommission meldete sich am 3. Dezember 1918 mit einer Protestnote zu Wort, die sich auf den verfrühten Einmarsch französischer Truppen (s. unten) bezog[89]: *Schon in den wenigen Tagen ihres Aufenthaltes in der Pfalz ließen sich die schwarzen französischen Truppen Notzuchtsverbrechen und andere Ausschreitungen zu Schulden kommen. Die deutsche Regierung muß sich auf das schärfste dagegen verwahren, daß der Bevölkerung des von der Entente zu besetzenden deutschen Gebiets farbige Besatzung zugemutet werde [...] Die Ueberführung farbiger Truppen auf deutsches Gebiet* sei ein *Hohn auf das Gefühl der Gemeinschaft der weißen Rasse*[90].

Auch Anfang Dezember 1918 thematisierten pfälzische Zeitungen das angemessene Verhalten der pfälzischen Bevölkerung angesichts des französischen Einmarsches. So schrieb die ›Pfälzische Post‹ am 5. Dezember 1918 unter der Überschrift *Mahnung an die Bevölkerung*: *Die Tage der Fremdherrschaft beginnen. Es sind Tage der Trauer für unser Volk. Der Schmuck an den Häusern, der unsere heimkehrenden Brüder grüßte, ist verschwunden. Wir wollen die Truppen des französischen Imperialismus empfangen ohne feindliche Kundgebung, aber auch ohne Willkommengruß*[91]. Ausführlicher nahm das ›Rheinische Volksblatt‹ am Vortag unter dem Titel *Eine letzte Mahnung!* Stellung. Anlass war ein *tief beschämendes Schauspiel* vom Vortrag. Der deutsch sprechende Chauffeur eines französischen Offiziersautos wurde von *etwa 50 Personen* umlagert, die *Zunächststehenden in eifriger Unterhaltung* mit ihm. Eine solche Anbiederung an Frankreich, trotz Waffenstillstand immer noch der *Todfeind*, der nun als Sieger die *schwerste politische und wirtschaftliche Demütigung* Deutschlands plane und die Pfalz annektieren wolle, erfüllte den anonymen Autor mit *tiefster Beschämung*. Als positives Gegenbeispiel wurde das Verhalten der Pariser Bevölkerung angesichts der deutschen Besetzung 1871 angeführt: *Die*

---

[86] Pfälzischer Merkur, 30. November 1918, Nr. 282, S. 2.
[87] Speierer Zeitung, 4. Dezember 1918, Nr. 282, S. 2; Pfälzischer Merkur, 6. Dezember 1918, Nr. 287, S. 2.
[88] Rheinisches Volksblatt, 4. Dezember 1918, Nr. 282, S. 4.
[89] S. 56.
[90] Pfälzische Post, 5. Dezember 1918, Nr. 289, S. 1; GRÄBER/SPINDLER, Revolverrepublik (wie Anm. 50), S. 35.
[91] Pfälzische Post, 5. Dezember 1918, Zweites Blatt zu Nr. 289, S. 1.

Pariser haben es damals trefflich verstanden, durch peinliche Zurückhaltung gegenüber dem Feind in ihrem großen nationalen Unglück und Schmerz doch ihre nationale Ehre zu wahren. Bei dem Einzug der Deutschen in Paris war alles öde und leer, die Häuser waren von Morgen bis zum Abend geschlossen, kein Einwohner zeigte sich auf der Straße, die Stadtteile waren wie ausgestorben, auf die sich die Besetzung erstreckte. Auch im Innern der Stadt war die Trauer allgemein und tief. Den ganzen Tag über blieben die Straßen leer, die Geschäfte geschlossen, auch die Börse hatte nicht geöffnet. Nationalfahnen mit Trauerflor waren auf einer großen Anzahl von Häusern aufgepflanzt[92].

Die ›Speierer Zeitung‹ meldete sich am 6. Dezember 1918 etwas gemäßigter zu Wort. Die Pfalz habe im Laufe der Jahrhunderte *oft genug Krieg und feindliche Macht im Lande* gesehen. *Das ist das ernste Schicksal und die Gefahr, die beim Wechsel des Kriegsglückes den Grenzgebieten drohen.* Der *Gegner* möge, so der Wunsch der Zeitung, *menschlich und nach den Gesetzen des Völkerrechtes auftreten. Bisher hat sein Benehmen beim Eintritt in die Westpfalz die Befürchtungen, die vielfach gehegt wurden, erfreulicherweise keineswegs gerechtfertigt.* Auch hier fand sich ein Aufruf, die Verbindung zum rechtsrheinischen Gebiet zu wahren: *Wir wollen deutsch bleiben und am deutschen Vaterlande, das jetzt so tief im Unglück liegt, festhalten für alle Zeiten.* In derselben Ausgabe wurde über die Besetzung von Speyer berichtet, *ein Tag schmerzlicher Empfindung und vaterländischer Trauer* [...]. *Die Wahrheit und Gerechtigkeit*, so die ›Speierer Zeitung‹ weiter, *erfordert es aber auch festzustellen, daß auch die Haltung der französischen Truppen der Einwohnerschaft gegenüber durchaus korrekt und angemessen war.* Allerdings war die distanzierte Haltung der Speyerer Einwohner schon am Abend teilweise verflogen; *wenigstens sollen sich leichtfertige weibliche Wesen mit den fremden Soldaten weit mehr, als Anstand und Würde dies zulassen, angefreundet und zum Teil sogar am Arm der Soldaten hängend mit ihnen in den Straßen herumgezogen sein. Das ist natürlich ein solch unschickliches, würdeloses Benehmen, daß es den schärfsten Tadel herausfordert*[93].

Ausführlich berichtete das ›Rheinische Volksblatt‹ am 6. Dezember 1918 über den *pompöse*[n] *Einzug* der Besatzungstruppen in Speyer. Bemerkenswerterweise findet sich in diesem Artikel eine positive Charakterisierung des hier *stationierten französische*[n] *Regiment*[s] *51: Es sei ein aktives Regiment und eines der besten der französischen Armee. Es hat Verdun gehalten* [...][94]. Hervorzuheben ist auch ein Artikel im ›Pfälzischen Merkur‹ vom 9. Dezember 1918 unter dem Titel *Wer zählt die Völker, nennt die Namen ...*, der die in Zweibrücken eingetroffenen Kolonialtruppen ohne rassistische Untertöne beschrieb: *Nachdem am Samstag nachmittag italienische Eisenbahntruppen hier eingetroffen sind, hat die Stadt nunmehr Vertreter fast sämtlicher Ententeländer gesehen. Neben der eigentlichen französischen Besatzung weilten seit 1. Dezember u. a. hier amerikanische Offiziere, afrikanische Neger und Eingeborene aus Madagaskar, algerische Reiter, Zuavenabteilungen, marokkanische Krieger, anamitische Kraftfahrer, Fremdenlegionäre, demnach*

---

[92] Rheinisches Volksblatt, 4. Dezember 1918, Nr. 282, S. 4. Auf das Verhalten der Pariser Bevölkerung 1871 verwiesen auch: Speierer Zeitung, 5. Dezember 1918, Nr. 283, S. 2; Pfälzischer Merkur, 7. Dezember 1918, Nr. 288, S. 1 und Rheinisches Volksblatt, 5. Dezember 1918, Nr. 283, S. 2.
[93] Speierer Zeitung, 6. Dezember 1918, Nr. 284, S. 3.
[94] Rheinisches Volksblatt, 6. Dezember 1918, Nr. 284, S. 3.

Vertreter der Erdteile Europa, Amerika, Afrika und Asien. Ein solches Völkergemisch würde sich in *unserem kleinen Städtchen* wohl nie mehr zusammenfinden[95]. Am gleichen Tag resümierte die ›Pfälzische Post‹: *Für die Pfalz können wir konstatieren, daß die Besetzung glatt und ohne Zwischenfälle vor sich ging und daß die sehr schlimmen Befürchtungen bisher nicht eingetroffen sind. Verkehrsbeschränkungen traten nur vorübergehend ein und die Besatzung sucht vernünftigerweise das Wirtschaftsleben in vollem Umfange aufrecht zu erhalten. In der Pfalz hätte man eine kultiviertere Besatzungstruppe als die mit exotischen Typen stark durchsetzten Algerier lieber gesehen, doch muß auch hier festgestellt werden, daß die fremden Truppen sich zwar ohne Scheu, aber doch zurückhaltend benehmen, zurückhaltender als ein Teil des deutschen Publikums, bei dem die Neugier stärker ist als die Furcht vor dem Feinde*[96].

Für die pfälzische Presse war zweifellos eine im ›Rheinischen Volksblatt‹ am 12. Dezember 1918 veröffentlichte Meldung aus Saarbrücken ebenfalls von Belang, gemäß der es bei *Strafe der Unterdrückung* verboten sei, *die Besatzungstruppen* als *feindlich* zu bezeichnen[97]. Eine gewisse Entspannung lässt ein Artikel im ›Pfälzischen Merkur‹ vom 16. Dezember 1918 über die Situation in Zweibrücken erkennen: *Eine milde Temperatur und freundliche Sonnenstrahlen lockten zu Spaziergängen und Besichtigungen der militärisch besetzten Gebäude sowie des Lebens und Treibens der Stadt*[98]. Im Anschluss an den Totengedenkgottesdienst in Speyer am 15. Dezember 1918 (s. unten)[99] fanden *Fußballwettspiele zwischen Mannschaften der französischen Besatzungstruppen und des Turnvereins 1861* statt, die die Franzosen gewannen[100]. Am 12. Dezember 1918 teilte das ›Rheinische Volksblatt‹ mit, dass die französische Besatzung wieder aus Alsenz abgezogen sei. Eine *Äußerung aus Franzosenmund* würde den *Alsenzer Mädchen* in diesem Zusammenhang *die beste Note* ausstellen: *Quartier gut, Mädchen nicht gut!*[101]. Auf Unregelmäßigkeiten unter den Besatzungstruppen deutete dann eine Mitteilung der ›Speierer Zeitung‹ am 27. Dezember 1918 hin, gemäß der der Ortskommandant von Schifferstadt für die Besatzung eine *Ortssperre* aussprach; niemand dürfe außerhalb seines Dienstes die *Grenze der Gärten der äußeren Häusergruppe* überschreiten[102]. Am 31. Dezember 1918 veröffentlichte die ›Pfälzische Post‹ eine die Straßenbahn in Ludwigshafen betreffende Anordnung, gemäß der französische Offiziere Anspruch auf einen Sitzplatz hätten. Bei Zuwiderhandlung wurde strenge Bestrafung nach französischem Kriegsrecht angedroht[103].

---

[95] Pfälzischer Merkur, 9. Dezember 1918, Nr. 289, S. 3; Rheinisches Volksblatt, 11. Dezember 1918, Nr. 288, S. 3; vgl. GRÄBER/SPINDLER, Revolverrepublik (wie Anm. 50), S. 35 f.
[96] Pfälzische Post, 9. Dezember 1918, Nr. 292, S. 1.
[97] Rheinisches Volksblatt, 12. Dezember 1918, Nr. 289, S. 3.
[98] Pfälzischer Merkur, 16. Dezember 1918, Nr. 295, S. 2.
[99] Siehe S. 68 f.
[100] Pfälzischer Merkur, 18. Dezember 1918, Nr. 297, S. 3.
[101] Rheinisches Volksblatt, 13. Dezember 1918, Nr. 290, S. 3.
[102] Speierer Zeitung, 27. Dezember 1918, Nr. 300, S. 3; Rheinisches Volksblatt, 30. Dezember 1918, Nr. 300, S. 5.
[103] Pfälzische Post, 31. Dezember 1918, Nr. 309, S. 2.

Die Besetzung der Pfalz

Am 23. November 1918 berichtete die ›Pfälzische Post‹ über den Einmarsch französischer Besatzungstruppen in Saarbrücken. Das *Verhalten* der Soldaten war *zurückhaltend und korrekt*[104]. Schon vor dem eigentlichen Besetzungstermin, dem 1. Dezember 1918, rückten allerdings französische Truppen in die Westpfalz ein. So berichtete die ›Pfälzische Post‹ am 25. November 1918, dass bereits zwei Tage zuvor *indische und afrikanische Truppen englischer und französischer Nationalität die lothringisch-pfälzische Grenze überschritten und verschiedene Ortschaften und Höfe der Westpfalz besetzt* hätten. Diese Gegend war jedoch *noch voll zahlreichen, auf dem Rückzug befindlichen deutschen Militär*[105]. Gegen diese vorzeitige Besetzung legte die deutsche Waffenstillstandskommission umgehend Protest ein, ebenso wie gegen die *Internierung junger wehrfähiger Leute*[106]. Tatsächlich wurden die Besatzungstruppen in der Nacht vom 26. auf den 27. November 1918 wieder zurückgezogen[107]. Ein positiver Effekt des verfrühten Einmarsches sei es immerhin gewesen, so das ›Rheinische Volksblatt‹ am 29. November 1918, dass *Wucherpreise erheblich herabgesetzt* worden wären[108].

Anfänglich stellte die Presse den französischen Truppen in diesem Zusammenhang ein gutes Zeugnis aus: *Klagen über die Besetzung, die u. a. aus afrikanischen Jägern und algierischen Spahis besteht, wurden bisher nicht laut*[109]. Die Vorbehalte gegen die Kolonialtruppen thematisierten aber davon unabhängig verschiedene Zeitungen, so der ›Pfälzische Merkur‹ am 27. November 1918: *Die Besetzung der Westpfalz mit schwarzen Truppen der Franzosen, die auch vermutlich nach der übrigen Pfalz vorgeschoben werden, hat in der Bevölkerung große Aufregung und Entrüstung hervorgerufen*[110]. Unmittelbar nach dem Rückzug berichtete der ›Pfälzische Merkur‹ allerdings *über schwere Ausschreitungen und Ueberfälle auf die Bewohner des Bliestals durch Neger, die dem 12. Bataillon der afrikanischen Jäger als Spitze der 10., unter General Mangin stehenden Armee angehören. In den besetzten Bliesdörfern Reinheim, Gersheim und Niedergailbach belästigten die Schwarzen aufs empörendste Frauen und Mädchen, verfolgten diese bis in die Häuser und boten ihnen Geld zu unsauberen Zwecken an. In Niedergailbach wurde ein 25 Jahre altes Mädchen von einem Neger überfallen, durch Fausthiebe auf den Kopf halb bewußtlos geschlagen und dann vergewaltigt. Der benachrichtigte Ortsbefehlshaber ließ die schwarze Mannschaft sofort antreten und es gelang, den Täter herauszufinden, der abgeführt wurde*[111]. Unter der Über-

---

[104] Pfälzische Post, 23. November 1918, Nr. 279, S. 1; Rheinisches Volksblatt, 25. November 1918, Nr. 274, S. 2.
[105] Pfälzische Post, 25. November 1918, Zweites Blatt zu Nr. 280, S. 2; Rheinisches Volksblatt, 26. November 1918, Nr. 275, S. 4.
[106] Pfälzische Post, 26. November 1918, Nr. 281, S. 1; Pfälzischer Merkur, 27. November 1918, Nr. 279, S. 2.
[107] Pfälzischer Merkur, 28. November 1918, Nr. 280, S. 2.
[108] Rheinisches Volksblatt, 29. November 1918, Nr. 278, S. 3.
[109] Pfälzische Post, 27. November 1918, Zweites Blatt zu Nr. 282, S. 2; Rheinisches Volksblatt, 27. November 1918, Nr. 276, S. 3.
[110] Pfälzischer Merkur, 27. November 1918, Nr. 279, S. 2; ähnlich Speierer Zeitung, 26. November 1918, Nr. 275, S. 3.
[111] Pfälzischer Merkur, 28. November 1918, Nr. 280, S. 3; Rheinisches Volksblatt, 29. November 1918, Nr. 278, S. 3.

schrift *In der Uebergangszeit* nahm die ›Pfälzische Post‹ am 30. November 1918 unter anderem auch zu diesen Vorfällen Stellung: *Die weibliche Bevölkerung schützt sich am besten durch möglichste Zurückhaltung. Uebergriffe einzelner – das haben die Ereignisse in der Westpfalz gezeigt, werden sich rasch abstellen lassen*. Die Bevölkerung solle, so das Blatt weiter, *keine Angst, keine Gespensterfurcht* zeigen, *sondern Ruhe und festen Willen, mit Würde das uns auferlegte Schicksal zu tragen*[112].

Erste Anforderungen der künftigen Besatzungstruppen wurden nach einer Mitteilung des bayerischen Mitglieds der Waffenstillstandskommission in verschiedenen Blättern am 30. November 1918 veröffentlicht. Danach sollten die Bürgermeister eine *Liste auf[...]stellen aller Bewohner, die rechtmäßig in der Gemeinde wohnen*. Verzeichnet werden sollten auch alle militärischen und sonstigen Einrichtungen, vor allem *Fernspruch- und Telegrafennetz[e]*[113].

Unmittelbar vor dem Einmarsch der französischen Truppen äußerte sich auch der Speyerer Bürgermeister Otto Moericke, der dieses Amt von 1917 bis 1919 innehatte[114], am 30. November 1918 im ›Rheinischen Volksblatt‹. Den Anforderungen des *Requisitionsrecht[s]* sei *gutwillig zu folgen*; vor *Selbsthilfe* wurde dringend gewarnt. *Unbotmäßigkeit und Gewalttätigkeit gegen die Besatzung*, so der Bürgermeister, bringe durch *auferlegte Buße schweres Unglück über die Stadt [...] Der erforderliche Gehorsam und ein höfliches Benehmen gegenüber der Besatzung ist durchaus vereinbar mit der Würde, die jeder rechte Deutsche, namentlich auch jede ehrbare Frau und jedes anständige Mädchen dem Feind gegenüber wahren wird*[115].

Die Besetzung der Pfalz geschah durch französische Truppen, die aus dem Elsass oder aus Lothringen einrückten. Ein Beispiel für den typischen Verlauf sind die Ereignisse in Landau, über die die ›Speyerer Zeitung‹ am 2. Dezember 1918 berichtete: *Im Laufe des Sonntag vormittag hielten [...] die ersten Besatzungstruppen französischer Nationalität hier, von Impflingen bezw. Weißenburg kommend, in der Hauptsache Jäger zu Pferd, letztere ihre Geschütze mit sich führend, unter klingendem Spiel ihren Einzug. Vor dem Quartier des Oberkommandierenden defilierten die Truppen, die später in den Kasernements des 12. Feld-Art.-Rgts. untergebracht wurden. Gegen 12 Uhr wurde von 2 Offizieren der gesamte Post-, Telegraphen- und Telephonbetrieb übernommen. Später wurden die bahntechnischen Anlagen in Augenschein genommen. Nahezu der gesamte Eisenbahnverkehr ist eingestellt. Von dem Stadtpostgebäude, dem früheren französischen Tor und von dem Hauptbahnhofe weht die Trikolore*[116].

Ein weiteres Element der Besetzung war der Empfang der Behörden der jeweiligen Stadt, wie er in Zweibrücken am 3. Dezember 1918 geschah. Hier betonte der kommandierende General der *marokkanischen Division*, dass seine Einheit den *heiligen Boden des Vaterlandes* verteidigt und *stets die Deutschen geschlagen und beherrscht* habe. Tausende

---

112 Pfälzische Post, 30. November 1918, Zweites Blatt zu Nr. 285, S. 1.
113 Speierer Zeitung, 30. November 1918, Nr. 279, Zweites Blatt, S. 2; Rheinisches Volksblatt, 30. November 1918, Nr. 279, S. 4; Pfälzische Post, 30. November 1918, Nr. 285, S. 2.
114 FENSKE, Speyer im 19. Jahrhundert (wie Anm. 37), S. 266; DERS., Speyer in der Weimarer Republik (wie Anm. 36), S. 302.
115 Rheinisches Volksblatt, 30. November 1918, Nr. 279, S. 6.
116 Speierer Zeitung, 2. Dezember 1918, Nr. 280, S. 3; Rheinisches Volksblatt, 2. Dezember 1918, Nr. 280, S. 2 f.

von französischen Dörfern seien *von den Deutschen vollständig zerstört* worden, *alle Obstbäume umgehauen* [...] *ohne militärische Notwendigkeit, die Kirchen zerstört, die Frauen und Kinder Frankreichs als Gefangene nach Deutschland geführt* [...] *mit unerhörter Grausamkeit*. Die französische Armee würde sich trotzdem *immer korrekt* [...] *betragen, sogar im Feindesland* [...] *Sie wird korrekt bleiben, ohne daran zu halten, liebenswürdig zu sein.* Am gleichen Tag meldete das Blatt, dass marokkanische Infanteristen eine Frau gerettet hätten, die in selbstmörderischer Absicht in den Zweibrückener Napoleonkanal gesprungen war[117].

Die Unterbringung der Besatzungstruppen thematisierte ein Beitrag im ›Rheinischen Volksblatt‹ vom 3. Dezember 1918 mit Bezug zu Speyer. Es sei zu hoffen, *daß die Besatzung mit der Kaserne vorlieb nimmt, die gegenwärtig hiefür in Stand gesetzt wird, daß also die Bürgerschaft vor feindlicher Einquartierung verschont bleibt. Die vorsorgliche Instandsetzung der Kaserne ist schon deshalb angezeigt, damit sich nicht etwa auch hier Dinge ereignen wie in Germersheim, allwo die ganze Einwohnerschaft zur Instandsetzung der in einem unglaublichen Zustand verlassenen Kaserne antreten mußte*[118]. Wenn Kasernen fehlten, wurden Offiziere und Unteroffiziere *bei Bürgern einquartiert*, während die übrige Mannschaft in Schulen und Wirtssälen Unterkunft fand, wie dies am 4. Dezember 1918 aus Berghausen berichtet wurde[119].

Mit der Besetzung gingen die Einführung der westeuropäischen Zeit, die in Frankreich genutzt wurde, und die Festlegung von Wechselkursen zwischen deutscher Mark und französischem Franc einher. Über die Zeitumstellung in Frankenthal berichtete beispielsweise die ›Pfälzische Post‹ am 5. Dezember 1918[120]. Gemäß demselben Blatt war Ludwigshafen am 6. Dezember 1918 noch nicht besetzt, die umlaufenden Nachrichten über eine Sperrung der Rheinbrücke nach Mannheim seien falsch (*In Mannheim scheint man es nicht erwarten zu können, daß Ludwigshafen besetzt wird*). Schon zweimal seien pfälzische Arbeiter und Angestellte in Mannheim fälschlich vor einer drohenden Brückensperre gewarnt worden, weshalb sie von ihrem Arbeitsplatz mit *Verdienstentgang* geflohen seien. Die ›Pfälzische Post‹ rief dazu auf, sich *nicht durch alarmierende Nachrichten beunruhigen zu lassen*[121]. Die ›Speierer Zeitung‹ meldete am 7. Dezember 1918, dass alle Einwohner sich Ausweise mit Unterschriften des Bürgermeisters und der Militärbehörde ausstellen lassen müssten. Verkehr zu Fuß, mit Fahrrad, Pferd und Pferdewagen war nur von 6 Uhr morgens bis acht Uhr abends erlaubt. Am gleichen Tag wurde um 8 Uhr abends der Verkehr mit dem rechtsrheinischen Gebiet verboten[122].

Am 7. Dezember 1918 berichtete die ›Pfälzische Post‹ über den Einmarsch französischer Truppen in Ludwigshafen. Das Stadtkommando legte an diesem Tag den Umrechnungskurs der Mark zu *siebzig Centimes* fest. Französische Truppen erhielten ihren Lohn in deutscher Währung, um selbst einkaufen zu können. Die französische Besatzung

---

[117] Pfälzischer Merkur, 3. Dezember 1918, Nr. 284, S. 1 f.; Rheinisches Volksblatt, 5. Dezember 1918, Nr. 283, S. 3.
[118] Rheinisches Volksblatt, 3. Dezember 1918, Nr. 281, S. 3.
[119] Speierer Zeitung, 5. Dezember 1918, Nr. 283, S. 3.
[120] Pfälzische Post, 5. Dezember 1918, Zweites Blatt zu Nr. 289, S. 1.
[121] Pfälzische Post, 6. Dezember 1918, Nr. 290, S. 1.
[122] Speierer Zeitung, 7. Dezember 1918, Nr. 285, S. 3.

stellte, falls erforderlich, die Zufuhr von Lebensmitteln in Aussicht, machte aber den Oberbürgermeister dafür verantwortlich, dass davon nichts in die Gebiete rechts des Rheins gelange[123]. Bereits am 5. Dezember 1918 hatte der französische Kommandant von Speyer verordnet, dass französische Soldaten Wirtschaften nur *von 6 bis 9 Uhr abends* besuchen dürften. Ausschank von Branntwein war verboten, die für die Soldaten freigegebenen Gaststätten mussten die Aufschrift *cafe ouvert á troupe* anbringen[124].

Das ›Rheinische Volksblatt‹ berichtete am 9. Dezember 1918 über die offizielle Vorstellung der deutschen Verwaltung und der *französischen Autoritäten der Militär- und Zivilgewalt* in Kaiserslautern. Bürgermeister Xaver Baumann skizzierte in einer Ansprache an den französischen General die Situation in der Pfalz und hob dabei die geordneten Verhältnisse hervor: *Sie haben sicher in der letzten Zeit viel ungünstiges über die innere Lage in Deutschland gehört. Ich hoffe aber, daß der kurze Aufenthalt in der Pfalz Ihnen schon gezeigt hat, daß hier vollkommene Ruhe und Ordnung herrscht. Ich gebe Ihnen die Versicherung, daß wir in der Pfalz nichts kennen von russischen Zuständen. Wir haben die Revolution ohne Gewalt, ohne Schuß, ohne ein Opfer an Menschenleben überstanden. Sie kommen in eine Stadt, in der die Bevölkerung bis zuletzt viel unter den Schrecken dieses Krieges zu leiden hatte. Die unzureichende Ernährung und zahlreiche Fliegerangriffe haben die Nerven der Einwohner bis zum äußersten erschöpft, ich bitte Sie um Milde für die Bevölkerung der Stadt. Ich bitte Sie auch für Beschäftigung für unsere Industrie zu sorgen, damit die vielen Arbeiterfamilien der Stadt nicht in schwerste Not und Elend geraten. Wir versprechen Ihnen, daß wir alle Ihre Befehle unweigerlich, genau, pünktlich und ehrlich ausführen werden*[125]. Bei einer weiteren Vorstellung wenige Tage später wiederholte der Kaiserslauterner Bürgermeister offensichtlich seine Ansprache. Der französische General Marie-Émile Fayolle (1852–1928)[126] erwiderte ihm bei dieser Gelegenheit, *daß er erstaunt sei über die Unwissenheit aller Kreise Deutschlands über den Ursprung des Krieges. Er bringe uns zunächst Sicherheit. Gewiß habe die Bevölkerung gelitten durch unzureichende Ernährung aber unsere Stadt sei doch im wesentlichen intakt. Was aber Nordfrankreich und Belgien gelitten habe, sei unbeschreiblich. Die Kriegsfelder seien Wüsten. Was hier die deutschen Truppen besonders beim Rückzug auf die Hindenburg-Linie 1917 verwüstet hätten, sei schlechterdings unsagbar und schauderhaft. Es sei nicht französische Art, Böses mit Bösem zu vergelten, die stolze Nation komme nicht als Sieger, sie vergelte Böses mit Gutem. Er verlange nur Respekt vor der französischen Militärgewalt und Zivilleitung und volle Anerkennung ihrer Autorität. Bei einer Folgebesprechung mit dem 1. Generalstabsoffizier wurde nochmals auf die schrecklichen Verwüstungen Nordfrankreichs hingewiesen und hervorgehoben, daß das, was dort geschehen sei, nur Barbarei genannt werden könne. Es sei selbstverständlich, daß Städte und Dörfer zerschossen werden, aber die planmäßige Verwüstung bis zur traurigsten Einöde sei eine Kampfesweise, die nur die Deutschen sich angeeignet hätten*

---

[123] Pfälzische Post, 7. Dezember 1918, Zweites Blatt zu Nr. 291, S. 1; Speierer Zeitung, 10. Dezember 1918, Nr. 287, S. 3.
[124] Rheinisches Volksblatt, 6. Dezember 1918, Nr. 284, S. 3.
[125] Rheinisches Volksblatt, 9. Dezember 1918, Nr. 286, S. 2f.; SCHERER, Kaiserslautern (wie Anm. 79), S. 354.
[126] É. FRANCESCHINI, Fayolle (Marie-Émile), in: R. D'AMAT (Hg.), Dictionnaire de Biographie Française 13, Paris 1975, Sp. 913f.

und die für die deutschen Offiziere auf Jahrhunderte ein Schandfleck vor ganz Europa bleiben wird[127].

Am 10. Dezember 1918 konnte die ›Speierer Zeitung‹ berichten, dass die *Besetzung der Pfalz durch die 8. französische Armee unter General Gerard [...] ordnungsgemäß und in Ruhe* erfolgt sei. Das Hauptquartier der von General Augustin-Grégoire-Arthur Gérard (1857–1926)[128] kommandierten VIII. Armee lag in Landau. Am gleichen Tag veröffentlichte das Blatt die Entscheidung von General Foch, den gesamten Verkehr zwischen den besetzten Gebieten und dem restlichen Deutschland zu unterbinden, *da die Aufrechterhaltung der Blockade im Waffenstillstandsabkommen vorgesehen* sei, wogegen die deutsche Regierung protestierte[129].

Am 12. Dezember 1918 berichtete die ›Speierer Zeitung‹, dass auf Anordnung des Landauer Stadtkommandanten die *Straßenschilder neben der deutschen auch die französische Benennung tragen und abends beleuchtet sein* müssten[130]. Ab dem 12. Dezember 1918 wurde der *Straßenbahn- und Wagenverkehr* zwischen Ludwigshafen und Mannheim eingestellt und auch der *Telefonverkehr gesperrt*; lediglich Fußgänger durften die Brücke noch begehen[131]. Auch nach Abschluss der Besetzung trafen immer wieder französische Truppenteile ein oder passierten einzelne Städte. Teils führten sie schwere Waffen mit sich, mit deren Hilfe etwaige Aufstände in der von deutschen Truppen geräumten Pfalz jederzeit niedergeschlagen werden konnten. So berichtete am 10. Dezember 1918 das ›Rheinische Volksblatt‹ über den Durchzug einer *Unmasse Artillerie mit Langrohrgeschützen* und einer *Minenwerferabteilung*[132] durch Landau. Vier Tage später meldete die ›Speierer Zeitung‹ eine *französische Panzer-Automobilkolonne mit Maschinengewehr- und Maschinenkanonenbewaffnung* in der Domstadt[133].

Das ›Rheinische Volksblatt‹ berichtete am 11. Dezember 1918 über eine Nachricht des ›Pfälzischen Kuriers‹, dass das französische Besatzungskommando einer *Abordnung aus dem pfälzischen Kohlenrevier gegenüber die Forderung des Achtstundentages glatt abgelehnt* habe mit der Begründung, *in Frankreich sei die Arbeit im Bergbau bedeutend länger, nämlich 10 Stunden*. Außerdem müsse die *gewaltige Kohlennot, die sowohl in Deutschland wie in Frankreich* herrsche, berücksichtigt werden. Wie in anderen pfälzischen Städten lehnten, so ein Bericht aus Dürkheim in der gleichen Ausgabe, die französischen Militärbehörden die Zusammenarbeit mit dem *Arbeiter-, Bauern- und Soldatenrat* ab:

---

[127] Speierer Zeitung, 14. Dezember 1918, Nr. 291, S. 2; Pfälzische Post, 12. Dezember 1918, Nr. 295, S. 3; Rheinisches Volksblatt, 13. Dezember 1918, Nr. 290, S. 3; SCHERER, Kaiserslautern (wie Anm. 79), S. 355.

[128] M. DIGNE, Gérard (Augustin-Grégoire-Arthur), in: M. PREVOST/R. D'AMAT/H. TRIBOUT DE MOREMBERT (Hgg.), Dictionnaire de Biographie Française 15, Paris 1982, Sp. 1208–1210.

[129] Speierer Zeitung, 10. Dezember 1918, Nr. 287, S. 1 f.; Pfälzische Post, 9. Dezember 1918, Nr. 292, S. 2; ausführlicher Bericht über den deutschen Protest in: Rheinisches Volksblatt, 10. Dezember 1918, Nr. 287, S. 3 f.; H. GEMBRIES, Der Handlungsspielraum der pfälzischen Behörden, in: KREUTZ/SCHERER (wie Anm. 57), S. 52 f.

[130] Speierer Zeitung, 12. Dezember 1918, Nr. 289, S. 3; FENSKE, Speyer in der Weimarer Republik (wie Anm. 36), S. 305.

[131] Speierer Zeitung, 13. Dezember 1918, Nr. 290, S. 2; Pfälzische Post, 12. Dezember 1918, Nr. 295, S. 2.

[132] Rheinisches Volksblatt, 10. Dezember 1918, Nr. 287, S. 4.

[133] Speierer Zeitung, 14. Dezember 1918, Nr. 291, S. 2.

Sollte ein derartiger Rat sich in Dürkheim gebildet haben, so hat er sich aufzulösen. Die Militärbehörden werden keine Beziehungen mit ihm haben und wollen nichts von seinem Bestehen wissen. Beim geringsten Versuch, sich in öffentliche Geschäfte einzumischen, werden strenge Maßnahmen ergriffen werden. Auch in Frankenthal wurden am gleichen Tag der *Volksrat und die Bürgerwehr mit sofortiger Wirksamkeit aufgehoben*[134].

Den Kontrast zwischen den teils vollmundigen Verlautbarungen der französischen Militärbehörde und der Realität thematisierte die ›Pfälzische Post‹ am 12. Dezember 1918 mit Bezug auf eine geplante Mitgliederversammlung des Sozialdemokratischen Vereins Oggersheim, die verboten worden war, in einem teils zensierten Artikel: *Liberté, Egalité, Fraternité! Es gibt keinen Deutschen, der den Wahlspruch der demokratischen französischen Republik nicht kennt. Wir sind im Begriff, ihn jetzt endlich in unser geliebtes Deutsch zu übertragen. Restlos! Wer uns linksrheinisch daran hindert, sind – die Franzosen! Daß zwischen der Besatzung und den Deutschen Gleichheit und Brüderlichkeit nicht herrschen kann, ist ohne weiteres verständlich, aber ist es nötig, daß unser politisches Leben, das bißchen Freiheit, das wir unbedingt brauchen, erdrosselt wird? [...] Sind so die Herzen und Sinne der pfälzischen Bevölkerung zu erobern? Gilt das Wort der bourbonischen Könige: »car tel est notre plaisir« mehr als der Wahlspruch der Republik [...]?*[135].

Am 16. Dezember 1918 ordnete General Gérard nach einer Meldung aus Neustadt an, *daß in den hiesigen Volksschulen die französische Sprache gelehrt* werde[136]. Dieselbe Verordnung wurde zuvor schon aus Bergzabern gemeldet[137]. In Edenkoben plante die Besatzungsmacht zur *besseren Verständigung* die *Herausgabe eines französisch-deutschen Sprachführers*[138].

Die Abriegelung des rechten Rheinufers wurde sukzessive verschärft. Während der Güterverkehr auf dem Rhein sowie der Zugverkehr auf der rechtsrheinischen und von der rechtsrheinischen zur linksrheinischen Seite erlaubt war, blieb er in der anderen Richtung untersagt. Der Verkehr über die Rheinbrücke zwischen Ludwigshafen und Mannheim war nur für Personen gestattet, die *rechts und links des Rheines als Arbeiter oder Angestellte beschäftigt sind*[139]. Gesuche zu Reisen *nach dem rechtsrheinischen Deutschland* wurden, wie die ›Speierer Zeitung‹ am 17. Dezember 1918 berichtete, von der Militärbehörde grundsätzlich abgelehnt[140]. In diesem Zusammenhang warf Staatssekretär Erzberger nach einer teils zensierten Meldung der ›Pfälzer Zeitung‹ am 17. Dezember 1918 bei den Verhandlungen zur Verlängerung des Waffenstillstandes in Trier der Entente vor, *daß Ihre Organe in den klaren Wortlaut der Waffenstillstandsbedingungen Verschärfungen hineingebracht haben, die über das Ziel, Deutschland wehrlos zu machen, weit hinausgegangen sind*[141]. Positive Auswirkungen der Abriegelung für die Ernährungslage der Pfalz benannte unter anderem die ›Pfälzer Zeitung‹ am 18. Dezember 1918 auf der Grundlage des amtlichen

---

[134] Rheinisches Volksblatt, 11. Dezember 1918, Nr. 288, S. 2f.
[135] Pfälzische Post, 12. Dezember 1918, Nr. 295, S. 2.
[136] Pfälzischer Merkur, 17. Dezember 1918, Nr. 296, S. 2; Pfälzer Zeitung, 17. Dezember 1918, Nr. 293, S. 3.
[137] Rheinisches Volksblatt, 13. Dezember 1918, Nr. 290, S. 3.
[138] Rheinisches Volksblatt, 11. Dezember 1918, Nr. 288, S. 3.
[139] U. a. Pfälzer Zeitung, 14. Dezember 1918, Nr. 291, S. 3, 18. Dezember 1918, Nr. 294, S. 3.
[140] Speierer Zeitung, 17. Dezember 1918, Nr. 293, S. 3.
[141] Pfälzer Zeitung, 17. Dezember 1918, Nr. 293, S. 2.

Ludwigshafener Marktberichts. Das Angebot wäre *ziemlich gut,* was auf die *Sperrung der Durchfuhr über den Rhein zurückzuführen* sei[142].

Wie die >Pfälzer Zeitung< am 18. Dezember 1918 berichtete, wurden die *Führer der politischen Parteien der Pfalz* am Vortag von General Gérard in Speyer empfangen. Untersagt blieben alle Wahlversammlungen, bis von *General Foch weitere Weisungen* kämen. Gérard äußerte gegenüber den pfälzischen Politikern, dass sie sich mit ihren Beschwerden *an den Kaiser wenden sollten,* was *geziemend dahin beantwortet* wurde, *daß wir keine Untertanen des Kaisers mehr seien, sondern freie Bürger der deutschen Republik. Als solche hätten wir erst recht ein Interesse zu wählen*[143]. Wie die >Pfälzische Post< am 20. Dezember 1918 berichtete, wurde bei einer Vollversammlung der internationalen Waffenstillstandskommission die Aufhebung der Verkehrssperre als Voraussetzung für die Teilnahme der linksrheinischen Gebiete an Wahlen gefordert. Die offensichtlich auf Zeit spielende französische Seite wandte unter anderem ein, *daß eine gewisse Anzahl Unruhe stiftender Elemente (éléments de desordre) nicht hin- und herreisen* dürfte[144]. Am 24. Dezember 1918 erfuhr die pfälzische Öffentlichkeit dann vom Verbot der *Wahlen zur Nationalversammlung im* von Frankreich *besetzten Gebiete.* Hintergrund dieser Maßnahme, die auch die Wahlen zum bayerischen Landtag betraf, war das Nichtanerkennen der Legalität der Revolutionsregierungen durch die französischen Militärbehörden: Es bestehe *kein Anlaß zur Genehmigung der Wahlen zur konstituierenden Versammlung für den deutschen Staat [...], da die französische Befehlsbehörde keine Kenntnis davon habe, daß die Einberufung jener Versammlung in amtlicher Weise bestimmt worden ist*[145]. Schon am 19. Dezember 1918 hatte die >Pfälzische Post< laut einer Meldung des Nachrichtenamtes des Arbeiterrates in Frankfurt am Main über eine Erklärung der Entente berichtet, *daß sie, soweit der Verkehr mit der neutralen Zone in Betracht kommt, Verhandlungen mit den Arbeiter- und Soldatenräten ablehnt und nur mit den alten Behörden verhandeln wird*[146].

Am 20. Dezember 1918 machte das Speyerer Bürgermeisteramt eine Vorschrift des Platzkommandanten bekannt, gemäß der *entlassene deutsche Heeresangehörige, die eine, wenn auch unvollständige, Uniform tragen, verpflichtet sind, die französischen Offiziere zu grüßen.* Nach Rücksprache konnte der Bürgermeister präzisieren, dass sich diese Anforderung auf diejenigen Soldaten beziehe, *die noch eine Mütze tragen, und die, an deren Rock oder Mantel sich noch Militärknöpfe befinden*[147].

---

[142] Pfälzer Zeitung, 18. Dezember 1918, Nr. 294, S. 3.
[143] Pfälzer Zeitung, 18. Dezember 1918, Nr. 294, S. 3; Pfälzische Post, 18. Dezember 1918, Nr. 300, S. 2f.
[144] Pfälzische Post, 20. Dezember 1918, Nr. 302, S. 2.
[145] Pfälzer Zeitung, 24. Dezember 1918, Nr. 299, S. 1; Pfälzischer Merkur, 24. Dezember 1918, Nr. 302, S. 3.
[146] Pfälzische Post, 19. Dezember 1918, Nr. 301, S. 2, 20. Dezember 1918, Nr. 302, S. 2; GRÄBER/SPINDLER, Revolverrepublik (wie Anm. 50), S. 30.
[147] Speierer Zeitung, 20. Dezember 1918, Nr. 296, S. 3; Pfälzische Post, 20. Dezember 1918, Zweites Blatt zu Nr. 302, S. 3.

Offizielle Verlautbarungen der Besatzungsmacht

Die zeitlich früheste offizielle Verlautbarung der Besatzungsmacht *an die deutsche Bevölkerung des linken Rheinufers* wurde von Marschall Foch am 1. Dezember 1918 in Paris erlassen und in pfälzischen Zeitungen am 4. Dezember 1918 abgedruckt. Die *militärischen Behörden*, so Foch, übernehmen die Kommandogewalt über das Land und *verlangen von allen äußersten Gehorsam*. Unter der *Leitung und Kontrolle der militärischen Behörden* sollen die öffentlichen Anstalten, die *Beamten* und *Gerichtshöfe* weiterarbeiten. Harte Strafen wurden bei Zuwiderhandlungen in Aussicht gestellt: *Die Einwohner müssen sich sowohl in Worten, wie in Handlungen jeder Aktion der direkten oder indirekten Feindseligkeit gegenüber den Behörden der Verbündeten enthalten. Sie müssen alle Anforderungen erfüllen, die an sie nach dem Gesetz gleichmäßig gestellt werden. Jedes Individuum, das eines Verbrechens oder Vergehens überführt ist, sei es als Urheber oder als Mitschuldiger, wird sofort verhaftet und dem Kriegsrat übergeben. Jede agitatorische Beeinflussung der Bevölkerung in geschlossenen Versammlungen, sowie jede Gehorsamsverweigerung gegenüber gegebenen Befehlen wird schwer geahndet werden.* Ziel sei die *Wiederherstellung des bürgerlichen Lebens durch Arbeit, Ruhe und Ordnung*[148].

Bemerkenswerterweise wurden erst nach erfolgter Besetzung der Pfalz Proklamationen von General Gérard in Form von Maueranschlägen und mittels Zeitungen verbreitet, die bereits am 28. November 1918 erlassen worden waren und großen Interpretationsspielraum boten, was die französischen Ziele betraf. Sie richteten sich an die pfälzische Bevölkerung und an die französischen Soldaten. Die Einwohner wurden auch hier zum Gehorsam aufgefordert. *Wenn es nötig wäre*, so die Verordnung weiter, *würde Frankreich durch eine strenge Bestrafung seinen festen Willen zeigen, daß niemand an seine Unabhängigkeit und seine Ehre rührt. Die Freiheit der anderen achtend, verfolgt Frankreich unentwegt im Sieg, sein Rechtideal einzig, indem es die Herzen und die Sinne zu erobern sucht.* Der Aufruf an die Soldaten nahm Bezug auf die napoleonische Zeit und denunzierte die untergegangene deutsche Monarchie als barbarisch: *Ihr werdet jetzt ein Land besetzen, worauf vor wenig mehr als einem Jahrhundert dank unserer großen Vorfahren unsere drei Farben flatterten. Deren Werk werdet Ihr fortsetzen. Als Sieger werdet Ihr die Hochachtung und die Ehrfurcht dieses Landes erzwingen, wie Ihr die Bewunderung der Welt erzwungen habt. Der Sieg legt Euch Pflichten auf. Großherzig im Triumph, werdet Ihr diese Pflichten ohne Haß wie ohne Schwäche erfüllen. Der zerstörenden Wut der Barbaren werdet Ihr die feste weise Gerechtigkeit unserer befreienden Rasse entgegenstellen. Einem unter einer hundertjährigen Tyrannei gebeugten Volke werdet Ihr zeigen, was eine ihrer Macht und ihrer Ehrlichkeit bewußte Nation kann und will, und im Gegensatz zu dem System, das die Kultur verworfen hat, werdet Ihr weder die Sicherheit noch das Eigentum gefährden*[149].

Bereits am 9. Dezember 1918 nahm die ›Pfälzische Post‹ dazu kritisch Stellung: *Wenn aber in einer der Proklamationen des französischen Oberkommandierenden die Absicht kundgetan wird, unsere Herzen und Sinne zu erobern, so gestatten wir uns heute schon, zu*

---

[148] Speierer Zeitung, 4. Dezember 1918, Nr. 282, S. 2; Pfälzische Post, 7. Dezember 1918, Nr. 291, S. 2.
[149] Rheinisches Volksblatt, 9. Dezember 1918, Nr. 286, S. 2; Speierer Zeitung, 10. Dezember 1918, Nr. 287, S. 2 f.; GRÄBER/SPINDLER, Revolverrepublik (wie Anm. 50), S. 35.

sagen, daß den Franzosen dies nur dann gelingen wird, wenn sie darauf verzichten, auch unser Land zu behalten und das deutsche Volk in irgend einer Form zu versklaven. Es ist unverkennbar, daß imperialistische Kreise Englands, Belgiens und Frankreichs Friedensziele verfolgen, die mit den Grundsätzen Wilsons unvereinbar sind[150].

Die für die pfälzische Bevölkerung wichtigste Verlautbarung war die vom kommandierenden General der VIII. französischen Armee Gérard erlassene und auf den 30. November 1918 oder den 1. Dezember 1918 datierte *Anordnung* oder *Polizei-Verordnung*, die aber erst am 11. Dezember 1918 veröffentlicht wurde[151]. Sie regelte in 30 Artikeln große Teile des öffentlichen Lebens. Dazu gehörten die Anmeldung des Wohnsitzes und die Einschränkungen des Verkehrs einschließlich Ausgangssperre. Versammlungen und öffentliche Kundgebungen sowie *Beflaggen* waren verboten, Vereinssitzungen, Vorstellungen und Versammlungen waren nur mit Genehmigung der Ortsmilitärbehörde erlaubt. Die Presse wurde unter Vorzensur gestellt, und der Verkauf von Zeitungen und Büchern war ebenfalls nur mit Genehmigung erlaubt. *Post-, Telegraf- und Telefonwesen* wurden Beschränkungen unterworfen, Brieftauben waren den Militärbehörden anzuzeigen. Für Waffen und Munition bestand innerhalb von zwei Tagen eine Ablieferungspflicht. In Artikel 21 wurde Widersetzlichkeit bei Requisitionen mit Strafe bedroht. Untersagt blieb der Verkauf von Likören und sonstigen geistigen Getränken. Für die Bewohner der Pfalz und die Besatzungstruppen bestanden unterschiedliche Öffnungszeiten der Wirtschaften. Uniformierte deutsche Beamte mussten französische Offiziere grüßen. Alle Einwohner wurden verpflichtet, über Dinge Meldung zu erstatten, die zur *Aufrechterhaltung der Ordnung und guten Verwaltung des Landes* beitrügen. Die Militärbehörden konnten Strafen bis zu einem Jahr Gefängnis, tausend Francs Geldstrafe, Ausweisung und *Schließung der Geschäfte, Handelshäuser und Fabriken* erlassen[152].

Disziplinierungen pfälzischer Einwohner

Bereits am 4. Dezember 1918 wurden erste Bestrafungen von pfälzischen Einwohnern durch die französische Militärregierung gemeldet. In Zweibrücken hatte ein Gastwirt einen Mann verborgen, der einen französischen Soldaten *gröblichst beleidigt* hatte; ein weiterer Bewohner der Stadt habe zu *verschiedenen Malen* »a bas la France!« gerufen. Beide wurden zu je 1.000 Mark Geldstrafe verurteilt, die der kommandierende General aufgrund des *ruhigen und würdigen Verhaltens der Bevölkerung während der Besatzung der Stadt* und der *Zuvorkommenheit* des Bürgermeisters der *Wohltätigkeitskasse* überwies[153]. Zwei Einwohner von Zweibrücken wurden, wie der ›Pfälzische Merkur‹ am 9. Dezember 1918 berichtete, wegen Übertretung der Ausgangssperre zu je vier Tagen

---

[150] Pfälzische Post, 9. Dezember 1918, Nr. 292, S. 1.
[151] FENSKE, Speyer in der Weimarer Republik (wie Anm. 36), S. 304.
[152] Rheinisches Volksblatt, 11. Dezember 1918, Nr. 288, S. 6; Pfälzischer Merkur, 11. Dezember 1918, Nr. 290, S. 2.
[153] Pfälzischer Merkur, 4. Dezember 1918, Nr. 285, S. 1, 5. Dezember 1918, Nr. 286, S. 1; Rheinisches Volksblatt, 10. Dezember 1918, Nr. 287, S. 4; Speierer Zeitung, 10. Dezember 1918, Nr. 287, S. 2.

Gefängnis verurteilt¹⁵⁴. Am gleichen Tag veröffentlichte der Speyerer Bürgermeister im ›Rheinischen Volksblatt‹ eine *Warnung* des französischen Platzkommandanten, der ausdrücklich darauf hingewiesen habe, *daß ebenso wie französische Soldaten, die sich an deutschem Eigentum vergreifen, so auch alle Deutschen, die sich an französischem Eigentum vergreifen, sofort vor ein Kriegsgericht gestellt und aufs strengste bestraft werden*¹⁵⁵. Tatsächlich häuften sich in den pfälzischen Zeitungen im weiteren Verlauf des Dezembers die Meldungen über Vergehen dieser Art und ihre Bestrafung. Der ›Pfälzische Merkur‹ berichtete am 11. Dezember 1918 über einen Fall von *provozierendem Benehmen auf dem Bürgersteig gegenüber Offizieren*. Man habe die *Beobachtung* gemacht, *daß gerade Elemente, die im Frieden ihre Vaterlandsliebe weit weniger kräftig zur Schau trugen, hieran beteiligt sind. Alle Verfehlungen* müssten aber *strikte vermieden werden, da bei Nichtermittlung der Täter Geiseln aus dem betreffenden Viertel ergriffen und interniert werden*¹⁵⁶. Tatsächlich wurden, wie die ›Pfälzer Zeitung‹ am 14. Dezember 1918 berichtete, nach einem Überfall auf einen französischen Motorradfahrer die beiden saarländischen Städte Sulzbach und Dudweiler, zwischen denen sich der Vorfall ereignet hatte, mit hohen Summen bestraft; darüber hinaus mussten sie je zwei Geiseln stellen¹⁵⁷.

Insbesondere das *Beschmutzen* [...] *oder Abreißen* [...] *französischer Mauer- und Plakatanschläge* ahndete die Besatzungsmacht drakonisch. Eine *Landauer Einwohnerin*, die ein solches Vergehen begangen hatte, wurde, wie die ›Speierer Zeitung‹ am 14. Dezember 1918 meldete, *zu 4 Monaten Gefängnis und 500 Francs Geldstrafe, ferner zur Ausweisung aus dem Bezirk Landau verurteilt*¹⁵⁸. Wie das ›Rheinische Volksblatt‹ am 10. Dezember 1918 aus Queichheim berichtete, *warf ein 12jähriger Schüler einen Feuerwerkskörper unter ein fahrendes Auto mit französischen Insassen*, wobei *ein Schaden von mehr als 1000 Mark entstand. Infolge dieses Vorfalles*, so der Bericht, *wurde der Gemeinde Queichheim eine Geldbuße auferlegt, zu der jede Familie herangezogen wird. Die ganze Gemeinde muß unter einem solchen Lausbubenstreich leiden*¹⁵⁹.

Die größte Resonanz unter den Bestrafungen, über die aus Gründen der Abschreckung in den pfälzischen Zeitungen breit berichtet wurde, fand der Prozess gegen den achtzehnjährigen Karl Weinkauf aus Hinterweidenthal vor *dem Kriegsgericht* [...] *des Hauptquartiers der 8. Armee im Justizpalast zu Landau am 11. Dezember 1918*. Er hatte am 6. Dezember 1918 einen Stein gegen einen französischen Wagen geworfen, wobei ein Kurier eine blutende Kopfwunde erlitt. Auf das mit *größter Unparteilichkeit* durch den Vorsitzenden geführte Verhör des Angeklagten folgte in *untadelhafter Form* das Plädoyer des aus Reims stammenden Staatsanwalts. Die Verteidigung übernahm ein promovierter Jurist vom Landesgericht Bethune. Er erklärte dem Kriegsgericht, *daß er in Anbetracht der Mißhandlung und der physischen und der moralischen Leiden, welche die Mitglieder seiner Familie im besetzten Gebiet zu erdulden hatten, gezögert habe, die Verteidigung zu*

---

¹⁵⁴ Pfälzischer Merkur, 9. Dezember 1918, Nr. 289, S. 3.
¹⁵⁵ Rheinisches Volksblatt, 9. Dezember 1918, Nr. 286, S. 3.
¹⁵⁶ Pfälzischer Merkur, 11. Dezember 1918, Nr. 291, S. 2.
¹⁵⁷ Pfälzer Zeitung, 14. Dezember 1918, Nr. 291, S. 3.
¹⁵⁸ Speierer Zeitung, 14. Dezember 1918, Nr. 291, Erstes Blatt, S. 2; Pfälzer Zeitung, 14. Dezember 1918, Nr. 291, S. 3.
¹⁵⁹ Rheinisches Volksblatt, 10. Dezember 1918, Nr. 287, S. 4.

übernehmen. Da jedoch die französische Justiz sich nur vom Gewissen leiten lasse, ohne auf die Staatsangehörigkeit des Beschuldigten zu sehen, so habe er geglaubt, sich der ihm obliegenden Pflicht nicht entziehen zu können. Nach seinem Plädoyer, in dem er die Tat als *dummen Jungenstreich* bezeichnete, *haben Mitglieder des Landesgerichts und der Rechtsanwaltschaft von Landau es sich nicht nehmen lassen, dem Herrn Verteidiger ihren Beifall auszusprechen für die große Gewissenhaftigkeit, mit der er den Beschuldigten verteidigt hatte, und gleichzeitig die Unparteilichkeit des Vorsitzenden Herrn Obersten und den unleugbaren Geist der Gerechtigkeit der Anklagerede des Herrn Staatsanwalts zu rühmen.* Der Angeklagte wurde mit fünf Jahren Zuchthaus und zehn Jahren Aufenthaltsverbot allerdings sehr hart bestraft[160]. Ab dem 17. Dezember 1918 berichteten verschiedene pfälzische Zeitungen, dass die Gerichte in Zweibrücken nun durch einen *französische[n] Jurist[en]* überwacht würden, damit die *Interessen der Besatzungsarmee nicht geschädigt werden*[161].

Die Situation der pfälzischen Presse

Unmittelbar nach der Besetzung setzte die Zensur der pfälzischen Presse ein. Schon am 5. Dezember 1918 zeigte der in Zweibrücken erscheinende ›Pfälzische Merkur‹ erste Lücken dieser Art[162]. Am gleichen Tag berichtete das ›Rheinische Volksblatt‹, dass wegen der Absperrung der linksrheinischen Gebiete vom Rest des Deutschen Reiches und der Einstellung der Telephon- und Telegraphenverbindung nun kein Kontakt mehr zum *Nachrichtenbüro [...] des Vereins deutscher Zeitungsverleger* bestehe. In der gleichen Ausgabe wurde die Politik des Blattes angesichts der Besetzung erläutert; es wolle sich bemühen, *den fremden Machthabern nicht einen ihnen vielleicht willkommenen Anlaß zu geben, der öffentlichen Meinung, soweit die Zeitung sie zum Ausdruck zu bringen hat, den Mund zu verbieten.* Andererseits werde man bestrebt sein, *den alten Grundsätzen getreu, auf dem Wege der freien Gesinnung weiterzuschreiten und sich nicht beirren zu lassen, das zu vertreten, was [...] als dem Gemeinwohl dienlich erkannt* wurde, *um auf den Trümmern der Vergangenheit ein neues Deutschland aufzubauen*[163]. Die französische Seite verschärfte jedoch den Druck. So wurde zum Beispiel im Zuge der Besetzung Ludwigshafens der Oberbürgermeister der Stadt, in der die meisten pfälzischen Zeitungen erschienen, dem *französischen Stadtkommando* gegenüber am 7. Dezember 1918 für die *politische Haltung der hier erscheinenden Zeitungen verantwortlich* gemacht[164].

Ab dem 10. Dezember 1918 nahmen pfälzische Zeitungen zu der mit der Polizei-Verordnung vom 1. Dezember 1918 angeordneten Vorzensur Stellung. Die ›Pfälzische Post‹ beklagte sich an diesem Datum, dass die *schönen Tage völliger Preßfreiheit [...]* für die Zeitungen der Pfalz vorüber seien. Sie sei nun *wie alle übrigen Blätter der Pfalz [...]* ge-

---

[160] Pfälzischer Merkur, 18. Dezember 1918, Nr. 297, S. 3.
[161] Pfälzische Post, 17. Dezember 1918, Nr. 299, S. 3; Speierer Zeitung, 18. Dezember 1918, Nr. 294, S. 3; Pfälzischer Merkur, 19. Dezember 1918, Nr. 298, S. 2.
[162] Pfälzischer Merkur, 5. Dezember 1918, Nr. 286, S. 1 u. 3.
[163] Rheinisches Volksblatt, 5. Dezember 1918, Nr. 283, S. 1 f.
[164] Pfälzische Post, 7. Dezember 1918, Zweites Blatt zu Nr. 291, S. 1.

zwungen, den *Militärbehörden die ersten Abdrucke zur Vorzensur vorzulegen. Diese Vorzensur erstrecke sich vorläufig auf Artikel und Nachrichten über die Politik der Ententemächte und über die besetzten Gebiete. Der übrige Teil des Blattes, also besonders die innere Politik im neuen Deutschland und die Vorbereitung und Durchführung der politischen und kommunalen Wahlen, bleiben von jeder Zensur frei*[165]. Am Folgetag äußerte die ›Speierer Zeitung‹, diese Anordnung bedeute in *redaktioneller und technischer Hinsicht eine bedeutende Erschwerung* der Arbeit[166]. Das ›Rheinische Volksblatt‹ informierte seine Leser am 12. Dezember 1918 über die Vorzensur. Bei Vorgängen auf *außenpolitischem Gebiet* müsse nun *weitgehende Zurückhaltung beobachtet* werden. *Unsere Leser mögen daher Stillschweigen über manche Dinge nicht als Grundsatzlosigkeit oder gar als Gesinnungswechsel einschätzen. Bis zur möglichen Grenze der Vertretung unserer nationalen Interessen zu gehen, wird von uns nach wie vor als Ehrenpflicht betrachtet werden*[167]. Schon einen Tag später verhängte die französische Militärbehörde gegenüber dem Redakteur des ›Rheinischen Volksblattes‹, Hans Wülk, *wegen Zuwiderhandlung gegen die von dem Herrn kommandierenden General der VIII. Armee erlassenen Vorschriften über die Presse* empfindliche Bußen: *500 Francs Geldstrafe und Nichterscheinen des Blattes für die Dauer von 2 Wochen*[168]. Während französische Zeitungen, *die über Straßburg-Bitsch oder Saargemünd aus Paris kommen*, in Zweibrücken *schon am Tage nach ihrem Erscheinen zu kaufen seien*[169], wurden, wie das ›Rheinische Volksblatt‹ am 11. Dezember 1918 berichtete, der Verkauf und Bezug aller *im rechtsrheinischen Gebiet erscheinende*[n] *Zeitungen bei strengster Strafe verboten*[170]. Am 31. Dezember 1918 teilte der ›Pfälzische Merkur‹ mit, dass er sich aufgrund der *Sperre der rechtsrheinischen Zeitungen veranlaßt* sehe, über die politischen Ereignisse auch im rechtsrheinischen Deutschland nach französischen Zeitungen zu berichten[171].

Die ›Speierer Zeitung‹ meldete am 18. Dezember 1918, dass in einer Sitzung der Waffenstillstandskommission mit Bezug auf das Verbot der Einfuhr rechtsrheinischer Periodika die *Entscheidung von Marschall Foch* mitgeteilt worden sei, dass die alliierten Truppen *in den besetzten Gebieten das unbeschränkte Recht der Kontrolle und Zensur* hätten[172]. In der ›Pfälzischen Post‹ erschien am 16. Dezember 1918 eine Bekanntmachung des Kaiserslauterner Bürgermeisters Baumann, dass nach Anweisung des kommandierenden Generals *der Presse [...] jede Kritik an den Maßnahmen der Alliierten, insbesondere jede Stellungnahme gegen ihre Anordnungen* verboten sei[173]. Die ›Pfälzische Post‹ veröffentlichte am 23. Dezember 1918 auf General Gérard zurückgehende, ausführliche *Strafan-*

---

[165] Pfälzische Post, 10. Dezember 1918, Zweites Blatt zu Nr. 293, S. 1.
[166] Speierer Zeitung, 11. Dezember 1918, Nr. 288, S. 2.
[167] Rheinisches Volksblatt, 12. Dezember 1918, Nr. 289, S. 2.
[168] Speierer Zeitung, 16. Dezember 1918, Nr. 292, S. 1.
[169] Pfälzische Post, 12. Dezember 1918, Nr. 295, S. 3.
[170] Rheinisches Volksblatt, 11. Dezember 1918, Nr. 288, S. 4; Pfälzischer Merkur, 16. Dezember 1918, Nr. 295, S. 2.
[171] Pfälzischer Merkur, 31. Dezember 1918, Nr. 306, S. 2.
[172] Speierer Zeitung, 18. Dezember 1918, Nr. 294, S. 3; Pfälzische Post, 18. Dezember 1918, Nr. 300, S. 1.
[173] Pfälzische Post, 16. Dezember 1918, Zweites Blatt zu Nr. 298, S. 3; Pfälzische Zeitung, 21. Dezember 1918, Nr. 297, S. 3.

drohungen gegen die Presse: Jede ohne vorherige Genehmigung des kontrollierenden Offiziers erschienene Veröffentlichung wird den nachstehenden Strafen unterliegen: Zeitweilige von 5 bis 30 Tage dauernde Aufhebung der Zeitung, und gegebenenfalls Beschlagnahme der veröffentlichten Schriften. Im Wiederübertretungsfall: Endgültige Aufhebung der Zeitung, Beschlagnahme der Druckschriften. In beiden Fällen, wenn die Umstände, unter denen die Uebertretung verbrochen wurde, sie verlangen: Ausweisung aus dem Armeegebiete des Druckers, Schriftleiters und Verlegers der Druckschriften; ungeachtet etwaiger Strafen, welche ein Jahr Gefängnis und 1000 Franks Geldbuße betragen können[174]. Am 30. Dezember 1918, am Tage seines Wiedererscheinens, teilte das ›Rheinische Volksblatt‹ mit, dass die ›Pfälzer Zeitung‹ am 27. und 28. Dezember 1918 verboten gewesen sei[175]. Auch der ›Dürkheimer Beobachter‹ war an beiden Tagen unterdrückt worden, die ›Speierer Zeitung‹ vom 30. Dezember 1918 bis zum 3. Januar 1919; auf eine Unterredung des Schriftleiters mit der *Zensurbehörde* hin wurde die Strafe um einen Tag *gemildert*[176]. In den ersten 80 Nummern der ›Pfälzischen Post‹ aus dem Jahr 1919 finden sich acht Lücken im politischen und zwei im lokalen Teil; danach durften Zensureingriffe für die Leser nicht mehr erkennbar sein[177].

Selbstdarstellungen der französischen Besatzungstruppen im öffentlichen Raum

Die französischen Besatzungstruppen waren von Anfang an auf Präsenz im öffentlichen Raum bedacht, wobei neben Truppenaufmärschen und dem Aufziehen der Trikolore an den wichtigsten Gebäuden die Regimentsmusik eine große Rolle spielte. So berichtete die ›Speierer Zeitung‹ am 11. Dezember 1918 über einen *Uebungsmarsch* am Vortag, bei dem ein Infanterieregiment mit *klingendem Spiel* durch die Stadt gezogen sei. Am *Nachmittag veranstaltete die Regimentsmusik des hiesigen Besatzungsregiments Nr. 51 im Domgarten ein Konzert. Die gut geschulte Kapelle lockte zahlreiche Zuhörer an*[178].

Ein wichtiges Element der Selbstdarstellung war ein sorgfältig orchestrierter Militärgottesdienst im geschichts- und symbolträchtigen Speyerer Dom am Sonntag, dem 15. Dezember 1918, über den die ›Speierer Zeitung‹ am Folgetag ausführlich berichtete. Die 3. französische Division hatte ihn dem *Gedenken ihrer gefallenen Kameraden* gewidmet. *Schon in der Früh rollten in stundenlanger Reihe eine Menge von Bagagewagen und Automobilen durch unsere Stadt [...]. Um 1/2 10 vormittags marschierten die Truppen – etwa 6000 Mann – mit wehenden Fahnen und Musik zum Dom. Auf dem Königschor des Domes über den Kaisergräbern hatte ein großer Katafalk Aufstellung gefunden [...], geschmückt mit einem weißen Kreuz und goldgestickten flammenden Granaten und Lorbeerkränzen. Vor demselben standen Maschinengewehre und große bronzene Totenampeln, denen Weihrauch entströmte; ferner waren beiderseits des Katafalks die 4 Regimentsfahnen*

---

[174] Pfälzische Post, 23. Dezember 1918, Nr. 304, S. 3.
[175] Rheinisches Volksblatt, 30. Dezember 1918, Nr. 300, S. 1.
[176] Speierer Zeitung, 3. Januar 1919, Nr. 1, 1. Blatt, S. 2, 2. Blatt, S. 3.
[177] E. GOEBEL, Die pfälzische Presse im Abwehrkampf der Pfalz gegen Franzosen und Separatisten, Ludwigshafen am Rhein 1931 (Diss. München), S. 37.
[178] Speierer Zeitung, 11. Dezember 1918, Nr. 288, S. 2.

der Division aufgestellt. Auf dem Königschor vor dem Katafalk nahmen in mit roten Tüchern ausgeschlagenen Gebetstühlen der Divisionsgeneral und die höheren Stabsoffiziere Platz. [...] Bei der Wandlung ertönten Trommelwirbel und Fanfaren. Das ‚Benedictus' wurde von einem Opernsänger der Pariser Oper unter Orgelbegleitung in ergreifender Weise zum Vortrag gebracht. Nach dem Amt hielt der Divisionsgeistliche eine Predigt, worauf die kirchliche Handlung mit einer Trauerfeier am Katafalk und einem von einem französischen Chor gesungenen ‚Te deum' seinen Abschluß fand. Unterdessen hatte sich auf dem Domplatz, auf dem die 4 Fahnenkompagnien mit aufgepflanztem Bajonett aufgestellt waren [...], eine unübersehbare Menschenmenge eingefunden, die das nun folgende militärische Schauspiel mit angemessener Ruhe beobachtete. Nachdem die Bannerträger mit den Regimentsfahnen den Dom verlassen hatten, erschien mit einem Tusch der Regimentsmusik begrüßt, unter dem Hauptportal des Domes der Divisionsgeneral. Dieser überreichte auf dem Domplatz in feierlicher Weise zwei französischen Offizieren hohe Ordensauszeichnungen, wobei er dieselben auf beide Wangen küßte, während die Musik einen Tusch spielte. Der Divisionsgeneral nahm dann vor dem Stadthaus die Parade über die sämtlichen Truppen unter den Klängen der beiden Regimentsmusiken ab[179].

In der zweiten Dezemberhälfte berichteten pfälzische Zeitungen über die militärischen Rituale in Zweibrücken. Die Stadt zeige mehr und mehr, so die ›Pfälzische Post‹ am 16. Dezember 1918, das *Bild einer französischen Garnisonsstadt [...]: Jeden Tag ist Standmusik einer französischen Regimentskapelle vor dem Rathaus, vormittags 10 Uhr zieht die Hauptwache am Justizpalast auf*[180]. Das letztere Ritual erfolge, so der ›Pfälzische Merkur‹ am 31. Dezember 1918, *seit gestern unter besonderen Feierlichkeiten. Um 10 Uhr Morgens marschieren die Ablösungsmannschaften mit Musik vor das Portal, wo die alte Wache bereits Aufstellung genommen hat. Unter präsentiertem Gewehr und den Klängen des Präsentiermarsches bezw. der Marseillaise werden dann die Trikoloren vor dem Gebäude gehißt*. Auch ein großer *militärischer* Zapfenstreich wurde für den Abend des gleichen Tages angekündigt[181]. Kurz vor Weihnachten versammelte sich der *protest.* Teil der *französischen Besatzung zu einem feierlichen Gottesdienst an der Geburtsstätte des Protestantismus, in der Gedächtniskirche* in Speyer. An dem mit hohem musikalischem Aufwand gefeierten Gottesdienst wirkte ein *Pariser Sänger* mit[182].

Das Jahresende 1918

Die ›Pfälzer Zeitung‹ konnte am 23. Dezember 1918 berichten, dass das französische Hauptquartier auf *Ansuchen einer gewissen Anzahl von Geistlichen* den Truppenbefehlshabern und Platzkommandanten gestattete, den *freien Verkehr und die Versammlungen in den Kirchen in der Nacht vom 24. auf den 25. Dezember zum Besuch der Christmette zu erlauben, die Gewissensfreiheit ebenso in Ehren haltend wie auf Aufrechterhaltung der*

---

[179] Speierer Zeitung, 16. Dezember 1918, Nr. 292, S. 2f.
[180] Pfälzische Post, 16. Dezember 1918, Zweites Blatt zu Nr. 298, S. 2.
[181] Pfälzischer Merkur, 31. Dezember 1918, Nr. 306, S. 2.
[182] Speierer Zeitung, 24. Dezember 1918, Nr. 299, Erstes Blatt, S. 2.

öffentlichen Ruhe besorgt[183]. Am Folgetag ermahnte das Bürgermeisteramt in Kaiserslautern laut einer Meldung der ›Pfälzischen Post‹ erneut die Bevölkerung, sich *jeder Widersetzlichkeit und Ungehörigkeit gegen die Besatzungstruppen* zu enthalten. Vor allem solche *Elemente* würden *Anlaß zur Klage* geben, die auch sonst ein *Feind jeder Autorität und Ordnung* seien; die Stadt habe wegen eines Diebstahls bereits eine Kontribution von 2.000 Mark entrichten müssen. Insbesondere wurde die *übliche Schießerei an Sylvesterabend* untersagt: *Die Stadt muß befürchten, daß sie für Unfolgsame wieder durch eine Kontribution büßen muß*[184].

Angesichts des Weihnachtsfestes und des Jahreswechsels nahm die ›Pfälzische Post‹ zur Lage in der Pfalz und in Deutschland Stellung. Das *neue, junge Deutschland* ringe sich, so der Artikel vom 24. Dezember 1918, *aus dem zusammengebrochenen alten Despoten- und Militärstaat [...] ans Licht*. Allerdings sei die Gegenwart *bitterernst*, von *unheilschwangeren Wolken umlagert*, und es sei *mehr Schlimmes als Gutes* zu erwarten[185]. Dies wurde zum Jahreswechsel ergänzt: Das *lang ersehnte Ende*, nach *mehr denn 51 Monate[n] blutigster Kämpfe*, sah ganz anders aus, *als es dem Volke von seinen Führern, denen es allzu leichtgläubig vertraut hatte, versprochen worden war*. Die Revolution habe ihre Ursache darin gehabt, daß *die oben gelogen und betrogen hatten, um des eigenen Vorteils willen und ohne Rücksicht auf die Massen*. Unabhängig davon, ob sich die linksrheinischen Gebiete an den Wahlen zur Nationalversammlung beteiligen können oder nicht, *sind wir Pfälzer mit unseren Herzen bei unseren Brüdern rechts des Rheines und ersehnen wie sie den Sieg des Rechts, den Sieg der sozialen Republik*[186].

Kriegsende und Besetzung

Mit dem Kriegsende und der militärischen Räumung der Pfalz gemäß den Waffenstillstandsbedingungen endete die Zensur der pfälzischen Presse durch die deutschen Militärbehörden. Für einige Wochen war eine freie Berichterstattung möglich. Nach den Durchhalteappellen, die unmittelbar vor Kriegsende veröffentlicht worden waren, dominierte in der öffentlichen Meinung vor dem Hintergrund der großen Zerstörungen, die die deutschen Truppen vor allem beim Rückzug auf die Siegfried-Stellung 1917 angerichtet hatten, die Furcht vor entsprechenden französischen Racheakten. Über das nach und nach deutlich werdende Faktum der kompletten Besetzung der Pfalz und ihre tatsächliche Ausgestaltung berichtete die pfälzische Presse teils widersprüchlich und teils falsch.

Widersprüchlich waren auch die Meldungen über die künftige staatliche Zugehörigkeit der Pfalz. Das Verhältnis zu Bayern war, wie Äußerungen über verschiedene pfälzische Gravamina zeigten, schon vor dem Krieg keineswegs unbelastet. Hinzu kamen in konservativen Kreisen, die vor allem im ›Rheinischen Volksblatt‹ ihr Sprachrohr fanden, teils antisemitisch gefärbte Vorbehalte gegen die bayerische Revolutionsregierung unter Kurt Eisner. Sie waren sich in der Ablehnung revolutionärer Ereignisse mit der Besat-

---

[183] Pfälzer Zeitung, 23. Dezember 1918, Nr. 298, S. 4.
[184] Pfälzische Post, 24. Dezember 1918, Zweites Blatt zu Nr. 305, S. 3.
[185] Pfälzische Post, 24. Dezember 1918, Zweites Blatt zu Nr. 305, S. 2.
[186] Pfälzische Post, 31. Dezember 1918, Nr. 309, S. 1.

zungsmacht einig. Bemerkenswerterweise erhoben sich auch in Baden Stimmen, die auf eine Restitution der Kurpfalz abzielten, was sich gegen Bayern, aber auch gegen Preußen richtete. Es zeigte sich, dass die von oben oktroyierte Übernahme der linksrheinischen Pfalz durch Bayern nach dem Wiener Kongress in weiten Kreisen wieder disponibel geworden war.

Das Verhalten der französischen Besatzungsmacht erwies sich als sehr widersprüchlich. Eine große Rolle spielten zwei unmittelbar vor dem Einmarsch am 1. Dezember 1918 veröffentlichte Verlautbarungen von General Gérard an die französischen Soldaten und an die pfälzische Bevölkerung, die in der Pfalz selbst aber erst nach vollzogener Besetzung publiziert wurden. Sie postulierten die moralische Überlegenheit der französischen Republik gegenüber dem barbarischen Kaiserreich und stellten die Besatzung in die Tradition der Annexion der linksrheinischen Pfalz im Gefolge der französischen Revolutionskriege. Als herausgehobenes Ziel wurde das Gewinnen der »Herzen und Sinne« der Pfälzer formuliert. Mit der Besetzung der Pfalz griff die französische Militärbehörde allerdings ganz massiv in den Alltag der Bevölkerung ein und hob einen Teil der politischen Rechte auf. Hinzu kam eine sukzessiv sich verschärfende Abriegelung zu den rechtsrheinischen Gebieten. Sie konnte als ein Schritt zu einer geplanten Annexion der Pfalz durch Frankreich oder als Förderung des Separatismus interpretiert werden. Andererseits war sie auch in der Furcht der französischen Regierung vor einem Übergreifen revolutionärer Vorgänge nach Westen begründet. Dies manifestierte sich in einer Nichtanerkennung der deutschen, nach dem Sturz der Monarchie vor allem auf Druck der amerikanischen Regierung entstandenen politischen Institutionen und vor diesem Hintergrund dem Verbot der Teilnahme an gesamtdeutschen Wahlen. Jede Zusammenarbeit mit Arbeiter- und Soldatenräten wurde von der französischen Militärbehörde abgelehnt, einzige Ansprechpartner waren die noch auf das Kaiserreich zurückgehenden Institutionen und damit die Kräfte, die in erster Linie den Krieg auf deutscher Seite mitgetragen hatten und die von General Gérard als Barbaren denunziert worden waren. Die Träger der Revolution in Deutschland, darunter die SPD und andere Parteien des linken Spektrums, mussten dagegen um ihre politischen und sozialen Errungenschaften fürchten.

Besetzt wurde die Pfalz durch Einheiten, die teils schwere Waffen mit sich führten und damit jeden Widerstand unterdrücken konnten. Die französische Präsenz und Militärmacht wurde im öffentlichen Raum permanent zur Schau gestellt, und das öffentliche Leben der Einwohner der besetzten Gebiete regelte eine Fülle von Verordnungen. Hinzu kamen teils drakonische Strafen bei Zuwiderhandlungen, über die die pfälzische Presse breit berichtete. In die Verantwortung genommen wurden auch die Bürgermeister, die sehr an einem tadellosen Benehmen der Bewohner interessiert sein mussten, da der Gemeinde sonst harte Kollektivstrafen auferlegt wurden.

Während der zensurfreien Zeit konnten die pfälzischen Zeitungen in Abhängigkeit von ihrer politischen Affiliation ihre Vorgaben zum erwünschten Verhalten der Pfälzer angesichts der Besetzung offen darlegen. Hier tat sich besonders das ›Rheinische Volksblatt‹ mit detaillierten Vorschriften hervor, wie man sich dem feindlichen Sieger gegenüber zu verhalten habe. Zum Maßstab stilisierte das Blatt die vorbildliche Haltung der Pariser Bevölkerung während der allerdings nur kurzen Besetzung der Stadt 1871 durch deutsche Truppen. Im gleichen Zusammenhang wurde aus männlicher Perspektive immer wieder die weibliche Sexualmoral thematisiert. Zum wichtigen Anliegen der Presse entwickelte sich bei der Besetzung der Pfalz, die ja Teil einer ehemaligen Kolonialmacht war, die Stationierung von Kolonialtruppen. Dies wurde als bewusste Demütigung durch Frankreich interpretiert. Allerdings konnte weitestgehend nur über ein vorbildliches Verhalten der französischen Soldaten berichtet werden. Lediglich beim verfrühten Einrücken von Besatzungstruppen in die Westpfalz vor dem 1. Dezember 1918 scheint es zu Übergriffen auf Frauen gekommen zu sein, gegen die dann auch die deutschen Vertreter der Waffenstillstandskommission protestierten.

Mit der Unterstellung der pfälzischen Presse unter die Vorzensur durch die französische Militärbehörde endete die kurze Phase der Pressefreiheit. Zensureingriffe, Verbote einzelner Zeitungen und Androhungen weiterer Strafen sorgten dafür, dass keinerlei kritische Berichte mehr erschienen und die pfälzische Presse mehr und mehr den Charakter von Verlautbarungsorganen erhielt, in denen Berichte über Bestrafungen und Verordnungen der Militärbehörden oder der Bürgermeister in deren Auftrag eine große Rolle spielten. Aufgrund der Absperrung der linksrheinischen Gebiete fehlten alle Informationen aus dem rechtsrheinischen Deutschland, die schließlich auf der Grundlage französischer Zeitungen nachgedruckt werden mussten.

Um die Jahreswende 1918/19 herrschte in der Pfalz eine große Unsicherheit über die Zukunft. Der Krieg war zwar beendet und die im Vorfeld geäußerten Befürchtungen in Zusammenhang mit der militärischen Besetzung durch französischen Truppen hatten sich als unbegründet erwiesen. Allerdings erwies sich der militärische Besatzungsalltag aufgrund der strengen Reglementierung vieler Bereiche als sehr drückend. Teils kleinliche Vorschriften wie die Grußpflicht gegenüber französischen Offizieren waren sicherlich nicht geeignet, Herzen und Sinne zu gewinnen. Hinzu kamen die fast vollständige Abriegelung zum rechtsrheinischen Deutschland sowie die Unsicherheit, wie sich die staatliche Zukunft der Pfalz angesichts der nicht konkret fassbaren, tatsächlichen Ziele Frankreichs gestalten würde, das eine Zusammenarbeit mit der jungen deutschen Republik zum Teil verweigerte. Die lange zeitliche Dauer der Besetzung war zu diesem Zeitpunkt noch unabsehbar, und die Befürchtungen, Frankreich befördere eine Abtrennung der linksrheinischen Gebiete, sollten sich in der Folge als durchaus begründet erweisen.

Das Bistum Speyer nach dem Ersten Weltkrieg (1918–1924)

VON HANS-LUDWIG SELBACH

Frankreichs Kirchenpolitik im Bistum Speyer nach dem Ersten Weltkrieg ist bisher noch nicht umfassend erforscht und dargestellt worden. Der vorliegende Beitrag zeigt wichtige politische Aspekte der Beziehungen zwischen der Besatzungsmacht, der Bevölkerung, der katholischen Kirche und staatlichen Stellen in der Pfalz, an der Saar, in Bayern und im Reich auf, ohne den Anspruch auf Vollständigkeit zu erheben*.

Kriegsende

Nach dem Waffenstillstand vom 11. November 1918 herrschten im Westen Deutschlands wie im gesamten Reich einerseits Erleichterung über das Ende der Kämpfe und Hoffnung auf die Rückkehr der Soldaten, für viele Menschen aber auch Enttäuschung über das Ende der Monarchie. Hinzu kamen als „[...] Folge völliger Erschöpfung und des militärischen Zusammenbruchs"[1] die Unsicherheit hinsichtlich der politischen Zukunft und die Sorgen um die bevorstehende Besetzung des Landes sowie mögliche Friedensbedingungen. Zahlreiche Soldaten „[...] kehrten aufgewühlt und desorientiert in ihre materiell und psychisch ausgelaugte Heimat zurück. Hinter ihnen lag der verlorene Krieg, vor ihnen eine ungewisse Zukunft"[2].

Unkontrollierbare Gerüchte schürten Ängste in der Bevölkerung, als ab dem 1. Dezember 1918 französische Verbände in die Pfalz einrückten. Man fürchtete eine Gefährdung der Lebensmittelversorgung, Plünderungen und die mögliche Vertreibung der Menschen ins Rechtsrheinische. Die linksrheinische Pfalz war seit 1816 Bestandteil des Königreichs Bayern. In München bildete sich bereits am 8. November 1918 eine revolutionäre Regierung unter Kurt Eisner (USPD), die, vom Provisorischen Nationalrat bestätigt, den Freistaat Bayern proklamierte und sich für eine verfassunggebende Nationalversammlung und weitreichende politische und soziale Reformen aussprach. Da sich die

---

* Diese Abhandlung basiert im Wesentlichen auf dem ergänzten sowie leicht veränderten Aufsatz: H.-L. SELBACH, Katholische Kirche und Frankreichs Politik in der Pfalz nach dem Ersten Weltkrieg (1918–1924), in: AmrhKG 69 (2017), S. 259–295.
[1] E. GATZ, Die katholische Kirche in Deutschland im 20. Jahrhundert, Freiburg 2009, S. 65.
[2] Ebd.

Revolution rasch in Bayern ausbreitete, erreichte sie auch bald die Pfalz. Der auf Weisung aus München in Speyer gebildete Vollzugsausschuss erklärte seine Bereitschaft, im Einvernehmen mit dem dortigen Regierungspräsidenten zu handeln. Die Beamten blieben im Dienst. Am 13. November wurde bekannt, dass der bayerische König Ludwig III. alle Soldaten, Offiziere und Beamten von ihrem Eid entbunden hatte[3].

Da die Initiative für den Waffenstillstand von deutscher Seite erfolgt war, deuteten die Alliierten dies als Zeichen der Schwäche und setzten überaus harte Bedingungen durch – so jedenfalls die Sicht im Reich. Während im Januar 1919 – ohne deutsche Beteiligung – in Paris die Friedenskonferenz begann, hatte der französische und alliierte Oberbefehlshaber Marschall Ferdinand Foch seit dem Waffenstillstand umfangreiche Vorkehrungen getroffen, die vor allem französischen Interessen entsprachen. Frankreichs Kernforderungen bei der Friedenskonferenz waren Sicherheit und Reparationen. Ministerpräsident Clemenceau, Staatspräsident Poincaré und Marschall Foch strebten an, den Rhein als westliche Grenze Deutschlands durchzusetzen. Foch und Clemenceau befürworteten die Schaffung unabhängiger, gegebenenfalls neutraler Staaten auf dem linken Rheinufer und deren Sicherung durch alliierte Streitkräfte. In der Zeit des Waffenstillstandes hatte Foch die militärische Befehlsgewalt. Gemäß seinen strategischen und politischen Vorstellungen stellte er sicher, dass französische Verbände die deutschen Regionen besetzten, die an Frankreich grenzten. Zunächst rückten etwa 120.000 französische Soldaten in das vorgesehene Gebiet ein, befehligt von General Émile Fayolle in Kaiserslautern. Ihm unterstanden die VIII. Armee mit General Gérard in Landau und die X. Armee mit General Mangin in Mainz[4].

Besondere Vorstellungen hinsichtlich der Pfalz und des Saargebietes entwickelte 1918/19 der Armeegruppen-Kommandeur Fayolle[5]. Ihm schwebte vor, das wiedergewonnene Gebiet von Elsass-Lothringen mit dem Gebiet der Pfalz und der Saar zu einer neuen politischen Einheit zu verschmelzen. Er forderte, vor der Wahl zur Verfassunggebenden Nationalversammlung in Weimar am 19. Januar 1919 vollendete Tatsachen zu schaffen, das heißt, die Pfalz und die Saar von Deutschland abzutrennen und ihnen einen Sonderstatus zu geben. Unter den hohen Militärs bestand Übereinstimmung in dieser Hinsicht. Fayolle verwies in einer »Note sur la Paix« am 14. Februar 1919 dabei auch auf psychologische Aspekte, auf ein von ihm vermutetes egoistisches Interesse der Bevölkerung. Gleichzeitig berief er sich auch auf das moralische Recht Frankreichs zu einer solchen wirtschaftlichen Annexion. Der Frieden, so Fayolle, müsse hart sein und als logische Konsequenz des militärischen Sieges mit Gewalt durchgesetzt werden. Ebenso wie Marschall Foch verlangte Fayolle von der Regierung politisches Handeln, eine eigene Rheinlandpolitik. Am 12. Februar ging er auf das Ergebnis der Wahl in Deutschland ein, in der das Zentrum zweitstärkste Kraft im Reichstag geworden war. Nun sah er die französische

---

[3] H. GEMBRIES, Verwaltung und Politik in der besetzten Pfalz zur Zeit der Weimarer Republik, Kaiserslautern 1992, S. 17–20.

[4] H.-L. SELBACH, Katholische Kirche und französische Rheinlandpolitik nach dem Ersten Weltkrieg. Nationale, regionale und kirchliche Interessen zwischen Rhein, Saar und Ruhr (1918–1924), Köln 2013, S. 66–77.

[5] Siehe dazu P. JARDIN, L'occupation française en Rhénanie, 1918–1919. Fayolle et l'idée palatine, in: Revue d'histoire moderne et contemporaine (33) 1986, S. 404–426, hier: S. 403–418.

Armee im Rheinland künftig auch in einer neuen Rolle als Unterstützerin solcher Kräfte, die angeblich das linke Rheinufer vom Reich trennen wollten. Der Widerspruch, dass eine dem französischen Laizismus verpflichtete Armee sich im linksrheinischen Besatzungsgebiet für vorgeblich katholische Interessen einsetzen sollte, konnte kaum durch vage Erwartungen an künftige Konzilianz des Militärs gegenüber der deutschen Bevölkerung aufgelöst werden. Etwa ab Mitte Februar zeigten sich in der Pfalz erste Anzeichen einer Autonomiebewegung, die General Gérard fördern wollte. Aus dem Großraum Wiesbaden und Mainz berichtete der dortige Befehlshaber General Mangin von Überlegungen zu einer von Preußen losgelösten rheinisch-westfälischen Republik. Für Frankreich, so Mangin, sei dies weniger interessant. Am 25. Februar verwies er auf Industriellenkreise, welche einem Anschluss an Frankreich das Wort geredet hätten. Gérard berichtete Anfang März von einer pfälzischen »Notablenversammlung«, die sich aus wirtschaftlichem Interesse in profranzösischem Sinne geäußert habe. Am 10. März 1919 erhielten beide Generale jedoch die Anweisung, ihre politischen Ambitionen nicht fortzusetzen. Foch hatte sie bis zu diesem Zeitpunkt – zumindest stillschweigend – geduldet.

Das Vorgehen der französischen Militärs erfolgte offenbar lange ohne Rücksicht auf die in Paris tagende Friedenskonferenz. Die inneren Widersprüche der französischen Position, nämlich Autonomie der Pufferstaaten, jedoch alliierte Besetzung und keine Annexion, waren offensichtlich und weckten bei Briten und Amerikanern Zweifel an Frankreichs wirklichen Absichten. Britischer, vor allem jedoch amerikanischer Widerstand gegen solche Pläne bewirkte ein Einlenken Frankreichs. Das Ergebnis der Friedenskonferenz, festgeschrieben im Vertrag von Versailles vom 28. Juni 1919, sahen jedoch alle Beteiligten, Sieger und Verlierer, als unbefriedigenden Kompromiss.

Ebenso wie die übrigen von Frankreich besetzten Gebiete im Rheinland erfolgte die Besetzung der Pfalz nach den Vorgaben Marschall Fochs. Er war entschlossen, die Interessen seines Landes mit harter Hand durchzusetzen, und instruierte die ihm unterstellten Generale Fayolle, Gérard und Mangin entsprechend[6]. Die Besetzung erfolgte nach den Grundsätzen des Kriegsrechts. Die deutsche Verwaltung stand ab sofort unter der Leitung und Kontrolle des französischen Militärs, Versammlungen waren verboten, es galt Pressezensur. In der bereits von Gérard erwähnten »Notablenversammlung« am 22. Februar 1919 unterstützten zahlreiche Pfälzer „die Errichtung einer autonomen Republik Pfalz"[7]. In der Bevölkerung erhielt sie jedoch kaum Unterstützung. Kundgebungen für den Verbleib der Pfalz bei Bayern und im Reich wurden verboten.

Im nördlichen Rheinland, besonders in Köln, verfolgten einflussreiche Zentrumspolitiker im Umfeld der katholischen *Kölnischen Volkszeitung* seit November 1918 ebenfalls wenig realistische, diffuse Rheinlandpläne. Eine kleine Gruppe um den ehemaligen Staatsanwalt Hans Adam Dorten proklamierte am 1. Juni 1919 mit Unterstützung des französischen Generals Mangin in Wiesbaden eine »Rheinische Republik«, die aber am Widerstand britischer und amerikanischer Militärs, einer Intervention des amerikanischen Präsidenten Wilson bei der Pariser Friedenskonferenz und dank der Ablehnung der

---

[6] ABSp A-XV-69, General Gérard, Bekanntmachung vom 28.11.1918.
[7] G. ZERFASS (Hg.), Die Pfalz unter französischer Besatzung von 1918 bis 1930. Kalendarische Darstellung der Ereignisse vom Einmarsch im November 1918 bis zur Räumung am 1. Juli 1930, Nachdruck Koblenz 1996, S. 22.

Bevölkerung rasch zusammenbrach[8]. In der Pfalz war es eine Gruppe um den Chemiker Eberhard Haas, die, von führenden französischen Militärs massiv unterstützt, seit Dezember 1918 für einen selbständigen neutralen Pfalzstaat warb. Kreiskontrolleur Colonel de Metz setzte den Speyerer Regierungspräsidenten von Winterstein am 18. Mai 1919 unter Druck, dieses Vorhaben anzuerkennen. Winterstein lehnte dies kategorisch ab, für ihn blieb der Verbleib im Reichsverband eine Selbstverständlichkeit. Er verwies auf den Willen des weit überwiegenden Teils der Bevölkerung und seine fehlende Legitimation, über eine staatliche Neuordnung zu befinden. Französisches Militär schützte Haas und seine Mitstreiter, während Regierungspräsident von Winterstein unverzüglich ins unbesetzte Gebiet abgeschoben wurde. In Speyer erklärte Haas – ebenfalls am 1. Juni – die Pfalz zur neutralen und selbständigen Republik, losgelöst von Bayern und dem Reich, doch der stellvertretende Regierungspräsident von Chlingensperg lehnte gleichfalls eine Anerkennung ab, er berief sich auf die gegenteilige Haltung der großen Mehrheit des pfälzischen Volkes.

Der Bischof und General Gérard

Die kirchliche Organisationsstruktur in den linksrheinischen deutschen Gebieten ging auf Neuregelungen nach dem Ende der napoleonischen Herrschaft zurück (*Abb. 1*). Da das Rheinland nach dem Wiener Kongress nicht aus einem einzelnen Staat bestand, mussten sowohl die Staaten als auch die römische Kurie Zugeständnisse in den Verhandlungen machen. In der nunmehr preußischen Rheinprovinz bildeten die Bulle *De salute animarum* und das Breve *Quod de fidelium* (beide von 1821) die Grundlage der Beziehungen zwischen Preußen und der katholischen Kirche. In der neuen bayerischen Pfalz wurde Speyer wieder Bischofssitz aufgrund des bereits 1817 zwischen Bayern und dem Hl. Stuhl geschlossenen Konkordats, das aber erst 1821 gemäß der Bulle *Dei ac Domini Nostri Jesu Christi* vom 1. April 1818 ausgeführt wurde. Das Bistum gehört seitdem zur neu errichteten Kirchenprovinz Bamberg[9].

Verantwortlich für das Bistum Speyer war seit 1917 Dr. Ludwig Sebastian (1862–1943), der die Nachfolge Bischof Michael Faulhabers (1869–1952) antrat, welcher als bayerischer Feldpropst im Krieg den Münchener Kardinal Franz von Bettinger vertrat. Sebastian war Pfälzer, er stammte aus Frankenstein in der Nähe von Kaiserslautern. Nach dem Abitur studierte er Theologie in Bamberg und empfing 1887 dort auch die Priesterweihe. Erfahrung als Seelsorger, Pfarrer und Dekan sammelte Sebastian in Bamberg und verschiedenen fränkischen Orten. Acht Jahre blieb er in Ansbach, war gleichzeitig auch Landratsmitglied und Distriktschulinspektor. Im Frühjahr 1914 ernannte ihn König Ludwig III. zum Domkapitular in Bamberg, 1918 wurde er an der Universität Würzburg zum Dr. theol. promoviert. Nach der Bestätigungsbulle König Ludwigs III. leistete Sebas-

---

[8] Siehe SELBACH (wie Anm. 4), S. 132–134; ZERFASS (wie Anm. 7), S. 28–37.
[9] Bulle *Dei ac Domini Nostri Jesu Christi* Pius' VII. vom 1.4.1818, in: Kritische Online-Edition der Nuntiaturberichte Eugenio Pacellis (1917–1929), Schlagwort Nr. 14095, URL: <www.pacelli-edition.de/Schlagwort/14095> (Zugriff 25.2.2019).

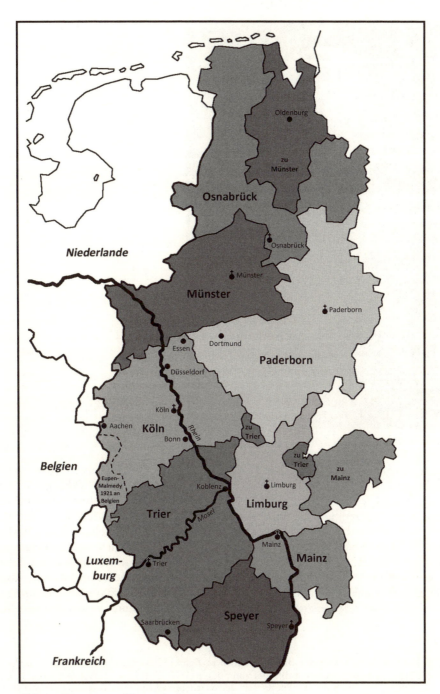

Abb. 1 Bistümer im Westen des Reiches.

Abb. 2 Bischof Dr. Ludwig Sebastian.

tian am 21. September 1917 vor dem Monarchen den Eid, zwei Tage später weihte ihn der Bamberger Erzbischof Jacobus von Hauck zum Bischof von Speyer[10] (*Abb. 2*).

Seit Beginn der Besetzung spürte die Kirche zahlreiche unangenehme Einschränkungen. Als am 5. Dezember 1918 französische Truppen in Speyer einrückten, wurden zahlreiche Gebäude und Wohnungen beschlagnahmt, auch Büros im bischöflichen Ordinariat. Im Bischofshaus und in Wohnungen der Domgeistlichen waren französische Offiziere einquartiert. Die Bevölkerung musste unter anderem Ausgangssperren, Requisitionen und eine Einschränkung der Pressefreiheit hinnehmen. Am Heiligen Abend 1918 erlaubte General Gérard *den freien Verkehr und die Versammlungen in den Kirchen* [...] *auf Ansuchen einer gewissen Anzahl von Geistlichen* und unter Verweis auf seine Res-

---

[10] J. BISSON, Sieben Speyerer Bischöfe und ihre Zeit. 1870–1950, Speyer 1956, S. 267–271; M. HEIM, Ludwig Sebastian. Bischof von Speyer (1917–1943), in: H. AMMERICH (Hg.), Lebensbilder der Bischöfe von Speyer seit der Wiedererrichtung des Bistums Speyer 1817/21, Speyer 1992, S. 257–262.

pektierung der Gewissensfreiheit[11]. Im Februar 1919 informierte der Kreisdelegierte Colonel de Metz den Bischof, dass zwischen den rheinischen Diözesen und dem Hl. Stuhl Brief- und Telegrammverkehr stattfinden dürfe – aber ausschließlich in dienstlichen Angelegenheiten[12].

General Gérard hielt hartnäckig an der Absicht fest, möglichst günstige Voraussetzungen für die Schaffung eines autonomen Pfalzstaates zu schaffen. Sein Bemühen um Unterstützung der Gruppe Haas erstreckte sich auch auf die katholische Kirche[13]. Er hatte besonders den Klerus im Blick, der Kontakt zu Bischof Sebastian gestaltete sich jedoch als schwierig. Die Art und Weise seines Vorgehens lässt insgesamt diplomatisches Geschick, realistische Lagebeurteilung und Gespür für Etikette im Umgang mit führenden Vertretern der Pfalz vermissen.

Dem Bischof von Speyer blieben die politischen Bestrebungen der sogenannten »Freien Pfälzer« um Eberhard Haas natürlich nicht verborgen. Er bat nach den Vorkommnissen vom 18. Mai und 1. Juni General Gérard um Mitwirkung zur Beruhigung der aufgewühlten Stimmung. In seiner Antwort behauptete Gérard, dass er gegenüber den politischen Parteien stets Neutralität und Freiheit habe walten lassen in Bezug auf deren unterschiedliche Vorstellungen zu den inneren Verhältnissen der Pfalz. Er habe seinen Truppen befohlen, unter allen Umständen die öffentliche Ordnung zu sichern. Vom Bischof forderte er schließlich, den Klerus mit seiner bischöflichen Autorität anzuweisen, für die Beruhigung der Gläubigen zu sorgen[14]. Die französische Unterstützung der Haas-Gruppe erwähnte Gérard mit keinem Wort. Sie galt fortan den »Freien Pfälzern« und ihrer Zeitung. Mehrere Versuche, dem Speyerer Oberhirten politische Sympathien für diese Gruppe zu unterstellen, scheiterten. General Gérard lehnte am 29. Mai 1919 trotz mehrfacher Bitten die Erlaubnis zum Zeigen der Fahnen in den weiß-blauen Landesfarben aus Anlass von Firmungen ab. Der Bischof weigerte sich, den Regierungspräsidenten zur Unterstützung eines selbständigen Pfalzstaates zu drängen, da er von Winterstein als gesetzmäßige Obrigkeit der Pfalz anerkenne.

Großes Aufsehen in Deutschland erregte im Spätherbst 1919 ein Buch des Majors Paul Jacquot, früherer Stabschef des Generals Gérard, nachdem dieser im Oktober als Befehlshaber der VIII. Armee abgelöst worden war[15]. Jacquots Werk konnte als eine Art Apologie der von Gérard betriebenen Politik verstanden werden, entsprechend den Zielen Marschall Fochs, zur Sicherheit Frankreichs die Rheinlande von Deutschland zu trennen. Jacquot behauptete, die Bevölkerung der Pfalz wünsche eine Autonomie. Er unterstellte dem Bischof und seinem Generalvikar, sich zunächst *als diskrete und eifrige Agenten einer pfälzischen Republik gezeigt zu haben,* [um danach] *zu der rheinischen Republik* [zu tendieren], *wo sie einen Teil ihrer verlorenen religiösen Kundschaft wieder zu finden*

---

[11] ABSp A-XV-69, General Nayral de Bourgon am 22.12.1918 an Sebastian.
[12] ABSp BA A-XV-69, Colonel de Metz am 20.2.1919 an Sebastian.
[13] GEMBRIES (wie Anm. 3), S. 284.
[14] ABSp BA A-XV-69, Gérard an Sebastian, 10.06.1919.
[15] P. JACQUOT, Le Général Gérard et le Palatinat. Novembre 1918 – Septembre 1919, Strasbourg 1919. Eine deutsche Ausgabe erschien unter dem Titel: Enthüllungen aus dem französischen Generalstab. General Gérard und die Pfalz. Von Paul Jacquot Major im Generalstab der französischen VIII. Armee, hg. Dr. RITTER, Mannheim/Berlin 1920.

hofften[16]. Sebastian schilderte das Verhalten der Besatzungsmacht gegenüber der Kirche am 2. Dezember 1919 in einem Brief an mehrere vertrauenswürdige Personen. In zwei Zeitungen des unbesetzten Gebietes erschienen Zurückweisungen der gegen ihn gerichteten Vorwürfe. Als Fazit hielt der Bischof fest: *Meine ganzen Bestrebungen und mein Verkehr mit französischen Offizieren hatten nur das eine Ziel, zwischen der Besatzung und der Bevölkerung ein annehmbares Verhältnis herzustellen, was mir zum Teil auch gelang*[17]. In der Pfalz nahm er zu den Behauptungen Jacquots nicht öffentlich Stellung. Einige deutsche Zeitungen bezeichneten ihn danach wegen der Darstellung Jacquots als Vaterlandsverräter. Der französische Kontrolloffizier in Speyer, Major Denis, äußerte im Mai 1919 gegenüber dem später ausgewiesenen Chefredakteur der Pfälzer Zeitung ganz offen: *Zudem ist der Bischof von Speyer uns nicht freundlich gesinnt, das wissen wir, und wir können keine Behörden im besetzten Gebiete dulden, von denen wir wissen, dass sie eine uns feindliche Politik treiben*[18]. Über seine erste Begegnung mit Gérard berichtete Sebastian, man habe ihn gewarnt, dass er von dem General keine Freundlichkeit zu erwarten habe: *Der H. General behandelte mich aber bei jener Vorstellung mit einer so verletzenden Mißachtung, die alle Befürchtungen übertraf und die in der ganzen Diözese das allgemeine Gespräch bildete. Daß ich für eine solche Politik von vornherein nicht gewonnen wurde, liegt auf der Hand.* Über seine Grundsätze, so Sebastian, *pflegte ich stets zu sagen, daß ich kein politischer Bischof sei, daß ich religiöse, kirchliche Interessen zu wahren habe, politische Aufgaben mir fern liegen, daß ich dem König von Bayern meinen Eid geschworen, von dem ich nicht erhoben habe, davon befreit zu sein*[19].

Mitte 1919 fielen auf nationaler und internationaler Ebene zwei wichtige Entscheidungen, die im besetzten Gebiet zur vorläufigen Beruhigung in der aufgeheizten Stimmung in der Frage einer Autonomie beitrugen. Die neue Reichsverfassung vom 11. August 1919 ermöglichte zwar in Artikel 18 die Neugliederung der Länder, suspendierte seine Anwendung gleichwohl für zwei Jahre. Der Grund war die angespannte innen- und außenpolitische Lage des Reiches im Zusammenhang mit den Bestimmungen des Versailler Vertrages, des Rheinlandabkommens und des Saarstatuts am 28. Juni 1919.

Das Ringen um die Saarpfalz

Nach langen Verhandlungen, die teilweise sehr kontroverse Interessen zutage treten ließen, einigten sich die Siegermächte des Ersten Weltkrieges – erstmals unter Beteiligung der USA, aber ohne Mitsprache Deutschlands – auf den Versailler Vertrag. Dieser rückte in der Folge das Rheinland für einige Jahre in den Fokus der europäischen Politik. Es stellte sich heraus, dass sowohl Sieger als auch Verlierer die Festlegungen des Vertrages als unbefriedigend empfanden. Französisches Sicherheitsbedürfnis und alliierte Reparationsforderungen markierten die wichtigsten, letztlich ungelösten Streitpunkte. Die we-

---

[16] JAQUOT (wie Anm. 15), S. 161, S. 106 [deutsche Ausgabe].
[17] Fränkische Zeitung Nr. 523 vom 23.12.1919.
[18] Augsburger Postzeitung Nr. 51 vom 1.2.1920, Artikel von Chefredakteur Dr. WÜLK, *Der Bischof von Speyer und die »Freie Pfalz«-Bewegung*.
[19] ABSp A-XV-69, Briefkonzept Bischof Sebastians (handschriftlich), 2. Dezember 1919.

sentlichen, das Rheinland betreffenden Bestimmungen legten fest, dass das gesamte linksrheinische Gebiet sowie eine 50 km breite Zone auf dem rechten Rheinufer entmilitarisiert wurden. Umfang und Dauer der Besetzung des linksrheinischen Gebietes und der rechtsrheinischen Brückenköpfe Köln, Mainz und Koblenz waren ebenfalls Teil des Vertrags. Die Kosten hatte das Reich zu tragen. Gegen den Widerstand des amerikanischen Präsidenten Woodrow Wilson und des britischen Premierministers David Lloyd George konnte Frankreich nicht die ursprünglichen Pläne durchsetzen, das linksrheinische Gebiet vom Deutschen Reich abzutrennen und dort mehr oder weniger autonome Staaten zu etablieren. Integrale Bestandteile des Versailler Vertrages waren das *Rheinlandstatut* und das *Saarstatut*[20]. Das Rheinlandstatut regelte die Einzelheiten der Besetzung durch alliierte Truppen sowie Aufgaben und Befugnisse der obersten zivilen Besatzungsbehörde Haute Commission Interalliée des Territoires Rhénans (H.C.I.T.R.). Vier Hohe Kommissare, das heißt je ein Kommissar der Besatzungsmächte Frankreich, Belgien, Großbritannien und USA, übten gemeinsam die Besatzungspolitik aus. An der Souveränität des Reiches und der Zuständigkeit der Länder Preußen und Bayern änderte sich nichts. Frankreich versuchte die ambivalenten Klauseln des Rheinlandstatuts dazu zu nutzen, um nachträglich jene Ziele seiner ursprünglichen Rheinlandpolitik zu erreichen, die es in den Pariser Friedensverhandlungen nicht hatte durchsetzen können. Bei der Friedenskonferenz hatte Frankreich trotz der Verweise auf angeblich historische Gründe und auf ein französisches »Recht« auf Entschädigung die Annexion des Saargebietes gegen Briten und Amerikaner nicht durchsetzen können. Es wurde eine Region geschaffen, die zu großen Teilen (gut 75 Prozent) aus der preußischen Rheinprovinz bestand, die übrige Fläche gehörte zur bayerischen Pfalz *(Saarpfalz)*. In dem insgesamt knapp 1.900 qkm umfassenden Territorium befanden sich wichtige Kohlevorkommen, Hüttenwerke und Wohngebiete von Bergleuten und Arbeitern[21]. Der Völkerbundsrat, ein Organ des neu geschaffenen Völkerbundes, übte die Kontrolle der aus fünf Mitgliedern bestehenden Regierungskommission aus. Sie war eindeutig frankophil. Vorsitzender war der französische Staatsrat Victor Rault. Für 15 Jahre sollte sie die Verwaltung des Saargebietes übernehmen, danach war eine Volksabstimmung über die weitere politische Zukunft vorgesehen. Die Bewohner des Saargebietes blieben Deutsche *(Abb. 3)*.

Das Saarstatut trat mit dem Versailler Vertrag am 10. Januar 1920 in Kraft. Frankreich erhielt bis zum vorgesehenen Plebiszit das Eigentum an den preußischen und bayerischen Staatsgruben als Entschädigung für die von Deutschen im Krieg zerstörten nordfranzösischen Kohlegruben. Der französische Staat wurde damit Arbeitgeber der rund 70.000 Bergleute. Frankreichs Rechte waren damit gesichert, die zeitliche Begrenzung auf 15 Jahre machten sie jedoch de facto zu einem Provisorium. Es zeigte sich bald, dass Paris bestrebt war, durch eine aktive Saarpolitik – vor allem unter Mitwirkung der Regierungskommission – den Ausgang der Entscheidung im Jahr 1935 möglichst umfassend zum

---

[20] Der Vertrag von Versailles. Mit Beiträgen von Sebastian HAFFNER, Gregory BATESON, J. M. KEYNES, Harold NICOLSON, Arnold BRECHT, W. I. LENIN u. a., München 1978, S. 144–159; III. Teil, Vierter Abschnitt, Art. 45–50, nebst Anlage und den Kapiteln 1–3 [Saarstatut]; Rheinlandstatut: RGBl. 1919, S. 1337 ff.

[21] K. M. MALLMANN/H. STEFFENS, Lohn der Mühen. Geschichte der Bergarbeiter an der Saar, München 1989, S. 128; W. BEHRINGER, Geschichte des Saarlandes, München 2009, S. 94.

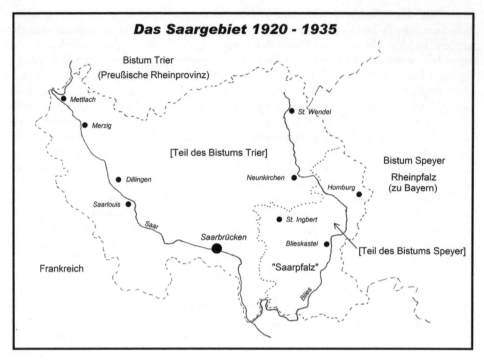

Abb. 3   Das Saargebiet 1920–1935.

eigenen Vorteil zu beeinflussen. Die Reichsregierung vertrat die Auffassung, das Saargebiet sei ein Staatsgebilde »sui generis« (einzigartig), ohne eigene Souveränität, da diese lediglich suspendiert und faktisch beim Reich verblieben sei[22]. Bereits im ersten Jahr der Besetzung (1919) waren Anzeichen für Auseinandersetzungen auf dem Feld der kulturellen, religiösen und nationalen Identität erkennbar zwischen der französischen Besatzung, den Bewohnern des Saargebietes, den Regierungen des Reichs und der Länder Preußen und Bayern. Sie zeigten sich in der Folge besonders in Fragen der Schul- und Kirchenpolitik und betrafen die beiden Bistümer Trier und Speyer.

Bereits während der Pariser Friedensverhandlungen, als das Saargebiet unter der Befehlsgewalt des Generals Joseph Andlauer stand, suchte dieser als »Administrateur supérieur du territoire de la Sarre« den Einfluss preußischer Beamter auf die Zivilbevölkerung auszuschalten. Sein Nachfolger, General Henri Wirbel, bereitete ab November 1919 die Übernahme der Verwaltung durch die Regierungskommission am 26. Februar 1920 vor. Das Militär an der Saar, nunmehr als »Troupes de Garnison« (Garnisonstruppen) bezeichnet und nicht länger Teil der französischen Rheinarmee, wurde danach von General Georges Brissaud-Desmaillet befehligt. Die Garnisonstruppen unterstanden direkt

---

[22]   Siehe SELBACH (wie Anm. 4), S. 327 f.

der Regierungskommission. Ihr erster Präsident, der Franzose Victor Rault, hatte dies beim Völkerbund beantragt und dessen stillschweigende Zustimmung erhalten. Im Juli 1920 umfassten die Garnisonstruppen etwa 10.000 Soldaten, im Juni 1923 zwischen 4.000 und 5.500 Soldaten sowie 1.200 Zivilangestellte[23]. Sie hatten die Aufgabe, Sicherheit und Ordnung sowie die wirtschaftlichen und politischen Interessen Frankreichs an der Saar zu sichern, darunter auch den Schutz der Eisenbahn- und Kommunikationsverbindung zwischen dem Heimatland und dem besetzten Rheinland.

Für die Diözese Speyer wurde die kirchliche Lage in der Saarpfalz zur größten Herausforderung in den ersten Jahren der Weimarer Republik. Zahlreiche Beteiligte an der neuartigen staatsrechtlichen Konstruktion Saargebiet suchten ihre jeweiligen Interessen zu behaupten. Zu unterscheiden sind die deutschen Beteiligten, nämlich die katholische Bevölkerung an der Saar, der Klerus und die Bischöfe von Speyer und Trier, ferner die Reichsregierung sowie die Regierungen Bayerns und Preußens. Im Prinzip strebte die deutsche Seite die Beibehaltung des kirchenrechtlichen Status quo an. Auf der anderen Seite agierte Frankreich, offiziell im Auftrag der saarländischen Regierungskommission, tatsächlich mit einer eigenen politischen Agenda: Angliederung des Saar-Territoriums. Schließlich ist der Hl. Stuhl zu nennen, der die universale Rolle der Kirche zu vertreten hatte, aber die Gültigkeit alter Konkordate in der neuen politischen Lage nach Kriegsende und speziell an der Saar berücksichtigen musste. Nicht zu vergessen ist die Rolle des päpstlichen Nuntius in Deutschland, Eugenio Pacelli, der den Anspruch der Weltkirche in möglichen neuen Konkordaten im Reich zu sichern bestrebt war, aber die gewachsenen Beziehungen zur Kirche in Deutschland nicht gefährden durfte.

Von den etwa 700.000 Einwohnern des Saargebietes zu Beginn der 1920er Jahre waren gut 70 Prozent katholisch, wobei der Anteil im preußischen Teil (Bistum Trier) etwas größer war als im bayerischen Bistum Speyer. Im neu geschaffenen Gebilde »Saargebiet« sah Frankreich eine Chance, die alten staatskirchenrechtlichen Vereinbarungen – für Speyer das bayerische Konkordat von 1817, für Trier die Bulle *De salute animarum* von 1821 – nach den staatsrechtlichen Veränderungen Ende 1918 in Frage zu stellen. Neue Bistumsgrenzen und die Ernennung neuer Bischöfe hätten wichtige Möglichkeiten eröffnet, die katholische Bevölkerung zu beeinflussen. Erst im Februar 1921 verzichtete die Regierungskommission in Saarbrücken auf den Staatscharakter des Saarbeckens, es war und blieb Bestandteil des Deutschen Reiches. Dennoch setzte Frankreich seine Politik der kirchliche Abtrennung von Trier und Speyer fort.

Da man seit Kriegsende an der Saar mit dem Anschluss an Frankreich rechnete, sorgten mehr oder weniger offiziöse Andeutungen von Vertretern der Besatzungsmacht, vor allem aber Gerüchte in der Bevölkerung, im Klerus und bei den Bischöfen von Speyer und Trier für beträchtliche Verunsicherung. Ein kirchlicher Anschluss an Metz, die Bildung einer Saardiözese oder eines eigenständigen kirchlichen Verwaltungsbezirks schienen möglich. Vertreter der Besatzungsmacht, die Generale Andlauer und Mangin, hoben hervor, [...] *Ein Anschluss der Saar an Frankreich liege im Interesse des Katholizismus. Die Lostrennung vom protestantischen Preußen bringe materielle und ideelle Vorteile. In Frank-*

---

[23] E. PENICAUT, L'armée française en Sarre, 1918–1930, in: Revue historique des armées 254 (2009), URL: http//rha.revues.org/index6363.html (Zugriff 10.10.2012).

reich erstarke der Katholizismus, in Deutschland herrsche Kommunismus[24]. Für Pfarrer Dr. Johannes Schlich war die Ablehnung der französischen Bestrebungen in dieser frühen Phase durch die Bischöfe von Trier und Speyer, den Klerus und die katholischen Laien im Saargebiet einhellig. Der französische Hohe Kommissar in der Rheinlandkommission, Paul Tirard, lancierte die Idee eines Apostolischen Administrators oder eines von Trier unabhängigen Bischofs, gab jedoch zu bedenken, der saarländische Klerus wünsche einen Koadjutor oder einen besonderen Delegierten, denn der Ortsbischof sollte seine Jurisdiktion behalten. Wichtig sei, nicht vorschnell, aber im Einverständnis mit Rom zu handeln.

In krassem Gegensatz zur eher vorsichtig-abwartenden Haltung Tirards stand das Handeln des *Aumônier des Mines*, Abbé Coqueret, der im Sommer 1919 an der Saar Geistliche besuchte. Sowohl bei Bischof Sebastian als auch bei Bischof Michael Felix Korum in Trier trieb er das Projekt einer kirchlichen Abtrennung voran. Der Bischof von Speyer und auch der Klerus in der Saarpfalz hielten ihn für den *Hauptinspirator und Stimmungsmacher für eine neue geistliche Zentralstelle*, [der] *aber bei keinem Gegenliebe*[25] fand. Die zunehmende Verunsicherung und die Umtriebe des Abbé Coqueret bewogen Kleriker aus beiden Diözesen an der Saar, ihre Bischöfe zu bitten, bis zur endgültigen Entscheidung über die Zukunft des Gebietes bei den Mutterdiözesen verbleiben zu dürfen. Die beiden Oberhirten berieten Anfang August 1919 gemeinsam über die Lage und beauftragten den Speyerer Generalvikar Molz, den Münchener Nuntius Eugenio Pacelli über die Probleme an der Saar zu informieren.

Das erwies sich bald als richtig. Sowohl der Nuntius als auch die Kurie waren offenbar über die Lage an der Saar unzureichend unterrichtet. Erst seit Anfang 1920 vertraten Diego von Bergen als Botschafter beim Hl. Stuhl das Reich und Otto von Ritter zu Groenesteyn als Gesandter Bayerns. Eugenio Pacelli war seit 1917 Apostolischer Nuntius in Bayern, seit 1920 auch im Reich. Er strebte – stark verkürzt dargestellt – mit den Ländern Preußen und Bayern, aber auch mit dem Reich Konkordate an, um die Rechte der Kirche zu sichern. Die Gültigkeit der Kirchenverträge aus dem 19. Jahrhundert musste auf ihre Vereinbarkeit mit dem neuen *Codex Iuris Canonici* (CIC) von 1917 überprüft werden. Frankreich bemühte sich um eine Wiederaufnahme der seit 1905 abgebrochenen Beziehungen zum Hl. Stuhl, die 1920 begonnen, aber erst Ende Mai 1921 mit der Beglaubigung des französischen Botschafters Jonnart abgeschlossen werden konnten.

Bischof Sebastian und sein Amtsbruder Korum wandten sich an den Nuntius, er möge den Papst bitten, angesichts der im Saargebiet herrschenden Verunsicherung dort vorläufig keine Veränderungen vorzunehmen. Sebastian betonte gegenüber Pacelli im Hinblick auf Abbé Coquerets Vorstellungen einer kirchlichen Neuordnung an der Saar, dies

---

[24] BATr Abt. 59 Nr. 58, Denkschrift (nicht veröffentlicht) Pfarrer Dr. Johannes Schlich, Die kirchliche Gestaltung des Saargebietes 1919–1923, 2.8.1942, S. 2. – Schlich war von 1913 bis 1936 katholischer Pfarrer und Dechant in Saarbrücken. Für den Trierer Bischof Korum und dessen Nachfolger Bornewasser war er ein wichtiger Ansprechpartner und berichtete bis zur Volksabstimmung 1935 über die kirchliche Lage an der Saar. Schlich war u. a. Herausgeber einer Dokumentation zum Saarländischen Katholikentag, an dessen Planung und Durchführung er maßgeblichen Anteil hatte.

[25] ABSp A-XV-72, Dechant Langhauser, Blieskastel, an Sebastian, 28.7.1919.

sei und bleibe ausschließlich Sache des Papstes[26]. Ende September 1919 teilte Pacelli Bischof Sebastian mit, vorläufig bleibe alles beim Status quo ante. Die Regierungen im Reich, Preußen und Bayern vereinbarten für den Fall konkreter französischer Forderungen im Saargebiet ein gemeinsames Vorgehen. Den deutschen Vatikandiplomaten teilte man mit, eine Unterstützung solcher Forderungen durch den Hl. Stuhl werde als gegen die deutschen Interessen gerichtet aufgefasst. Ende Februar 1920 erhielt Bischof Korum[27] in Rom die Zusicherung, bis zur Abstimmung plane der Hl. Stuhl keine Änderung der kirchlichen Verwaltung, da der Versailler Vertrag im Saargebiet nur einen vorübergehenden Zustand geschaffen habe. Auch die alten Vereinbarungen mit Preußen und Bayern sollten so lange wie möglich bestehen bleiben. Ebenso wie die beiden Bischöfe waren auch die staatlichen Stellen im Reich, in Preußen und Bayern zunächst erleichtert, sahen sie doch die eigenen Positionen durch den Hl. Stuhl unterstützt[28].

Frankreichs Ziel war die Anpassung der kirchlichen Verhältnisse an die politischen Strukturen: Da das Reich durch den Versailler Vertrag keine Souveränität mehr über das Territorium besitze, sei es unzulässig, dass deutsche Bischöfe in dem überwiegend katholischen Gebiet erheblichen Einfluss im Sinne Deutschlands gegen Frankreich ausüben könnten. Unter Verweis auf das Saarstatut beauftragte die Regierungskommission Frankreich mit der Wahrnehmung der Interessen des Saargebietes. Ein ungeschickter Vorstoß des saarländischen Kultusministers Moltke-Huitfeldt bei der Kurie im September 1921, der dort die Ernennung eines Apostolischen Delegaten angesprochen hatte, blieb erfolglos. Auf Anzeichen Roms, man könne nicht auf Dauer französisches Drängen in der Saarfrage ignorieren, verabredeten die Bischöfe Sebastian und Korum erneut, gemeinsam den Münchener Nuntius einzuschalten. Als der Hl. Stuhl Frankreichs Druck in der Saarfrage mit zeitgleich in Deutschland stattfindenden Konkordatverhandlungen in Verbindung brachte, warnte Sebastian dringend vor möglichen negativen Folgen für das Ansehen des Vatikans in Deutschland, sollte die Ernennung eines Apostolischen Administrators erfolgen. Pastorale Gründe seien nicht gegeben, die Diasporasituation der Katholiken würde verschärft, mit negativen finanziellen Auswirkungen auf das Bistum müsse man rechnen. Unterstützt wurde seine Argumentation Anfang Dezember 1921 durch eine Eingabe des gesamten Saarklerus an den Hl. Stuhl mit der Bitte um den Verbleib bei den bisherigen Diözesen. Der Hintergrund war, dass Nuntius Pacelli zeitweilig das französische Drängen einer kirchlichen Selbständigkeit des Saargebietes als Druckmittel bei den deutschen Konkordatverhandlungen benutzte. Letztlich konnte die deutsche Seite jedoch bis Ende 1922 ihre Position wahren und mit Unterstützung der Kurie französische Abtrennungs-

---

[26] Sebastian an Benedikt XV. vom 18. August 1919, in: Kritische Online-Edition der Nuntiaturberichte Eugenio Pacellis (1917–1929), Dokument Nr. 2847, URL: <www.pacelli-edition.de/Dokument/2847> (Zugriff 3.2.2017).

[27] Michael Felix Korum (1840–1921), 1881–1921 Bischof von Trier. Geboren in Colmar (Elsass), Studium in Innsbruck, 1865 Promotion zum Dr. theol. und Priesterweihe in Straßburg, anschließend Lehrtätigkeit am dortigen Priesterseminar, 1880 Münsterpfarrer, 1881 Bischof von Trier.

[28] SELBACH (wie Anm. 4), S. 340–345.

versuche an der Saar abwehren, obwohl es noch nicht zu neuen Konkordaten gekommen war[29].

Das Saarstatut garantierte den Bewohnern des Territoriums, ihre religiöse Freiheit, Sprache und Schule zu behalten. Neben der von Paris angestrebten kirchlichen Selbständigkeit entwickelte die Schulfrage erhebliche Brisanz, weil sie aus der Sicht vieler Saarländer darauf gerichtet war, auf lange Sicht den Anschluss des Saargebietes an Frankreich zu begünstigen. Der Anlass für den Streit um die Schulpolitik bestand darin, dass gemäß Saarstatut als Nebenanlagen der nunmehr staatlichen französischen Gruben (*Mines Domaniales de la Sarre*) Schulen für das Personal und dessen Kinder geschaffen wurden. Der Unterricht erfolgte in französischer Sprache. Diese Domanialschulen standen nicht nur Kindern des französischen Personals, sondern auch den Kindern der saarländischen Bergleute offen – so jedenfalls die Ansicht der französischen Grubenverwaltung, des größten Arbeitgebers. Wenige Monate nach ihrer Amtsübernahme schloss sich die Regierungskommission dieser Sicht an und stellte fest, dass alle saarländischen Kinder, nicht nur solche von Bergleuten, damit ihre Schulpflicht erfüllten. Domanialschulen traten auf diese Weise faktisch in Konkurrenz zu den traditionellen konfessionellen Volksschulen.

An den 22 wichtigsten Gruben entstanden ab Sommer 1920 Domanialschulen. Am Unterricht nahmen 1924 zwar nur etwa vier Prozent deutsche Kinder teil (ca. 5.300), doch überstieg die Auseinandersetzung um diese Schulform bei weitem den zahlenmäßigen Aspekt. Nach Ansicht vieler Saarländer war der Unterricht in Form und Inhalt ideologisch einseitig, er galt als laizistischer Angriff auf die bewährte konfessionelle deutsche Volksschule. Obwohl die Bergwerksverwaltung teilweise Druck auf die Familien der Beschäftigten ausübte, gaben die meisten den Pressionen aber nicht nach und sahen sie – wie die allermeisten Saarländer – als »Franzosenschulen«. Die Zentrumspartei und der katholische Saarklerus vermissten vor allem ihre fehlende religiöse Ausrichtung, denn anfangs gab es überhaupt keinen Religionsunterricht[30]. Als im Herbst 1922 eine weitere Domanialschule nahe Neunkirchen eröffnet wurde, bei der es zu mehr oder weniger starken Einschüchterungen der dort im Bergbau Beschäftigten kam, eskalierte die Stimmung in katholischen, aber auch in evangelischen Kreisen gegen die Grubenschulen. Die Bischöfe Sebastian und Bornewasser verfassten einen gemeinsamen Hirtenbrief[31], der am 4. Februar 1923 in allen Kirchen verlesen wurde. Sie appellierten an die elterliche Verantwortung, Kinder in die bewährten katholischen Volksschulen zu schicken. Indirekt, jedoch klar erkennbar, richtete sich der Hirtenbrief gegen die französische Domanialschule. Im Frühjahr 1923 setzte sich die Saarbrücker Landeszeitung, ein Zentrumsorgan, massiv für die konfessionellen deutschen Volksschulen an der Saar ein. Die französische Presse kritisierte den Hirtenbrief scharf. Den Höhepunkt erreichte die Schulfrage im Zu-

---

[29] SELBACH (wie Anm. 4), S. 350f., 353f., 358, 364 und 366; S. HINKEL, Der Erste Saarländische Katholikentag 1923 in der Berichterstattung des Münchener Nuntius Eugenio Pacelli, in: AmrhKG 67 (2015), S. 239–267. Hinkel vermutet eine Art Beeinflussung, wenn nicht Manipulation des Kardinalstaatssekretärs durch den Nuntius, die ungeklärte kirchenpolitische Frage in den deutschen Grenzgebieten als Trumpf bei Gesprächen mit den deutschen Vatikandiplomaten in Bezug auf die Konkordatsverhandlungen anzusehen (S. 246f.).

[30] M. ZENNER, Parteien und Politik im Saargebiet unter dem Völkerbundsregime 1920–1935, Saarbrücken 1966, S. 101 und 135; MALLMANN/STEFFENS (wie Anm. 21), S. 165f.

[31] Text des Hirtenbriefs: Saarbrücker Landeszeitung vom 26.2.1923.

sammenhang mit der Auseinandersetzung um den Saarländischen Katholikentag im Sommer 1923.

Wie im übrigen französisch besetzten Gebiet zeigten sich auch in der Pfalz die Folgen des von der Reichsregierung im Januar 1923 ausgerufenen passiven Widerstandes, mit der sie auf die Ruhrbesetzung durch Frankreich und Belgien reagierte. Alle bisher dem deutschen Fiskus, den Ländern oder Kommunen zustehenden Einkünfte beschlagnahmte die Besatzungsmacht. Staatliche Beamte, Angestellte und Arbeiter mussten Anordnungen der interalliierten Rheinlandkommission befolgen, anderenfalls riskierten sie Geld- oder Gefängnisstrafen, ja sogar Ausweisungen. In Speyer mussten deshalb Regierungspräsident von Chlingensperg und sein Stellvertreter auf Weisung des Generals de Metz ihre Ämter aufgeben. Besonders betroffen waren Beschäftigte der Reichsbahn, welche sich weigerten, für die Anfang März gegründete französisch-belgische Regiebahn zu arbeiten. Bis zum Ende des passiven Widerstandes im September mussten etwa 21.000 Personen die Pfalz aufgrund von Ausweisungen verlassen.

Nahezu zeitgleich mit dem Beginn der französisch-belgischen Ruhrbesetzung trat ein Großteil der Bergleute an der Saar Anfang Januar 1923 in einen Solidaritätsstreik mit den Menschen an der Ruhr. Offizielles Ziel waren höhere Löhne, tatsächlich handelte es sich um eine politische Auseinandersetzung mit der frankophilen Regierungskommission in Saarbrücken[32]. Der sogenannte Hundert-Tage-Streik, getragen von einem breiten Parteienspektrum, dauerte bis Mitte Mai. Die Kumpel erreichten jedoch nur geringe Lohnerhöhungen.

An der Saar galt gemäß Saarstatut das französische Zollsystem, der Franc war erlaubt und wurde von Paris begünstigt, um auf Dauer die deutsche Währung auszuschalten. Ab Juli 1920 erhielten die Beschäftigten der Domanialgruben ihren Lohn in Francs, einige Monate später gingen auch die zumeist unter französischem Einfluss stehenden Hüttenwerke zu dieser Praxis über. Ein großer Teil der im Saargebiet angebotenen Lebensmittel kam aus Lothringen. Die Folge war, dass die Umrechnung des relativ stabilen Franc in Papiermark zu erheblichen Preissteigerungen für Personen führte, die nur über die deutsche Währung verfügten. Der zunehmende Umlauf des Franc entsprach dem Ziel des Präsidenten der Regierungskommission, Rault, und der Regierung in Paris, das Saargebiet möglichst rasch in das französische Wirtschaftsgebiet zu integrieren. Eine wichtige Ursache für den kontinuierlichen Verfall der Mark lag an der zunehmend instabilen politischen und wirtschaftlichen Lage im Reich. Zu den Leidtragenden an der Saar zählten neben den Beamten, Rentnern und Pensionären auch die Geistlichen. Die bischöflichen Verwaltungen in Speyer und Trier erkannten zunächst nicht die politische Brisanz im Verantwortungsbereich der Kirche. Bereits im Sommer 1921 empfahl die Regierungskommission der Geistlichkeit, im Interesse der Bevölkerung den Franc als einheitliche Landeswährung zu akzeptieren. Zu dieser Zeit gab es allerdings im Klerus keine einheitliche Meinung zur Gehaltsfrage. Noch im Frühjahr 1922 lehnten Bischof Sebastian und eine Mehrheit im saarpfälzischen Klerus den Franc ab. Nach einem erneuten Kursverfall der Mark im August 1922 wurde die wirtschaftliche und soziale Lage des Klerus immer schwieriger. Vom 1. Juli 1923 an war die französische Währung das alleinige Zahlungs-

---

[32] MALLMANN/STEFFENS (wie Anm. 21), S. 165 f.

mittel an der Saar. Da eine gemeinsame Haltung in der Gehaltsfrage nicht zu erzielen war und die beiden Bischöfe eine autoritative Entscheidung vermieden, nahmen es alle Seiten stillschweigend hin, dass auch die Pfarrer seit dieser Zeit ihre Bezüge in Francs erhielten. Entgegen deutschen Befürchtungen führte die Vereinigung des Saargebietes mit dem französischen Wirtschaftsraum jedoch nicht zu einer stärkeren kulturellen oder politischen Hinwendung der Bevölkerung oder des Klerus nach Westen.

Im Zuge der Wiederherstellung diplomatischer Beziehungen zu Frankreich stimmte der Hl. Stuhl der Einsetzung eines Militärbischofs für die Rheinarmee zu. Am 29. Mai 1921 wurde der Religionslehrer und vormalige Weltkriegsoffizier Paul Rémond in Besançon zum Bischof geweiht. Die für Politik und Kirche Verantwortlichen in Deutschland erfassten erst allmählich, welche politische Bedeutung die Ernennung Rémonds besaß. Bis weit in den Sommer 1921 herrschte bei den deutschen Bischöfen Unklarheit über Rémonds Befugnisse an der Saar. Der *Inspecteur Aumônier* erwähnte in Reden und Gesprächen Befugnisse über Militär- und Zivilpersonen im Rheinland und an der Saar, über Deutsche im Dienst der Saarregierung und über französische Schulen in dem neu geschaffenen Gebiet. Schon kurze Zeit nach seiner Ernennung deutete der Armeebischof seine Absicht an, im Saargebiet französische Orden anzusiedeln, um dort den Einfluss des Katholizismus aus seinem Heimatland wirksam werden zu lassen. Mit Hilfe der Ordensleute sollte ein eigenständiges Bewusstsein der Saarkatholiken wachsen. Obwohl die vom Vatikan festgelegte Jurisdiktion Rémonds vom 30. Juni 1921 hinsichtlich französischer Ordensleute im Saargebiet nicht eindeutig war, gerierte sich der neue Bischof, als ob seine Befugnisse auch diesen Bereich umfassten[33]. Als Anfang 1923 in Deutschland die Aufmerksamkeit auf den Ruhrkonflikt gerichtet war, versuchte der Armeebischof an der Saar Fakten zu schaffen. Er nahm bewusst in Kauf, trotz der bestehenden Unsicherheiten in Bezug auf seine Vollmachten die kanonischen Rechte der Bischöfe von Speyer und Trier zu beeinträchtigen. Ende 1922/Anfang 1923 erfolgte in Neunkirchen die Ansiedlung französischer Schulschwestern eines Frauenordens aus dem lothringischen Nancy. Da Neunkirchen im preußischen Teil des Saargebietes lag, betraf das Thema der Schulschwestern in erster Linie den Bischof von Trier. Auch nach einer Beschwerde des Trierer Bischofs blieb die Kompetenz Rémonds ungeklärt. Die Kurie entschied, dass für die Ansiedlung der Ordensfrauen in Neunkirchen die Erlaubnis des Ortsbischofs notwendig gewesen wäre. Rémond argumentierte nun, dass die Nonnen als Beamte der französischen Verwaltung anzusehen seien und damit sehr wohl seiner Kompetenz unterständen. Der Hl. Stuhl verzichtete in diesem Fall auf die notwendige Zustimmung des Ortsbischofs für die Niederlassung der Schulschwestern. Er erkannte die Sprengkraft der Schulfrage im Saargebiet und den Versuch des *Inspecteur Aumônier*, mit juristischen Schachzügen seine Vollmachten zu erweitern.

---

[33] Siehe SELBACH (wie Anm. 4), S. 373, Anm. 162. Der Berater für religiöse Angelegenheiten im französischen Außenministerium, Louis Canet, war Anfang 1922 der Ansicht, Rémonds Befugnisse an der Saar beträfen lediglich Militärgeistliche sowie französische Beamte und deren Familien. Für zivile Franzosen seien kirchenrechtlich die Ortsbischöfe von Trier bzw. Speyer zuständig. Eine neue Struktur der kirchlichen Verhältnisse im Saargebiet sollte diesen »Mangel« beheben.

Als am 4. Dezember 1921 der Trierer Bischof Korum starb, änderte sich die Lage für die französische als auch die kirchliche und staatliche Seite an der Saar und im Reich. Nuntius Pacelli lancierte geschickt sein Druckmittel, die Verbindung der Konkordatfrage und den Problemkreis einer autonomen Kirchenverwaltung im Saargebiet. Er nutzte die Uneinigkeit zwischen den Regierungen Preußens, Bayerns und des Reiches hinsichtlich der Konkordate und verband sie mit französischen Wünschen bei der Neubesetzung des Trierer Bischofsstuhls. Zweifellos führten diese komplexen Problemkreise bei allen Beteiligten zu erheblicher Nervosität und Verunsicherung. Die bisher klar erkennbare Haltung der Bischöfe Korum und Sebastian, verbunden mit der eindeutigen Stellungnahme des gesamten Saarklerus, hat beim Hl. Stuhl wohl den Ausschlag gegeben, wegen der Neubesetzung in Trier keine dauerhafte Beeinträchtigung der Beziehungen zum deutschen Katholizismus, dem Episkopat und den beteiligten Regierungen in Kauf zu nehmen. Nach dem plötzlichen Tod Papst Benedikt XV. am 22. Januar 1922 gelang es dem Kölner Erzbischof und Metropoliten des Bistums Trier, Kardinal Schulte, die Zustimmung für »seinen« Kandidaten zu erreichen. Schulte befand sich aus Anlass des Konklaves Anfang Februar in Rom und empfahl, dem Trierer Domkapitel den Kölner Weihbischof Franz Rudolf Bornewasser als Nachfolger Korums vorzuschlagen. Dieser Anregung folgte man in Trier am 27. Februar und wählte ihn zum Bischof von Trier[34]. Da seine nationale Zuverlässigkeit außer Frage stand, billigten Reichsregierung und preußische Regierung seine Wahl. Er schien die deutschen Erwartungen zu erfüllen, während die französischen Hoffnungen auf Einflussnahme bei der Besetzung sich zerschlagen hatten.

Anfang 1923 stand die Kirche im Saargebiet mit der versuchten Abtrennung von Speyer und Trier, den Domanialschulen, der Francwährung für Geistliche und der Ansiedlung französischer Orden vor besonderen Herausforderungen. Ein besonderes katholisches Milieu, begünstigt von Klerus, Episkopat und der Zentrumspartei vertrat patriotische Positionen, die in kirchlichen Vereinen, bei Festen, Kundgebungen und in der lokalen Presse zum Ausdruck kamen. Als Merkmale der Bindungen an das Reich galten beispielsweise die bewährte konfessionelle Volksschule und die Zugehörigkeit zu den Bistümern Trier und Speyer. Aus kirchlicher Sicht schien eine Mobilisierung der Gläubigen sowohl angezeigt zur Unterstreichung politischer Positionen als auch zur Vorbeugung gegen Gleichgültigkeit und Entfremdungsversuche von außen.

Die Dechanten im Trierer Teil des Saargebietes fassten im Dezember 1922 unter dem Vorsitz ihres Bischofs den Entschluss, am 3. Juni 1923 in Saarbrücken einen Katholikentag abzuhalten. An der Saar hatte es noch nie eine solche Veranstaltung gegeben[35]. Das Organisationskomitee plante den Katholikentag von Anfang an für die Teilgebiete beider Bistümer, für den Speyerer Teil im Lokalkomitee zeichnete Dechant Langhauser aus

---

[34] Franz Rudolf Bornewasser (1866–1951). Geboren in Radevormwald, nach dem Abitur 1887 in Neuß Studium der Rechtswissenschaften in Marburg und Bonn. B. war zunächst als Lehrer tätig, 1891 Theologiestudium in Bonn. 1894 Priesterweihe in Köln, Domvikar. 1896 Rektor in Wülfrath, 1899 Direktor des Gregoriushauses in Aachen, 1909 Pfarrer in Elberfeld, 1914 in Hasselsweiler, 1915 Dechant in Jülich, 1916 Professor für Pastoraltheologie und Subregens am Kölner Priesterseminar. 1921 Kölner Weihbischof mit Sitz in Aachen und zugleich Stiftspropst. 1922–1951 Bischof von Trier.

[35] Zum Saarländischen Katholikentag siehe SELBACH (wie Anm. 4), S. 381–394; HINKEL (wie Anm. 29).

Blieskastel verantwortlich. Ostern 1923 wurde die Planung der Öffentlichkeit bekanntgegeben. Die Initiative dazu ging ebenso wie der geplante Verlauf ganz klar von Trier aus, Bischof Sebastian war offenbar lange Zeit nur unzureichend informiert. Nach eigenen Angaben reagierte er *auf dringende Bitten* [seiner] *Diözesanpriester im pfälz. Teil des Saargebietes* und sagte seine Teilnahme am Katholikentag zu[36]. Zwar bemühten sich die Organisatoren, den religiösen Charakter der Veranstaltung zu betonen, es muss ihnen jedoch klar gewesen sein, dass eine eminent politische Bedeutung damit verbunden war. Schließlich hieß es bei der Ankündigung unter anderem, *man wolle die Rechte der Kirche fordern auf Erziehung* [der] *Jugend* [bei einem] *Hochfest katholischer Einigkeit und Treue für Hirten und Volk an der Saar*[37]. Die Kurie erreichte vom geplanten Katholikentag Kenntnis in Gestalt einer Falschmeldung einer frankophilen Zeitung im Saargebiet, die von der französischen Vertretung am Hl. Stuhl weitergeleitet wurde. Die Falschmeldung besagte, in Anwesenheit des Kölner Kardinals Schulte und der Bischöfe von Trier und Speyer sei bei der Grundsteinlegung einer Kirche in Saarbrücken auch ein Katholikentag geplant. Schulte und auch Nuntius Pacelli hatten offenbar vorab keine Kenntnis von der geplanten Katholikenversammlung in Saarbrücken. Erst nachdem Pacelli vom Vatikan über die Pläne eines Katholikentages mit der angeblichen Teilnahme Schultes, Bornewassers und Sebastians informiert worden war, wandte er sich an den Kölner Kardinal und bat um Auskunft. Schulte wurde von den ihm unterstellten Behauptungen völlig überrascht. Er erkannte jedoch sofort, *dass eine Beteiligung von drei Bischöfen* [...] *in Saarbrücken, auch beim besten Willen, es zu vermeiden, eine hochpolitische Manifestation bedeuten würde*[38]. Da der Erzbischof nichts von dem geplanten Katholikentag wusste, äußerte er sich gegenüber Pacelli verbittert darüber, dass der Vatikan offenbar auf tendenziöse Informationen hereinfalle, ohne zuvor das Gespräch mit den Betroffenen zu suchen. Er selbst werde bei der Veranstaltung nicht anwesend sein. Bischof Bornewasser beabsichtige lediglich, gemeinsam mit dem Trierer Weihbischof am Tag des Katholikentages auch den Grundstein einer neuen Kirche in Saarbrücken zu legen, Bischof Sebastians Teilnahme an der Grundsteinlegung sei nicht vorgesehen. Nach Pacellis Bitte um Information an die Bischöfe von Köln, Speyer und Trier und deren Antworten setzten hektische diplomatische Aktivitäten ein. Frankreich wollte um jeden Preis vermeiden, dass es bei der Saarbrücker Veranstaltung zu einer politischen Manifestation zugunsten Deutschlands komme.

Ein Lokalkomitee aus Vertretern der beiden Bistümer Trier und Speyer war mit der Vorbereitung des Festtags betraut. Sowohl das Lokalkomitee als auch die beiden Bischöfe Bornewasser und Sebastian werteten den Katholikentag am 3. Juni 1923 mit gut 70.000 Teilnehmern als vollen Erfolg. Von der Regierungskommission nahm Graf von Moltke-Huitfeldt teil. Bei mehr als 20 Veranstaltungen sprachen verschiedene Redner vorwiegend zu religiösen Themen, politische Akzente fehlten allerdings nicht. Sie standen dabei

---

[36] Sebastian an Pacelli, 22.5.1923, in: Kritische Online-Edition der Nuntiaturberichte Eugenio Pacellis (1917–1929), Dokument Nr. 4456, URL: <www.pacelli-edition.de/Dokument/4456> (Zugriff 13.2.2017).

[37] J. SCHLICH (Hg.), Erster Saarländischer Katholikentag in Saarbrücken am 3. Juni 1923, Saarbrücken o. J., S. 4 f.

[38] AEK CR I 25.14,34, Schulte an Pacelli, 11.5.1923.

in einem saarspezifisch-kirchlichen Kontext. In einer Resolution zur Schulfrage bekannten sich die Teilnehmer *laut und feierlich zur konfessionellen deutschen Volksschule* und wandten sich damit indirekt gegen die französischen Domanialschulen, sie drückten den Wunsch aus, *unzertrennlich und treu* mit den Heimatdiözesen verbunden zu bleiben[39].

Teile der Pariser Presse übten an Verlauf und Ergebnis des Katholikentages scharfe Kritik, die Regierung forderte von der Kurie Aufklärung und Konsequenzen. Erneut wurde Pacelli aufgefordert, die Vorgänge weiter zu präzisieren. Dem Trierer Oberhirten war der politische Akzent sicherlich bewusst, er hielt ihn jedoch für selbstverständlich und legitim: *Der gesamte Klerus und das gesamte katholische Volk sehen in einer möglichen Lösung ihrer Beziehungen mit der Diözese Trier, und noch mehr in der Abtrennung von derselben, ein katastrophales Unglück für den Katholizismus an der Saar*[40]. In einer weiteren Stellungnahme für Pacelli bekräftigte Bornewasser diese Auffassung und verwies auf den provisorischen Status des Saargebietes, das keine französische Provinz und nicht besetzt sei[41].

Bischof Sebastian konnte beim Katholikentag in Saarbrücken *keine politischen Manifestationen* bemerken, der Wunsch, bei den Diözesen Trier und Speyer zu bleiben, war für ihn *ein elementarer Aufschrei des Volkes gegen die Chikanen* [sic] *gewisser franz. Kräfte, welche das Saargebiet auch kirchlich trennen wollen*[42]. Daraus spricht eine gewisse politische Naivität, wie er sie bereits im Mai hatte erkennen lassen, als er sich der Versicherung eines der Organistoren anschloss und hinsichtlich der bevorstehenden Versammlung in Saarbrücken meinte: *Wir wollen blos* [sic] *katholisch sein. Politik ist ausgeschlossen*[43].

Anfang Oktober 1923 erhielten die Oberhirten von Trier und Speyer von Pacelli die Mitteilung Kardinalstaatssekretärs Gasparris, dass der Papst *von dem Erfolg des ersten Saarländischen Katholikentages mit Freude vernommen* [habe]. Besonderes Lob fand dabei auch *die Verteidigung der Rechte der katholischen Schule*[44]. Das Verhalten Bornewassers und Sebastians fand die Billigung des Hl. Stuhls ebenso wie die Sicht des päpstlichen Sondergesandten an der Ruhr, Gustavo Testa, der den Katholikentag wie die beiden Bischöfe einschätzte[45], und kann als indirekter Rückhalt interpretiert werden, weiteren Versuchen der Regierungen in Saarbrücken und Paris entgegenzutreten, die auf eine Änderung kirchlicher Strukturen an der Saar zielten. Bei der französischen Regierung lösten die Manifestationen beim Katholikentag in Saarbrücken eine Art Schock aus. Paris konzentrierte sich darauf, eine Wiederholung unter allen Umständen zu verhindern. Die Ernennung von bischöflichen Delegierten für die Saar wurde angesichts der schleppenden

---

[39] SCHLICH (wie Anm. 37), S. 146.
[40] BATr BIII 3,13, Bornewasser an Pacelli, 21.06.1923.
[41] Bornewasser an Pacelli vom 10.8.1923, in: Kritische Online-Edition der Nuntiaturberichte Eugenio Pacellis (1917–1929), Dokument Nr. 9877, URL: <www.pacelli-edition.de/Dokument/9877> (Zugriff 14.2.2017).
[42] Sebastian an Pacelli, 7.8.1923, in: Kritische Online-Edition der Nuntiaturberichte Eugenio Pacellis (1917–1929), Dokument Nr. 2943, URL: <www.pacelli-edition.de/Dokument/2943> (Zugriff 13.2.2017).
[43] Siehe Anm. 37.
[44] ABSp A –XV-39, Pacelli an Sebastian, 4.10.1923.
[45] Siehe HINKEL (wie Anm. 29), S. 261–263.

Behandlung der Frage durch den Vatikan und des hartnäckigen Widerstandes der Bischöfe von Trier und Speyer nicht weiter verfolgt.

Rault und das Quai d'Orsay setzten auf die Ernennung eines Apostolischen Administrators. Frankreich stellte Ende Oktober diese Forderung im Auftrag der saarländischen Regierungskommission. Gasparri beruhigte die beiden betroffenen Bischöfe Anfang November hinsichtlich einer Änderung der Kirchenverwaltung in ihren Sprengeln. Auch Pius XI. zeigte sich sehr reserviert gegenüber der französischen Forderung und ordnete eine gründliche Prüfung der Thematik durch das päpstliche Staatssekretariat an. Anfang Januar 1924 bot die Kurie als Kompromiss die Entsendung des Sondergesandten Gustavo Testa an die Saar an, Paris stimmte zu. Die offizielle Entscheidung des Hl. Stuhls war enttäuschend für Frankreich, weil die Ernennung eines Apostolischen Administrators für die Saar abgelehnt wurde mit der Begründung, dass der Vatikan vor einem Plebiszit noch nie eine solche Entscheidung getroffen habe. Vorläufig setzte Paris auf die noch ausstehende Mission Testas, gab jedoch den Plan einer Apostolischen Administratur an der Saar nicht auf.

Von entscheidender Bedeutung für den bayerischen Teil des Saargebietes und damit für das Bistum Speyer war das am 24. März 1924 paraphierte Konkordat zwischen dem Freistaat Bayern und dem Hl. Stuhl. Der bisherige Stand der Kirchenprovinzen und Diözesen blieb bestehen. Die Saarregierung war nicht bereit, dies anzuerkennen, da sie der Auffassung war, in dieser Frage ein Mitspracherecht zu haben. Weder Bayern noch das Reich oder der Vatikan ließen sich darauf ein. Lediglich das Pfarrpräsentationsrecht – seit dem Konkordat von 1817 von der bayerischen Krone ausgeübt – wurde bis zum Plebiszit 1935 der Regierungskommission übertragen[46]. „Ein Grund für die entgegenkommende Haltung der Kurie war, dass der Heilige Stuhl seit Beginn der Konkordatsverhandlungen mit Bayern kein Interesse daran hatte, die französischen Bestrebungen zur Lösung der Saarpfalz aus der Diözese Speyer zu unterstützen. Zu groß waren die kirchenpolitischen Vorteile, die man in Bayern erwartete im Vergleich zu der kirchenfeindlichen französischen Gesetzgebung"[47].

Weitere Konflikte

Im ohnehin schwierigen Jahr 1923 bekam die Pfalz außer den wirtschaftlichen auch die politischen Folgen der Ruhrbesetzung zu spüren. Tausende Beschäftigte des öffentlichen Dienstes, besonders Eisenbahner, wurden ausgewiesen oder verhaftet, als sie sich weigerten, für die einer interalliierten Regie unterstellten Eisenbahn zu arbeiten. Die Besatzungsmacht beschlagnahmte staatliche Einkünfte, betrieb Propaganda gegen den passi-

---

[46] Siehe SELBACH (wie Anm. 4), S. 408–410.
[47] J. ZEDLER, Bayern und der Vatikan. Eine politische Biographie des letzten bayerischen Gesandten am Heiligen Stuhl Otto von Ritter (1909–1934), Paderborn u. a. 2013, S. 439. – Zedler beschreibt das bayerische Bemühen um die Saarpfalz aus der diplomatiegeschichtlichen Sicht des Gesandten von Ritter (S. 419–454), während das Bemühen Bischof Sebastians sowie die Haltung des Klerus und der Gläubigen insgesamt kaum gewürdigt werden.

ven Widerstand und verbot zeitweise oder auf Dauer das Erscheinen einzelner Zeitungen. Unter dem rapiden Verfall der deutschen Währung litt die gesamte Bevölkerung.

In der Leitung des Bistums kam es bereits seit Anfang 1922 zu einer wachsenden Entfremdung zwischen Bischof Sebastian, zahlreichen pfälzischen Geistlichen einerseits und Generalvikar Molz andererseits. Der Grund war Molz' zunehmend erkennbare frankophile Einstellung, beispielsweise seine Kontakte zu General de Metz. Der Bischof, so der bayerische Vatikangesandte Ritter Anfang November 1923, habe ihn über sein gestörtes Vertrauensverhältnis zu Molz informiert: Der Generalvikar lasse es an der nötigen Zurückhaltung gegenüber den Franzosen fehlen. Von einer förmlichen Absetzung sah Sebastian vorläufig ab, nicht zuletzt weil er Racheakte gegen seine Person und das Domkapitel fürchtete. Molz wurde von wichtigen Informationen weitgehend ferngehalten, damit er sie nicht ausplauderte[48]. Ende 1923 trat Molz zurück; am 1. März 1924 ernannte der Bischof den bisherigen Domkapitular Joseph Schwind (1851–1927) zum neuen Generalvikar.

Die Anwesenheit von ca. 85.000 Soldaten (von 1919–1921) im französisch besetzten Gebiet führte zu zahlreichen Problemen mit der Zivilbevölkerung. Etwa 25 Prozent der Soldaten waren nicht weiß und stammten aus den französischen Kolonien in Nord- und Westafrika sowie Indochina. In der Nachkriegszeit wurden den aus Afrika stammenden Besatzungskräften von Teilen der Presse und verschiedenen Organisationen – zu Unrecht – massenhafte Gewalttaten gegen Frauen, Kinder und Jugendliche unterstellt und sie als »Schwarze Schmach« oder »Schwarze Schande« bezeichnet. Offizielle deutsche Stellen waren an rassistischen Propagandakampagnen gegen Kolonialtruppen beteiligt.

In der Pfalz gab es von Beginn der Besetzung an Beschwerden über Fehlverhalten, Willkür und brutales Vorgehen des Militärs gegen die Zivilbevölkerung. Bischof Sebastian beklagte sich 1920 darüber in einem Schreiben an das Pariser *Comité des Amitiés Catholiques Françaises à l'Étranger*. Diese Organisation hatte das Ziel, Katholiken in aller Welt durch Broschüren und Schriften im Sinne der französischen Politik zu beeinflussen. Sebastian beklagte in seinem Schreiben an das *Comité* das Verhalten der Besatzungsmacht, das *mit Recht und Gewissen nicht in Einklang* sei[49], und führte zahlreiche Beispiele an, darunter brutales Vorgehen gegen Zivilisten, Vergewaltigungen, Missachtung kirchlicher Sphären. Im Dezember 1922 erhielt der Bischof von Dr. Knoch aus der bayerischen Pfalzzentrale in Heidelberg einen Bericht über einige besonders extreme Fälle versuchter und vollendeter Vergewaltigungen von Kindern und Jugendlichen durch französische Soldaten marokkanischer Herkunft. Der französische Provinzdelegierte General de Metz war bereits informiert worden, hatte jedoch in keiner Weise reagiert. Sebastian hatte sich bereits Ende August 1922 beim Münchener Katholikentag mit Nuntius Pacelli und Anfang November in Köln mit Kardinal Schulte über die Probleme mit den farbigen Soldaten ausgetauscht. Anfang Februar 1924 sandte er über den Nuntius ein ausführliches Schreiben an Papst Pius XI., in dem er über die *zahlreichen und bedrückenden Nöte* im Bistum, hervorgerufen *durch Soldaten der Besatzung* klagte und dabei besonders deren sexuelle Verfehlungen hervorhob. Der Bischof bediente sich nicht der üblichen Kategorien, die im Zusammenhang mit der sogenannten »Schwarzen Schmach« genannt wur-

---

[48] Siehe SELBACH (wie Anm. 4), S. 557.
[49] ABSp A-XV-68, Entwurf Bischof Sebastians an das *Comité*, o. D. [ca. Juli/August 1920].

den, sah es vielmehr als *verderbenbringend, Heiden und Mohammedaner unter Christen zu versetzen, weil sie das christliche Volk mit ihren fremdländischen Sitten verderben*[50]. Für ihn war weniger das Volk insgesamt als vielmehr das Christentum durch die *Heiden und Mohammedaner* bedroht.

Ende September 1923, als Paris an der Ruhr nach dem Ende des passiven Widerstandes sein Ziel erreicht zu haben schien, drohte Deutschland auseinanderzubrechen. Hyperinflation, prekäre Versorgungslage und politische Instabilität durch links- und rechtsradikale Kräfte sowie die nach wie vor ungelöste Reparationsfrage stellten die Regierungen im Reich und in den Ländern vor gewaltige Probleme. Sie zeigten sich im nördlichen Rheinland auch durch das Erstarken separatistischer Gruppen, die von der französischen Besatzungsmacht gefördert wurden. In der Bevölkerung fanden die Separatisten kaum Unterstützung, die britische Regierung lehnte diese Wendung der französischen Politik strikt ab. Auch in der Pfalz entstand im Herbst eine kurzlebige, von Frankreich instrumentalisierte radikale Bewegung. Getragen von einer Minderheit, hoffte diese Gruppe, durch die vollständige Trennung der Rheinpfalz von Deutschland der herrschenden politischen, wirtschaftlichen und sozialen Perspektivlosigkeit zu entgehen. Als treibende Kraft agierte der französische General de Metz, Bezirksdelegierter in Speyer, der eine Chance sah, die Pfalz geostrategisch als französisches Bollwerk zwischen Mosel und Rhein aufzubauen. Als der Kreistag in Speyer seine Zustimmung zu einem vom Reich losgelösten Pfalzstaat verweigerte, suchte de Metz die Unterstützung der *Freien Bauernschaft*. Am 12. November proklamierte sie unter ihrem Anführer Franz-Josef Heinz eine *Regierung der Autonomen Pfalz*, die sich jedoch als unfähig erwies, eine geordnete Regierungs- oder Verwaltungstätigkeit zu organisieren. Die Separatisten trafen zwar kaum auf organisierten Widerstand, verhielten sich aber oft wie brutale Straßenräuber und zogen sich damit Zorn und Unmut der Bevölkerung zu.

In der politisch höchst unübersichtlichen Lage und des erneut aufgeflammten Separatismus gab Bischof Sebastian seine Zurückhaltung auf. Die bayerische Staatsregierung setzte auf die Hilfe der Kirche und bat, den Widerstand der katholischen Bevölkerung durch einen öffentlichen Protest gegenüber General de Metz zu stärken. Am 6. Januar 1924 sprach sich eine mit Wissen und Billigung des Bischofs geheim vorbereitete Erklärung des katholischen Pfarrklerus für Zusammenarbeit mit den Besatzungsbehörden aus, lehnte aber eine gegen den Willen der Bevölkerung vollzogene Trennung der Pfalz von Bayern und Reich ab. Sie bestritt die Legitimität der *Regierung der Autonomen Pfalz*, da diese auf *revolutionärem und hochverräterischem* Weg ihre Macht zu erlangen versuche[51]. General de Metz versuchte, das Bekanntwerden der Erklärung unter Androhung gerichtlicher Sanktionen zu verbieten, doch dies gelang nur teilweise. Franz-Josef Heinz, inzwischen *Präsident der Autonomen Republik Pfalz*, zwei weitere Separatisten und eine unbeteiligte Person fielen am 9. Januar 1924 einem Attentat zum Opfer, das mit Billigung der bayerischen Staatsregierung verübt wurde. Während General de Metz Heinz als wah-

---

[50] Sebastian an Pius XI., 10.2.1923, in: Kritische Online-Edition der Nuntiaturberichte Eugenio Pacellis (1917–1929), Dokument Nr. 13012, URL: <www.pacelli-edition.de/Dokument/13012> (Zugriff 6.3.2019).

[51] Urkunden zum Separatistenputsch im Rheinland 1923, Heft 3, hg. vom Reichsministerium für die besetzten Gebiete, Berlin 1925, S. 15 f.

ren Freund Frankreichs würdigte, verweigerte Bischof Sebastian ihm, obwohl er katholisch war, die kirchliche Beerdigung mit der Begründung, dieser habe dem Volk *unsagbares Elend* gebracht. Außerdem verwies der Bischof auf die von den Separatisten verübten Gewalttaten[52]. Sebastians Entscheidung fand breite Zustimmung in der Bevölkerung. Dem französischen Hohen Kommissar Tirard erläuterte er am 10. Januar 1924, das Volk könne die nur durch Gewalt entstandene *Autonome Regierung* wegen religiöser Bedenken nicht anerkennen. Tirards Angebot einer Zusammenarbeit mit der neuen Regierung schlug Sebastian aus. Er berief sich auf seine Loyalität zu Bayern und dem Reich.

Die britische Regierung hatte sich nicht an der Ruhrbesetzung beteiligt und stand der von Frankreich unterstützten Separatistenbewegung im Herbst 1923 ablehnend gegenüber. Im Auftrag seiner Regierung bereiste der Münchener Generalkonsul Sir Robert Henry Clive Mitte Januar 1924 die Pfalz. Er machte sich ein Bild von der politischen Lage und der Situation der Bevölkerung. Gestützt unter anderem auf Clives Bericht (verlesen am 21. Januar im *House of Commons*), der äußerst kritisch das französische Vorgehen in der Pfalz bewertete, wandte sich der Bischof von Speyer direkt an den Papst[53]. Eindringlich schilderte er die politischen und sozialen Missstände, die Drangsalierung und Orientierungslosigkeit des Volkes und schloss mit der Bitte um Entsendung des Delegaten Testa, der bereits an der Ruhr gewirkt habe[54]. Mitte Februar 1924 begann Testa als päpstlicher Sondergesandter seine Mission in der Pfalz. Mehrfache Gespräche mit dem Bischof, mit Geistlichen, Beamten, Vertretern der Bürgerschaft, der Besatzung (darunter General de Metz) und Besuche in Gefängnissen bestimmten sein Vorgehen. Bei Tirard und de Metz setzte sich Testa für politische Gefangene und Ausgewiesene ein, verhehlte aber auch nicht seine Kritik an der schleppenden Bearbeitung seiner Gesuche durch die Franzosen. An seiner grundsätzlichen Ablehnung der *Autonomen Regierung*, ihrer Unfähigkeit und Abhängigkeit von der Besatzungsmacht gab es keinen Zweifel. Es galt jedoch, Übertreibungen und verzerrte Darstellungen beider Seiten zu korrigieren und zur Beruhigung der aufgeheizten politischen Atmosphäre in der Pfalz beizutragen. Nachdem sich die internationalen Rahmenbedingungen Anfang 1924 geändert hatten, sah Paris keine Chancen mehr für einen autonomen pfälzischen Staat. Mit dem Speyerer Abkommen vom 17. Februar 1924 wurde die *Autonome Regierung* beseitigt und der Wiederaufbau der Verwaltung in die Wege geleitet.

Im Anschluss an die Bemühungen in der Pfalz begann Testa im März 1924 seine Mission im Saargebiet. Inspektionen an verschiedenen Orten, Gespräche mit saarländischen Geistlichen, Vertretern der französischen Grubenverwaltung und der Saarregierung

---

[52] J. KERMANN/H.-J. KRÜGER (Bearb.), Separatismus 1923/24 im rheinisch-pfälzischen Raum. Eine Ausstellung der Landesarchivverwaltung Rheinland-Pfalz auf dem Hambacher Schloß, Koblenz 1989, S. 211.
[53] ABSp A-XV-39, Sebastian an Pius XI., 21.1.1924.
[54] Gustavo Testa (1886–1969). Nach theologischen Studien in Bergamo und Rom 1910 Priesterweihe, 1914 Lizentiat in Paläografie, Professor für Bibelwissenschaften am Priesterseminar in Bergamo bis 1920, anschließend Aufnahme in das päpstliche Staatssekretariat, 1921–1922 Sekretär an der Nuntiatur in Wien, 1923/1924 päpstlicher Gesandter an der Ruhr, in der Pfalz und im Saargebiet. 1933/34 erneut im Saargebiet. Testa wirkte lange in verschiedenen Funktionen als Diplomat des Hl. Stuhls. 1934 Bischof, 1959 Kardinal, in Rom gestorben am 28.2.1969.

ließen ihn zu dem Ergebnis kommen, dass den Domanialschulen der konfessionelle Charakter nicht abgesprochen werden könne, auch das Wirken der Lehrschwestern sei nicht zu beanstanden. Über die Einsetzung eines Apostolischen Administrators äußerte er sich nicht. Damit folgte Testa der Anfang Februar von Gasparri festgelegten Position der Kurie. Der Hl. Stuhl riet Frankreich damit indirekt zu Kompromissbereitschaft. Das Staatssekretariat hatte Testa beauftragt, die gegenseitigen Klagen von Deutschen und Franzosen anzuhören, sie so zu gewichten, dass beide Seiten das Gesicht wahren konnten – aber einer Gesamtlösung im Sinne der Kurie nicht im Weg standen.

Ergebnisse

Nach dem für viele Deutsche traumatischen Ende des Krieges 1918, in einer Zeit schwerer Herausforderungen, leitete ein erfahrener Seelsorger das pfälzische Bistum Speyer. Nach den ungeheuren Verlusten an Menschenleben, wirtschaftlichen und persönlichen Entbehrungen führten die politischen Umbrüche im Reich und in Bayern sowie das strenge Besatzungsregime zu großer Verunsicherung der Bevölkerung. Klerus und Gläubige in dem Diasporabistum erwarteten eine klare Haltung ihres Bischofs für eine Verteidigung der Rechte der Kirche. Vor allem zu Beginn der Besetzung musste Bischof Sebastian ein beschämendes Verhalten des höchsten französischen Repräsentanten, General Gérard, in der Pfalz hinnehmen. Er wehrte sich nicht laut gegen persönliche Demütigungen, Verleumdungen und subtile Behinderungen kirchlichen Wirkens, sondern versuchte – als Realist und Seelsorger – in den Beziehungen zu den Besatzern zu einem für beide Seiten annehmbaren Verhältnis zu kommen. Den Übergang Bayerns zur parlamentarischen Demokratie mag Sebastian bedauert haben – hatte er doch mehr als 50 Jahre in der Monarchie gelebt und König Ludwig III. seinen Eid geleistet. Öffentlicher Kritik an der neuen Staatsform enthielt er sich jedoch. Er erkannte sie als gesetzmäßige Ordnung an.

Die Schaffung des Saargebietes durch den Versailler Vertrag erwies sich für das Bistum zweifellos als größte Belastung in den ersten Jahren der Weimarer Republik. Erhebliche Anstrengungen galten der Verhinderung französischer Versuche, den dortigen Teil durch die Schaffung neuer kirchenrechtlicher Strukturen von der Diözese zu trennen. Da das Bistum Trier in gleicher Weise betroffen war, entwickelte sich eine enge, fruchtbare Zusammenarbeit der Diözesanbischöfe. Beim Saarbrücker Katholikentag Anfang Juni 1923 war Sebastian eher passiv, er hat sich – anders als Bischof Bornewasser – nicht politisch geäußert, billigte jedoch die dort beschlossenen Resolutionen zur Domanialschule und zum Verbleib des Saargebietes bei den Heimatdiözesen. Er konnte oder wollte in diesen Willensbekundungen jedoch keine politischen Manifestationen sehen.

Den erneut von Frankreich unterstützten Separatismus in der Pfalz um die Jahreswende 1923/24 lehnte der Speyerer Oberhirte entschieden ab. Er gab seine Zurückhaltung auf und protestierte bei der Rheinlandkommission und in kirchlichen Bekanntmachungen gemeinsam mit dem Klerus gegen das gewaltsame und hochverräterische Treiben der *Regierung der Autonomen Pfalz*. Nach seiner Ansicht stand sie im Gegensatz zum Sittengesetz und verletzte die Loyalität der Pfälzer gegenüber Bayern und dem Reich. Daher lehnte er sie als nicht rechtmäßige Gewalt ab. Seine 1919 geäußerte Selbsteinschätzung, *kein politischer Bischof* zu sein, gab er in dieser Situation auf und war überzeugt, aus christlicher Überzeugung so handeln zu müssen. Sebastian schilderte auch der Kurie die durch Frankreichs Politik entstandenen drängenden Probleme in seinem Bistum.

Durch die Mission des Delegaten Testa versuchte der Hl. Stuhl zu vermitteln, ohne seine prinzipielle Unterstützung der deutschen Position in Frage zu stellen. Erst nach britischem Druck und Anzeichen für eine Veränderung der internationalen politischen Verhältnisse durch das Dawes-Abkommen vom August 1924 gab Frankreich seine aussichtslosen Pläne im deutschen Westen und Südwesten endgültig auf. Das Verhältnis zwischen Besatzern und Besetzten, auch gegenüber der Kirche, normalisierte sich danach auch in der Pfalz langsam.

»Kampf um den Rhein« –
Französische Besatzung und Separatismus in Mainz 1918–1923/24

VON FRANK TESKE

Im Juli 1930 veröffentlichte die renommierte »Mainzer Verlagsanstalt und Druckerei« ein Büchlein mit dem vielsagenden Titel »Kampf um den Rhein – Beiträge zur Geschichte des Rheinlandes und seiner Fremdherrschaft 1918–1930«[1]. Mehrere honorige Autoren, darunter etwa der damalige Bürgermeister und spätere Oberbürgermeister der Stadt Mainz Dr. Wilhelm Ehrhard, befassten sich darin mit der zurückliegenden Besatzungszeit. Hintergrund dieser Veröffentlichung war natürlich der Abzug der französischen Besatzungstruppen aus der so genannten »Mainzer Zone«, des letzten von den Alliierten besetzten Gebiets im Rheinland, am 30. Juni 1930.

In Mainz wurde dieses Ereignis am 19./20. Juli mit einer aufwendigen *Befreiungsfeier* unter großer Anteilnahme der Bevölkerung und in Anwesenheit des Reichspräsidenten Paul von Hindenburg festlich begangen[2]. In die Freude über den Abzug der Besatzungstruppen mischten sich damals unüberhörbare nationalistische und antifranzösische Töne. Hindenburg rief in seiner Festansprache in der mit 5.000 Gästen gefüllten Stadthalle die *Last der Besatzung* in Erinnerung. Er sprach von den *Fesseln der Unfreiheit* und beklagte eine *Unsumme von körperlichem und seelischem Leid, welche die Besatzungszeit dem Lande hier auferlegt* habe[3]. Damit traf der Reichspräsident die Stimmung weiter Teile der Bevölkerung. Auch der genannte Sammelband »Kampf um den Rhein« ist in diesem Tenor verfasst. Das gilt insbesondere für den Beitrag des Lehrers an der Mainzer Handelslehranstalt Dr. Ernst Martin Schreiber. Dieser war von der Stadt Mainz mit einem Teil seiner Dienstzeit mit der Sammlung von Unterlagen für die *Materialsammelstelle für die Besatzungsgeschichte der Stadt Mainz* beauftragt worden[4]. Schreiber be-

---

[1] Kampf um den Rhein. Beiträge zur Geschichte des Rheinlandes und seiner Fremdherrschaft 1918–1930, Mainz 1930.
[2] Vgl. die Berichte im Mainzer Anzeiger vom 19., 21. und 22. Juli 1930.
[3] StadtA Mainz 71/49, Rede des Herrn Reichspräsidenten bei der Feier in der Stadthalle zu Mainz am 20. Juli 1930.
[4] Die von Ernst Martin Schreiber angelegten Akten dieser städtischen *Materialsammelstelle* werden im Stadtarchiv Mainz als Bestand NL Schreiber aufbewahrt.

ginnt seine Überblicksdarstellung über die Besatzungszeit in Mainz[5] im November 1918.

Revolution und Kriegsende

Auch in Mainz, so Schreiber, hätten seinerzeit *die Wellen der Revolution vom 9. November 1918 Staat und Ordnung* bedroht[6]. In der Tat kam es unmittelbar nach der Bekanntgabe der Abdankung des Kaisers und der Ausrufung der Republik zu Unruhen in der Stadt[7]. Aus dem Mainzer Militärgefängnis und aus dem Landgerichtsgefängnis wurden Gefangene befreit, ohne dass das Gouvernement der Festung Mainz eingegriffen hätte. Der Festungsgouverneur hatte inzwischen die Stadt verlassen, und zahlreiche Soldaten zogen in revolutionärer Stimmung durch Mainz. Mehrere Heeresmagazine wurden durch die Bevölkerung geplündert, so etwa das Militärproviantamt, die Bekleidungsmagazine und der Pionier-Heerespark. Viele Ladenbesitzer hielten aus Angst vor weiteren Plünderungen vorsorglich ihre Geschäfte geschlossen.

Dem am 10. November gebildeten Mainzer Arbeiter- und Soldatenrat gelang es jedoch schnell, Ruhe und Ordnung in der Stadt wiederherzustellen. Er richtete sich umgehend in einem Aufruf an die Bevölkerung: *Der Ausschuß des Arbeiter- und Soldatenrats übernimmt die vollziehende Gewalt. Er [...] gewährleistet die Sicherheit der Bevölkerung und des Eigentums. Plünderungen und Straßenraub werden mit dem Tode bestraft. Alle militärischen und zivilen Behörden üben ihre bisherige Verwaltungstätigkeit weiter aus. Sie werden im Einvernehmen mit dem Ausschuß alle Maßnahmen treffen, die im Interesse der Bevölkerung, namentlich zur Aufrechterhaltung der Ordnung und Ruhe und zur Sicherung der Ernährung notwendig sind. [...] Der Arbeiter- und Soldatenrat erwartet von der Einsicht der Bürger und Soldaten, daß sie in diesen schweren Tagen sich allen Anordnungen fügen, um einen sicheren Uebergang in eine bessere und glücklichere Zukunft zu gewährleisten*[8].

Dem Ausschuss des Arbeiter- und Soldatenrats gehörten je sieben Vertreter der in Mainz stationierten Soldaten sowie der SPD bzw. der Gewerkschaften an. An seiner Spitze standen der sozialdemokratische Mainzer Stadtverordnete und Landtagsabgeordnete Bernhard Adelung und ein Leutnant Wirth. Adelung sprach am Vormittag des 10. November auf einer von 15.000 bis 20.000 Menschen besuchten Kundgebung im Schlacht- und Viehhof und führte anschließend einen Demonstrationszug durch die Stadt bis zum Halleplatz. Dort rief er vor der Stadthalle die Republik aus[9] (*Abb. 1*).

---

[5] E. M. SCHREIBER, Die Stadt Mainz in der Besatzungszeit 1918–1930. Mit besonderer Berücksichtigung der historischen Rheinpolitik Frankreichs, in: Kampf um den Rhein (wie Anm. 1), S. 93–126.
[6] Ebd., S. 93.
[7] Hier und im Folgenden vgl. F. SCHÜTZ, Bernhard Adelung rief am 10. November 1918 vor der Stadthalle die Republik aus. Vor 75 Jahren: Das Ende des Ersten Weltkriegs und die Ereignisse in Mainz, in: Mainz. Vierteljahreshefte für Kultur, Politik, Wirtschaft, Geschichte 13 (1993), H. 4, S. 121–128.
[8] StadtA Mainz NL 109/1, Aufruf des Mainzer Arbeiter- und Soldatenrats *An die Bevölkerung von Mainz* vom 10. November 1918.
[9] SCHÜTZ, Bernhard Adelung (wie Anm. 7), S. 126.

Abb. 1 Ausrufung der Republik in Mainz durch den Sozialdemokraten Bernhard Adelung auf der Freitreppe der Stadthalle am 10. November 1918 (Postkarte).

Einen Tag später endeten mit der Unterzeichnung des Waffenstillstandsabkommens von Compiègne die Kampfhandlungen des Ersten Weltkriegs. Trotz aller Erleichterung über das Kriegsende blickte man in Mainz mit Sorge in eine ungewisse Zukunft. Die Bevölkerung fürchtete neue Entbehrungen und reagierte geradezu geschockt auf die Bekanntgabe der harten Waffenstillstandsbedingungen der Alliierten. Insbesondere die angekündigte Besetzung des linken Rheinufers durch die Siegermächte, einschließlich rechtsrheinischer Brückenköpfe bei Mainz, Koblenz und Köln, sorgte für Unruhe[10].

Am 11. November 1918 kam die Stadtverordnetenversammlung zu einer Sondersitzung zusammen. Oberbürgermeister Dr. Karl Göttelmann berichtete dabei über die Verhandlungen mit dem Arbeiter- und Soldatenrat, dessen schnelles Einschreiten gegen die entstandenen Unruhen er ausdrücklich lobte. Es wurden die Sicherstellung der Nahrungsmittelversorgung für die Bevölkerung besprochen und Fragen der bevorstehenden Besatzung erörtert. Der Oberbürgermeister musste sich in dieser Sitzung aber auch gegen verbale Attacken von Teilen der SPD-Stadtverordneten zu Wehr setzen. Hintergrund

---

[10] Die Waffenstillstandsbedingungen wurden von den Mainzer Zeitungen noch am Sonntag, dem 10. November, in Extrablättern bekannt gegeben; vgl. z. B. Neuester Anzeiger (Mainzer Neueste Nachrichten) vom 10. November 1918.

war ein Auftritt Göttelmanns auf einer Kundgebung im August 1914 zusammen mit dem Vorsitzenden des »Alldeutschen Verbands« Heinrich Claß[11]. Göttelmann hatte damals den Kriegsausbruch als Glücksfall für Deutschland bezeichnet und sich dankbar gezeigt, *den großen Tag erleben* zu dürfen[12]. Jetzt, nach Kriegsende, wies der Oberbürgermeister die Vorwürfe, er habe den Krieg herbeigesehnt, vehement zurück. Göttelmann rechtfertigte sich damit, er habe seinerzeit nur deshalb Gott für den Ausbruch des Krieges gedankt, weil dadurch das deutsche Volk geeint worden sei[13].

Nach dem Inkrafttreten des Waffenstillstands wurde Mainz zum Verkehrsknotenpunkt für die Rückführung des Westheeres. Während des Krieges war die Festungsstadt ein wichtiger Truppenstandort für den Nachschub an die Front gewesen, jetzt strömten die Soldaten über die Mainzer Rheinbrücken zurück in die Heimat. Ende November und Anfang Dezember 1918 erreichte der Durchzug der von der Westfront heimkehrenden deutschen Truppen durch Mainz seinen Höhepunkt.

An den Zugängen zur Stadt und an den Hauptplätzen wurden geschmückte Ehrenpforten errichtet und die von den Entbehrungen des Kriegs gezeichneten Soldaten wurden von der Bevölkerung feierlich empfangen[14] (*Abb. 2*). Die Menschen in Mainz waren dankbar dafür, dass die Front bis zuletzt nicht deutschen Boden erreicht hatte, obgleich nur die wenigsten unter ihnen das ganze Ausmaß der Verwüstungen im Kampfgebiet erahnen konnten. Anfang Dezember erhielt Oberbürgermeister Göttelmann ein Dankschreiben eines kommandierenden Generals, dessen Divisionen durch Mainz gezogen waren: *Auf den reich geschmückten Strassen begrüsst von wehenden Tüchern, bewirtet mit Liebesgaben aller Art durch Jung und Alt bot die Stadt den heimkehrenden Kriegern ihren Willkommengruss am deutschen Strom. Jeder Soldat hat ihn dankbarst empfunden*[15].

Der Empfang der heimkehrenden Truppen erweckte mitunter den Eindruck, als würde das deutsche Heer siegreich das Feindesland verlassen. So war in manchen Mainzer Zeitungen zu lesen, die Soldaten würden *als ungeschlagene, unbesiegte Helden* in die Heimat zurückkehren[16]. Solche Berichte waren natürlich dazu geeignet, der »Dolchstoßlegende« Vorschub zu leisten.

---

[11] Der in Alzey geborene und in Mainz als Rechtsanwalt ansässige Dr. Claß war von 1908 bis 1939 Vorsitzender des völkisch-nationalistischen und antisemitischen »Alldeutschen Verbands«. Zu seiner Person vgl. R. ERBAR, Dr. Heinrich Claß (1868–1953). Ein Wegbereiter des Nationalsozialismus?, in: H.-G. MEYER/H. BERKESSEL (Hgg.), Die Zeit des Nationalsozialismus in Rheinland-Pfalz, Bd. 1: »Eine nationalsozialistische Revolution ist eine gründliche Angelegenheit«, Mainz 2000, S. 41–49.

[12] Volkszeitung vom 10. August 1914, zitiert nach W. STUMME, Kriegsbeginn und »Augusterlebnis« im Spiegel der Mainzer Presse, in: Mainzer Geschichtsblätter 14 (2008), S. 45–60, hier: S. 53 f.

[13] SCHÜTZ, Bernhard Adelung (wie Anm. 7), S. 127.

[14] M. SÜSS, Rheinhessen unter französischer Besatzung. Vom Waffenstillstand im November 1918 bis zum Ende der Separatistenunruhen im Februar 1924, Stuttgart 1988, S. 3–5.

[15] StadtA Mainz 70/920, Schreiben des kommandierenden Generals Leuthold an Oberbürgermeister Göttelmann vom 2. Dezember 1918.

[16] Mainzer Anzeiger vom 28. November 1918. Auch das Mainzer Journal vom selben Tag sprach von *unbesiegten* Soldaten.

Abb. 2   Ehrenpforte am Binger Schlag in Mainz zum Empfang der von der Westfront heimkehrenden deutschen Truppen im November 1918.

Französische Besatzung

Am 4. Dezember 1918 war der Durchmarsch der deutschen Truppen durch Mainz im Wesentlichen beendet. Nun rüstete sich die Stadt für den Einmarsch der französischen Besatzungstruppen. Der ›Mainzer Anzeiger‹ mahnte die Bevölkerung: *Es ist selbstverständlich und die Pflicht eines jeden, dem Feinde mit Ruhe, Ernst und Würde zu begegnen, dazu gehört nicht, dass aus Missverständnis die Fahnen, die zur Begrüßung unserer Soldaten dienten, dann noch wehen. Es wird darum Sache aller Bürger sein, Fahnen und anderen Schmuck rechtzeitig zu entfernen*[17].

Einer französischen Militärkommission, die am 8. Dezember in Mainz eintraf, folgten einen Tag später die ersten 1.000 Besatzungssoldaten (*Abb. 3*). In der Folgezeit musste Mainz, das Sitz des Oberkommandos der 10. Französischen Armee wurde, zeitweise rund 20.000 Soldaten und Zivilangestellte der Besatzungsarmee aufnehmen. Viele von ihnen wurden zwangsweise bei Privatleuten einquartiert, da die vorhandenen Kasernen maximal 17.500 Mann aufnehmen konnten. Die nun folgende Besatzungszeit prägte für über ein Jahrzehnt entscheidend den Alltag der Menschen in Mainz. Besonders in der ersten

---

[17] Mainzer Anzeiger vom 4. Dezember 1918.

Abb. 3   Ankunft der ersten französischen Besatzungstruppen am Hauptbahnhof Mainz am 9. Dezember 1918.

Phase der Besatzung litt die Bevölkerung unter den von der französischen Militärregierung verfügten Einschränkungen des täglichen Lebens. Die Franzosen beschlagnahmten zahlreiche Wohnungen und öffentliche Gebäude, was angesichts der ohnehin schon bestehenden Wohnungsnot große Probleme mit sich brachte. Sie verhängten außerdem Ausgangssperren zwischen acht Uhr abends und sechs Uhr morgens und untersagten zunächst vollständig den Verkehr mit dem rechtsrheinischen Reichsgebiet[18]. Der kommandierende General der Besatzungstruppen Charles Mangin war darüber hinaus bemüht, die Kommunikation zwischen dem besetzten Gebiet und der hessischen Landesregierung in Darmstadt zu unterbinden, was die Führungsspitze der Stadtverwaltung allerdings durch geheime Kontakte zu umgehen versuchte. In den Fällen, in denen der behördliche Schriftverkehr vom besetzten ins unbesetzte Gebiet genehmigt wurde, mussten die Schreiben zur Kontrolle den zuständigen französischen Offizieren vorgelegt wer-

---

[18]   Hier und im Folgenden vgl. F. SCHÜTZ, Vom Ersten zum Zweiten Weltkrieg (1914–1945), in: F. DUMONT/F. SCHERF/F. SCHÜTZ (Hgg.), Mainz. Die Geschichte der Stadt, Mainz ²1999, S. 475–509, hier: S. 480–483.

den. Umgekehrt gelangten auf offiziellem Weg nur Behördenschreiben vom unbesetzten ins besetzte Gebiet, die zuvor von französischer Seite überprüft worden waren. So wollte die französische Militärregierung gewährleisten, dass ein Austausch nur in reinen Verwaltungsangelegenheiten stattfand, aber politische Weisungen, Anfragen oder Berichte unterbunden wurden[19].

Gleichzeitig betrieben die Franzosen von Anfang an aber auch eine Politik der »pénétration pacifique«. Die französische Regierung versuchte auf diesem Weg, den Deutschen im besetzten Gebiet die französische Kultur und Lebensart näher zu bringen. Dazu zählte vor allem ein vielfältiges Angebot an Theater- und Musikdarbietungen für die Bevölkerung. Im Mainzer Stadttheater gastierten schon im ersten Nachkriegsjahr erstklassige französische Theaterensembles, Orchester und Solisten. Besonders die musikalischen Aufführungen waren zahlreich besucht[20].

Zu den Bemühungen im Rahmen der beabsichtigten »pénétration pacifique« zählten außerdem das Angebot kostenloser französischer Sprachkurse für Erwachsene und die Einführung des Französischunterrichts für Schulkinder im Januar 1919. Letztgenannte Maßnahme führte allerdings in Mainz zu einem Eklat, da sich die Stadtverwaltung hierbei übergangen fühlte. Die Stadtverordnetenversammlung protestierte am 7. Februar 1919 heftig gegen diese in ihren Augen eigenmächtige Erweiterung des Lehrplans an den Mainzer Schulen durch die Besatzungsbehörden und provozierte damit den Unwillen der französischen Militärregierung. General Mangin forderte daraufhin Oberbürgermeister Göttelmann zum Rücktritt auf, da dieser die Debatte in der Stadtverordnetenversammlung nicht unterbunden hatte[21]. Dem kam Göttelmann am 12. Februar 1919 nach. Sein Nachfolger wurde der Arzt und Beigeordnete Dr. med. Karl Külb, der im Verlauf seiner Amtszeit selbst auch in Konflikte mit den Besatzungsbehörden geraten sollte.

Indessen stand die Stadtverwaltung vor dem drängenden Problem, die ausreichende Versorgung der Bevölkerung mit Brennstoffen und Lebensmitteln sicherstellen zu müssen. Besonders im Winter 1918/19 war dies kaum zu leisten. Die Blockadebestimmungen der Alliierten und die Einschränkungen im Verkehrswesen hatten dafür gesorgt, dass bestimmte Nahrungsmittel, wie beispielsweise Kartoffeln, Fleisch, Milch und Milchprodukte knapp wurden. Das in Mainz ansässige Versorgungsamt für das besetzte hessische Gebiet wies auf einen direkten Zusammenhang zwischen der Mangelernährung und der festgestellten erhöhten Sterblichkeit bei Kindern und Kranken hin. Eine Verbesserung der Versorgungssituation trat erst ein, als die französische Besatzungsmacht in richtiger Einschätzung der kritischen Lage ab Frühjahr 1919 Nahrungsmittel wie Reis, Fleisch und Fett zur Verteilung brachte[22].

---

[19] Süss (wie Anm. 14), S. 15.
[20] Ebd., S. 50.
[21] StadtA Mainz 71/91, Amtsniederlegung des Herrn Oberbürgermeister Dr. Göttelmann.
[22] Süss (wie Anm. 14), S. 21–23.

Konflikte mit der Besatzungsmacht und separatistische Bestrebungen

In dieser angespannten wirtschaftlichen und politischen Lage wurden Pläne zur Gründung einer »Rheinischen Republik« laut. Protagonisten einer solchen Idee in Mainz und Rheinhessen waren der im benachbarten Wiesbaden ansässige ehemalige Staatsanwalt Hans Adam Dorten und der Mainzer Kunsthistoriker Franz Theodor Klingelschmitt. Dorten nahm in Mainz Kontakt mit dem kommandierenden General der Besatzungstruppen Charles Mangin auf, der solchen Bestrebungen wohlwollend gegenüber stand[23].

Während die Anhänger einer »Westdeutschen Republik« um den Kölner Oberbürgermeister Konrad Adenauer eine Loslösung von Preußen und die Neubildung der Länder am Rhein auf dem Boden der zu diesem Zeitpunkt noch nicht verabschiedeten neuen Reichsverfassung anstrebten, rief Hans Adam Dorten gegen den Willen der Reichsregierung und der Nationalversammlung am 1. Juni 1919 in Wiesbaden die »Rheinische Republik« aus. In den größeren Gemeinden Nassaus, Rheinhessens und der Pfalz wurden Plakate angeschlagen und Flugblätter verteilt, die die Bildung einer solchen Republik als Bundesstaat des Deutschen Reichs ankündigten. Dabei wurde betont, dass man lediglich die Trennung von Preußen anstrebe, aber *treu zum Deutschen Reiche* stehe[24]. Die große Mehrheit der Bevölkerung in dem betroffenen Gebiet misstraute aber diesen Bekundungen. Es wurde befürchtet, die Errichtung einer »Rheinischen Republik« sei der erste Schritt zur Loslösung vom Reich. In Mainz und anderen Orten in Rheinhessen kam es daher am 2. Juni 1919 zu einem vierundzwanzigstündigen Generalstreik aus Protest gegen die Ausrufung der »Rheinischen Republik«[25].

Obwohl ersichtlich war, dass die von Hans Adam Dorten geführte *vorläufige Regierung der Rheinischen Republik*[26] auf weitgehende Ablehnung in der Bevölkerung stieß, erhielt die Gruppe Unterstützung durch General Mangin. In einem noch am 2. Juni 1919 durch ihn veröffentlichten Aufruf kritisierte Mangin den Streik gegen die *Beförderer der Rheinischen Republik, die eine sehr grosse Stimmenmehrheit in der Bevölkerung* hätten[27]. Er kündigte außerdem an, die *Führer entgegengesetzter Kundgebungen [...] aus dem besetzten Gebiete* ausweisen zu lassen[28]. Kurz darauf wurden mehrere Kommunal- und Landespolitiker auf Anordnung Mangins ins unbesetzte rechtsrheinische Gebiet ausgewiesen, darunter auch der seinerzeitige Mainzer Beigeordnete und Präsident des hessischen Landtags Bernhard Adelung, der später hessischer Staatspräsident werden sollte. Auch einige Mainzer Lehrer mussten das besetzte Gebiet verlassen, weil sie sich nach Ansicht des kommandierenden Generals der Besatzungstruppen *durch Schließung der Klassen*

---

[23] Hier und im Folgenden vgl. SCHÜTZ, Vom Ersten zum Zweiten Weltkrieg (wie Anm. 18), S. 484f. sowie SÜSS (wie Anm. 14), S. 64–90.
[24] StadtA Mainz 70/333, undatierter Aufruf der *vorläufige[n] Regierung der Rheinischen Republik*.
[25] Vgl. die am 3. Juni 1919 veröffentlichten Berichte im Neuesten Anzeiger, Mainzer Tagblatt, Mainzer Journal und in der Volkszeitung.
[26] So bezeichneten sich die Protagonisten der »Rheinischen Republik« (vgl. Anm. 24).
[27] StadtA Mainz 70/333, *Aufruf* von General Charles Mangin vom 2. Juni 1919.
[28] Ebd.

Abb. 4   Gerichtsverhandlung gegen Fritz Thyssen (Anklagebank, stehend) und weitere Zechenbesitzer vor dem französischen Kriegsgericht in Mainz am 24. Januar 1923.

und wegen Versuchs, die ihnen anvertrauten Kinder mitten in politische Kämpfe zu verwickeln schuldig gemacht hätten[29].

Die französische Militärregierung sollte in der Folgezeit noch häufiger vom Instrument der Ausweisung Gebrauch machen, um sich missliebiger Personen zu entledigen. Zunächst aber musste sie feststellen, dass das Vorhaben, eine »Rheinische Republik« zu errichten, mangels Unterstützung aus der Bevölkerung zum Scheitern verurteilt war. Bereits am 5. Juni 1919 versicherte General Mangin dem Mainzer Oberbürgermeister Külb, dass sich die französische Besatzungsmacht gegenüber den Befürwortern und Gegnern der »Rheinischen Republik« neutral verhalten werde[30]. Spätestens mit der Abberufung Mangins von seinem Posten im Oktober 1919[31] schwand dann die Unterstützung Dortens und seiner Mitstreiter durch die Franzosen.

1923 kam es allerdings im Zuge der Ruhrkrise zu einem Aufleben der Bewegung. Nach der Besetzung des Ruhrgebiets durch französische und belgische Truppen wegen rückständiger Reparationsleistungen des Deutschen Reichs folgte man auch in Mainz und Rheinhessen dem Aufruf der Reichsregierung zum passiven Widerstand in den besetzten Gebieten durch massenhafte Arbeitsniederlegungen und durch die Missachtung von Anordnungen der französischen Besatzungsbehörden[32].

---

[29]   StadtA Mainz 70/333, Zeitungsausschnitt aus der Saarbrücker Zeitung vom 16.6.1919.
[30]   Süss (wie Anm. 14), S. 85.
[31]   Auf Druck des US-Präsidenten Woodrow Wilson hatte der französische Ministerpräsident Georges Clemenceau eine Untersuchung der Vorgänge im Zusammenhang mit der Ausrufung der »Rheinischen Republik« veranlasst, was schließlich die Abberufung Mangins nach sich zog (vgl. H.-L. Selbach, Katholische Kirche und französische Rheinlandpolitik nach dem Ersten Weltkrieg. Nationale, regionale und kirchliche Interessen zwischen Rhein, Saar und Ruhr 1918–1924, Köln 2013, S. 133).
[32]   Hier und im Folgenden vgl. Schütz, Vom Ersten zum Zweiten Weltkrieg (wie Anm. 18), S. 485.

Zu einem ernsthaften Konflikt kam es während der Verhandlungen gegen Fritz Thyssen sowie gegen drei weitere Zechenbesitzer und zwei Direktoren staatlicher Zechen vor dem französischen Kriegsgericht in Mainz am 24. Januar 1923 (*Abb. 4*). Die Angeklagten mussten sich vor Gericht verantworten, weil sie die Kohlenlieferungen nach Frankreich und Belgien unterbrochen hatten. Vor dem Landgerichtsgebäude und an anderen Stellen in Mainz kam es zu Kundgebungen für die Angeklagten und zu nationalistischen und feindseligen Äußerungen gegenüber der französischen Besatzungsmacht. Selbst vor tätlichen Angriffen gegen Besatzungsangehörige und französische Einrichtungen schreckten die Demonstranten nicht zurück. Die Franzosen reagierten darauf mit äußerster Härte und trieben die Ansammlungen mit Waffengewalt auseinander. Dabei kamen auch einige der in Mainz stationierten Truppen aus den nordafrikanischen Kolonien Frankreichs zum Einsatz[33]. Das verstärkte die Abneigung weiter Teile der Bevölkerung gegen die von deutscher Politik, Presse und Öffentlichkeit als *Schwarze Schmach*[34] verfemten Kolonialsoldaten.

Die Ausschreitungen und die Beteiligung der Bevölkerung und Behörden im besetzten Gebiet am passiven Widerstand gegen die Ruhrbesetzung beantwortete die französische Militärregierung mit zahlreichen Verhaftungen und Ausweisungen. Bis Mitte 1923 mussten über 5.000 Mainzerinnen und Mainzer zeitweise die Stadt verlassen. Unter ihnen waren auch hochrangige Vertreter der Stadtverwaltung wie Oberbürgermeister Dr. Külb und Bürgermeister Bernhard Adelung. Erstgenannter war bereits einen Tag nach dem Prozess gegen Fritz Thyssen ausgewiesen worden, da er nach Ansicht der französischen Behörden als Oberbürgermeister dafür verantwortlich gewesen sei, dass die Polizei nicht energisch genug versucht habe, die Demonstrationen vom 24. Januar zu unterbinden. Insbesondere habe Külb gebilligt, dass die Mainzer Polizei keinen Gebrauch von der Schusswaffe gemacht hatte. Der Oberbürgermeister durfte erst nach anderthalb Jahren im September 1924 wieder nach Mainz zurückkehren und sein Amt wieder aufnehmen[35].

Külbs Stellvertreter Bernhard Adelung wurde nach 1919 nun bereits zum zweiten Mal von den Franzosen aus dem besetzten Gebiet ausgewiesen. Er musste Mainz am 7. Februar 1923 verlassen, weil er in der Stadtverordnetenversammlung vom 27. Januar energisch gegen die Ausweisung des Oberbürgermeisters protestiert hatte. Außerdem hatte Adelung dem französischen Oberdelegierten ein Protestschreiben zukommen lassen, das von den Franzosen als *Herausforderung den Besatzungsbehörden gegenüber* interpretiert wurde[36]. Bürgermeister Adelung konnte seinen Dienst in Mainz schließlich erst wieder am 1. Dezember 1924 aufnehmen.

Die desaströsen politischen und wirtschaftlichen Verhältnisse des Krisenjahres 1923 führten dazu, dass im besetzten Rheinland nun wieder verstärkt separatistische Aktivitäten zu beobachten waren. Seit dem Spätsommer 1923 fanden in Rheinhessen zahlreiche

---

[33] SÜSS (wie Anm. 14), S. 174.
[34] Als kurzen Überblick hierzu vgl. S. MASS, Die schwarze Schmach. Kolonialsoldaten im Rheinland 1920–1923, in: B. BURKARD (Hg.), Gefangene Bilder. Wissenschaft und Propaganda im Ersten Weltkrieg, Petersberg 2014, S. 123–125.
[35] StadtA Mainz 71/206, Ausweisung des Herrn Oberbürgermeisters Dr. Külb.
[36] StadtA Mainz 71/184, Ausweisung des Bürgermeisters Adelung aus dem besetzten Gebiet.

Abb. 5 Separatisten mit der grün-weiß-roten Fahne der »Rheinischen Republik«.

Versammlungen separatistischer Gruppierungen statt, so etwa am 22. September eine Zusammenkunft von 500 Anhängern des Kölner Separatisten Josef Smeets in Mainz[37].

Zuvor hatten Smeets und die Separatistenführer Hans Adam Dorten, Josef Friedrich Matthes und Leo Deckers die »Vereinigte Rheinische Bewegung« gegründet, um gemeinsam die Errichtung einer »Rheinischen Republik« voranzutreiben. Im Oktober 1923 kam es schließlich in mehreren rheinischen Städten zu bewaffneten Umsturzversuchen durch Anhänger der »Rheinischen Republik« (*Abb. 5*). Am 23. Oktober gelang es 150 bis 200 Separatisten, den Erthaler Hof in Mainz zu besetzen. Das Gebäude war der Sitz der rheinhessischen Provinzialregierung und des Kreisamts Mainz. Die Separatisten

---

[37] Süss (wie Anm. 14), S. 203 f.

hissten hier die grün-weiß-rote Fahne der »Rheinischen Republik« und ernannten eine aus ihren Reihen gebildete neue Regierung der Provinz Rheinhessen. Unterstützung erhielten sie durch die französische Besatzungsmacht, die diese neue Provinzialregierung sogar als rechtmäßig anerkannte.

In den folgenden Wochen aber mussten die Franzosen erkennen, dass die »Rheinische Republik« wie schon 1919 auf erbitterten Widerstand in der Bevölkerung und bei den deutschen Verwaltungsbehörden im besetzten Gebiet stieß. Sie zogen ihre Unterstützung für die Separatisten zurück, so dass der Umsturzversuch letztlich im Sande verlief[38].

Nachwirkungen

Die Folgen der französischen Besatzungspolitik in den ersten Nachkriegsjahren waren in Mainz noch lange zu spüren. Die Wirtschaft, die sich bis in die Kriegszeit hinein noch gut hatte entwickeln können, litt unter den Einschränkungen durch die Besatzung. Nicht nur, dass neben öffentlichen Einrichtungen auch private Fabrikanlagen, Lagergebäude oder Tankstellen von den Franzosen beschlagnahmt worden waren; die wiederholte Errichtung einer Zollgrenze am Rhein als Sanktionsmaßnahme der Alliierten erschwerte überdies auch den Verkehr mit dem unbesetzten Gebiet. Viele Mainzer Firmen verloren in der unmittelbaren Nachkriegszeit ihre Kundschaft außerhalb des Besatzungsgebiets. In einigen Fällen zog das letztlich den Konkurs der Betriebe nach sich. Ein Beispiel hierfür ist die traditionsreiche Mainzer Möbelfirma Bembé, die ihre Produkte jahrzehntelang auch ins Ausland exportiert hatte und 1925 schließlich den Betrieb einstellen musste[39]. Die schwierigen wirtschaftlichen Rahmenbedingungen verschärften auch die Situation auf dem Arbeitsmarkt. Zahlreiche Mainzer verließen die Stadt auf der Suche nach einem Arbeitsplatz oder wurden durch den Mangel an bezahlbarem Wohnraum zum Wegzug gezwungen. Entsprechend negativ verlief die Bevölkerungsentwicklung: Im Gegensatz zu fast allen anderen deutschen Großstädten hatte Mainz Mitte der 1920er Jahre die Bevölkerungszahl der Vorkriegszeit noch nicht einmal annähernd wieder erreichen können[40].

Auch vom wirtschaftlichen Aufschwung der »Goldenen Zwanziger« profitierte Mainz weniger als die Städte im unbesetzten Gebiet. Wohnungsnot und Arbeitslosigkeit prägten lange Zeit das Leben in der Stadt. Obwohl Frankreich ab 1925 eine weniger restriktive Besatzungspolitik betrieb und viele Verordnungen der Militärregierung nun wieder aufgehoben wurden, wirkten die Folgen der frühen Besatzungsphase noch lange nach.

---

[38] SCHÜTZ, Vom Ersten zum Zweiten Weltkrieg (wie Anm. 18), S. 485. Der Erthaler Hof in Mainz wurde Anfang Februar 1924 endgültig von den Separatisten geräumt; vgl. SÜSS (wie Anm. 14), S. 238.

[39] H. BRÜCHERT-SCHUNK, Städtische Sozialpolitik vom wilhelminischen Reich bis zur Weltwirtschaftskrise. Eine sozial- und kommunalhistorische Untersuchung am Beispiel der Stadt Mainz 1890–1930, Stuttgart 1994, S. 285 f.

[40] Im Jahr 1914 waren 121.200 Einwohner gezählt worden, 1925 lebten nur noch 105.871 Menschen in Mainz; vgl. die Bevölkerungsstatistik im: Adreßbuch der Stadt Mainz, 51. Ausgabe, Mainz 1928, S. VIII.

Abb. 6 Während der Ausschreitungen gegen ehemalige Separatisten am 2./3. Juli 1930 demoliertes Geschäftshaus in der Bahnhofstraße in Mainz (Foto: Karl Usinger).

Als die Franzosen 1930 aus Mainz abzogen, überwogen daher in der Rückschau der Bevölkerung deutlich die negativen Erfahrungen mit den Besatzern und nicht die Bemühungen der Franzosen um eine friedliche Durchdringung der Gesellschaft im Rahmen ihrer Politik der »pénétration pacifique«. Gerade weil sich das Verhältnis zwischen Besatzern und Besetzten in der zweiten Hälfte der Zwanzigerjahre deutlich entspannt hatte, waren die Franzosen äußerst irritiert über das Aufwallen nationaler Gefühle und die antifranzösischen Äußerungen nach dem vorzeitigen Abzug der Besatzungstruppen am 30. Juni 1930. Die gewalttätigen Ausschreitungen gegen tatsächliche und vermeintliche ehemalige Separatisten in der Nacht vom 2. auf den 3. Juli 1930 in Mainz[41] (*Abb. 6*) und der Ablauf der eingangs geschilderten Befreiungsfeier waren jedenfalls eher dazu geeignet, bestehende Ressentiments zu bestärken, als den aufkeimenden Geist der Versöhnung zwischen Deutschen und Franzosen wachsen zu lassen.

---

[41] Vgl. hierzu StadtA Mainz NL Schreiber/107, Zusammenstellung der bei den separatistischen Unruhen am 2./3.7.1930 entstandenen Schäden und Zeitungskommentare zu diesen Vorfällen.

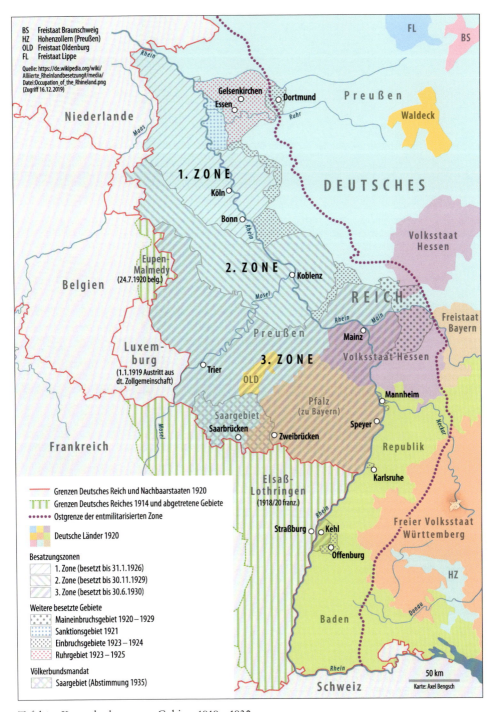

Tafel 1   Karte der besetzten Gebiete 1919–1930.

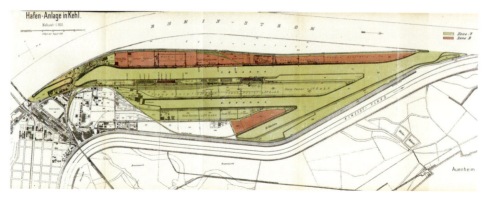

Tafel 2 Der Kehler Hafen während der Betriebsgemeinschaft mit dem Straßburger Hafen von 1920 bis 1928. Rot gekennzeichnet sind die von Frankreich nutzbaren Hafenareale, grün die Deutschland verbliebenen Bereiche.

Tafel 3 Rheinbrücke bei Kehl. Auf der badischen Seite war der Gallische Hahn angebracht worden; er wurde erst zum Ende der Besatzungszeit von Frankreich wieder entfernt.

Tafel 4   Plakatentwurf zur Karlsruher Herbstwoche 1921 nach dem für das Stadtjubiläum 1915 vorgesehenen Plakat von August Groh.

Tafel 5: Kopf der Werbung für die Karlsruher Herbstwoche 1921.

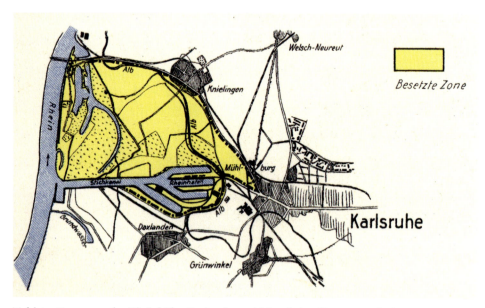

Tafel 6: Besetzung der Rheinhäfen Karlsruhe und Mannheim, Kartenausschnitt.

Tafel 7: Plakat der Einkaufsgenossenschaft Karlsruher Kolonialwarenhändler, 1924.

Tafel 8: Plakat des Karlsruher Verkehrsvereins, 1928.

Tafel 9: Plakat zur Stadtbeleuchtung bei den Herbsttagen, 1928.

Tafel 10: Programmheft zur Grenzlandkundgebung, 1934.

Herausforderungen für Industrieunternehmen in der französisch besetzten Zone (1918–1924)

VON UTE ENGELEN

Über die Besetzung des Rheinlands nach dem Ersten Weltkrieg ist in der Öffentlichkeit wenig bekannt, obwohl diese deutlich länger währte als nach 1945: Einige Gebiete wie Rheinhessen und die Pfalz waren bis 1930 besetzt. Die Folgen für Unternehmen in der französisch besetzten Zone sind nur in Teilen erforscht. Neben den allgemeinen wirtschaftlichen Schwierigkeiten waren sie mit zusätzlichen Einschränkungen konfrontiert. In der Geschichtswissenschaft wird regelmäßig auf die Zollgrenze am Rhein und den Ruhrkampf verwiesen. So schreibt Jutta Kling 2018: „Die ohnehin riesigen wirtschaftlichen Schwierigkeiten unmittelbar nach Kriegsende verschärften sich also unter den Besatzungsbedingungen im Vergleich zum übrigen Reichsgebiet um ein Vielfaches"[1]. Auch Martin Süß zufolge stellte die französische Zollgrenzpolitik rheinhessische Unternehmen vor „existentielle Probleme"[2]. So habe im April 1923 „eine Reihe von Betrieben schließen"[3] müssen. Hierdurch seien 4.000 Personen arbeitslos geworden.

Die größten Industrieunternehmen in Mainz waren Dyckerhoff & Söhne in Mainz-Amöneburg sowie die Waggonfabrik in Mainz-Mombach[4]. Worms war durch die Lederindustrie geprägt, die fast ein Drittel der Arbeitnehmer beschäftigte. Diese exportorientierte Branche setzte etwa drei Viertel der Produktion im Ausland ab[5]. In Ingelheim beschäftigte Boehringer Sohn bereits mehrere hundert Arbeitnehmer[6]. Daneben be-

---

[1] J. KLING, Aspekte der französischen Rheinlandbesetzung in Worms und seinem Umland vor dem Hintergrund der deutsch-französischen Beziehungen in der Nachkriegszeit, in: G. BÖNNEN/D. NAGEL (Hgg.), »In Worms ist keine Fensterscheibe gesprungen« – Revolution, Kriegsende und Frühzeit der Weimarer Republik in Worms 1918-1923, Worms 2018, S. 252–323, hier: S. 262.
[2] M. SÜSS, Rheinhessen unter französischer Besatzung. Vom Waffenstillstand im November 1918 bis zum Ende der Separatistenunruhen im Februar 1924, Stuttgart 1988, S. 241.
[3] Ebd., S. 245.
[4] M. WÜRZ, Kampfzeit unter französischen Bajonetten. Die NSDAP in Rheinhessen in der Weimarer Republik, Stuttgart 2012, S. 37.
[5] O. EBERHARDT, Die industrielle Entwicklung der Stadt Worms, Worms 1922, S. 127.
[6] Anfang 1919 waren es etwa 300; ANF AJ/9/6001 Nr. 241. Im Jahr 1931 waren es bereits 763; M. SIEBLER, Mit Menschen für Menschen. Aus der Geschichte des forschenden Pharmaunternehmens Boehringer Ingelheim, Ingelheim am Rhein 2010, Anhang.

standen mit der Chemischen Fabrik Frei-Weinheim und mehreren Maschinenfabriken weitere Großbetriebe[7].

Trieb die französische Besatzungspolitik die deutschen Unternehmen in den Ruin? Oder handelte es sich bei den französischen Maßnahmen eher um zeitlich befristete, von nationalistischer Seite bewusst übertriebene Effekte, da die wahren Wurzeln der wirtschaftlichen Krise im Krieg zu finden sind? Die folgende Fallstudie berücksichtigt die Städte Mainz, Worms und Ingelheim. Nach den Herausforderungen für deutsche Betriebe nach 1918 wird die besondere Situation unter der französischen Besatzung erläutert. Abschließend werden die Auswirkungen der Maßnahmen der Besatzungsmacht auf die Unternehmen bewertet.

1. Wirtschaftliche Herausforderungen 1918–1923

1914 hatte die Verflechtung der Weltwirtschaft ihren bis dahin höchsten Stand erreicht. Durch den Krieg büßten die deutschen Unternehmen Auslandsmärkte ein. Der Krieg währte über vier Jahre und erforderte eine Umorientierung vieler Betriebe. Die Belegschaftsstruktur veränderte sich. Nach Kriegsende verloren die Unternehmen ihre Auslandsfilialen und damit zum Teil auch Patente. Sie mussten erneut die Produktion umstellen und die Belegschaft umbauen[8].

Auch die Reintegration der zum Teil versehrten Kriegsteilnehmer erwies sich in den folgenden Jahren als große Herausforderung. Häufig bedeutete dies, dass die berufstätigen verheirateten Frauen wieder in die Haushalte zurückkehren mussten. Die vielen Witwen und Waisen waren auf eigene Arbeit und staatliche Unterstützung angewiesen, ebenso wie die Kriegsbeschädigten. Die Arbeitnehmer waren nun deutlich streikbereiter als noch im Kaiserreich[9].

Auch der Markt von 1918 war nicht mehr der des Kaiserreiches von 1914. Zunächst bestand die Zwangswirtschaft in verschiedenen Bereichen fort, z.B. bei Lebensmitteln. Dies führte nach Aussagen der Handelskammer Mainz zu „Schiebertum und Schleichhandel"[10]. Der Mittelstand litt durch die Kriegsanleihen und die Geldentwertung – und mit der Hyperinflation 1923 verloren zahlreiche Bürger schließlich ihre gesamten Ersparnisse. Viele Familien hatten den Hauptnährer verloren. Dadurch wurde zurückhaltender konsumiert.

Gleichzeitig hatte es gegenüber 1914 zumindest im Ausland technische und organisatorische Veränderungen in Unternehmen gegeben. Die Einführung neuer Maschinen und Rationalisierung erschien in vielen Branchen notwendig; häufig war aber kaum Ka-

---

[7] K. H. HENN, Zur Ingelheimer Wirtschaftsgeschichte oder von bäuerlichen zu Industrie-dominierten Gesellschaftsstrukturen, unveröffentlichtes Manuskript 2009, S. 21 ff., StadtA Ingelheim.

[8] EBERHARDT (wie Anm. 5), S. 127 f.

[9] Handelskammer Mainz, Rückblick auf das Jahr 1920, Bericht der Handelskammer Mainz, [Mainz] 1921, vorhanden im Leibniz-Informationszentrum Wirtschaft, Kiel; G. BÖNNEN (Hg.), Geschichte der Stadt Worms, Darmstadt ²2015, S. 557 f.

[10] Handelskammer Mainz, Rückblick auf das Jahr 1921, Bericht der Handelskammer Mainz, [Mainz] 1922, S. 2, vorhanden im Leibniz-Informationszentrum Wirtschaft, Kiel.

pital hierfür vorhanden oder man wagte aufgrund der wirtschaftlichen Unsicherheit nicht, dieses zu investieren[11]. Daher stellte die Zwischenkriegszeit viele deutsche Unternehmer vor ernste Schwierigkeiten.

Durch die Kriegsfinanzierung, die Haushaltspolitik und den Ruhrkampf wurde die deutsche Währung entwertet. In der Zeit der Hyperinflation war ein rationales Liefern auf längere Sicht kaum möglich[12]. Erst mit der Rentenmark stabilisierte sich die Währung wieder, dafür stiegen aber die Steuern, und die Staatsausgaben wurden begrenzt. Es wurde für Mittelständler immer schwieriger, Kredite zu erhalten, und das in einer Lage, wo die Betriebe infolge des Modernisierungsdrucks dringend Kapital benötigten.

Die geschilderten Bedingungen betrafen alle deutschen Unternehmen. Die Gesellschaften im besetzten Rheinland hatten darüber hinaus eine Reihe von weiteren Nachteilen zu bewältigen.

2. Zusätzliche Einschränkungen in der Besatzungszone

Ab Ende November 1918 besetzten die Franzosen das linksrheinische Gebiet vom Niederrhein bis in die Pfalz (außer den Brückenköpfen Köln und Koblenz) und das spätere Saargebiet. Später vergrößerte sich diese Zone noch um die amerikanisch und britisch besetzten Gebiete[13].

Die Franzosen versuchten von Anfang an, auch wirtschaftlich eine stärkere Vernetzung mit den Rheinländern zu erreichen bzw. den Import französischer Waren anzukurbeln[14]. So richteten sie eine französische Handelskammer in Mainz ein und veranstalteten Wirtschaftsmessen mit französischen Unternehmen. 1919 äußerte ein Mitglied der Mainzer Handelskammer die Befürchtung, *dass der Mainzer Handel allmählich bei Seite gedrückt wird, je mehr sich französische Kaufleute ansässig machen*[15]. Hierzu kam es nicht, aber französische Unternehmen durften sich im besetzten Gebiet ansiedeln und auch die deutschen Verordnungen bzgl. Arbeitszeit ignorieren, sofern sie ausschließlich für die Franzosen arbeiteten[16]. Anfang 1920 erklärte die französische Wohnungskommission von Mainz, die Wohnungsanfragen französischer Zivilisten – die in Mainz Gewerbe trei-

---

[11]   H. HOMBURG, Die Neuordnung des Marktes nach der Inflation. Probleme und Widerstände am Beispiel der Zusammenschlußprojekte von AEG und Siemens 1924–1933 oder: »Wer hat den längeren Atem?«, in: G. D. FELDMAN (Hg.), Die Nachwirkungen der Inflation auf die deutsche Geschichte 1924–1933, München 1985, S. 117–156, hier: S. 132 ff.
[12]   Vgl. hierzu auch M. AULENBACHER, Das Baugewerbe im Raum Kaiserslautern in der Zeit der französischen Besatzung 1918–1930, in: Pia NORDBLOM/Henning TÜRK (Hgg.), Transformationen, Krisen, Zukunftserwartungen. Die Wirtschftsregion Pfalz im 19. und frühen 20. Jahrhundert, Ubstadt-Weiher u. a. 2020 (im Erscheinen).
[13]   G. KRUMEICH, Die Rheinlandbesetzung, 11.4.2012, online: https://www.bpb.de/geschichte/zeitgeschichte/geschichte-im-fluss/135676/die-rheinlandbesetzung?p=all (Zugriff 4.10.2018).
[14]   H. T. ALLEN, Die Besetzung des Rheinlandes, Berlin 1927, S. 169 f.
[15]   Sitzung der Handelskammer Mainz, 2.8.1919, StadtA Mainz 71/714.
[16]   Reichsminister für die besetzten Gebiete an Reichswirtschaftsminister, 11.2.1924, StadtA Mainz 71/717; Messageries Hachette, 31.5.1926, StadtA Mainz 71/725.

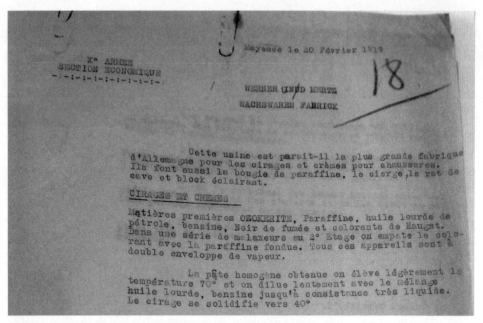

Abb. 1 Bericht über Werner & Mertz, Mainz, 20.2.1919.

ben wollten – übernehme nicht sie, sondern das Städtische Wohnungsamt. Dadurch sollte eine Bevorzugung gegenüber Deutschen verhindert werden[17].

Über die potentiell für französische Zwecke nutzbaren deutschen Industrieunternehmen des besetzten Gebietes legten die *Services économiques*, die bis 1924 in den Städten Ludwigshafen, Mainz, Trier, Koblenz und im nördlichen Teil des Rheinlands bestanden, Akten an. Die längsten Berichte wurden über die Schwer- und chemische Industrie erstellt. Ziel war es, die hergestellten Produkte und Produktionsverfahren zu ermitteln, den Wert der Unternehmen abzuschätzen sowie die „Zuverlässigkeit" der Geschäftsführer in den Augen der französischen Besatzungsmacht zu bewerten[18]. Die Betriebe hatten aber auch ihrerseits Gelegenheit, Wünsche zu äußern; so erbaten die Chemische Fabriken Kurt Albert den Export von 24 Tonnen Kunstharz[19] (*Abb. 1*).

Die Zahl der Besatzungstruppen schwankte stark. 1922 waren es ca. 15.000 Soldaten in Mainz und 1925 4.000 in Worms. Ende 1923 war das Maximum erreicht, danach verkleinerten die Franzosen ihre Truppenstärke mehr und mehr[20]. Diese waren zu großen

---

[17] Auszug aus der Sitzung der französischen Wohnungskommission vom 3.1.1920, StadtA Mainz 71/788.
[18] Vgl. die Bestände der HCITR in den ANF, vor allem AJ/9/5989 und die folgenden.
[19] Vgl. ANF AJ/9/5996 Nr. 8 bis, Chemische Fabriken Kurt Albert in Amöneburg.
[20] C. STEEGMANS, Die finanziellen Folgen der Rheinland- und Ruhrbesetzung 1918–1930, Stuttgart 1999, S. 66; WÜRZ (wie Anm. 4), S. 50; BÖNNEN (wie Anm. 9), S. 555.

Abb. 2 In Vorbereitung der Besatzung wurden Kraftwagen zur Abgabe im Hof der Alice-Kaserne bereitgestellt, 3.12.1918.

Teilen nicht in militärischen Unterkünften untergebracht. Neben Privatwohnungen waren auch einige Fabrikanlagen, vor allem Lagerplätze, beschlagnahmt: Betroffen waren in Mainz hiervon die Unternehmen Kahn & Mayer, die Chemische Fabrik L. Mayer, Gebr. Hamm, die Mainzer Aktienbierbrauerei sowie Thomae & Co. und die Reichsbahngesellschaft im Bahnhof Mainz-Kastel[21].

Für viele Unternehmer hielten sich die Konsequenzen von Einquartierungen jedoch in Grenzen, zumal hier im Allgemeinen die soziale Hierarchie berücksichtigt wurde[22]. Auch requirierten die französischen Besatzer kaum Waren und Maschinen. Aber die Einschränkungen des Waren-, Personen- und Geldverkehrs sowie die Einführung von Zöllen und Genehmigungen und die begrenzte Nutzung der Verkehrs- und Kommunikationsinfrastruktur unter französischer Besatzung verschärften die ohnehin schwierige Lage der Unternehmer im besetzten Gebiet (*Abb. 2*).

---

[21] Übersicht über die von der Besatzung in Anspruch genommenen Gebäude, Wohnungen, Grundstücke usw. in der Stadt Mainz, Stand 1. März 1928, StadtA Mainz 71/12.
[22] Vgl. Liste der Offizierswohnungen im hiesigen Stadtbezirk 1914 nach Maßgabe des Adreßbuches, StadtA Worms 17 481.

2.1. Blockade der Grenze 1918–1919

Nach dem Einmarsch in das linksrheinische Gebiet blockierten die Franzosen die Grenze zum unbesetzten Gebiet, sodass kein umfänglicher Warenverkehr möglich war. Veredelte Produkte, z. B. Wein oder Schokolade, durften nicht ausgeführt werden[23]. Rohstoffe durften meist eingeführt werden, aber nicht bestimmte Fertigprodukte[24]. Dadurch kam es zu einer Verschärfung der ohnehin herrschenden Lebensmittelknappheit[25]. Gegen diese verteilten französische Truppen im März 1919 in Worms und Mainz Lebensmittel[26]. Auch die Geldleistungen öffentlicher Stellen in das besetzte Gebiet wurde von den Franzosen kontrolliert; in die andere Richtung waren sie verboten[27].

Der Wirtschaftsrat Mainz durfte im März 1919 gegenüber General Charles Mangin Verbesserungsvorschläge zur Lage der Wirtschaft machen. Er erklärte, die Passierscheine für den Personenverkehr würden nur schleppend erteilt, teilweise dauere es mehrere Wochen. Gleiches gelte für die Postkontrollen und Telefonate. Er erkannte jedoch an, dass sich die Aus- und Einfuhr von Waren bereits etwas verbessert habe. Von einem *rentablen Betrieb* könne jedoch nur noch in Ausnahmefällen gesprochen werden. Man versuche nur, die Beschäftigten und die bisherigen Geschäftsbeziehungen so lange wie möglich zu halten[28]. Auch die Lederwerke Heyl-Liebenau konnten 1919 aufgrund von Rohstoffmangel die Kündigung der gesamten Belegschaft nicht ausschließen[29].

Nach dem Abschluss des Versailler Vertrags endete die Handelsblockade[30]. Der Vorsitzende der Handelskammer Mainz Franz Bamberger vermeldete in der Sitzung am 2. August 1919: *Handel und Verkehr haben sich so rege gestaltet, wie selten zuvor*[31]. Allerdings herrsche Mangel an Unterkünften sowie an Eisenbahnwaggons. Die Rationierung zahlreicher Güter bestehe weiterhin[32].

2.2. Binnenzollgrenze am Rhein 1921

Nach der ersten Londoner Versammlung zu den Reparationsleistungen errichteten die Franzosen im April 1921 eine Binnenzollgrenze am Rhein. Sie stellte die „Konkurrenzfähigkeit und die weitere Rentabilität der Unternehmen"[33] aus dem besetzten Gebiet in Frage, so der Zeitgenosse Otto Eberhardt, weil diese sowohl Zölle auf ihre Produkte zahlen mussten als auch Beschaffungs- und Lieferverzögerungen durch das Ein- und Aus-

---

[23] KLING (wie Anm. 1), S. 261.
[24] Ebd., S. 257 ff.
[25] K. THIELEN, Nach dem Krieg: Die alliierte Rheinlandbesetzung 1918–1930, 17.6.2015, online: https://www.regionalgeschichte.net/index.php?id=14577 (Zugriff 26.10.2018). Vgl. auch Flugblatt *An die Bevölkerung des besetzten hessischen Gebiets!*, 17.3.1919, StadtA Ingelheim Rep. III 201; BÖNNEN (wie Anm. 9), S. 556.
[26] KLING (wie Anm. 1), S. 275.
[27] Wirtschaftsrat Mainz, 4.1.1919, StadtA Mainz 71/714.
[28] Wirtschaftsrat Mainz, März 1919, StadtA Mainz 71/714.
[29] KLING (wie Anm. 1), S. 262.
[30] THIELEN (wie Anm. 25).
[31] Sitzung der IHK Mainz, 2.8.1919, StadtA Mainz 71/714.
[32] Ebd.
[33] EBERHARDT (wie Anm. 5), S. 129.

fuhramt in Ems hinzunehmen hatten. Lieferungen ins besetzte Gebiet wurden nur mit einem Viertel des Zolltarifs belegt[34]. Zur Unterstützung der Unternehmen errichteten die Handelskammern in Ems eine Geschäftsstelle[35]. Rheinhessen war wirtschaftlich stark am rechtsrheinischen Deutschland orientiert und die Pfalz am Saargebiet. Gerade die Veredelungsindustrie wie die Kaffee- und Schokoladenindustrie war von den Maßnahmen betroffen[36]. Die Zollgrenze wurde Ende September 1921 wieder aufgehoben[37], aber die Ein- und Ausfuhrkontrolle über das Amt in Ems bestand fort[38]. Auch war die Ausfuhr ins Ausland durch die steigenden Preise erschwert, zumal viele Staaten protektionistische Maßnahmen einführten[39]. Sie erreichte 1923 nur 60% der Ausfuhr von 1913[40]. International orientierte Großunternehmen wie Heyl-Liebenau waren jedoch in der Lage, weiterhin Geschäftsbeziehungen in zahlreiche europäische Länder zu unterhalten[41].

2.3. Binnenzollgrenze am Rhein (1923–1924)

Aufgrund des deutschen Verzuges bei Reparationsleistungen marschierten ab dem 11. Januar 1923 französische Truppen ins Ruhrgebiet ein. Die Franzosen verhängten den Belagerungszustand[42], führten erneut Zölle ein, beschränkten den Warenzugang und vor allem den Export aus dem besetzten Gebiet sowie den Personen-, Last- und Geldverkehr. Die Ausfuhr war nur mit Bewilligung erlaubt und bei vielen Produkten grundsätzlich verboten. Die deutsche Regierung unter Reichskanzler Cuno stellte sämtliche Reparationszahlungen ein und rief den passiven Widerstand aus. Den Franzosen sollten weder Geld noch Waren geliefert werden. Die Zahlung der Zölle wertete die deutsche Regierung als Landesverrat.

Ein weiteres Problem war nun die Unterbindung der Verkehrs- und Kommunikationswege[43]: Die Franzosen übernahmen die Eisenbahn und kontrollierten z. B. ab dem 7. April das Wormser Telegraphen- und Telefonamt, sodass keine Ferngespräche mehr möglich waren[44]. Auch einen Postverkehr gab es nicht mehr[45]. *Ganze Wirtschaftsbezirke*

---

[34] Süss (wie Anm. 2), S. 112.
[35] Handelskammer Mainz, Rückblick auf das Jahr 1921, Bericht der Handelskammer Mainz, [Mainz] 1922, vorhanden im Leibniz-Informationszentrum Wirtschaft, Kiel.
[36] Süss (wie Anm. 2), S. 18 f., 113.
[37] Jahresbericht der Hessischen Gewerbeinspektionen für das Jahr 1921, Darmstadt 1922, S. 4; Allen (wie Anm. 14), S. 170; Steegmans (wie Anm. 20), S. 29.
[38] Handelskammer Mainz, Rückblick auf das Jahr 1921 (wie Anm. 35).
[39] Wirtschaftlicher Rückblick der Handelskammer Mainz auf das Jahr 1922, in: Mitteilungen der rheinhessischen Handelskammern, Januar 1923.
[40] Jahresbericht der Handelskammer Mainz für das Jahr 1923, hg. von der Handelskammer Mainz, [Mainz 1924], vorhanden im Leibniz-Informationszentrum Wirtschaft, Kiel.
[41] Kling (wie Anm. 1), S. 287.
[42] M. Schlemmer, Die Rheinlandbesetzung (1918–1930), online: Internetportal Rheinische Geschichte (http://www.rheinische-geschichte.lvr.de/Epochen-und-Themen/Themen/die-rheinandbesetzung-1918-1930/DE-2086/lido/57d133f17e43d1.98845861) (Zugriff 16.10.2018).
[43] Süss (wie Anm. 2), S. 183.
[44] Bericht an den Baron, 16.4.1923, S. 2, StadtA Worms 180/1 077.
[45] Bericht an den Baron, 3.7.1923, S. 4, StadtA Worms 180/1 3.

blieben auf diese Weise fast ohne jede Nachricht von der Aussenwelt, ein Zustand, der noch dadurch verschlimmert wurde, dass die Presse in grösseren Perioden fast überhaupt nicht erscheinen konnte[46], so die Handelskammer Mainz (*Abb. 3*).

Sabotageakte[47] ahndeten die Franzosen mit weiteren Beschränkungen des Verkehrs. So wurde am 22. Juni die Eisenbahnbrücke in Worms geschlossen[48], und bald durften in größeren Städten nur noch Fußgänger verkehren, und dies auch nur tagsüber[49]. Ab dem 28. Juni war die Rheinbrücke in Worms nur noch für Ausländer passierbar[50]. So war ein Versand von Waren gar nicht mehr möglich. Über Worms wurde berichtet: *Der grösste Teil der Wormser Industrie ist, sowohl was Absatz- als auch Rohmaterialmarkt anbetrifft, unbedingt auf das rechtsrheinische Deutschland angewiesen und stand völlig abgeschnitten da*[51] (*Abb. 4*).

Zahlreiche Beamte und andere Personen wurden ausgewiesen. Hiervon waren in Mainz kaum Unternehmer betroffen, mit wenigen Ausnahmen[52], aber in Worms und Ingelheim wurden einige Gewerbetreibende ausgewiesen: zum Beispiel der Chemieunternehmer Albert Boehringer, der Sattler- und Polstermeister Adam Weber, der Bauunternehmer Friedrich Struth und der Eisenunternehmer Franz Saufaus. Allerdings konnten diese früher zurückkehren als die ausgewiesenen Beamten und waren am 20. Mai 1924 bereits wieder in Ingelheim[53].

Die Arbeitslosigkeit in Worms stieg von 181 Personen im Februar 1923 auf 1.700 im Mai und schließlich 3.500 im November[54]. In der Pfalz waren im Oktober 1923 85.000 Menschen erwerbslos (im Vergleich dazu: Anfang 1925 weniger als 25.000)[55]. Noch am 24. Juli 1923 schien die Finanzlage von Heyl-Liebenau unkritisch. Ende August wies der Direktor dann darauf hin, dass eine Stilllegung des Betriebs kaum zu umgehen sei[56].

Es mangelte an Bargeld. Die Städte und verschiedene Unternehmen sahen sich gezwungen, Notgeld zu drucken, da ansonsten die Löhne nicht bezahlt werden konnten und Unruhen befürchtet wurden[57]. Die Löhne der Streikenden im besetzten Gebiet wurden aus dem Staatshaushalt weitergezahlt und durch Gelddruck finanziert. Bereits im Krieg und in den frühen Nachkriegsjahren hatte die deutsche Mark stark an Wert verloren. Durch den passiven Widerstand verstärkte sich die Hyperinflation. Daher brach die neue Regierung Stresemann am 26. September 1923 den Widerstand ab. Am 15. Novem-

---

[46] Jahresbericht der Handelskammer Mainz für das Jahr 1923 (wie Anm. 40).
[47] H. Gembries, Ruhrbesetzung, 1923, online: https://www.historisches-lexikon-bayerns.de/Lexikon/Ruhrbesetzung,_1923 (Zugriff 4.10.2018).
[48] H. Wothe, Rheinhessen. Ein Heimatbuch, Mainz 1930, S. 97.
[49] Entscheidung der HCITR Nr. L. 13.777/23, 2.7.1923, StadtA Mainz 71/321; Zeitungsartikel, 24.6.1923, StadtA Worms 180/1 227.
[50] Bericht an den Baron, 3.7.1923, StadtA Worms 180/1 3.
[51] Eberhardt (wie Anm. 5), S. 129.
[52] Listen der aus Mainz ausgewiesenen Personen, StadtA Mainz 71/239.
[53] Liste der Bürgermeisterei Nieder-Ingelheim, 20.5.1924, StadtA Ingelheim Rep. II/204.
[54] Meldungen über die Lage auf dem Arbeitsmarkt, StadtA Worms 13 1491.
[55] W. Weidmann, Schul-, Wirtschafts- und Sozialgeschichte der Pfalz, Bd. 2, Otterbach 2000, S. 698 f.
[56] Bericht an den Baron, 21.8.1923, StadtA Worms 180/1 227.
[57] Bericht des OB Dr. Külb, Geldversorgung im besetzten Mainz, 18.7.1923, StadtA Mainz 71/369.

Abb. 3   Flugblatt, 1923.

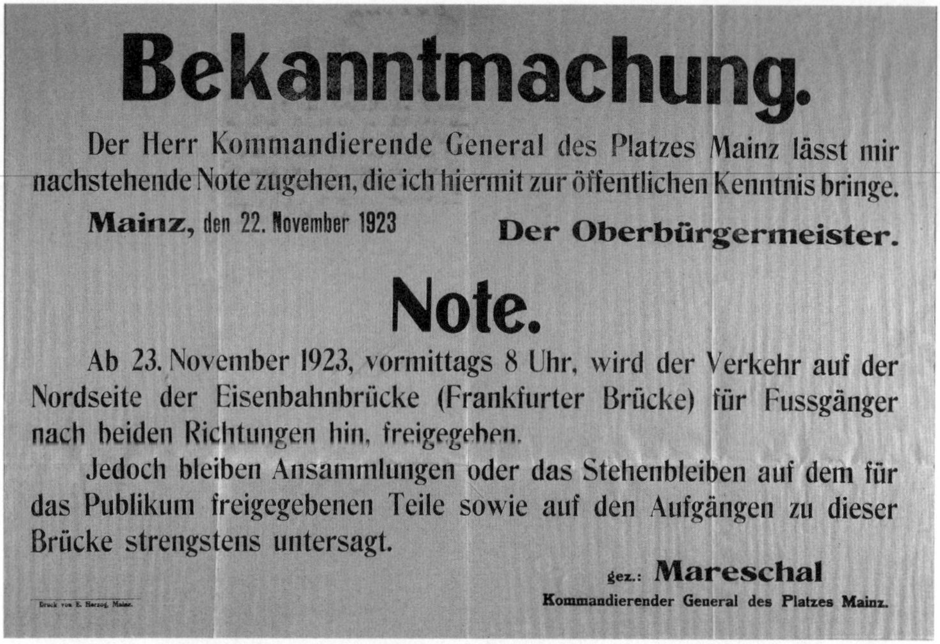

> **Bekanntmachung.**
>
> Der Herr Kommandierende General des Platzes Mainz lässt mir nachstehende Note zugehen, die ich hiermit zur öffentlichen Kenntnis bringe.
>
> **Mainz,** den 22. November 1923 **Der Oberbürgermeister.**
>
> **Note.**
>
> Ab 23. November 1923, vormittags 8 Uhr, wird der Verkehr auf der Nordseite der Eisenbahnbrücke (Frankfurter Brücke) für Fussgänger nach beiden Richtungen hin, freigegeben.
>
> Jedoch bleiben Ansammlungen oder das Stehenbleiben auf dem für das Publikum freigegebenen Teile sowie auf den Aufgängen zu dieser Brücke strengstens untersagt.
>
> gez.: **Mareschal**
> Kommandierender General des Platzes Mainz.

Abb. 4   Bekanntmachung der französischen Besatzer, 22. November 1923.

ber 1923 wurde mit der Rentenmark eine neue und zuverlässigere Währung eingeführt, sodass sich die wirtschaftlichen Verhältnisse allmählich etwas stabilisieren konnten.

1924 wurden die französischen Maßnahmen im Rahmen des Dawes-Plans sukzessive gelockert und die Zollgrenze im September aufgehoben[58]. Durch die neue Währung, das Ende des Ruhrkampfes und neue Handelsverträge mit ausländischen Staaten blickte die Handelskammer Mainz Anfang 1925 zunächst einigermaßen optimistisch in die Zukunft[59].

3. Auswirkungen der französischen Maßnahmen auf die Unternehmen

Allerdings entwickelte sich die Wirtschaft in der zweiten Hälfte der 1920er Jahre nicht wie erhofft. Viele Betriebe waren aufgrund ihrer Verluste nicht in der Lage, ihre Gewerbesteuern 1923/24 zu entrichten, zumal ihr Kapital in Papiermark völlig überbewertet war[60]. So berichtete die Industrie- und Handelskammer Worms: *Die Not unserer Wirt-*

---

[58] STEEGMANS (wie Anm. 20), S. 251.
[59] Rückblick auf das Wirtschaftsjahr 1924. Jahresbericht der Handelskammer Mainz, hg. von der Handelskammer Mainz, Anlage zu Nr. 2/1925 der Mitteilungen der Hessischen Handelskammern.
[60] Jahresbericht der Handelskammer Mainz für das Jahr 1923 (wie Anm. 40).

schaft steigt rasch und unaufhaltsam. Krieg und Kriegsfolgen, darunter ganz besonders die Inflation, haben nicht nur das Betriebskapital unserer Wirtschaft großenteils vernichtet, sondern auch wichtige Käuferschichten unseres gesamten Vaterlandes verarmt und kaufunkräftig gemacht[61]. Hier ist zu betonen, dass die IHK Worms nicht die Besatzung in den Vordergrund stellte, sondern den Krieg und dessen Konsequenzen.

Anders sah der Oberbürgermeister von Mainz die Lage: *Dazu kommt, dass die Wirtschaft in Mainz noch immer unter den Folgen des Rhein-Ruhrkampfes und der von der franz. Behörde während dieser Zeit angeordneten Massnahmen leidet*[62]. In Mainz könne keine Industrie angesiedelt werden, weil die Franzosen große Flächen auf der Ingelheimer Aue beschlagnahmt hätten. Auch bestehende Unternehmen verloren Grundstücke an die Besatzer, u. a. Dyckerhoff & Söhne. Das Unternehmen Dülken & Kaufhold musste infolgedessen seine Geschäfte einstellen. Getreide konnte aufgrund der Beschlagnahmung des Speichers in Mainz nicht mehr in größerem Umfang gehandelt werden[63].

Anhand der Überlieferung verschiedener Akteure werden im Folgenden die konkreten Auswirkungen der französischen Besatzungspolitik auf die Unternehmen im besetzten Gebiet untersucht.

3.1. Gewerbeinspektion und Mainzer Handelskammer

Die Durchsicht der Jahresberichte der Hessischen Gewerbeinspektionen bringt aufschlussreiche Erkenntnisse. Sie geben für die Jahre 1913 sowie 1919 bis 1930 die Zahl der Unternehmen ab zehn Mitarbeitern und deren Arbeitnehmer nach Branchen sortiert für die Inspektionsbereiche Mainz und Worms an. Allerdings wurde von 1924 auf 1925 die statistische Erhebung grundlegend geändert. Die Zahlen von 1913 bis 1924 sind aber mit gewisser Vorsicht durchaus zu deuten.

Im Vergleich zu 1913 hatte 1919 die Zahl der Arbeiter in Mainz und Worms abgenommen. 1921 wurde der Vorkriegswert wieder überschritten, und das trotz der zeitweiligen Zollgrenze am Rhein[64]. Allerdings waren die Konjunkturaufschwünge in der zweiten Jahreshälfte 1919 und 1921 eher inflationsbedingt[65].

Für 1923 berichtete die Gewerbeinspektion: *Der größte Teil der Bevölkerung mußte aus politischen und wirtschaftlichen Gründen aus öffentlichen Mitteln erhalten werden*[66]. Das Reich stellte nämlich über die »Lohnsicherung« Gelder zur Verfügung, wenn die Betriebe wegen Besatzungseingriffen nicht ausgelastet waren und in eine Notlage gerieten[67]. Dennoch ging die Zahl der Betriebe und Beschäftigten 1923 deutlich zurück. Grö-

---

[61] Hessische Industrie- und Handelskammer Worms, betr.: Die wirtschaftliche Lage, 31.12.1925, StadtA Worms 5 5569.
[62] OB Mainz, Bericht über die Besatzungsverhältnisse, 1928, StadtA Mainz 71/12.
[63] Schreiben des OB an den Herrn Oberdelegierten der HCITR für die Provinz Rheinhessen, 20.12.1924; Betrifft: Die Besatzungslasten in Mainz, 13.6.1924, StadtA Mainz 71/788.
[64] Jahresbericht der Hessischen Gewerbeinspektionen 1914–1918, Darmstadt 1919.
[65] KLING (wie Anm. 1), S. 285; Jahresbericht der Hessischen Gewerbeaufsichtsämter für das Jahr 1922, Darmstadt 1923, S. 49.
[66] Jahresbericht der Hessischen Gewerbeaufsichtsämter 1923/24, Darmstadt 1925, S. 1.
[67] STEEGMANS (wie Anm. 20), S. 284 ff.

Abb. 5   Arbeitnehmer nach Zahlen der Gewerbeinspektion.

ßere Betriebe wie die Waggonfabrik wurden zeitweise stillgelegt[68]. Der Beschäftigungseinbruch konnte 1924 noch nicht kompensiert werden. Doch ging es nach der Währungsreform im November 1923 leicht bergauf. Ab Ende 1924 schwächelte die Konjunktur wieder (*Abb. 5*). Auch im Gewerbetagebuch der Gemeinde Niederingelheim ist der Einbruch im Jahr 1923 zu beobachten. Hier wie in Oberingelheim wurden 1924 rekordmäßig viele Gewerbe angemeldet (jeweils 56)[69].

Selbst wenn die Zahl der Betriebe anstieg, ist hieran nicht eine gute Konjunktur abzulesen. Stattdessen berichtete die Gewerbeinspektion über immer mehr Kleinstbetriebe. Auch mussten zahlreiche größere und mittlere Betriebe sich stark verkleinern[70]. 1928 gab es in Mainz 136 Großbetriebe mit mindestens 50 Beschäftigten. 1930 waren es nur noch 115, also 18,3 % weniger als zwei Jahre zuvor; in Worms war die Abnahme von 68 auf 64 weniger dramatisch. Zumindest in Mainz wurde eine Reihe größerer Betriebe innerhalb weniger Jahre abgewickelt. Einer von diesen war die Möbelfabrik Bembé (1925). *Auch eine der führenden Möbelfabriken, die früher bis zu 300 Arbeiter beschäftigte, hat infolge wirtschaftlicher Schwierigkeiten diese Zahl bis auf 40 verringern müssen*[71], berichteten die Hessischen Gewerbeaufsichtsämter in ihrem Jahresbericht 1926.

---

[68] Jahresbericht der Hessischen Gewerbeaufsichtsämter 1923/24, Darmstadt 1925, S. 76.
[69] Gewerbetagebuch Niederingelheim 1900-1927 und Oberingelheim 1910-1934, StadtA Ingelheim, Rep. III/2902 d und e.
[70] Jahresbericht der Hessischen Gewerbeaufsichtsämter 1930, Darmstadt 1931, S. 7.
[71] Jahresbericht der Hessischen Gewerbeaufsichtsämter 1925, Darmstadt 1926, S. 87.

In vielen anderen Ländern hatte bereits kurz nach Kriegsende eine Depression eingesetzt – in Deutschland erfolgte sie aufgrund der Inflation erst zeitverzögert. So wies die Handelskammer Mainz darauf hin, dass die Krise von 1924/25 *naturnotwendig mit der Stabilisation* [der Währung] *verbunden war*[72], *denn noch waren die wirtschaftlichen Folgen des Krieges, des Versailler Vertrages und des Ruhreinbruchs* [...] *nicht in ihrem ganzen Ausmass zur Geltung gekommen*[73]. So stieg die Zahl der Konkurse in Deutschland von 290 im Januar 1924 bis Ende des Jahres 1925 auf 16.660. Hinzu kamen 1.388 Geschäftsaufsichten und die Unternehmen, die ohne Verfahren aufgelöst wurden[74].

Viele Unternehmen ergriffen der Handelskammer Mainz zufolge die Flucht nach vorn: *Die Worte Konzentration und Rationalisierung kennzeichnen nur oberflächlich dieses umfassende Bestreben der Wirtschaft, wiederum zu voller Gesundung zu gelangen*[75]. So fusionierten die Mainzer Waggonfabrik (1928), die Chemische Fabrik Frei-Weinheim und der Baustoffhersteller Dyckerhoff (1931) mit anderen Unternehmen[76], um Kosten und Risiken zu verringern.

Bereits im Jahr 1925 erklärte die Handelskammer Mainz, die *direkten und indirekten Schäden durch Ausweisung, Beschlagnahmen usw.* [... seien] *kaum zu ermessen*[77]. Sie sah eine Auswirkung im Vertrauenslust anderer Unternehmen: *Allein die Tatsache der Besetzung schafft eine unsichtbare, aber stark trennende Grenze auch in wirtschaftlicher Beziehung. Das Vertrauen der Wirtschaftskreise des unbesetzten Deutschlands zu einer ruhigen und ungestörten Entwicklung der Geschäftsbeziehungen mit dem besetzen Gebiet ist nach den Ereignissen der letzten Jahre noch nicht zurückgekehrt*[78].

3.2. Unternehmenschroniken

Wenn die wirtschaftlichen Auswirkungen der französischen Besatzung bedeutend waren, könnte man deren Thematisierung in Selbstdarstellungen der Unternehmen erwarten – umso mehr, je näher die Berichterstattung am Geschehen war. Die Festschriften und Chroniken von Unternehmen im besetzten Gebiet erbringen aber kaum Informationen zu den wirtschaftlichen Auswirkungen der Besatzung. Häufig wird diese gar nicht

---

[72] Rückblick auf das Wirtschaftsjahr 1924; Jahresbericht der Handelskammer Mainz, hg. von der Handelskammer Mainz, Anlage zu Nr. 2/1925 der Mitteilungen der Hessischen Handelskammern.

[73] Jahresbericht 1925, hg. von der Handelskammer Mainz, [Mainz 1926], vorhanden im Leibniz-Informationszentrum Wirtschaft, Kiel.

[74] Ebd.

[75] Jahresbericht 1926, Entwurf, hg. von der Handelskammer Mainz, [Mainz 1927], vorhanden im Leibniz-Informationszentrum Wirtschaft, Kiel.

[76] Dr. Hermann Bopp, 13.2.1930, StadtA Ingelheim Rep. III/4017; H. DYCKERHOFF, Entwicklung der Dyckerhoff Zementwerke AG nach der Fusion der Dyckerhoff und Söhne GmbH mit dem Wicking-Konzern 1931–1980, Mainz-Amöneburg 1980; S. ERBACH, Waggonfabrik Gebrüder Gastell, 2014, http://www.wirtschaftsgeschichte-rlp.de/a-z/w/waggonfabrik-gebrueder-gastell.html; G. GOLDBECK, Kraft für die Welt, 1864–1964 Klöckner-Humboldt-Deutz AG, Düsseldorf 1964, S. 222.

[77] Rückblick auf das Wirtschaftsjahr 1924 (wie Anm. 72).

[78] Jahresbericht 1927, Entwurf, hg. von der Handelskammer Mainz, [Mainz 1928], S. 22, vorhanden im Leibniz-Informationszentrum Wirtschaft, Kiel.

erwähnt, so bei der Eisengießerei Römheld[79], dem Weineinkaufsunternehmen Lekisch[80], der Mainzer Aktien-Bierbrauerei[81] und dem Schuhcremehersteller Werner & Mertz, oder dieser wird kaum Bedeutung beigemessen[82].

Bei Werner & Mertz ist diese Haltung um so erstaunlicher, als auf dem Fabrikgelände 250 französische Soldaten einquartiert waren[83]. Die Chemischen Werke Albert hatten mit Kriegsende ihre ausländischen Betriebe verloren und mussten neue Schwerpunkte setzten, statt Munitionsherstellung das Düngemittelgeschäft vorantreiben. Dennoch wurde in der Festschrift keine Kritik an den Besatzern geübt[84].

Von Unternehmen wie Römheld[85], Lekisch[86], Werner & Mertz[87], Boehringer[88] und dem Diemer-Verlag werden die Nachkriegsjahre aufgrund unternehmerischer Erfolge positiv bewertet und das eigene Handeln heroisiert. *Und alle Erschwerungen und Hindernisse seit Beginn des Weltkriegs durch das Eingehen vieler Geschäfte und den Wegfall zahlreicher Verbindungen mit dem Auslande, sowie später infolge von Papiernot, Zensur und Zollschranken während der Blockade, dem Waffenstillstand und der Besetzung des Rheinlandes, konnten diese Entwicklung nicht aufhalten*[89], so der Diemer-Verlag (Abb. 6).

Albert Boehringer wird als kompetenter Unternehmer geschildert, der alle Widrigkeiten aus dem Weg räumt: *[...] was er während der Besatzung und des passiven Widerstandes an Mut und Entschlußkraft bewies, sahen auch jene mit Staunen, die seine schöpferische Natur und sein männliches Wesen kannten: Kohlennot legte die Betriebe still, Albert Boehringer erwarb zwei kleine Bergwerke, höhere Gewalt drohte die Lieferung der Erzeugnisse unmöglich zu machen, Albert Boehringer gelang es, auch diese Schwierigkeiten zu überwinden, und als er mit seinem ältesten Sohne ausgewiesen wurde, begann er 24 Stunden darauf ohne ein einziges Aktenstück eine zweite Fabrik in Hamburg zu errichten, die seither in Betrieb steht*[90].

Auch Dyckerhoff betonte in seiner detaillierten Chronik die Unmöglichkeit, Waren aus dem besetzten Gebiet auszuliefern, den Kohlenmangel, die Ausweisung von Karl Dyckerhoff sowie den Ausfall der Telefonverbindungen, insbesondere während des Ruhr-

---

[79] J. SCHWAB, Eine eiserne Tradition 1859–1959, hg. anlässlich des hundertjährigen Bestehens der Firma Julius Römheld, Eisengießerei, Maschinen- und Stahlbau, Mainz 1959.

[80] Zum 25. Geschäfts-Jubiläum am 1. November 1924 der Firma Carl Lekisch GmbH Weineinkaufsgeschäft, Mainz Kaiserstr. 42, S. 11.

[81] K. SCHRAMM, Mainzer Gold im Glas. Die Geschichte der Mainzer Aktien-Bierbrauerei erzählt im Jahres ihres hundertjährigen Bestehens, 1859–1959, Mainz 1959, S. 28.

[82] Vgl. GOLDBECK (wie Anm. 76), S. 221.

[83] Unterkunfsträume für die Besatzungstruppen, Einquartierungsamt der Stadt Mainz, I. Polizeibezirk, 1924, StadtA Mainz 71/788.

[84] 100 Jahre Chemische Werke Albert 1858–1958, hg. von den Chemischen Werken Albert, Wiesbaden 1958, S. 18.

[85] SCHWAB (wie Anm. 79), S. 9.

[86] LEKISCH (wie Anm. 80), S. 11.

[87] W. HECK, 100 Jahre Erdal. Markenqualität im Zeichen des Frosches 1901–2001, Mainz 2001, S. 91 f.

[88] So auch Boehringer Ingelheim, vgl. P. WOLFF/H. BREIDENSTEIN, C. H. Boehringer Sohn AG 1885–1935, Ingelheim 1935.

[89] F. GOLDSCHMIDT, Festschrift zum 50jährigen Geschäftsjubiläum der Firma J. Diemer Verlag Mainz, 1. Oktober 1871 bis 1. Oktober 1921, Mainz 1921, S. 12 f.

[90] WOLFF/BREIDENSTEIN (wie Anm. 88).

Abb. 6 Prüfung der Betriebsbücher bei C. H. Boehringer Sohn, 1935.

kampfes. Diese Schwierigkeiten betonten das erfolgreiche Krisenmanagement des Baustoffherstellers: So gründete er ein niederländisches Tochterunternehmen und lieferte zum Teil unter niederländischer Flagge. Jedoch sei Dyckerhoff Ende 1923 *finanziell vollkommen ausgeblutet*[91].

Eine Erklärung hierfür ist es, dass die Unternehmen der Festschriften überlebt haben. In der Retrospektive, zumal zum Teil mit dem Zweiten Weltkrieg zwischen den Ereignissen, scheint die Besatzungszeit an Bedeutung verloren zu haben. Darüber hinaus gab es deutliche Unterschiede in der Entwicklung zwischen den Unternehmen und Branchen[92]. So erklärte der Abgeordnete Adolf Korell: Wegen hoher Lohn- und Gehaltsforderungen sei *die Lage der rheinischen Industrie, abgesehen von einigen wenigen Zweigen, die hochwertige Exportartikel herstellen können, keineswegs eine rosige.*[93] In diesen Fällen han-

---

[91] Dyckerhoff Portland-Zementwerke A. G. Aus alten Schriften der Portland-Cement-Fabrik Dyckerhoff und Söhne. Der Chronik Zweiter Teil 1896–1924, Mainz-Amöneburg 1954, S. 167 ff.
[92] Zur Lage der Baubranche in Kaiserslautern siehe AULENBACHER (wie Anm. 12).
[93] Die Wunde im Westen. Deutsche Minister und Abgeordnete über die Not in den Rheinlanden, Reichstagssitzung vom 6. November 1920, Berlin 1920, S. 55.

delte es sich wohl um Unternehmen, die Produkte herstellten, die anderweitig kaum zu erhalten waren und auf die auch das Ausland angewiesen war. Ein Beispiel hierfür sind die Lederwerke Heyl-Liebenau, deren Produktion man an der Zahl der eingeweichten Ziegenfelle ablesen kann: Nachdem 1922 zeitweise nur 20.000 pro Woche verarbeitet wurden, waren es 1924/25 wieder etwa 34.600, 1927/28 sogar 46.500[94].

Für Branchen, die auf den Export ihrer Produkte bzw. zumindest auf den Verkauf ins unbesetzte Gebiet angewiesen waren, und deren Produkte anderweitig erhältlich waren, wie beim Weinhandel, bedeuteten die Schließung der Grenze und in geringerem Maße die Einführung von Zöllen allerdings hohe Einbußen[95]. Dies gilt noch mehr für das Transportwesen, wie auch G. L. Kayser 1987 in einer Festschrift berichtet. Daher eröffnete das Unternehmen Niederlassungen außerhalb der besetzten Zone[96].

3.3. Fallstudie: Die Zuckerwarenfabrik L. Goebel

Am konkreten Fallbeispiel der mittelständischen Zuckerwarenfabrik L. Goebel soll die Sondersituation in der französisch besetzten Zone untersucht werden. Hier spielten verschiedene Faktoren eine Rolle. Kurz vor dem Ersten Weltkrieg übernahmen Nikolaus und Joseph Goebel den Süßwarenbetrieb ihres Vaters, der 129 *Vollarbeiter* beschäftigte[97].

Nikolaus Goebel fiel 1917 im Krieg und hinterließ vier minderjährige Vollwaisen. Joseph Goebel selbst hatte drei minderjährige Söhne und litt, vermutlich kriegsbedingt, an einer Krankheit. Der gemeinsame Bruder war kriegsbeschädigt, und die verwitwete Schwester lebte mit Familie im Haushalt. D. h. zahlreiche Familienangehörige waren auf die Gewinne von L. Goebel angewiesen.

Da die Zuckerwarenfabrik L. Goebel überregional tätig war, wirkten sich die Maßnahmen der Besatzung deutlich aus. Sie war nicht mehr in der Lage, ihre zahlreichen Kunden im rechtsrheinischen Gebiet zu bedienen. Im linksrheinischen versuchte sie sich statt mit dem Hauptverkehrsmittel Eisenbahn sowie der Post mit einem eigenen Lastwagen und Transporten durch andere Unternehmen zu behelfen[98].

Die deutsch-national denkende Familie hatte viel Geld in Kriegsanleihen investiert. Man schätzte die Verluste durch die Inflation insgesamt auf 500.000 Reichsmark, das wäre ein voller Jahresumsatz. Eine Umrechnung der Umsätze von Goebel in Anlehnung an die „Kaufkraft historischer Beträge in deutscher Währung der Deutschen Bundesbank"[99] ergibt, dass das Unternehmen wertmäßig 1924 nur noch die Hälfte von 1919 umsetzte. Bis 1926 verringerte sich der Umsatz um weitere 12,8 %. Das Unternehmen erwirtschaftete nun Verluste[100]. Der größte Einbruch in der Geschäftstätigkeit erfolgte

---

[94] KLING (wie Anm. 1), S. 261.
[95] SÜSS (wie Anm. 2), S. 17, 111, 183; WOTHE (wie Anm. 48), S. 88.
[96] R. DÖRRLAMM, 200 Jahre Spedition G. L. Kayser 1787–1987. Festschrift in Verbindung mit einer Entwicklungsgeschichte von Handel und Verkehr in Mainz, Mainz ²1997, S. 56 f.
[97] L. Goebel an Reichsminister für die besetzten Gebiete, 2.11.1926, StadtA Mainz 71/380.
[98] Ebd.
[99] https://www.bundesbank.de/de/statistiken/konjunktur-und-preise/erzeuger-und-verbraucherpreise/kaufkraftvergleiche-historischer-geldbetraege-775308 (Zugriff 20.8.2019).
[100] An das Einquartierungsamt der Stadt Mainz, 18.2.1927; Lorenz Goebel an den Herrn Reichsminister für die besetzten Gebiete, Berlin, 2.11.1926, StadtA Mainz 71/380.

also mit dem Ruhrkampf bzw. dem passiven Widerstand. Mitte der 1920er Jahre war das vor dem Weltkrieg bestehende Bankguthaben aufgebraucht; dies war aber auch eine Folge der Kriegsanleihen und Inflation.

Am 1. September 1926 beantragte die Firma Goebel eine Entschädigung aus dem Härtefonds für Ruhrkampfschäden. Durch den passiven Widerstand habe man langfristig 356 von 522 Kunden verloren. Als Zeugen führte das Unternehmen seinen Vertreter für *Frankfurt/Main und Umgegend* an, der 1922 über ein Fünftel des Umsatzes für Goebel erwirtschaftet hatte. Mit dem passiven Widerstand musste er seine Tätigkeit für Goebel aufgeben, da eine Ausfuhr in das unbesetzte Gebiet nur noch gegen Zollzahlungen an die französische Besatzung, die die Reichsregierung ja untersagte, möglich war. Seine direkten Besatzungskosten inklusive Zöllen veranschlagte Goebel mit über 58.000 Mark. Im Vergleich zu den Inflationsschäden fielen diese allerdings kaum ins Gewicht. Vermutlich wurde Goebel deshalb nicht durch den Härtefonds entschädigt.

Fazit

Wie wirkte sich die französische Besatzungspolitik (u. a. die mehrfache Einführung der Zollgrenze) auf Unternehmen aus? Die Schwierigkeit, Rohstoffe zu beschaffen, und die eigenen Produkte abzusetzen, bedeutete häufig Zeit- und damit Geldverluste und schließlich Kundenverluste[101], zumal der Kontakt mit diesen häufig kaum gehalten werden konnte. Solange das Gebiet besetzt war, bestand die Sorge, dass die Wirtschaftsbeziehungen erneut gekappt würden. Dadurch hatten die Unternehmen in der besetzten Zone ein höheres Konkursrisiko.

Allerdings waren die Maßnahmen der Besatzungsmacht selten der Hauptgrund für das Scheitern von Unternehmen. Für dieses waren im Allgemeinen weitere Gründe verantwortlich, die bereits im Krieg angelegt waren – vor allem das Zeichnen von Kriegsanleihen, die später wertlos wurden.

Am Fall Goebel zeigt sich die Multikausalität wirtschaftlichen Erfolgs. Zum Verlust des Unternehmers im Krieg kam der Verlust des Eigenkapitals durch die Inflation. Der passive Widerstand und der Versuch, Personal und Kunden langfristig zu halten, trieben das Unternehmen ohne Rücklagen in den Ruin, zumal der Absatz nicht mehr ausreichend anzog. Andere Betriebe gingen ab den frühen 1930er Jahre im Rahmen der Weltwirtschafts- und Bankenkrise in Konkurs. Zumal in Anbetracht des geschilderten turbulenten Konjunkturverlaufs der 1920er Jahre kann die Verantwortung für diese Unternehmenskonkurse jedoch, abgesehen von Einzelfällen, nicht allein auf die französische Besatzung abgewälzt werden.

---

[101] So auch KLING (wie Anm. 1), S. 261.

Die Karlsruher Regierung und die Besetzung badischer Gebiete durch Frankreich nach dem Ersten Weltkrieg*

VON MARTIN FURTWÄNGLER

Am 29. Januar 1919 um 8.00 Uhr morgens marschierten starke französische Truppenverbände in die gegenüber Straßburg auf der rechten Rheinseite gelegene badische Stadt Kehl und in 25 Gemeinden des umliegenden Hanauerlandes ein[1]. Auf Befehl des Kommandanten der französischen Besatzungstruppen, General Hirschauer (1857–1943)[2], hatten sich die Spitzen der staatlichen und der städtischen Kehler Behörden dann zu deren Empfang vor der Friedenskirche einzufinden. Dort mussten sie eine Proklamation Hirschauers entgegennehmen, mit der ihnen die Besatzungsbedingungen eröffnet wurden. Die Bevölkerung nahm die Besetzung an diesem Tag weitgehend stillschweigend hin[3] (*Abb. 1 und 2*).

Dieser Vorgang verdeutlicht, dass die von den alliierten Siegermächten des Ersten Weltkrieges besetzten Gebiete im Westen des Deutschen Reiches nicht nur das Rheinland, Rheinhessen, das Saarland und die Pfalz umfassten, sondern dass es auch im rechtsrheinischen Baden eine, wenn auch kleine okkupierte Zone gab. Die Besetzung dieses

---

* Der vorliegende Beitrag beruht vor allem auf Quellenmaterial des GLAK. Darüber hinaus konnte eine Sammlung digitalisierter Aktenschriftstücke aus den ANF im Stadtarchiv Kehl eingesehen werden. Im Zuge eines Ausstellungsprojektes über die Besatzungszeit im Brückenkopfgebiet ab 1919 hatte das Stadtarchiv die in den ANF vorhandenen Quellen mit Kehler Betreffen ablichten lassen. Ich danke der dortigen Leiterin, Frau Dr. Ute Scherb, ganz herzlich für die Möglichkeit der Einsichtnahme. Im weiteren Verlauf des vorliegenden Beitrags werden diese Akten unter ihren französischen Signaturen angeführt.

[1] Vgl. zum Einmarsch: Chronik der Stadt Kehl am Rhein, Kehl 1939, S. 29; zum Umfang des Gebietes O. RUSCH, Geschichte der Stadt Kehl und des Hanauerlandes von den ältesten Zeiten bis heute, Kehl 1928, S. 220.

[2] André Auguste Edouard Hirschauer (1857–1943); rk.; französischer Offizier, Politiker; 1880 Leutnant; Pionier der militärischen Luftfahrt; Professor an Offiziersschulen; Teilnahme als Kommandeur am Ersten Weltkrieg; Januar 1919 Militärgouverneur von Straßburg und Oberbefehlshaber des Elsass, 1919 (16.6.) Reservestellung, (10.10.) Ruhestand; 1920–1936 Vertreter von Lothringen im Französischen Senat; https://de.wikipedia.org/wiki/Andr%C3%A9_Auguste_Edouard_Hirschauer (Zugriff 17.11.2018); Paul GAUJAC, Les Généraux de la victoire, 1914–1918, Bd. 2, Paris 2007, S. 9.

[3] Vgl. RUSCH (wie Anm. 1), S. 220 f.

Abb. 1 Offizieller Einmarsch der französischen Besatzungstruppen am 29. Januar 1919 mit Parade vor dem französischen Militärbefehlshaber.

Abb. 2 Der französische General Hirschauer verliest am 29. Januar 1919 die Besatzungsbedingungen in Kehl vor Oberamtmann Dr. Julius Holderer und dem Kehler Bürgermeister Dr. Gustav Weiß.

badischen Gebietes hatten die Franzosen am 15. Januar zu einer Bedingung für die zweite Verlängerung des Waffenstillstandes von Compiègne gemacht, was Deutschland einen Tag später notgedrungen akzeptieren musste[4]. Die Besetzung des sogenannten »Kehler Brückenkopfs«, im Versailler Vertrag in Art. 428 und 429 zunächst auf 15 Jahre terminiert, sollte letztlich bis zum 30. Juni 1930 dauern. Im Zuge der Ruhrkrise wurde dieser Brückenkopf ab dem 4. Februar 1923 von Frankreich noch um Offenburg, Appenweier, Bühl und mehrere umliegende Ortschaften erweitert[5]. Zudem erfolgte damals auch noch die französische Besetzung der Rheinhäfen in Karlsruhe, Mannheim und Mannheim-Rheinau mit angrenzenden Gebietsteilen[6]. Diese »Einbruchsgebiete«, wie ein zeitgenössischer Ausdruck sie bezeichnete, wurden jedoch nach Beendigung der Ruhrkrise bis zum Herbst 1924 wieder geräumt.

Der vorliegende Beitrag behandelt vor allem die Verhältnisse im Kehler Brückenkopfgebiet. Auf die sogenannten »Einbruchsgebiete« 1923/1924 soll nur ergänzend eingegangen werden, nicht zuletzt, weil für diese, insbesondere für den Offenburger Raum, schon Detailstudien vorliegen[7]. Insgesamt jedoch haben die besetzten Gebiete in Baden im Gegensatz zu den übrigen okkupierten Reichsteilen nur wenig Beachtung in der Forschung gefunden. Und nicht nur das: Schon während der Weimarer Republik waren sie, nicht zuletzt wohl aufgrund ihrer geringen flächenmäßigen Ausdehnung, für die deutsche Öffentlichkeit wie für die Berliner Reichsregierung eine weitgehend vergessene Zone[8].

Wurde der besetzte Kehler Brückenkopf in der Wahrnehmung auf deutscher Seite somit marginalisiert, besaß er für Frankreich hingegen erhebliche Bedeutung. Dies legen schon zwei Aspekte nahe: Zum einen wurden in dem recht kleinen Gebiet 1919 nach Angaben badischer Beamter zunächst rund 15.000 Mann stationiert[9] – also starke militärische Kräfte auf engstem Raum konzentriert. Außerdem setzte die französische Seite Sonderregelungen für das Kehler Gebiet bei der Interalliierten Rheinlandkommission durch, die ja gemäß Rheinlandabkommen ab 1920 die besetzten Gebiete als oberste Verwaltungsbehörde kontrollierte (*Abb. 3*). So bestimmte Ordonance Nr. 4 vom 10. Januar

---

[4] Der Waffenstillstand 1918–1919, hg. im Auftrag der Deutschen Waffenstillstands-Kommission, Berlin 1928, Bd. 1, S. 55, 130 f., 144, 182–188.

[5] Vgl. zum Umfang: Kehler Zeitung vom 9.7.1930, Artikel *Die Befreiungsfeier*.

[6] Allerdings waren in den Rheinhäfen Karlsruhe und Mannheim schon ab 1919 und dann bis 1925 kleinere französische Kommandos stationiert; vgl. H. SCHÄFER, Wirtschaftliche und soziale Probleme des Grenzlandes, in: Josef BECKER u. a., Badische Geschichte. Vom Großherzogtum bis zur Gegenwart, Stuttgart ²1987, S. 169.

[7] Vgl. J. SCHOLTYSECK, Offenburg in den Jahren der Weimarer Republik, in: Klaus EISELE/Ders., Offenburg 1919–1949. Zwischen Demokratie und Diktatur, Konstanz 2004, S. 21–102; F. KUHN, Die französische Besetzung von Offenburg 1923/24, in: ZGO 125 (1977), S. 315–329.

[8] Vgl. H. G. ZIER, Politische Geschichte von 1918 bis 1933, in: Josef BECKER u. a., Badische Geschichte. Vom Großherzogtum bis zur Gegenwart, Stuttgart ²1987, S. 150.

[9] So der Kehler Bezirksamtmann Dr. Holderer in der Sitzung des Staatsministeriums am 23.7.1919; vgl. M. FURTWÄNGLER (Bearb.), Die Protokolle der Regierung der Republik Baden, Zweiter Band: Das Staatsministerium April 1919–November 1921, Stuttgart 2016, S. 156; Badische Landeszeitung vom 16.4.1919, Artikel *Bericht aus Kehl*. Landrat Stindele spricht 1930 von rund 13.000 Mann; vgl. Beilage der Badischen Presse zur Räumung der besetzten Gebiete vom 1.7.1930, Artikel *Gruß an das Hanauer Land*.

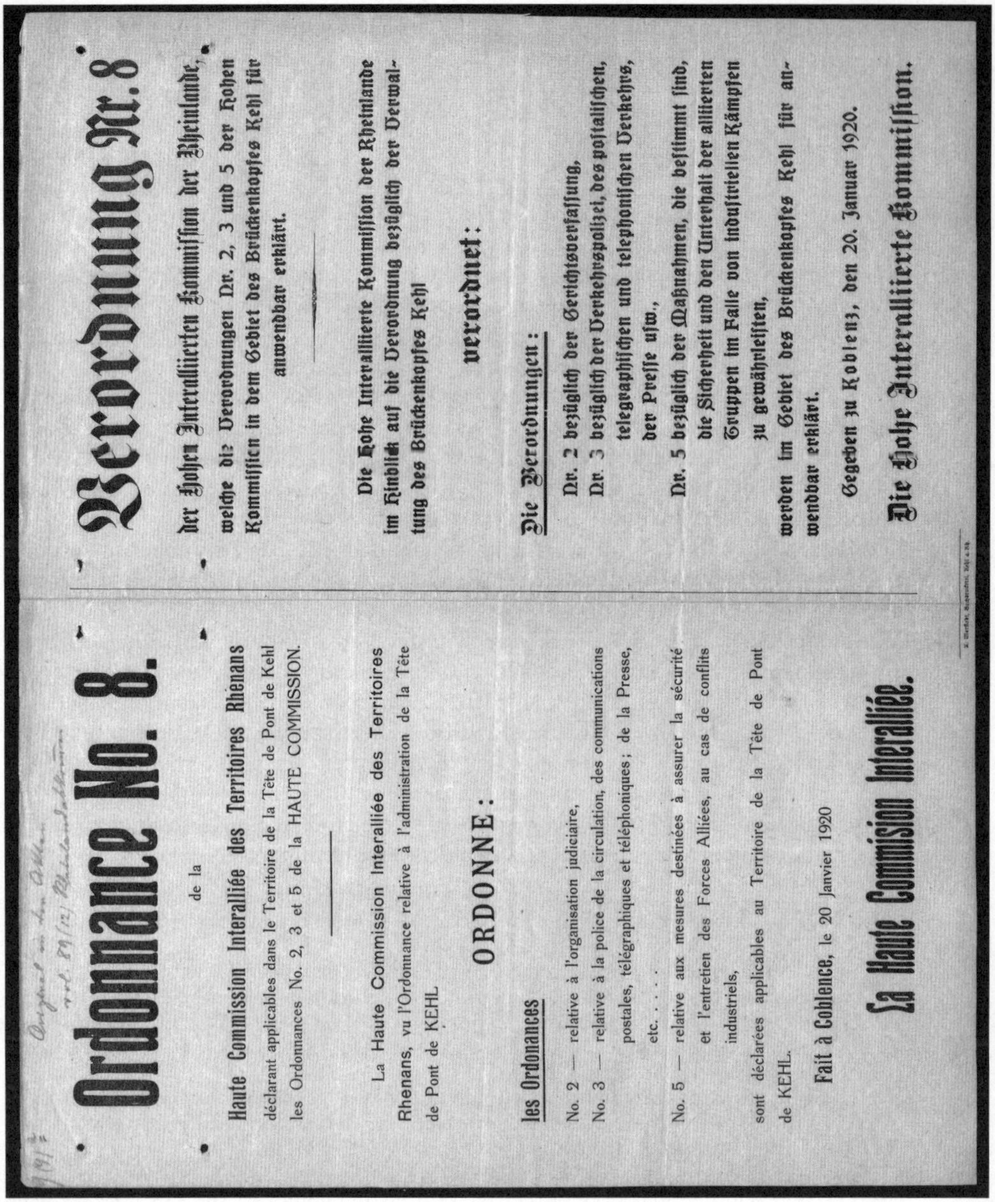

Ordonnance No. 8.

de la

Haute Commission Interalliée des Territoires Rhenans
déclarant applicables dans le Territoire de la Tête de Pont de Kehl les Ordonnances No. 2, 3 et 5 de la HAUTE COMMISSION.

La Haute Commission Interalliée des Territoires Rhenans, vu l'Ordonnance relative à l'administration de la Tête de Pont de KEHL

ORDONNE:

les Ordonances

No. 2 — relative à l'organisation judiciaire,
No. 3 — relative à la police de la circulation, des communications postales, télégraphiques et téléphoniques; de la Presse, etc. . . . .
No. 5 — relative aux mesures destinées à assurer la sécurité et l'entretien des Forces Alliées, au cas de conflits industriels,

sont déclarées applicables au Territoire de la Tête de Pont de KEHL.

Fait à Coblence, le 20 Janvier 1920

La Haute Commision Interalliée.

Verordnung Nr. 8

der Hohen Interalliierten Kommission der Rheinlande, welche die Verordnungen Nr. 2, 3 und 5 der Hohen Kommission in dem Gebiet des Brückenkopfes Kehl für anwendbar erklärt.

Die Hohe Interalliierte Kommission der Rheinlande im Hinblick auf die Verordnung bezüglich der Verwaltung des Brückenkopfes Kehl

verordnet:

Die Verordnungen:

Nr. 2 bezüglich der Gerichtsverfassung,
Nr. 3 bezüglich der Verkehrspolizei, des postalischen, telegraphischen und telephonischen Verkehrs, der Presse usw.,
Nr. 5 bezüglich der Maßnahmen, die bestimmt sind, die Sicherheit und den Unterhalt der alliierten Truppen im Falle von industriellen Kämpfen zu gewährleisten,

werden im Gebiet des Brückenkopfes Kehl für anwendbar erklärt.

Gegeben zu Koblenz, den 20. Januar 1920.

Die Hohe Interalliierte Kommission.

Abb. 3 Verordnungen der Interalliierten Rheinlandkommission galten im Kehler Brückenkopfgebiet nicht automatisch, wie im übrigen besetzten Gebiet, sondern mussten separat in Kraft gesetzt werden, wie auch aus dieser Verordnung zu ersehen ist.

1920, dass Anordnungen der Hohen Kommission im Brückenkopfgebiet erst dann zur Anwendung kommen sollten, wenn ein Spezialbefehl dies nochmals bestätigte. Zudem konnten Verordnungen der Kommission speziell für das Brückenkopfgebiet abgeändert werden[10]. Dies verlieh dem Kehler Raum einen Sonderstatus innerhalb der besetzten Gebiete.

Doch was waren die Gründe für das starke Interesse Frankreichs an dieser Region? Eine wichtige Rolle dürfte das französische Sicherheitsbedürfnis gespielt haben. Nach dem Krieg von 1870/71 hatte Preußen Straßburg zu einer Festung ausgebaut, die bis 1882 mit einem weiten Rund von 14 Forts abgesichert wurde. Drei dieser Forts befanden sich auf rechtsrheinischer Seite im Umland von Kehl (Fort Kirchbach, Fort Blumenthal und Fort Bose). Offenbar wollte Frankreich diese Befestigungsanlagen direkt gegenüber der elsässischen Hauptstadt nach dem Krieg nicht in deutschen Händen wissen[11]. Dafür spricht, dass man die Befestigungsanlagen kurz vor Ende der Besetzung 1930 weitgehend schleifen ließ[12]. Dieser militärische Sicherheitsaspekt besaß darüber hinaus für Frankreich vermutlich auch eine psychologische Komponente, hatte die preußische Artillerie Straßburg doch 1870/71 vom Kehler Gebiet aus beschossen. Hinzu kam, dass sich Kehl schon Ende 1918 zu einem Sammlungspunkt der aus dem Elsass ausgewiesenen Deutschen und Alt-Elsässer entwickelte, weshalb Frankreich einen möglichen Unruheherd gegenüber Straßburg wohl unter Kontrolle halten wollte[13].

Im Vordergrund dürften jedoch wirtschaftliche Interessen gestanden haben, die vor allem den Kehler Hafen betrafen, denn dieser war der eigentliche Rheinhafen von Straßburg (*Tafel* 2). Mit der Wiedereingliederung des Elsass in den französischen Staat ging diese Verbindung jedoch verloren. Zwar verfügte Straßburg über eigene Hafenanlangen, doch diese waren klein, veraltet und konnten mit denen in Kehl nicht konkurrieren[14]. Mit Art. 65 des Versailler Vertrages und dem Baden-Badener Abkommen zwischen Deutschland und Frankreich vom 1. März 1920, das diesen Artikel des Friedensvertrages konkretisierte, setzte Frankreich eine Rechtskonstruktion für den Hafen durch, die ihm zumin-

---

[10] Werner VOGELS (Bearb.), Die Verträge über Besetzung und Räumung des Rheinlandes und die Ordonnanzen der Interalliierten Rheinlandoberkommission in Coblenz. Textausgabe der Verträge und Ordonnanzen 1 bis 302 und der Anweisungen 1 bis 26 in Französisch und Deutsch nebst einer Karte des besetzten Gebiets, Berlin 1925, S. 102–106; GLAK 233/27825, Text der Ordonance; Ministerium der Auswärtigen Angelegenheiten an Staatsministerium, 22.12.1919.

[11] Vgl. Zeitungsausschnitt wohl aus der Kehler Zeitung vom 31.1.1919 mit Zitaten aus der Straßburger Zeitung, in denen ausgeführt wurde, dass die zunehmende Reorganisation Deutschlands im militärischen Bereich eine solche Besetzung nötig machen würde; Ausschnitt in GLAK 233/39360.

[12] Neue Züricher Zeitung, 27.6.1930, Artikel *Die Schleifung des Kehler Brückenkopfes*, Karlsruher Tagblatt, 27.6.1930, Artikel *Kehl morgen geräumt: das stolze ›Siegerzeichen‹ verschwindet*, beide in: GLAK 233/12016; GLAK 233/27825, Justizministerium, 28.7.1919.

[13] So zumindest Verlautbarungen in der Straßburger Zeitung Ende Januar 1919; vgl. Zeitungsausschnitt wohl aus der Kehler Zeitung vom 31.1.1919 in: GLAK 233/39360. In der Folgezeit galt Kehl offenbar auch als Platz der Kommunikation zwischen Deutschen und Bewohnern des Elsass, die von der französischen Administration wohl verdächtigt wurden, prodeutsch eingestellt zu sein; vgl. auch ANF AJ/9/5266, Note über die Organisation der Sûreté im Brückenkopfgebiet, o. D.

[14] So bereits die Vermutung des badischen Außenministers Dietrich im Vorfeld der Besetzung; GLAK 233/39360, Dietrich an den Rat der Volksbeauftragten, 25.1.1919.

dest eine Zeit lang einen Zugriff auf die Hafenanlagen gewährte[15]. Gemäß diesen Regelungen bildeten die Häfen von Kehl und Straßburg für sieben Jahre eine Betriebsgemeinschaft, wobei die Dauer dieses Konstrukts von Frankreich einmal um maximal drei Jahre verlängert werden konnte. Die Leitung der neuen Organisation sollte ein von der Internationalen Rheinschifffahrtskommission bestimmter Direktor französischer Nationalität übernehmen. Ebenfalls festgelegt wurde eine Mitnutzung des Kehler Hafens durch französische Firmen, denen schließlich etwa 1/3 der Kaifläche für die Dauer der Betriebsgemeinschaft zur Verfügung gestellt wurde. Die deutschen Grundeigentümer oder Pächter waren von Frankreich für ihre Ausfälle finanziell zu entschädigen. Nach offizieller Version sollte dies Frankreich helfen, den Hafen in Straßburg auszubauen und zu modernisieren, ohne dabei seine Schifffahrtsaktivitäten auf dem Rhein einschränken zu müssen oder auf deutsche Hilfe angewiesen zu sein. Ob sich dahinter noch weitergehende wirtschafts- und machtpolitische Absichten verbargen, wie von deutscher Seite vielfach vermutet wurde – etwa den Nord-Süd-Eisenbahnverkehr durch die Kontrolle des Hafens auf die linksrheinische Seite zu ziehen, um dadurch einmal Deutschland bzw. Baden wirtschaftlich zu schwächen und im Zweifelfall auch politischen Druck gegenüber der auf diese Verbindung angewiesenen neutralen Schweiz ausüben zu können[16] – ist bislang offen. Zumindest scheint die Straßburger Hafenerweiterung mehrere Jahre lang nicht im Fokus französischer Politik gelegen zu sein, da damit erst Mitte der 1920er Jahre begonnen wurde[17]. Frankreich beantragte 1926 daher eine Verlängerung der Betriebsgemeinschaft um 2 1/2 Jahre. Die Internationale Rheinschifffahrtskommission bewilligte schließlich eine Verlängerung der Betriebsgemeinschaft vom 10. Januar 1927 bis 10. Juli 1928[18]. Erst danach wurde der Kehler Hafen wieder der alleinigen Kontrolle Badens unterstellt und die Betriebsgemeinschaft mit Straßburg aufgelöst.

Hinter der Ausweitung des Besatzungsgebiets in Baden im Verlauf der Ruhrkrise 1923 lassen sich keine weitergehenden strategischen Ziele Frankreichs erkennen. Hier handelte es sich vor allem um eine politische und militärische Machtdemonstration[19], die den Druck auf Deutschland in der Ruhrkrise erhöhen sollte.

Für die ab der Novemberrevolution 1918 amtierende provisorische badische Regierung kam die Besetzung Kehls und des Hanauerlandes Anfang 1919 letztlich wenig überraschend (*Abb. 4*). Schon am 25. November hatte der ehemalige Kehler Bürgermeister und damalige badische Außenminister Hermann Dietrich (1879–1954)[20] über Gerüchte

---

[15] Zu den Verhandlungen um den Baden-Badener Vertrag: Kabinettsprotokolle Baden II (wie Anm. 9), S. 227–230, 243–247, 313; GLAK 233/39377 f.; Vertragstext: RGBl. 1920 Nr. 81, S. 567–590.
[16] GLAK 233/39377, Vorschlag Bitterich, o. D.; 233/39360, Dietrich an Rat der Volksbeauftragten, 25.1.1919 (Abschrift); M. FURTWÄNGLER (Bearb.), Die Protokolle der Regierung der Republik Baden, Erster Band: Die provisorische Regierung. November 1918–März 1919, Stuttgart 2012, S. 182.
[17] Vgl. GLAK 233/11967, Ministerium des Innern an Staatsministerium, 9.12.1925.
[18] Badische Presse vom 27.4.1926, Artikel *Um den Kehler Hafen*.
[19] Vgl. KUHN (wie Anm. 7), S. 327.
[20] Hermann Dietrich (1879–1954); ev.; Jurist, Politiker (NL, DDP, Staatspartei); 1908–1914 Bürgermeister in Kehl; 1911–1921 MdL in Baden; 1914–1919 Oberbürgermeister von Konstanz; 1918–1920 Außenminister von Baden; 1919 Mitglied der deutschen Nationalversammlung; 1920–1933 MdR; 1928–1930 Reichsminister für Ernährung und Landwirtschaft; 1930

Abb. 4 Die provisorische Regierung von Baden 1918/1919. Stehend von links: Friedrich Stockinger (SPD), Leopold Rückert (Zentrum), Ludwig Marum (SPD), Hermann Dietrich (Nationalliberale, DDP), Adolf Schwarz (USPD), Johannes Brümmer (USPD); sitzend von links: Dr. Joseph Wirth (Zentrum), Gustav Trunk (Zentrum), Anton Geiß (SPD), Ludwig Haas (FVP, DDP) und Philipp Martzloff (SPD).

berichtet, nach denen Frankreich die Besetzung Kehls beabsichtigen würde[21]. Wenige Tage später führten diese Spekulationen zu einer heftigen Debatte im Kabinett über die Frage, wie man sich in einem solchen Falle verhalten solle[22]. Während Finanzminister Josef Wirth (1879–1956)[23] vom Zentrum vorschlug, sich direkt mit Frankreich in Verbindung zu setzen, um dessen Absichten zu erkunden, lehnten dies vor allem die SPD-Mi-

---

Reichswirtschaftsminister; 1930–1932 Reichsfinanzminister; vgl. Kabinettsprotokolle Baden I (wie Anm. 16), S. LXI f.; Adelheid von Saldern, Hermann Dietrich. Ein Staatsmann der Weimarer Republik, Boppard am Rhein 1966.

21 Kabinettsprotokolle Baden I (wie Anm. 16), S. 40 f.
22 Für das Folgende: Kabinettsprotokolle Baden I (wie Anm. 16), S. 59 ff., Sitzung vom 28.11.1918.
23 Dr. Josef Wirth (1879–1956); rk.; Gymnasialprofessor, Politiker (Zentrum); 1913–1921 MdL in Baden; 1914–1933 MdR; 1918–1920 Finanzminister in Baden; 1920–1921 Reichsfinanzminister; 1921–1922 Reichskanzler; 1929–1930 Reichsminister für die besetzten Gebiete; 1930–1931 Reichsinnenminister; 1933–1948 Emigration; vgl. Kabinettsprotokolle Baden I

nister Marum (1882–1934)[24], Rückert (1881–1942)[25] und Stockinger (1878–1937)[26] vehement ab. Ein solcher Vorschlag *bedeute die Auflösung des Reiches*, eine Kontaktaufnahme könne nur nach vorheriger Absprache mit Berlin erfolgen. War somit die diplomatische Marschroute im Falle eines Falles vorgegeben, war im Karlsruher Kabinett dann doch leicht pikiert, als man von der alliierten Forderung einer Besetzung Kehls bei den Waffenstillstandsverhandlungen Mitte Januar zuerst aus der Zeitung erfuhr, ohne vorab von Berlin benachrichtigt worden zu sein[27]. Der Besetzung als solcher konnte die Regierung dann nur ohnmächtig zusehen. Kritiklos hinnehmen wollte man sie aber nicht. Staatspräsident Anton Geiß (1858–1944)[28] charakterisierte die Okkupation vielmehr in einer Rede vor dem badischen Landtag am 16. Mai 1919 als ein großes politisches Problem. Dabei betonte er, dass *durch diese Besetzung die Beziehungen vergiftet* [würden], *die doch unvermeidbar, zwischen den Uferstaaten* [des Rheins] *wieder aufgenommen werden müss*[t]*en*"[29].

In der Tat, zumindest für die Karlsruher Regierung erwies sich die französische Besetzung badischer Gebiete letztlich in mehrfacher Hinsicht als problembehaftet. Dies soll anhand von zwei Themenkomplexen im Folgenden näher erläutert werden.

Zunächst einmal betraf dies die Frage des Erhalts der Souveränität Deutschlands über die besetzten Gebiete, bzw. nach deren Zugehörigkeit zu Baden. Bis zum Abschluss des Versailler Vertrages und des Rheinlandabkommens blieb weitgehend unklar, welche

---

(wie Anm. 16), S. LXXII–LXXIV; U. HÖRSTER-PHILIPPS, Joseph Wirth 1879–1956. Eine politische Biographie, Paderborn u. a. 1998.

[24] Ludwig Marum (1882–1934); konfessionslos, jüdische Abstammung; Jurist, Politiker (SPD); ab 1908 Rechtsanwalt in Karlsruhe; 1914–1928 MdL, von 1919–1928 Fraktionsvorsitzender; 1918–1919 Justizminister in Baden; 1919–1929 Staatsrat; 1928–1933 MdR; 1934 Ermordung im KZ Kislau; Kabinettsprotokolle Baden I (wie Anm. 16), S. LXVI f.; M. POHL, Ludwig Marum. Ein Sozialdemokrat jüdischer Herkunft und sein Aufstieg in der badischen Arbeiterbewegung 1882–1919, Karlsruhe 2003.

[25] Leopold Rückert (1881–1942); freireligiös; Schlosser, Gewerkschafter, Politiker (SPD); 1918–1919 Verkehrsminister in Baden; 1919–1921 Minister für soziale Fürsorge und öffentliche Arbeiten in Baden; 1919–1933 MdL in Baden; 1919–1920 Mitglied der deutschen Nationalversammlung; 1931 Staatsrat; 1932 stellvertretender Innenminister in Baden; vgl. Kabinettsprotokolle Baden I (wie Anm. 16), S. LXVIII.

[26] Friedrich Stockinger (1878–1937); ev.; später freireligiös; Finanzbeamter, Politiker (SPD); 1905–1911 war er Mitglied im Bürgerausschuss der Stadt Pforzheim und anschließend bis 1919 Stadtrat; 1909–1921 MdL in Baden; 1918–1919 Minister des Unterrichts; 1919–1921 dritter Bürgermeister in Pforzheim; 1921–1933 Bürgermeister von St. Georgen; vgl. Kabinettsprotokolle Baden I (wie Anm. 16), S. LXX.

[27] Kabinettsprotokolle Baden I (wie Anm. 16), S. 182; GLAK 233/39360, Dietrich an Rat der Volksbeauftragten vom 25.1.1919 (Abschrift).

[28] Anton Geiß (1858–1944); rk.; Schreiner, Wirt, Politiker (SPD); 1895–1903, 1909–1921 MdL in Baden; 1909–1919 Landesvorsitzender der SPD in Baden; 1909–1918 einer der Vizepräsidenten der 2. Kammer der badischen Landstände; 1918–1919 Ministerpräsident von Baden; 1919–1920 Staatspräsident von Baden; vgl. M. FURTWÄNGLER, »... ganz ohne Eitelkeit und Machtgier«. Der erste badische Staatspräsident Anton Geiß (1858–1944), in: ZGO 161 (2013), S. 297–324; DERS. (Bearb.), Die Lebenserinnerungen des ersten badischen Staatspräsidenten Anton Geiß (1858–1944), Stuttgart 2014.

[29] Verhandlungen des Badischen Landtags, I. Landtagsperiode 1919–1921, Protokollheft 523, Karlsruhe 1920, S. 79.

staatsrechtliche Stellung diese Gebiete in Zukunft haben würden bzw. welche Pläne Frankreich und die Alliierten insgesamt mit ihnen verfolgten³⁰. Beunruhigend wirkten auf die badische Seite Nachrichten, Presseartikel und öffentliche Diskussionen in Paris und im Elsass, in denen eine Annexion des gesamten Kehler Brückenkopfes oder zumindest des Hafens gefordert wurde. So zitierte z. B. die ›Kehler Zeitung‹ am 12. März 1919 einen Artikel des Pariser ›Journal‹, in dem sich der Autor die Frage stellte: *Wie lange werden wir diese Gegend besetzt halten? [...] Es handelt sich dabei nicht nur um die militärische Sicherheit der elsässischen Hauptstadt [... denn] der richtige Straßburger Hafen [...] ist der Hafen von Kehl*³¹ und den könne man ja kaum in den Händen der Deutschen belassen. Wenn man schon nicht das Gebiet annektiere, so müsse man wenigstens in irgendeiner Form den Zugriff auf den Hafen behalten. Das Resümee dieses Artikels musste die badische Seite alarmieren: *Es ist wahr, daß das Land deutsch ist, aber was will dieses Wort sagen [... und] nachdem ich sie gesehen habe* [gemeint sind die Einwohner Kehls, M.F.], *so friedlich in ihrer Niederlage, so gleichgültig, glaube ich, dass die Einwohner darauf verzichten* [deutsch zu bleiben, M.F.] *und daß sie immer zufrieden sein werden, vorausgesetzt, daß sie dicke Kuchen zu essen bekommen.* Beinahe zeitgleich publizierten ab Februar 1919 die ›Straßburger Neue Zeitung‹ und die ›Bürgerzeitung‹ (Echo de Strasbourg) eine Reihe von Artikeln, in denen ebenfalls die Annexion des Brückenkopfgebietes gefordert wurde³².

Die Furcht auf Seiten der badischen Regierung vor dem Verlust des Hanauerlandes³³ wurde noch verstärkt durch dessen gleichzeitig erfolgte weitgehende Abriegelung, so dass Informationen über die dortigen Verhältnisse im Frühjahr 1919 nur schwer zu erhalten waren. In dieser unübersichtlichen Situation entschloss sich das badische Kabinett am 13. März 1919 in die Offensive zu gehen und vorsorglich eine Protestnote zu veröffentlichen. Darin betonte die Regierung, dass sie aufgrund der Nachrichtenlage davon ausgehe, dass Frankreich *die Absicht hat, das rein deutsche auf dem rechten Rheinufer gelegene Gebiet von Kehl und Umgebung sich anzueignen. Gegen ein solches Vorgehen erheben wir schärfsten Protest. Es widerspricht dem Nationalitätenprinzip, dem Prinzip des Selbstbe-*

---

30 Vgl. zu den verschiedenen Szenarien, die in französischen Regierungs- und Militärkreisen im Allgemeinen hinsichtlich der künftigen Stellung der besetzten rheinischen Gebiete diskutiert wurden: J. BARIÉTY, Die französische Besatzungspolitik im Rheinland nach dem Ersten Weltkrieg. Historisch-politische Mythen und geostrategische Realitäten, in: T. KOOPS/M. VOGT (Hgg.), Das Rheinland in zwei Nachkriegszeiten. Ergebnisse einer Tagung des Bundesarchivs in der Universität Trier vom 12. bis 14. Oktober 1994, Koblenz 1995, S. 9 ff.; W. KREUTZ, Französische Rheintheorie und französische Kulturpolitik im besetzten Rheinland nach dem Ersten Weltkrieg, in: ebd., S. 20–25.

31 Vgl. GLAK 233/39360, Kehler Zeitung, 12.3.1919.

32 Vgl. GLAK 233/27825, Stellungnahme des badischen Justizministeriums zu separatistischen Umtrieben im Bezirk Kehl vom 28.7.1919; vgl. auch GLAK 233/39360, Bericht des deutschen Konsulats in Basel, 14.3.1919; Badische Landeszeitung, 9.4.1919. Die Akte enthält außerdem zahlreiche Artikel der ›Straßburger Neuen Zeitung‹ von Februar bis April 1919. Autor der Artikel soll der später als Separatist im Hanauerland aufgetretene Stanislaus Hompa gewesen sein; vgl. S. 142 ff.; GLAK 233/39360, Aussage Luise Jockers vom 17.6.1919.

33 Kabinettsprotokolle Baden I (wie Anm. 16), S. 297 f.

stimmungsrechts[34]. Diese Protestnote wurde in der Presse verbreitet und über das Auswärtige Amt in Berlin den Regierungen jener neutralen Staaten zugeleitet, von denen man sich noch am ehesten Unterstützung in dieser Angelegenheit versprach (u. a. Schweiz, Niederlande und Schweden).

Gemindert wurden die Sorgen der Regierung erst durch die Bedingungen für einen Friedensvertrag, die die Alliierten der deutschen Seite am 7. Mai 1919 übermittelten. Denn hier war nirgends von einer Annexion des Kehler Raumes die Rede, sondern nur von dessen Besetzung[35].

Sicher war man sich in Karlsruhe aber auch nach Abschluss des Versailler Vertrages nicht, dass der Brückenkopf vollumfänglich zurückgegeben würde, zumal Frankreich immer wieder Nadelstiche setzte, die als ein Infragestellen der deutschen Hoheit interpretierbar waren. So wurde noch 1919 in Anwesenheit von Ministerpräsident Clemenceau und Marschall Foch das badische Hoheitssymbol, der Greif, vom Portal der Rheinbrücke auf badischer Seite entfernt, offenbar als Siegestrophäe nach Paris gebracht und durch einen vom »Verein der Pariser Presse« gestifteten Gallischen Hahn ersetzt[36] (*Tafel 3*). Dies war für sich genommen zwar nur ein Zeichen für die Inbesitznahme der Rheinbrücke, die nach den Friedensbedingungen fortan Frankreich ganz gehörte. Andererseits konnte dies durchaus als ein indirekt formulierter Hoheitsanspruch auf das Brückenkopfgebiet interpretiert werden. Schließlich entfernte man den Hahn 1930 wieder, als die französische Besatzungsmacht abzog, obwohl sich an den Besitzverhältnissen der Rheinbrücken nichts geändert hatte. Nun erschien jedoch auch Frankreich das Symbol für französischen Hoheitsanspruch am deutschen Rheinufer offenbar nicht mehr zeitgemäß[37].

Auf badischer Seite versuchte man daher alles zu verhindern, was nach einer Intensivierung der französischen Präsenz im Brückenkopfgebiet aussah, bzw. was als ein Aufweichen der Bindungen des Hanauerlandes zu Deutschland respektive zu Baden interpretiert werden konnte. Dies betraf insbesondere die Stellung des Kehler Hafens, der ja auch für Baden eine enorme wirtschaftliche Bedeutung besaß[38], weshalb man ihn so schnell als möglich und in gutem Zustand ganz zurückerhalten wollte[39]. Als nun 1920 die

---

[34] Vgl. GLAK 233/39360, Ministerium der Auswärtigen Angelegenheiten, 14.3.1919; vgl. für das Folgende GLAK 233/39360.

[35] Vgl. Rede von Staatspräsident Geiß im Landtag am 16.5.1919; Verhandlungen Landtag 1919 (wie Anm. 29), S. 80.

[36] Karlsruher Tagblatt, 27.6.1930, Artikel *Kehl morgen geräumt: das stolze Siegerzeichen verschwindet*, in: GLAK 233/12016; Landrat Wilhelm Schindele in der Beilage der Badischen Presse zur Räumung der besetzten Gebiete, 1.7.1930, Artikel *Gruß an das Hanauer Land*.

[37] Neue Züricher Zeitung, 27.6.1930, Artikel *Die Schleifung des Kehler Brückenkopfes*, in: GLAK 233/12016.

[38] Der Kehler Hafen hatte zentrale Bedeutung für die badische Rheinschifffahrt wie auch für die Energieversorgung des südlichen Oberrheins, war er doch ein zentraler Umschlagplatz für die so dringend benötigte Kohle; GLAK 233/39360, Dietrich an Rat der Volksbeauftragten, 25.1.1919 (Abschrift). Seine Bedeutung zeigte sich nicht zuletzt auch daran, dass Baden diesen Hafen neben denen von Mannheim und Mannheim-Rheinau von einem Übergang auf das Reich ausschloss. Ein solche Verlagerung der Zuständigkeit von der Länder- auf die Reichsebene war ja in den Anfangsjahren der Weimarer Republik für die Eisenbahn und die Wasserstraßen insgesamt erfolgt; vgl. GLAK 233/24316, Sitzung vom 6.11.1924, TOP VI.

[39] Letzterem dienten u. a. Modernisierungen der zum Hafen gehörenden Anlagen; GLAK 233/24316, Sitzung 29.3.1927, TOP VIII; Kabinettsprotokolle Baden I (wie Anm. 16), S. 232.

französische Direktion der Hafenbetriebsgemeinschaft eine Regatta französischer Rudervereine im Hafenbecken durchführen wollte, stieß diese Veranstaltung auf heftigen Widerstand aus Karlsruhe. Die badische Regierung wies das Bezirksamt in Kehl an, *gegen diese Demonstration und Hoheitsverletzung, die Kehl als französischen Hafen darstellen soll* [... beim Brückenkopfkommandanten] *Einspruch zu erheben*[40]. Gleichzeitig protestierte man auch bei der Internationalen Rheinlandkommission und über die Deutsche Botschaft bei der französischen Regierung in Paris. Genützt hat dies erwartungsgemäß nichts, die Regatta wurde durchgeführt. Auf französischer Seite teilte man die deutsche Auffassung nämlich keineswegs und sah die Regatta nicht als einen Angriff auf die deutsche Souveränität über den Kehler Hafen an. Der Delegierte der Rheinlandkommission im Brückenkopfgebiet, Lieutnant-Colonel (Oberst) Rey[41], wertete die Proteste vielmehr als einen Versuch der deutschen Regierungen, Formfehler in Zwischenfälle umzudeuten. Dadurch sollte seiner Meinung nach eine Atmosphäre der Schärfe und Strenge im täglichen Leben der Bevölkerung entstehen und als Ursache dafür sollte die Anwesenheit der französischen Truppen erscheinen, um so das aus seiner Sicht gute Einvernehmen der Bevölkerung mit den Besatzungstruppen zu untergraben[42].

Ebenso argwöhnisch beobachteten die badischen Behörden Aktivitäten, die auf eine stärkere wirtschaftliche Verflechtung des Brückenkopfgebiets mit Frankreich bzw. mit dem Elsass hinausliefen. Zwei Beispiele mögen das verdeutlichen: So wollte man 1919 Grundstückskäufe von französischer Seite in Kehl durch ein der Stadt Kehl eingeräumtes Vorkaufsrecht bzw. durch die Einführung einer Genehmigungspflicht für solche Transaktionen seitens des Innenministeriums verhindern[43]. Doch ließen sich diese Pläne nicht umsetzen, da man damit gegen den Versailler Vertrag verstoßen hätte. Allerdings scheinen sich die gefürchteten Grundstücksaufkäufe von französischer Seite letztlich auch in Grenzen gehalten zu haben, da dieses Problem in späteren Jahren nicht mehr thematisiert wurde.

Als Ende 1921 fünf Gemeinden des Hanauerlandes mit dem Straßburger Elektrizitätswerk einen Versorgungsvertrag abschließen wollten, hatte die badische Regierung dagegen ebenfalls politische Bedenken und erblickte darin gar eine potentielle Gefährdung der Zugehörigkeit der besetzten Gebiete zu Baden. Daher wies sie das Bezirksamt Kehl sowie das Arbeitsministerium an, den Versorgungsvertrag mit Straßburg zu verhindern[44]. Die Gemeinden sollten vielmehr ermuntert werden, einen entsprechenden Vertrag mit dem E-Werk Achern abzuschließen. Die politischen Beweggründe, die hinter dem Ansinnen der Regierung steckten, wollte man jedoch geheim halten – vermutlich aus diplomatischen Erwägungen heraus. Das Acherner Angebot sollte vielmehr als das wirtschaftlich günstigere dargestellt werden. Bis auf die Gemeinde Leutesheim sind alle

---

[40] GLAK 233/11978, Telegramm an das Auswärtige Amt in Berlin, 21.7.1920 (Entwurf).
[41] Lieutnant Colonel Rey; 1921–1925 Delegierter der Hohen Interalliierten Rheinlandkommission in Kehl.
[42] ANF AJ/9/5300, Bericht von Rey, 28.7.1920.
[43] Vgl. GLAK 233/39361, Ministerium der Auswärtigen Angelegenheiten an Arbeitsministerium, 16.10.1919 (Entwurf); Ministerium des Innern an Arbeitsministerium, 31.10.1919; Justizministerium an Ministerium des Innern, 25.10.1919; Remmele an alle Bezirksämter, 12.11.1919; Aktennotiz Legationssekretär Müller vom 11.11.1919.
[44] Vgl. GLAK 233/25932, Staatsministerium an Ministerium des Innern, 16.12.1921.

betroffenen Hanauer Dörfer dem Drängen der badischen Regierung schließlich gefolgt[45], was man in Karlsruhe durchaus als Erfolg verbuchte.

Französische Initiativen auf kulturellem Gebiet, wie sie in anderen Teilen der besetzten Gebiete in erheblichem Umfang zu verzeichnen waren und mit denen Frankreich die Bevölkerung für sich zu gewinnen versuchte, um deren emotionale Loslösung von Deutschland zu fördern und ihre Annäherung an Frankreich zu erreichen[46], spielten im Kehler Brückenkopfgebiet nur eine untergeordnete Rolle. Sie beschränkten sich hier auf vereinzelte Angebote von Kursen zur Erlernung der französischen Sprache. In den ersten Jahren stießen diese in Kehl zwar auf ein gewisses Interesse[47], das jedoch offenbar bald nachließ. Doch trotz ihrer weitgehenden Erfolglosigkeit waren derartige Aktivitäten für die deutsche Seite ein rotes Tuch. So schlug Amtmann Schindele[48] 1922 vor, von Behördenseite auf die Eltern von teilnehmenden Kindern dahingehend einzuwirken, dass diese ihren Nachwuchs vom Unterricht wieder abmeldeten[49].

Ihr positives Gegenstück fanden diese auf Verhinderung ausgerichteten Maßnahmen in einer gezielten kulturellen Förderung der besetzten Gebiete. Diese wurden wesentlich durch das Reich vorangetrieben und umfassten in Kehl z. B. die Bezuschussung des dortigen Theaters, aber auch die Unterstützung von Vereinen und Kirchengemeinden[50].

Soweit es das Ziel all dieser Aktivitäten auf badischer Seite war, die Bevölkerung im besetzten Gebiet von einer Hinwendung zu Frankreich bzw. von separatistischen Strömungen abzuhalten, so erwiesen sie sich im Hanauerland als erfolgreich. Frankreich ist es hier noch weniger als in den anderen besetzten Gebieten gelungen, »moralische Eroberungen« zu machen, wie dies damals genannt wurde. Gleiches gilt auch für die 1923/24 zeitweilig besetzten Gebiete.

Dennoch gab es auch im Hanauerland in der Besatzungszeit zwei kleinere separatistische Zwischenfälle. Der erste ereignete sich bereits im Mai/Juni 1919[51]. Kopf des Unter-

---

[45] GLAK 233/25932, Bezirksamt Kehl an Wasser- und Straßenbaudirektion Karlsruhe, 2.6.1922 (Abschrift); Wasser- und Straßenbaudirektion Karlsruhe an Bezirksamt Kehl, 16.6.1922.

[46] Vgl. zur Bedeutung der französischen Kulturoffensiven, insbesondere des Sprachunterrichts in den besetzten Gebieten allgemein: M. Süss, Rheinhessen unter französischer Besatzung. Vom Waffenstillstand im November 1918 bis zum Ende der Separatistenunruhen im Februar 1924, Stuttgart 1988, S. 135 f.; Kreutz (wie Anm. 30), S. 32 ff.

[47] GLAK 233/12023, Bezirksamt Kehl an Ministerium der Auswärtigen Angelegenheiten, 7.5.1920; GLAK 233/12023, passim.

[48] Zu ihm vgl. S. 158 Anm. 140.

[49] GLAK 233/12023, Schindele an Staatsministerium, 23.9.1922. Danach ist nur noch Ende 1924 eine eher private Initiative von französischer Seite, Sprachkurse im Kehler Raum anzubieten, aktenkundig geworden. Sie wurde aber auch von deutscher Seite abgeblockt; vgl. GLAK 233/25932, Ministerium des Kultus und Unterrichts an Staatsministerium, 3.12.1924; Reichsminister für die besetzten Gebiete, 20.12.1924 und 10.1.1925.

[50] Vgl. GLAK 233/12065 f.; zum Theater: ebd., Ministerium des Kultus und Unterrichts an Staatsministerium, 27.5.1925; Reichsminister für die besetzten Gebiete an Staatsministerium, 1.2.1927; 233/11989, Scheffelmeier an Staatssekretär Brugger, 23.9.1922.

[51] Vgl. zum Ablauf der Affäre GLAK 233/39361, Aussage des Landwirts Jakob Erhardt, 3.10.1919; 233/27825, Justizministerium, 28.7.1919; Kabinettsprotokolle Baden II (wie Anm. 9), S. 81–85, 119 f.; GLAK 233/39360, Ministerium der Auswärtigen Angelegenheiten an Ministerium des Innern, 10.7.1919; Ministerium der Auswärtigen Angelegenheiten an Auswärtiges Amt Berlin, 11.7.1919.

nehmens war der aus Metz stammende und im Dorf Legelshurst im Hanauerland lebende Rechtsagent Stanislaus Hompa (*1871)[52]. Mit drei Honoratioren des Ortes Legelshurst organisierte er am Himmelfahrtstag (29. Mai 1919) eine Versammlung von 20 bis 30 Teilnehmern im dortigen Gasthaus Salmen. Auf dieser wurde ein Gesuch an den französischen Senat beschlossen, mit dem man um die Übernahme des besetzten Gebietes in den französischen Staatsverband nachsuchte. Ob den Teilnehmern der Versammlung, die alle das Gesuch unterschrieben, wirklich bewusst war, was sie da abgezeichnet hatten, darüber gab es im Nachhinein unterschiedliche Aussagen. Zwei Tage später hängte Hompa jedenfalls eine Bekanntmachung im Legelshurster Rathaus aus, in der verkündet wurde, dass man fortan nur noch die französische Zivil- und Militärverwaltung anerkenne und die deutsche Verwaltung nicht mehr existiere. Die badische Regierung wertete diese Aktionen als Hochverrat. Am 3. Juni 1919 beschloss sie, dem ein Ende zu setzen, und beauftragte damit Hilfsstaatsanwalt Amtmann Werber (*1880)[53] und Amtsrichter Frisch (1877–1952)[54] in Kehl. Nach intensiven Untersuchungen, in deren Verlauf auch umfangreiches Material bei Hompa sichergestellt wurde, ließen die badischen Beamten diesen und mehrere seiner Mitstreiter schließlich am 25. Juni verhaften. Wenige Stunden später erzwang die französische Militärbehörde jedoch die Freilassung der Gefangenen und verhaftete im Gegenzug die für die Festsetzung Hompas verantwortlichen badischen Beamten Frisch und Werber. Beide wurden wenig später zu drei bzw. sechs Monaten Gefängnis und je 2.500 M Geldstrafe verurteilt und nach ihrer Freilassung aus dem besetzten Gebiet ausgewiesen. Badische beziehungsweise deutsche Proteste gegen dieses Vorgehen blieben erfolglos. Die französischen Behörden legitimierten ihr Vorgehen mit einer Verfügung vom 29. Januar 1919, wonach politische Verhaftungen durch deutsche Behörden vor deren Durchführung der französischen Seite anzuzeigen seien. Weder der badischen noch der Reichsregierung war diese Verfügung jedoch bekannt, und sie konnte auch nicht im Nachhinein ermittelt werden[55]. Ob sie nur für den vorliegenden Fall von französischer Seite konstruiert wurde, ist bislang offen.

Inwieweit Hompa mit Billigung der französischen Militärbehörden oder gar in ihrem Auftrag handelte, ist nicht zweifelsfrei belegt. Doch sprechen zahlreiche Hinweise für

---

[52] Stanislaus Hompa (*1871); geboren in Metz; Anwaltsschreiber; 1891–1893 Militärdienst; ab 1901 Anwaltsschreiber in Kehl; 1914 Kriegsfreiwilliger; 1915 Verhaftung wegen Verdachts der Spionage für Frankreich; seit 1918 selbständiger Rechtsagent in Legelshurst; ab 1919 publizistische Tätigkeit in mehreren elsässischen Zeitungen. In seinen dortigen Artikeln warb er für eine Annexion des Hanauerlandes durch Frankreich. Gleichzeitig versuchte er für diese Idee im Hanauerland Anhänger zu rekrutieren; vgl. GLAK 233/27825.
[53] Ernst Werber (*1880); rk.; Jurist; 1916 Amtmann in Kehl; 1919 drei Monate in französischer Haft; 1919 (18.9.) Amtmann in Überlingen; 1923 in Freiburg; 1924 Regierungsrat; 1927 Landrat in Staufen; 1933 Landrat beim Oberversicherungsamt Freiburg; GLAK 236/29307–29309.
[54] Karl Frisch (1877–1952); ev.; Jurist; 1906 Dienstverweser am Amtsgericht Heidelberg; 1907–1908 Amtsanwalt in Pforzheim; 1908–1913 in Heidelberg; 1913–1914 Hilfsrichter in Wiesloch; 1914–1919 Amtsrichter in Kehl unterbrochen durch Abordnung nach Konstanz von 1917 bis Ende 1918; 1919 (1.10.) Versetzung nach Heidelberg; 1920–1930 Mitglied der DVP; 1925 Landgerichtsrat; 1934 Landgerichtsdirektor; 1945 Zurruhesetzung; GLAK 234/16765; 233/24676.
[55] Diese Verordnung war auch dem Reichsinnenministerium unbekannt; vgl. GLAK 233/27825, Reichsministerium des Innern an Ministerium der Auswärtigen Angelegenheiten, 29.7.1919.

eine Verwicklung französischer Stellen in seine Aktivitäten. So ging aus Hompas konfiszierten Unterlagen hervor, dass er recht enge Kontakte zum französischen Gouverneur von Straßburg pflegte und mit diesem über die Frage einer Annexion des Hanauerlandes diskutiert hatte[56]. Darauf verweist auch die sofortige Befreiung Hompas aus der Haft durch französische Soldaten. Zudem ist ungewöhnlich, dass er einen sogenannten französischen A-Pass besaß, der sonst nur an französische Staatsangehörige vergeben wurde und mit dem er sich ungehindert im besetzten Gebiet sowie in Frankreich und dem Elsass bewegen konnte. Schließlich lässt auch die zeitliche Nähe zum Separatistenputsch von Hans Adam Dorten (1880–1963)[57] im Rheinland und Rheinhessen eine Involvierung französischer Stellen vermuten. Dorten hatte nur wenige Tage nach Hompa am 1. Juni 1919 mit Unterstützung der französischen Militärs vor Ort die Errichtung einer Rheinischen Republik (im Rahmen des deutschen Reiches) proklamiert[58]. Doch letztlich scheiterten Hompa wie auch Dorten, denn beider Versuche, in den folgenden Monaten weitere Anhänger für ihre jeweiligen Pläne zu gewinnen, blieben erfolglos[59].

Der zweite Vorfall ereignete sich Ende September, Anfang Oktober 1923, als zahlreiche Flugblätter und Plakate in Kehl verteilt und angeschlagen wurden, die zur Gründung einer Kehler Republik innerhalb des Deutschen Reiches aufriefen und eine Befreiung aus preußischer Vormundschaft forderten[60]. Nach französischen Quellen sollen die Initiatoren dieser Aktion der aus Kork im Hanauerland stammende und in Straßburg wohnende Industrielle Ernst Kiefer und der Herausgeber zweier kleinerer Straßburger Zeitungen Casa Soprana gewesen sein; letzterer soll die verteilten Schriften auch gedruckt haben. Die französische Politik bzw. die lokale Militärverwaltung waren an dieser Aktion offensichtlich nicht beteiligt. Außenminister Raymond Poincaré (1860–1934) verwahrte sich dagegen, mit dieser Aktion in Verbindung gebracht zu werden, und ließ Soprana auffordern, seine separatistischen Aktivitäten sofort einzustellen. Nicht zu Unrecht fürchtete er diplomatische Verwicklungen für Frankreich, denn nach Abbruch des passiven Widerstandes durch die deutsche Seite am 26. September 1923 konnte eine solche Aktion als aggressiver Versuch Frankreichs gewertet werden, sich in innere deutsche Verhältnisse einzumischen. Auch Lieutnant-Colonel Rey stand der Aktion selbst, wie den handelnden Personen äußerst kritisch gegenüber. Er vermutete hinter dem zur Schau getragenen Se-

---

[56] GLAK 233/27825, Justizministerium, 28.7.1919. Hompa soll auch der Autor der im Februar 1919 in Straßburger Zeitungen erschienenen Artikel gewesen sein, die eine Annexion des Brückenkopfgebietes durch Frankreich forderten: vgl. S. 139, Anm. 32.

[57] Dr. Hans Adam Dorten (1880–1963); Jurist, Separatistenführer; 1902 Eintritt in den Staatsdienst; 1914–1918 Kriegsdienst, zuletzt als Hauptmann; 1919 und 1923 führende Rolle bei den Versuchen der Gründung einer Rheinischen Republik, 1919 als deren Präsident agierend; Ende 1923 Auswanderung nach Frankreich; 1928 französischer Staatsbürger; vgl. M. SCHLEMMER, »Los von Berlin«: die Rheinstaatbestrebungen nach dem Ersten Weltkrieg, Köln/Weimar/Wien 2007, S. 116; H. BOBERACH, Hans Adam Dorten, in: W. BENZ/H. GRAML (Hgg.), Biographisches Lexikon zur Weimarer Republik, München 1988, S. 67.

[58] SÜSS (wie Anm. 46), S. 81 ff.; SCHLEMMER (wie Anm. 57), S. 124 ff.

[59] Vgl. verschiedene Artikel der ›Neuen Badischen Landeszeitung‹, 26.11.1919 und der ›Badischen Presse‹, 3.12.1919, beide in GLAK 233/39361.

[60] Vgl. zu diesem Fall im Folgenden: ANF AJ/9/3777, Erkundigungen, 30.11.1923; Rey an Hohen Kommissar in Koblenz, 2.1.1924; AJ/9/5395, Rey an Hohen Kommissar in Koblenz, 17.10.1923, 3.11.1923.

paratismus ohnehin eher wirtschaftliche Motive, nicht zuletzt verschiedener angeblich hinter der Aktion stehender Straßburger Händler und Kaufleute. Diese, so Rey, wollten der Kehler Bevölkerung wieder den ungehinderten Zugang nach Straßburg verschaffen, um so den eigenen Umsatz zu heben. In der Kehler Bevölkerung blieb diese »Separatistenaktion« jedoch ohne Resonanz, ebenso wie ein weiterer Agitationsversuch Ende des Jahres 1923. Auch für die badische Regierung waren diese Aktionen kein Thema und wurden von ihr ignoriert.

Das zweite Problemfeld für das Karlsruher Kabinett betraf die Belastungen, die die Besetzung für die Bevölkerung mit sich brachte. Auf der zentralen »Befreiungsfeier« für die Pfalz und Baden, die am 19. Juli 1930 in Anwesenheit des Reichspräsidenten in Speyer stattfand, charakterisierte der damalige badische Staatspräsident Josef Schmitt (1874–1939)[61], Zentrum, diese Belastungen, wie folgt: *Besatzung heißt nicht bloß Milliardenaufwand für unfruchtbare Zwecke, sondern auch Polizeiwillkür, Verwaltungsschikane, Vergiftung des harmlosen Alltags, Behördenbelästigung, Verkehrsbehinderung, Unterdrückung der Presse- und Versammlungsfreiheit, Erdrosselung des freien Worts und Eingriffe in die heiligsten Rechte und Gefühle des einzelnen und der Familie. Besatzung heißt Parteilichkeit, ja sogar Duldung des Verbrechens, Besatzung heißt: widerrechtliche Beschlagnahme von Eigentum, Freiheitsberaubung, Gefängnis, Ausweisung und Verbannung*[62] (Abb. 5). Inwieweit diese sehr emotional angelegte Rede des Staatspräsidenten die tatsächlichen Verhältnisse in den besetzten badischen Gebieten widerspiegelt, soll im Folgenden zumindest skizziert werden.

Im Besatzungsgebiet gab es zweifelsfrei Übergriffe französischer Soldaten auf die Zivilbevölkerung, besonders in den ersten Jahren der Besatzungszeit: Diebstähle[63], Vergewaltigungen[64], Tötungen[65] von Zivilisten, Schlägereien kamen vor, waren nach Aktenlage aber nicht sehr zahlreich und nahmen im Laufe der Besatzungszeit eher ab[66]. Zudem scheint sich die Besatzungsmacht besonders nach dem Vertrag von Locarno 1925 darum bemüht zu haben, die Täter zu ermitteln und angemessen zu bestrafen[67]. Ihr wurde jedenfalls auch von deutscher Seite zuweilen attestiert, sich weitgehend korrekt zu verhal-

---

[61] Dr. Josef Schmitt (1874–1939); rk.; Jurist, Politiker (Zentrum); 1901–1924 Kollegialmitglied des Katholischen Oberstiftungsrates in Karlsruhe; 1914–1918 Kriegsdienst; 1921–1925, 1929–1933 MdL in Baden; 1924–1925 Präsident des Katholischen Oberstiftungsrates; 1925–1927 Ministerialdirektor im Ministerium des Kultus und Unterrichts; 1927–1931 Finanzminister, 1928–1930, 1931–1933 Staatspräsident von Baden; 1931 Kultusminister; 1931–1933 Justizminister; 1932–1933 MdR; vgl. M. KITZING, in: BB N. F. 6, S. 346–350.
[62] GLAK 233/12064, Rede von Staatspräsident Dr. Schmitt bei der Befreiungsfeier in Speyer am 19.7.1930.
[63] Kabinettsprotokolle Baden II (wie Anm. 9), S. 157.
[64] Vgl. GLAK 233/12115; 233/39367.
[65] Vgl. z. B. GLAK 233/11981.
[66] Vgl. z. B. die zunehmenden Fehlanzeigen, die das Bezirksamt Kehl über Übergriffe der Besatzungssoldaten meldete; vgl. GLAK 233/39383; auch am Anfang wurden sie als nicht sehr hoch eingeschätzt: vgl. Badische Landeszeitung, 16.4.1919, in: GLAK 233/39360.
[67] Vgl. hierzu z. B. den Überfall auf zwei Arbeiter durch drei französische Militärangehörige Ende Dezember 1926; vgl. Schriftwechsel in GLAK 233/12114; vgl. auch GLAK 233/39366, Schindele an Ministerium der Auswärtigen Angelegenheiten,13.8.1920.

Abb. 5 Dr. Josef Schmitt (1874–1939), Jurist, Politiker (Zentrum), 1928–1930, 1931–1933 badischer Staatspräsident.

ten[68]. Andererseits gab es auch durchaus Fälle, bei denen die Betroffenen von den französischen Behörden bedrängt wurden, ihre Aussage dahingehend zu revidieren, dass französische Militärangehörige nicht an der angezeigten Straftat beteiligt waren,[69] oder die Verantwortung für das Geschehen wurde einfach dem Geschädigten zugewiesen[70]. Insgesamt lässt sich aber wohl festhalten, dass der Alltag der Menschen in den besetzten Gebieten von drastischen Übergriffen und Konfliktsituationen nicht beherrscht war.

Viel stärker spürten die Menschen kleine und größere Schikanen der Besatzungsmacht. Entsprechende Beispiele beschreibt der amerikanische Schriftsteller Ernest He-

---

[68] Vgl. Kabinettsprotokolle Baden I (wie Anm. 16), S. 297; Landrat Wilhelm Schindele in der Beilage der Badischen Presse zur Räumung der besetzten Gebiete vom 1.7.1930, Artikel *Gruß an das Hanauer Land*; GLAK 233/39360, Badische Landeszeitung, 16.4.1919, Artikel *Bericht aus Kehl*.

[69] So im Fall der versuchten Vergewaltigung an der 10-jährigen Marie R. 1927; GLAK 233/12114, Abschrift der Meldung der Gendarmerie Kehl, 24.11.1927.

[70] So im Fall des 1919 von Soldaten erschossenen Landwirts Georg Lusch; GLAK 233/11891.

mingway (1899–1961), der 1922 und 1923 als Journalist für den ›Toronto Daily Star‹ im Kehler Brückenkopfgebiet unterwegs war. In einer Reportage über den Grenzübertritt von Straßburg nach Kehl führt er z.B. aus, dass Franzosen und Ausländer die Grenze leicht passieren könnten: *Wenn sie zufällig* [aber] *ein Einwohner von Kehl sind* [...] *dann müssen Sie Schlange stehen,* [...], *ihr Name wird in einer Kartei nachgeschlagen, und wenn Sie je etwas gegen die französische Regierung gesagt haben, so werden sie ausgefragt und ihre Personalien werden aufgenommen, und am Ende bekommen Sie den Stempel auch. Jedermann kann über die Brücke gehen, aber den Deutschen machen die Franzosen Schwierigkeiten*[71]. Neben Schikanen bei Grenzübertritten spricht Hemingway hier aber auch die Einschränkung der Meinungsfreiheit im besetzten Gebiet an. Diese betraf jedoch neben den hier angesprochenen Äußerungen des Einzelnen im öffentlichen Raum auch die Presse. Es herrschte de facto Zensur[72] und den Franzosen missliebige Artikel hatten des Öfteren das zeitweilige Verbot lokaler Zeitungen[73] und die Einfuhrverweigerung von Zeitungen aus dem nichtbesetzten Deutschland[74] zur Folge. Selbst bei offiziellen Besuchen des badischen Staatspräsidenten im besetzten Gebiet konnte die freie Meinungsäußerung zum Problem werden. So etwa im Jahr 1925, als ein Besuch des damaligen Amtsinhabers Willi Hellpach (1877–1955)[75], DDP, beim Hanauer Heimattag am 26. und 27. September in Kehl anstand. Bei den kurz zuvor am 12. September abgehaltenen Südwestdeutschen Heimattagen in Karlsruhe hatte Hellpach nämlich eine Rede gehalten, die auf heftigen Widerspruch des lokalen Delegierten der Interalliierten Rheinlandkommission, Rey, stieß[76]. Hellpach hatte u.a. vom Elsass als einem dem Reich entrissenen Territorium gesprochen[77]. Des Weiteren zollte er den Herausgebern der in Zabern seit dem Mai 1925 erscheinenden Wochenschrift ›Zukunft‹, die ein elsässisches Sprachrohr gegen die von Frankreich betriebene Sprachassimilation im Land war, Respekt. In diesem Zusammenhang bekundete er außerdem sein Mitgefühl mit den Elsässern, die doch 1918 kurz davor gestanden hätten, ein freier Bundesstaat im Rahmen eines großen Reiches zu

---

[71] E. HEMINGWAY, Gesammelte Werke, Bd. 10: 49 Depeschen. Ausgewählte Zeitungsberichte und Reportagen aus den Jahren 1920–1956, hg. von E. SCHNABEL, Hamburg 1977, S. 32.
[72] Vgl. Chronik (wie Anm. 1), S. 30; Badische Landeszeitung, 4.4.1919, in: GLAK 233/39360.
[73] Vgl. ANF AJ/9/255, Dossier 11630.
[74] Bis 1920 war die Einfuhr deutscher Zeitungen ganz verboten, danach erfolgten u.a. zeitweilige Verbote nach der Publikation politisch unerwünschter Artikel; vgl. GLAK 233/12019.
[75] Willy Hugo Hellpach (1877–1955); ev.; Psychologe, Journalist, Politiker (DDP); 1904 Eröffnung einer Nervenarztpraxis in Karlsruhe; 1911 ao. Prof. in Karlsruhe; 1921 apl. beamteter Prof. in Karlsruhe, Gründung des Sozialpsychologischen Instituts; 1922–1925 Kultusminister in Baden; 1924–1925 Staatspräsident; 1925 Kandidat im ersten Wahlgang der Reichspräsidentenwahl; 1926–1955 »Ordentlicher Honorarprofessor« für Psychologie in Heidelberg; 1928–1930 MdR; vgl. W. STALLMEISTER, in: BWB II, S. 209–212.
[76] Vgl. zu diesem Fall, wo nicht anders vermerkt: Karlsruher Zeitung, 14.9.1925, Artikel *Südwestdeutscher Heimattag in Karlsruhe*; Karlsruher Zeitung, 28.9.1925, Artikel *Staatspräsident Dr. Hellpach zum Kehler Vorfall*; Artikel *Die deutsche Volkspartei zum Verhalten der Kehler Besatzungsbehörde*; Artikel *Der Hanauer Heimattag in Kehl*; K.-H. ROTHENBERGER, Die elsasslothringische Heimat- und Autonomiebewegung zwischen den beiden Weltkriegen, Bern u.a. 1975, S. 89–103.
[77] [...] ›arrachés‹ *à l'empire*; ANF AJ/9/5432, Rey an Tirard vom 30.9.1925.

werden⁷⁸, und die *nunmehr doch* [nur …] *eine bloße Provinz Frankreichs* seien. Rey machte daraufhin in einem Gespräch mit Landrat Schindele am 22. September deutlich, dass derartige Äußerungen des Staatspräsidenten beim Hanauer Heimattag nicht toleriert würden, und verlangte eine Zusicherung, dass Hellpach die Situation in Elsass-Lothringen nicht ansprechen würde⁷⁹. Schindele äußerte Bedenken, dies dem Staatspräsidenten mitzuteilen, wohl vorausahnend, was folgen würde. Denn Hellpach war zwar durchaus bereit, sich bei seinem Auftritt in Kehl in Zurückhaltung zu üben, empfand die Forderung Reys jedoch als demütigende Herabwürdigung und sagte seinen Besuch des Heimattages aus Protest öffentlich ab. An seiner Stelle reiste Innenminister Adam Remmele (1877–1951)⁸⁰, SPD, nach Kehl, der sich in seiner Ansprache nicht zur politischen Situation im Elsass äußerte (*Abb. 6*).

Für die in den besetzten Gebieten lebende Bevölkerung konnten kritische Äußerungen über die Besatzungsmacht erheblich härtere Konsequenzen haben als für den badischen Staatspräsidenten oder als kleinere Schikanen beim Grenzübertritt. Sie – wie auch anderweitiges (politisches) Fehlverhalten – wurden zuweilen mit Strafmaßnahmen wie Gefängnis⁸¹ oder auch Ausweisung aus den besetzten Gebieten geahndet. Gerade letzteres traf auch zahlreiche badische Beamte, die sich gegenüber der Besatzungsmacht als zu widerspenstig erwiesen hatten. Aber auch andere politisch missliebige Personen wurden gerade zu Beginn der Besatzungszeit ausgewiesen⁸², zuweilen gar ohne nähere Angabe von Gründen. Dieses Schicksal ereilte z. B. auch die Mitglieder des Kehler Volksrates kurz nach dem Einmarsch der Franzosen Anfang Februar 1919⁸³. Sie konnten jedoch im Lauf des Jahres 1919 wieder zurückkehren⁸⁴. Höhepunkt derartiger Maßnahmen war ohne Zweifel die Ruhrkrise 1923. Gerade aus dem Offenburger Raum wurden neben diversen

---

⁷⁸ Diese Bemerkung Hellpachs war nun eine recht freimütige Interpretation der Elsass-Lothringen-Frage gegen Ende des Ersten Weltkrieges, da doch gerade 1918 vielmehr der Höhepunkt einer Diskussion war, das Reichsland zwischen verschiedenen Bundesstaaten aufzuteilen; vgl. M. Furtwängler, Heinrich von Bodman und Karl von Weizsäcker. Regierungspolitik und Handlungsstrategien im letzten Kriegsjahr 1918, in: ZWLG 79 (2020), S. 13–27.

⁷⁹ Zu diesem Gespräch vgl. ANF AJ/9/5432, Rey an Tirard vom 30.9.1925.

⁸⁰ Adam Remmele (1877–1951); ev.; Müller, Gewerkschafter, Journalist, Politiker (SPD); 1903–1905 Gründer und Leiter des städtischen Arbeitsamtes Ludwigshafen; 1908–1918 Redakteur der ›Volksstimme‹ Mannheim; 1918 Kriegsdienst; 1918/19 führende Rolle im Elferausschuss und im engeren Ausschuss der Landeszentrale der Arbeiter- und Soldatenräte; 1919–1929 badischer Innenminister; 1919–1931 Mitglied des Reichsrates; 1922–1923 und 1927/28 badischer Staatspräsident; 1925–1926, 1929–1931 auch badischer Kultusminister; 1928–1933 MdR; 1929–1931 auch badischer Justizminister; 1933–1934, 1944 KZ-Haft; Kabinettsprotokolle Baden II (wie Anm. 9), S. LXIX–LXXI; G. Wimmer, Adam Remmele. Ein Leben für die soziale Demokratie, Ubstadt-Weiher u. a. 2009.

⁸¹ Vgl. GLAK 233/39361, Ministerium der Auswärtigen Angelegenheiten an Justizministerium, 11.9.1919.

⁸² Vgl. auch Luise Jockers am 15.6.1919 wegen ihrer Agitation gegen die Annexionsabsichten der Besatzungsmacht; GLAK 233/39360, Aussage Jockers, 17.6.1919.

⁸³ GLAK 233/39360, Ministerium der Auswärtigen Angelegenheiten an deutsche Waffenstillstandskommission Berlin, 10.10.1919 (Entwurf).

⁸⁴ GLAK 233/27825, Ministerium des Innern an Staatsministerium, 22.9.1920.

Abb. 6 Adam Remmele (1877–1951), Politiker (SPD), 1919–1929 Innenminister in Baden, 1922–1923, 1927–1928 badischer Staatspräsident.

Eisenbahnbeamten zahlreiche lokale Spitzenbeamte und Politiker ausgewiesen[85]. Ziel der Besatzungsmacht war es vermutlich, durch die Ausweisung solcher Personen dem Widerstand gegen ihre Maßnahmen die Spitze zu nehmen[86]. Nach der Rückgabe der »Einbruchsgebiete« 1924 spielte das Instrument der Ausweisung allerdings keine nennenswerte Rolle mehr.

Wie in den übrigen besetzten Gebieten waren die politischen Probleme zwischen der Besatzungsmacht und der deutschen Bevölkerung und Verwaltung allerdings auch in Baden begleitet von propagandistischen Verzerrungen und Übertreibungen. So berichtete z. B. die ›Badische Presse‹ in ihrer Ausgabe vom 16. August 1920, das französische Mili-

---

[85] Vgl. Chronik (wie Anm. 1), S. 30, 34; KUHN (wie Anm. 7), S. 318–320, 324 f.; SCHOLTYSECK (wie Anm. 7), S. 55 f., 60 f.; Landrat Wilhelm Schindele spricht 1930 für die Zeit der Ruhrkrise von 36 ausgewiesenen Beamten, wovon vier mit Haftstrafen belegt worden seien; vgl. Beilage zur Badischen Presse zur Räumung der besetzten Gebiete vom 1.7.1930, Artikel *Gruß an das Hanauer Land*.

[86] Vgl. KUHN (wie Anm. 7), S. 325.

tärmusikkorps würde in den frühen Morgenstunden und auch nachmittags direkt vor dem Kehler Krankenhaus Übungen abhalten, einen *Höllenlärm* veranstalten und damit die Ruhe der Kranken massiv – und das wurde suggeriert – absichtlich stören[87]. Beschwerden von deutscher Seite hätten nur zu einer Verschärfung der Situation geführt. Bezirksamtmann Schindele machte in seinem Bericht vom 2. September 1920 nach Karlsruhe jedoch deutlich, dass es sich bei dem Artikel um eine starke Übertreibung handeln würde, zudem fänden die Übungen nach einer Beschwerde bei der französischen Militärverwaltung nun in wesentlich größerer Entfernung zum Krankenhaus statt[88].

Neben diesen politisch-atmosphärischen Konfliktfeldern brachte die Okkupation auch massive materielle Belastungen für das besetzte Gebiet mit sich. Zum einen erfolgten seitens der Besatzungsarmee Requisitionen. Diese wurden den Gemeinden zwar von Reichsseite ersetzt, doch dies geschah oft mit erheblicher zeitlicher Verzögerung und mitunter nur teilweise, was die kommunalen Haushalte stark belastete[89].

Vor allem aber erwies sich die Unterbringung der Besatzungstruppen, die auch von deutscher Seite zu gewährleisten war, als großes Problem. Zur Erinnerung: rund 15.000 Mann marschierten Ende Januar 1919 in das relativ kleine Besatzungsgebiet ein, in dem damals nur knapp 29.000 Einwohner lebten[90]. Zwar sank die Besatzungsstärke bereits bis Mitte September 1919 auf rund 4.000 Mann[91] und im Herbst 1927 betrug sie nur noch 2.425 Mann[92]. Doch auch diese reduzierte Truppenstärke war für das Brückenkopfgebiet noch eine erhebliche Belastung. Die französischen Truppen wurden zu einem wesentlichen Teil in Kehl selbst stationiert, aber auch rund die Hälfte der umliegenden Dörfer des Brückenkopfes hatte zunächst Soldaten und Offiziere unterzubringen. Erst ab 1924 zogen die Truppen aus den meisten dieser Ortschaften ab[93]. Die Modalitäten der Einquartierung der französischen Verbände wurden zunächst allein durch die Anweisungen der Besatzungsmacht vor Ort bestimmt, erst das Rheinlandabkommen schuf hier für die deutsche Seite eine halbwegs gesicherte allgemeine Grundlage[94]. Grundsätzlich war

---

[87] Badische Presse, 16.8.1920, Artikel *Die Franzosen vor dem Kehler Krankenhaus*.

[88] GLAK 233/39366, Schindele an Ministerium der Auswärtigen Angelegenheiten, 2.9.1920; vgl. weiterer Fall GLAK 233/39367, Schindele an Ministerium des Innern, 2.1.1920.

[89] Vgl. KUHN (wie Anm. 7), S. 321; GLAK 233/39360, Niederschrift der Ergebnisse einer Besprechung, 19.2.1919; 233/27825, Telegramm Remmele an Nieser, Oktober 1923; 233/11960, Bezirksamt Kehl an Staatsministerium, 24.2.1921; vgl. allgemein: SÜSS (wie Anm. 46), S. 27 f.

[90] Genau wurden zum Stichtag 8.10.1919 vom Statistischen Landesamt in Baden im Brückenkopfbezirk 29.092 Einwohner angegeben. Bis zum 16.6.1925 war die Einwohnerzahl auf 30.418 gestiegen; vgl. Die Wahlen zum Reichstag am 4. Mai 1924 in Baden, bearbeitet vom Badischen Statistischen Landesamt, Karlsruhe 1924, S. 19 f.; Die Reichstagswahl am 20. Mai 1928 in Baden auf Grund amtlichen Materials, bearb. und hg. vom Badischen Statistischen Landesamt, Karlsruhe 1928, S. 28, 38; vgl. auch GLAK 233/11958, Aufstellung der in einzelnen Orte einquartierten Truppen mit deren Einwohnerzahl, o. D.

[91] Vgl. GLAK 233/39361, Alfred Hüter (Stationsamt Kehl) an Legationsrat Scheffelmeier, 16.9.1919.

[92] GLAK 233/25932, Bezirksamt Kehl an Ministerium des Innern, 14.10.1927 (Abschrift). Dies entsprach damals etwa 4 % der gesamten in Deutschland noch stationierten französischen Truppen; vgl. GLAK 233/12022, Reichsministerium für die besetzten Gebiete, Aufstellung der Besatzungsstärken.

[93] RUSCH (wie Anm. 1), S. 221.

[94] SÜSS (wie Anm. 46), S. 119 f.

dabei die Stellung von Unterkünften, aber auch von Gemeinschafts- und Verwaltungsräumen Sache der deutschen Seite bzw. des Reiches. Gemäß Rheinlandabkommen durften Mannschaften und Unteroffiziere zwar in Gemeinschaftsunterkünften bzw. Kasernen untergebracht werden, für die Offiziere waren jedoch auch Privatquartiere zur Verfügung zu stellen (Art. 8b)[95]. Gemeinschaftsunterkünfte ließen sich in den alten Kasernenanlagen und den Forts des Brückenkopfgebietes noch relativ gut finden, wenngleich auch hier zu Beginn der Besatzung in manchen Dörfern Wirtshäuser und Tanzsäle, aber auch Schulgebäude durch Truppen belegt wurden[96]. Problematischer war hingegen die Unterbringung der Offiziere. Gerade in den Dörfern des Hanauerlandes gab es keinerlei Wohnungen oder Häuser, die für diesen Zweck frei waren und einfach beschlagnahmt werden konnten. Die Bauernhäuser waren alle bewohnt und die Bauern konnte man nicht einfach auf die Straße setzen. Die Folge davon war, dass mitunter zwei Familien oder Parteien in einem kleinen Bauernhaus logierten, Konflikte waren hier vorgezeichnet[97]. In späteren Jahren der Besatzungszeit verzichtete die französische Militärverwaltung daher in einigen Fällen auf die Stationierung von Offizieren in den kleinen Dörfern[98]. Aber auch in Kehl selbst standen für die französischen Offiziere nicht genügend Wohnungen zur Verfügung. Hier waren jedoch aufgrund der Vielzahl und des meist höheren Ranges dieser Offiziere Beschlagnahmungen von Privatwohnungen unvermeidlich[99], die oft von einem Tag auf den anderen zur Verfügung gestellt werden mussten. Dabei kam es auch zu diversen Willküraktionen[100]. So verlangte Lieutnant-Colonel Rey 1921 als neuer Delegierter der Interalliierten Rheinlandkommission in Kehl als Unterkunft das Haus des Fabrikanten Carl Rehfus[101]. Das Nachbaranwesen Fischer, das sein Vorgänger bewohnt hatte, sei zu klein, schließlich habe er *als Delegierter das Recht [...], standesgemäß zu wohnen*[102]. Alle Proteste und Interventionen gegen dieses Ansinnen halfen letztlich nichts, Rehfus musste in das Haus Fischer umziehen, während Rey in Rehfus' Haus einzog. Um Requirierungen von Privathäusern möglichst unnötig zu machen, setzte daher 1920 eine vom Reich finanzierte Bautätigkeit zur Errichtung von Gebäuden

---

[95] RGBl. 1919, S. 1343f.
[96] Vgl. GLAK 233/11960, Bezirksamt Kehl an Staatsministerium, 24.2.1921 (Wirtshäuser in Linx); Bezirksamt Kehl an Reichsvermögensverwaltung Kehl, 25.6.1921 (Realschule Rheinbischofsheim); 233/11958, Bezirksamt Kehl an Ministerium der Auswärtigen Angelegenheiten, 17.8.1920.
[97] Vgl. GLAK 233/11958, Bezirksamt Kehl an Ministerium der Auswärtigen Angelegenheiten, 17.8.1920.
[98] GLAK 233/11958, Bezirksamt Kehl an Ministerium der Auswärtigen Angelegenheiten, 6.7.1920.
[99] Vgl. GLAK 233/11958, Bürgermeister Weis an Bezirksamt Kehl, 21.5.1920 (Abschrift).
[100] Vgl. auch Wohnungsforderungen des Brückenkopfkommandanten General Biesse für französische Privatfamilien, was zu Protesten und zur Rücknahme der Forderungen führte; vgl. GLAK 233/11958, 27.5.1920, 7.8.1920.
[101] Carl Rehfus (1857–1926) bekannt auch unter dem Namen Oberländer, Fabrikant, Jagdschriftsteller und Kynologe. Die Familie Rehfus betrieb von 1867 bis 1963 in der Kahllach in Kehl eine Hutfabrik; http://deutsches-jagd-lexikon.de/index.php?title=Oberländer.
[102] GLAK 233/11960, Bezirksamt Kehl an Staatsministerium, 29.7.1921 (Zitat); für das Folgende: ebd., Rehfus Cie. an Landeskommissär Freiburg, 25.8.1921; Rehfus an Reichskommissar für die besetzten Gebiete, 1.9.1921; vgl. zu diesem Fall auch ANF AJ9/108/B Dossier 6576, General Biesse an den Präsidenten der Rheinlandkommission, 6.10.1921.

für die Besatzungsmacht ein. Im April 1920 schloss das Reichsvermögensamt Landau mit der Stadt Kehl einen Vertrag über den Bau von Wohnungen für Besatzungsfamilien. Kehl übernahm die Ausführung, das Reich trug die Kosten[103]. Bis 1926 wurden so insgesamt 115 Wohnungen errichtet und damit der damals noch bestehende Bedarf für die Offiziere der Besatzungstruppen weitgehend gedeckt[104]. Wenngleich die Wohnraumsituation in Kehl und Umgebung weiterhin angespannt blieb, so war dies nun nicht mehr direkt Ausfluss der Besetzung[105].

Neben Requisitionen und Einquartierungen hemmte zu Beginn der Besatzungszeit eine fast vollständige Abriegelung des Brückenkopfgebietes gegenüber dem unbesetzten Deutschland die wirtschaftliche Entwicklung der Region[106] (*Abb. 7*): Aus- und Einreise, Waren- und Nachrichtenverkehr waren mehrere Monate unterbunden oder zumindest erheblich eingeschränkt. Einige Beispiele mögen dies verdeutlichen. So bestimmte die Ordonance Nr. 72 vom 17. Februar 1919, dass nur die für die Ernährung der Zivilbevölkerung unmittelbar nötigen Lebensmittel und die für die Industrie nötigen Rohstoffe und verarbeiteten Gegenstände ins Brückenkopfgebiet eingeführt werden durften[107]. Allerdings wurde selbst dies im Frühjahr 1919 zeitweise wieder revidiert und mit einer Genehmigungspflicht versehen[108]. Erst ab 1. August 1919 war der Warenimport ins Brückenkopfgebiet frei[109]. Die Warenausfuhr ins unbesetzte Deutschland hingegen untersagte Verfügung Nr. 72 mit Ausnahme weniger Produkte. Auf diese Ausnahmen bezogene Anträge wurden zudem vielfach abgelehnt[110] oder die Erteilung der Genehmigung dauerte oft Wochen[111]. Ausgenommen von diesen Hindernissen blieb nur die im Kehler Hafen lagernde Kohle, die zur Versorgung von Südbaden bestimmt war. Sie durfte von Anfang an abtransportiert werden[112]. Neben den genannten Handelsbeschränkungen blieb gerade für größere Unternehmen vor allem die Aufrechterhaltung der Kommunikation mit Kunden und Lieferanten schwierig. Der Post- und Telefonverkehr war bis in den Herbst 1919 hinein eingeschränkt bzw. nur mit langen Verzögerungen und unter

---

[103] GLAK 233/11958, Vertrag vom 26.4.1920.
[104] GLAK 233/12065, Badischer Bevollmächtigter beim Reichsrat an Staatsministerium, 31.3.1926.
[105] Die angespannte Wohnungssituation hatte neben der allgemein angespannten Lage auf dem Wohnungsmarkt in Kehl offenbar auch damit zu tun, dass sich in der Region viele aus dem Elsass ausgewiesene Person niederließen; vgl. GLAK 233/12065, Protokoll einer Besprechung von Innenminister Remmele über wirtschaftliche Fragen am 26.9.1925 in Kehl.
[106] Hinsichtlich der Schwierigkeiten von Handel und Gewerbe bei der Aufrechterhaltung der eigenen Kommunikationswege vgl. Kabinettsprotokolle Baden II (wie Anm. 9), S. 287 f.; Chronik (wie Anm. 1), S. 33.
[107] Die Verfügung Nr. 72 ist enthalten in GLAK 233/39360.
[108] GLAK 233/39360, Ministerium der Auswärtigen Angelegenheiten an Erzberger, 7.5.1919.
[109] RUSCH (wie Anm. 1), S. 221.
[110] GLAK 233/39360, Ministerium der Auswärtigen Angelegenheiten an Erzberger, 7.5.1919; Niederschrift einer Besprechung mit Innenminister Haas, Bürgermeister Weis (Kehl) u. a., 19.2.1919.
[111] GLAK 233/39360, Handelskammer für Offenburg und Kehl an Ministerium des Innern, 3.5.1919 (Abschrift).
[112] GLAK 233/39360, Divisionsgeneral Nudant an General von Hammerstein, Vorsitzender der deutschen Waffenstillstandskommission Berlin, 19.2.1919 (Abschrift).

Abb. 7   Hohe militärische Präsenz im Brückenkopfgebiet während der Besatzungszeit: eine Batterie französischer Geschütze vor dem Kehler Bahnhof.

Zensurbedingungen möglich[113]. Der Reiseverkehr ins unbesetzte Deutschland war zunächst ebenfalls gänzlich verboten oder anschließend nur mit Einschränkungen möglich. So hatten z. B. im Februar 1919 die im Brückenkopfgebiet ansässigen Industriellen, Handwerker und Händler jeweils einen Vertreter pro Branche zu ernennen, dem die Ausreise ins unbesetzte Gebiet erlaubt werden sollte und der dann für sich und seinen Kollegen die nötigen Ankäufe zu tätigen hatte[114]. Noch im August 1919 gab es massive Reisebeschränkungen gerade für größere Unternehmer[115]. Erst mit dem Inkrafttreten des Versailler Vertrages Anfang 1920 entfielen diese hemmenden Reisebeschränkungen vollständig[116].

Dies verdeutlicht, dass man gerade im ersten Jahr der Besatzungszeit 1919 im Brückenkopfgebiet mehrere Monate mehr oder weniger auf sich selbst gestellt war, da auch der wirtschaftliche Verkehr mit dem Elsass verwehrt blieb. Diese verminderten Kommunikations- und Reisemöglichkeiten zogen naturgemäß gerade für die jenseits lokaler Grenzen agierenden Unternehmen Umsatzverluste nach sich, da die Kunden der betroffenen Be-

---

[113]   GLAK 233/39360, Badische Landeszeitung, 9.4.1919; Reichspostministerium an Wolff-Büro, 7.4.1919; GLAK 233/39361, Rundschreiben Reichspostminister, 4.11.1919; Chronik (wie Anm. 1), S. 33.

[114]   GLAK 233/39360, Protokoll der Versammlung der im Brückenkopf ansässigen Industrie, Handel und Handwerk, 28.2.1919 (Abschrift).

[115]   GLAK 233/39361, Rehfus und Cie. an Ministerium der Auswärtigen Angelegenheiten, 26.8.1919; Schreiben Firma Rehfus an Brückenkopfkommandanten, 27.8.1919.

[116]   Vgl. GLAK 233/27825, Ministerium der Auswärtigen Angelegenheiten an Staatsministerium, 5.2.1920.

Abb. 8 Der Sozialdemokrat Dr. Emil Kraus (1893–1972), 1925–1929 Bürgermeister von Kehl.

triebe an die Konkurrenz abwanderten[117]. Aufgrund der Kleinräumigkeit des Gebiets konnten diese Verluste auch kaum intern kompensiert werden, teilweise mussten Betriebe schließen, die Arbeitslosigkeit stieg[118], der Schmuggel nahm erheblich zu[119].

Dieses Szenario sollte sich 1923/24 im Gefolge der Ruhrkrise in den »Einbruchsgebieten« um Offenburg in durchaus ähnlicher Weise wiederholen[120]. Dort kam jedoch noch hinzu, dass die Ausweitung des Besatzungsraumes die wirtschaftliche Lebensader Badens, nämlich die Rheintaleisenbahn, durchschnitt. Dies hatte für Baden insgesamt negative wirtschaftliche Auswirkungen. Zwar konnten die Züge über Pforzheim, Villin-

---

[117] GLAK 233/39361, Schreiben der Geschäftsleitung eines Betriebes im Kehler Raum, 2.8.1919 (Abschrift).
[118] Vgl. GLAK 233/39360, Niederschrift Besprechung, 19.2.1919; Badische Landeszeitung, 16.4.1919, Artikel *Bericht aus Kehl*, in: ebd.
[119] Vgl. GLAK 233/27825, Stellungnahme Oberamtmann Holderer, 24.7.1919; Badischer Beobachter, 10.9.1919.
[120] SCHOLTYSECK (wie Anm. 7), S. 56; KUHN (wie Anm. 7), S. 321.

gen und Donaueschingen umgeleitet werden, doch dies war letztlich mit erheblichem Zeitverlust und Aufwand verbunden.

Auch nach Beseitigung der geschilderten Einschränkungen blieb die wirtschaftliche Lage gerade im Brückenkopfgebiet angespannt, lag die Arbeitslosigkeit in der Folgezeit höher als in anderen badischen Regionen[121]. Auch wenn dies nicht nur aus der Besatzungssituation als solcher resultierte, war es gleichwohl eine Folge des Ersten Weltkrieges (*Abb. 8*). Denn mit dem Rhein als neuer Staatsgrenze hatte Kehl, wie es dessen sozialdemokratischer Bürgermeister Dr. Emil Kraus[122] (1893–1972) 1925 ausdrückte, *sein Hinterland Straßburg verloren*[123]. Zwar waren in der Inflationszeit 1919–1923 aufgrund der günstigen Valutaverhältnisse viele Elsässer zum Essen und Kaffeetrinken nach Kehl gekommen, weshalb, wie es Hemingway in seinen Reportagen schildert, *die Bäckereien [...] in einer halben Stunde leergeräumt* waren[124]. Auch musste das Hanauerland kurz nach der Besetzung täglich 1.000 l Milch gegen Bezahlung nach Straßburg liefern[125]. Doch ansonsten stockten die wirtschaftlichen Beziehungen über den Rhein, denn der Fluss markierte während der Besatzungszeit die Zollgrenze zwischen Deutschland und Frankreich und die französischen Zollbestimmungen waren streng und hemmend[126]. Nach der Inflation spielte die Straßburger Bevölkerung als »Laufkundschaft« im Hanauerland kaum mehr eine Rolle[127] und die vor dem Krieg gängige Arbeitsmigration in die elsässische Hauptstadt war ohnehin nicht mehr möglich[128]. Selbst der Absatz landwirtschaftlicher Erzeugnisse nach Straßburg, auf die vor allem das Kehler Umland angewiesen war, brach weg[129] und einen Ersatz für Straßburg gab es nicht.

Fasst man die angeführten Aspekte über die Verhältnisse im Brückenkopfgebiet unter der französischen Besetzung zusammen, so wird man wohl konzedieren können, dass die zitierten Äußerungen von Staatspräsident Schmitt zwar etwas zu dramatisch formuliert waren, jedoch auf der realen Situation gründeten.

Wie hat nun die badische Regierung auf die Probleme der betroffenen Bevölkerung reagiert? Wie schon bei der Schilderung ihres Kampfes gegen Annexion und Separatismus erkennbar wurde, verfügte das Karlsruher Kabinett weder über Machtmittel noch

---

[121] Vgl. GLAK 233/12065, Protokoll von Besprechungen, 26.9.1925, 16.12.1925; Bürgermeister Kraus an Staatspräsidenten, 14.12.1927.
[122] Dr. Emil Kraus (1893–1972); rk.; Jurist, Volkswirt, Politiker (SPD, CDU); 1915–1918 Kriegsdienst; 1919–1921 leitender politischer Redakteur der ›Heidelberger Volkszeitung‹; 1919–1921 MdL in Baden für die SPD; 1922–1925 Geschäftsführer des Zentralverbandes der Angestellten; 1925–1929 Bürgermeister von Kehl; 1929 besoldeter Beigeordneter der Stadt Mainz; 1931–1933 dort Bürgermeister; 1932 Austritt aus der SPD; ab 1933 als Steuerberater tätig; 1941–1945 Kriegsdienst; 1945–1949 Oberbürgermeister von Mainz; 1949–1959 Oberbürgermeister von Frankenthal (Pfalz).
[123] GLAK 233/12065, Protokoll einer Besprechung in Kehl vom 26.9.1925.
[124] HEMINGWAY (wie Anm. 71), S. 32 f.; GLAK 233/25932, Kehler Zeitung, 22.4.1921.
[125] Badischer Beobachter, 18.3.1919, Artikel *Franz. Maßnahmen im besetzten Hanauer Land*; Badische Landeszeitung, 4.4.1919, beide in GLAK 233/39360; 233/39361, Bezirksamt Kehl an Kommandanten des Kehler Brückenkopfes, 29.11.1919.
[126] Vgl. GLAK 233/25932, Kehler Zeitung, 22.4.1921.
[127] GLAK 233/25932, Entschließung einer Versammlung, 5.4.1928.
[128] GLAK 233/12065, Protokoll von Besprechung, 26.9.1925; HEMINGWAY (wie Anm. 71), S. 54.
[129] GLAK 233/12066, Evangelische Kirchengemeinde Diersheim an Staatsministerium, 27.10.1930.

über weitreichende Autorität in der Frage der Besetzung. Ein wesentlicher Pfeiler badischen Agierens war daher Symbolpolitik. Dabei spielten Visiten der Regierung in die besetzten Gebiete eine durchaus wichtige Rolle. Nach mehrmonatigen intensiven Bemühungen bei französischen Regierungsstellen konnte das badische Kabinett am 23. Februar 1920 erstmals das Brückenkopfgebiet besuchen[130]. Eine große Menschenmenge begrüßte die fast vollzählig angereiste Regierung unter Führung von Staatspräsident Anton Geiß vor dem Kehler Rathaus, in dem dann eine Sitzung mit den geladenen Spitzen aus Wirtschaft, Verwaltung und Politik des gesamten Bezirks stattfand. Als Ziel des Besuchs bezeichnete Geiß in seiner Rede, dass er *ein sichtbares Zeichen dafür sein* [sollte], *daß wir ihn* [gemeint ist der Bezirk Kehl, M.F.] *nicht vergessen haben, und daß wir bereit sind, alles zu tun, was in unserer Kraft steht, um sein Dasein zu erleichtern. Da wo sich Nöte und Mängel zeigen, wollen wir in Verbindung mit den französischen Behörden auf ihre Abstellung hinarbeiten. Das ganze Badener Land fühlt mit ihnen*[131]. Die moralische Unterstützung der Besetzten stand somit im Zentrum der Visite. Dies zeigte sich auch bei weiteren Besuchen von Regierungsmitgliedern in den folgenden Jahren. Auch nutzte die Regierung öffentliche Feste wie den Hanauer Heimattag 1925, um Präsenz vor Ort zu zeigen und ihre Anteilnahme an den Nöten der Bevölkerung zu demonstrieren[132]. Natürlich wurden diese öffentlichkeitswirksamen Veranstaltungen ergänzt durch pragmatische Politik: Konferenzen, Tagungen und Besprechungen, auf denen die Probleme des Bezirks mit lokalen Vertretern diskutiert wurden[133]. Ziel der Regierungspolitik war es dabei, die Loyalität der Bevölkerung zu Baden und zum Reich zu erhalten und zu sichern[134].

Die alltägliche Verbindung der Regierung in die besetzten Gebiete stellten jedoch die badischen Beamten her, denn die zivile Verwaltung und die Rechtsprechung verblieben ja während der Besatzungszeit in deutscher Hand. Analog zur Reichsebene hatte man bereits 1919 mit Ministerialrat Scheffelmeier[135] einen Staatskommissar für die besetzten

---

[130] Vgl. Kabinettsprotokolle Baden II (wie Anm. 9), S. 152f., 158.
[131] Zitiert nach der Badischen Presse, 24.2.1920, Artikel *Der Besuch der Badischen Regierung im Brückenkopfgebiet*; vgl. GLAK 233/39368; FURTWÄNGLER, Lebenserinnerungen Geiß (wie Anm. 28), S. 98–103.
[132] Karlsruher Zeitung, 28.9.1925, Artikel *Der Hanauer Heimattag in Kehl*.
[133] Vgl. z.B. GLAK 233/12065, Protokolle von Besprechungen vom 26.9. und 16.12.1925; 233/11967, Aktenvermerk Ministerium des Innern, 13.2.1926.
[134] Vgl. GLAK 233/11958, Ministerium des Innern an Ministerium der Auswärtigen Angelegenheiten, 29.7.1919; 233/39361, Ministerium des Innern an Ministerium der Finanzen, 29.11.1919; Kabinettsprotokolle Baden II (wie Anm. 9), S. XV, 82.
[135] Dr. Karl Scheffelmeier (1878–1938); ev.; Jurist; Studium in Heidelberg, München und Berlin; 1907 Legationssekretär im Ministerium des Großherzoglichen Hauses und der Auswärtigen Angelegenheiten; 1913 Legationsrat und Hilfsreferent ebendort; 1914 Vortragender Rat und Ministerialrat ebendort; 1914 zum Heeresdienst eingezogen, später in der Zivilverwaltung in Flandern beschäftigt, Hauptmann; 1920–1923 Ministerialrat im Staatsministerium; 1923 (April)–1930 (Juli) Ministerialrat im MdI; 1930–1938 Landeskommissär von Mannheim; 1938 Selbstmord wegen eines geringfügigen Dienstvergehens; vgl. GLAK 233 Nr. 3573f. und Nr. 23802; 236 Nr. 29261; 456 E Nr. 10661; 465 c Nr. 1859; RUCK, Korpsgeist und Staatsbewußtsein: Beamte im deutschen Südwesten 1928–1972, München 1996, S. 199 mit Anm. 42.

Abb. 9 Wilhelm Schindele (1879–1963), Jurist, 1920–1940 Vorstand des Bezirksamts Kehl (ab 1924 Amtsbezeichnung Landrat).

Gebiete ernannt, der die Regierungsaktivitäten koordinieren sollte[136]. Vor Ort liefen die Fäden beim Bezirksamtmann (ab 1924 Landrat) in Kehl zusammen. Wie sehr die Regierung auf ein positives Wirken gerade dieses Beamten setzte, zeigt der Umstand, dass der 1918 amtierende Stelleninhaber Dr. Julius Holderer (1866–1950)[137] bereits ein Jahr später ausgetauscht wurde[138] – nicht zuletzt weil man ihm vorwarf, sich einerseits gegenüber der Besatzungsmacht zu devot zu verhalten und sich andererseits nur unzureichend um

---

[136] GLAK 233/27824, Dietrich an Reichsministerium des Innern, 8.7.1919; Staatsministerium an übrige Ministerien, 24.6.1919; Bericht Staatskommissar Scheffelmeier an Staatspräsident Geiß, 15.7.1920.

[137] Dr. Julius Holderer (1866–1950); ev.; Jurist; 1894 Eintritt in die badische Innenverwaltung; 1896 Amtmann; 1900 Oberamtmann; 1906 Amtsvorstand in Kehl; 1913 Geheimer Regierungsrat; 1920–1931 Amtsvorstand bzw. Landrat in Pforzheim; 1931 Zurruhesetzung; W. ANGERBAUER (Red.), Die Amtsvorsteher der Oberämter, Bezirksämter und Landratsämter in Baden-Württemberg 1810–1972, hg. von der Arbeitsgemeinschaft der Kreisarchive beim Landkreistag Baden-Württemberg, Stuttgart 1996, S. 324.

[138] Er wurde zum 3.11.1919 seines Amtes enthoben und nach Pforzheim versetzt; vgl. GLAK 233/39361, Ministerium des Innern an Ministerium der Auswärtigen Angelegenheiten, 6.10.1919.

eine positivere Stimmung in der Bevölkerung zu bemühen[139]. Sein bis 1940 amtierender Nachfolger Oberamtmann Wilhelm Schindele (1879–1963)[140] erwies sich in den Augen der Regierung dann als bessere Wahl (*Abb. 9*). Er verstand es, einerseits die badischen Interessen mit Nachdruck gegenüber den französischen Besatzungsbehörden zu vertreten, andererseits bemühte er sich aber auch, die Beweggründe seiner Verhandlungspartner miteinzubeziehen, wenngleich seine Beziehung zum Delegierten Rey unterkühlt blieb[141]. Zudem hatte er einen Sinn für die Realitäten[142], was der Regierung ungeschönte Einschätzungen der Lage vor Ort bescherte. Andererseits betrachtete sich Schindele durchaus auch als Anwalt der kleineren Orte seines Bezirks gerade im Verhältnis zu Kehl[143], was mitunter zu Konflikten mit dem Kehler Bürgermeister führte[144].

Doch auch die übrigen Beamten hatten sich aus Regierungssicht so zu verhalten, dass sie als Vorbilder für die Bevölkerung gelten konnten. Als sich Ende 1919 die Anträge von Staatsdienern mehrten, ins unbesetzte Baden versetzt zu werden, um der Besatzungssituation zu entfliehen, sah man dies in Karlsruhe als Verstoß gegen diesen Verhaltenskodex an. Außenminister Dietrich stellte in seiner Replik daher klar, dass *es nötig [sei], daß die mit den Verhältnissen vertrauten Beamten auf ihrem Platz bleiben und der Bevölkerung ein Beispiel mutigen Ausharrens geben*[145]. Allerdings erkannte die Regierung die für die Beamten belastende Situation im Besetzungsgebiet durchaus an und war bereit, ihnen mit materiellen Vergünstigungen entgegenzukommen[146]. Diese Fürsorge zeigte sie auch bei jenen Beamten, die aufgrund ihrer dienstlichen Tätigkeit aus den besetzten Gebieten von Frankreich ausgewiesen wurden[147].

Hinsichtlich der Maßnahmen der Besatzungsmacht, über die ein Dissens bestand und mit denen die badische Seite nicht einverstanden war, blieb das Handlungsspektrum Karlsruhes begrenzt: Außer diplomatischen Protesten über die Reichsebene[148] umfasste es nur das Vorsprechen der örtlichen Beamten bei den Besatzungsbehörden sowie die

---

[139] GLAK 233/27825, Stellungnahme Holderer, 24.7.1919; 233/39360, Ministerium der Auswärtigen Angelegenheiten an Ministerium des Innern, 10.7.1919, vgl. Kabinettsprotokolle Baden II (wie Anm. 9), S. 82.

[140] Wilhelm Schindele (1879–1963); ev.; Jurist, Landrat; ab 1914 Amtmann an verschiedenen badischen Bezirksämtern; 1918 Tätigkeit im MdI; ab 1919 (19.11.) Amtmann, Oberamtmann und Amtsvorstand bzw. Landrat in Kehl; 1940–1944 als Oberkriegsverwaltungsrat zum Kriegsdienst einberufen; 1946 vorläufige, 1950 endgültige Zurruhesetzung; GLAK 236/29299–29301; Angerbauer (wie Anm. 137), S. 496.

[141] ANF AJ/9/5175, Bericht Reys vom 9.6.1925; ANF AJ/9/5432, Rey an Tirard 30.9.1925.

[142] Vgl. seine Kritik an Übertreibungen der Presse: GLAK 233/39366, Schindele an Ministerium der Auswärtigen Angelegenheiten, 2.9.1920; 233/39367, Schindele an Ministerium des Innern, 2.1.1920.

[143] Vgl. z.B. GLAK 233/11960, Bezirksamt Kehl an Staatsministerium, 24.2.1921; 233/11958, Bezirksamt Kehl an Ministerium der Auswärtigen Angelegenheiten, 17.8.1920.

[144] Vgl. GLAK 233/12224; ANF AJ/9/5175, Bericht Reys, 9.6.1925.

[145] GLAK 233/39361, Außenminister Dietrich an Reichsministerium des Innern, 25.9.1919 (Konzept); vgl. auch GLAK 233/23977.

[146] Vgl. z.B. GLAK 233/23977, Finanzminister an übrige Minister, 14.10.1924; 233/39361, Ministerium der Finanzen an Ministerium der Auswärtigen Angelegenheiten, 31.11.1919.

[147] Vgl. Kuhn (wie Anm. 7), S. 322f.

[148] Vgl. z.B. GLAK 233/39360, Ministerium der Auswärtigen Angelegenheiten an Auswärtiges Amt Berlin, 11.7.1919; 233/11978; 233/11981.

Übermittlung von eigenen Regierungsprotesten und Bitten gegenüber der französischen Brückenkopfverwaltung. Die Erfolge derartiger Bemühungen bleiben zunächst überschaubar. Dies zeigte sich besonders deutlich bei der ersten großen Visite des Kabinetts in Kehl 1920[149]. Der dabei getätigte Besuch beim Brückenkopfkommandanten General Biesse († 1922)[150] erwies sich als ein großer Misserfolg. Durch die schroffe und konfrontative Art, mit der dieser die badische Delegation behandelte, wurde den badischen Ministern sehr deutlich vor Augen geführt, dass die französische Seite zum damaligen Zeitpunkt an Kooperation wenig interessiert war. Noch in den wenige Jahre später niedergeschriebenen Lebenserinnerungen von Staatspräsident Anton Geiß ist dessen Verbitterung über die damalige Behandlung durch Biesse mit Händen greifbar[151]. Erst unter dessen Nachfolger, General Michel (1867–1957)[152], der ab März 1922 in Kehl wirkte, begleitete ein konzilianterer Ton die Politik der französischen Besatzungsbehörde[153]. Ein gewisser Paradigmenwechsel setzte dann Mitte der 1920er Jahre ein, als sich die französische Seite zuweilen sogar selbst darum bemühte, mit deutschen Regierungspolitikern ins Gespräch zu kommen. Dies zeigte sich z. B. am Bemühen des Delegierten Rey, einen Besuch von Innenminister Remmele im Hanauerland beim Pferderennen in Willstätt im Juli 1925 zu einem persönlichen Meinungsaustausch zu nutzen[154].

Ungeachtet der somit von Anfang an auf Verhandlungen ausgerichteten Politik des Karlsruher Kabinetts beteiligte sich die badische Seite im Ruhrkampf am passiven Widerstand in den 1923 neubesetzten Gebieten[155]. Die Beamten erhielten zunächst am 4. Februar die Anweisung, keine Befehle der Besatzungsbehörden entgegenzunehmen. Doch genaue Verhaltensregeln, die für alle Beamten galten, erließ das Kabinett zunächst nicht[156]. Ein allgemeiner Verhaltenskodex findet sich in den Quellen erst mit einem auf

---

[149] Badische Presse, 24.2.1920, Artikel *Der Besuch der Badischen Regierung im Brückenkopfgebiet*; vgl. GLAK 233/39368; FURTWÄNGLER, Lebenserinnerungen Geiß (wie Anm. 28), S. 100.
[150] Camille Charles Biesse († 1922); französischer Offizier; 1918 Kommandeur des 151. französischen Infanterieregiments, 1920–1922 Befehlshaber des französischen Brückenkopfs in Kehl, bis zu seinem Tod in der Besatzungsarmee tätig, zuletzt als Chef des Generalstabs; vgl. Le Journal des Debats vom 16.11.1922, Artikel *Les Obsèques du général Biesse à Mayence*, auf: http://Bussang.centerblog.net/rub-rub-thiefosse-faits-divers—2.html; Dominique THIÉBAUT, Lemaire. Une famille vosgienne dans les guerres des 19e et 20e siècles, auf: http://ouvroir.info/libresfeuillets/?m=20121102 (Zugriff für beide 30.11.2018). Seine Personalakte befindet sich im Archiv des SHD in Vincennes, Signatur GR 10Yd 1782.
[151] Vgl. FURTWÄNGLER, Lebenserinnerungen Geiß (wie Anm. 28), S. 100.
[152] Camille César Gustave Adolphe Michel (1867–1957); französischer Offizier; 1917 Brigadegeneral; 1922 (März) – 1924 (11.8.) Kommandant des französischen Brückenkopfes Kehl; 1924 Generalmajor (Général de Division); Kommandeur der Ehrenlegion; vgl. SCHOLTYSECK (wie Anm. 8), S. 62; Listes d'ancienneté des officiers de l'armée active: publication hors série de l'annuaire officiel de l'armée française, [Paris] [u. a.] 1923, S. 7; http://museedesetoiles.fr/piece/general-de-division-michel/ (Zugriff 30.11.2018); GLAK 233/25932.
[153] Vgl. Badische Presse, 10.3.1922, in: GLAK 233/25932.
[154] ANF AJ/9/5276, Rey an Tirard, 4.7. und 15.7.1925; vgl. auch das Bemühen Reys 1925 um den neuen Bürgermeister von Kehl Dr. Kraus; ANF AJ/9/5175, Bericht Reys vom 9.6.1925.
[155] Vgl. GLAK 233/24315, Sitzung vom 4.2.1923 TOP I mit Anlagen I–III.
[156] Das badische Justizministerium hatte an die Justizbeamten des besetzten Offenburger Gebietes bereits am 5.2.1923 Verhaltensrichtlinien übermittelt. Danach war es den Justizbeamten untersagt, an Zwangs- und Strafmaßnahmen mitzuwirken, die die Besatzungsmacht zur Durchsetzung widerrechtlicher Anordnungen unternimmt. Die Justizkasse und die Gerichtsvollzieher

den 15. Mai datierten *Amtliche*[n] *Merkblatt*. Allerdings bleibt unklar, inwieweit dieses Verbreitung fand[157]. Tatsächlich agierten die badischen Beamten in der Praxis in den »Einbruchsgebieten« aber wesentlich zurückhaltender als z.B. ihre Kollegen an der Ruhr. Ihr Handeln war eher darauf ausgerichtet, keine unnötige Verschärfung der Situation hervorzurufen[158]. Eine Tendenz, die schließlich auch bei der badischen Regierung sichtbar wurde. So geriet Innenminister Remmele im Frühsommer 1923 in einen heftigen Streit mit Reichskanzler Wilhelm Cuno (1876–1933)[159], dem er vorwarf, dass Stellen des Reiches hinter einem Sabotageakt an der Eisenbahnstrecke nahe Offenburg stecken würden[160]. Darin sah Remmele die Gefahr, dass sich die Lage für die besetzten Gebiete verschlechtern würde, und auch das Kabinett befürchtete wohl, dass dies weitere Besetzungen badischer Gebiete provozieren könnte. In Richtung Deeskalation wies auch die Schließung der Pfalzzentrale in Heidelberg am 10. Mai 1924, die von Bayern zum Kampf gegen die Besatzer in der Pfalz betrieben worden war[161]. Zudem zeigte sich die badische Regierung bereit, Begnadigungen von verurteilten Sympathisanten der Franzosen aus der Zeit des Ruhrkampfes vorzunehmen, wenn sich dafür Erleichterungen für die besetzten Gebiete erreichen ließen, etwa beim Verkehr oder bei den Meldebestimmungen[162]. Für ihren kompromissbereiten Kurs wurde sie von der politisch rechten Presse denn auch öffentlich scharf angegriffen, Remmele gar als *Schrittmacher eines französischen Generals* verunglimpft[163].

---

durften keine Zahlungsanweisungen der Militärbefehlshaber oder Ersuchen um Beitreibung von Geldbeträgen befolgen, keine Kassenbestände abliefern oder ihnen Akten, Bücher etc. vorlegen. Ausweisungsbefehlen sollte erst unter dem Zwang militärischer Gewalt nachgegeben werden; vgl. GLAK 240/366.

[157] GLAK 233/12060, Amtliches Merkblatt für die Beamten, Angestellten und Arbeiter des badischen Staates, der badischen Gemeinden und Gemeindeverbände und sonstigen Körperschaften des öffentlichen Rechts aus Anlass des feindlichen Einbruchs, Karlsruhe 17.5.1923.

[158] Vgl. KUHN (wie Anm. 7), S. 324f.

[159] Wilhelm Cuno (1876–1933); rk.; Geschäftsmann, Politiker (parteilos); 1922 (22.11.) – 1923 (12.8.) Reichskanzler; vgl. H.-J. RUPIEPER, Wilhelm Cuno, in: W. von STERNBURG (Hg.), Die deutschen Kanzler. Von Bismarck bis Schmidt, Königstein/Taunus 1985, S. 231–242; G. KLEIN, in: NDB 3 (1957), S. 438f.

[160] GLAK 233/24315, Sitzung vom 14.6.1923, TOP I; 21.6.1923, TOP II; K.-H. HARBECK (Bearb.), Akten der Reichskanzlei, Weimarer Republik, Das Kabinett Cuno: 22. November 1922 bis 12. August 1923, Boppard 1968, S. 568f., 593–596; KUHN (wie Anm. 7), S. 320.

[161] GLAK 233/24316, Sitzung vom 16.5.1924, TOP V; zur Pfalzzentrale: E. O. BRÄUNCHE, »Die Pfalz muß deutsch bleiben«. Finanzierung und Organisation der Abwehr gegen separatistische Bestrebungen in der Rheinpfalz 1918–1924, in: H. AMMERICH/O. ROLLER (Hgg.), Festschrift zum 100jährigen Bestehen der Pfälzischen Hypothekenbank. 2. Teil: Beiträge zur Pfälzischen Geld- und Finanzgeschichte, Speyer 1986, S. 227–268; H. GEMBRIES, Verwaltung und Politik in der besetzten Pfalz zur Zeit der Weimarer Republik, Kaiserslautern 1992, S. 337ff.

[162] Fall Wilhelm Hauer: vgl. GLAK 233/12076, Aktenvermerk Frech, 12.12.1923; Justizministerium an Staatsministerium, 19.12.1923; Fall Emil Haas: StAF B 728/1 Nr. 4096, Schindele an Staatsministerium, 10.5.1924; Bezirksamt Offenburg an Justizminister Trunk, 11.6.1924; Stadtrat Offenburg an Justizminister Trunk, 11.6.1924; Ministerium des Innern an Bezirksamt Offenburg, 10.8.1924; GLAK 233/36004; GLAK 233/24316, Sitzung des Staatsministeriums vom 21.6.1924.

[163] Vgl. Großdeutsche Zeitung, 16.5.1924, enthalten in: GLAK 233/28373.

Mit direkten materiellen Hilfen für die besetzten Gebiete tat sich die badische Regierung hingegen schwer. Zwar unterstützte sie in vielfacher Weise Anträge der örtlichen Gemeinden beim Reich, hinsichtlich Bauzuschüssen, Arbeitsbeschaffungsmaßnahmen oder Steuererleichterungen[164]. Sie vermittelte auch Gespräche von Lokalpolitikern mit Reichsministern[165] und wurde diesbezüglich zuweilen auch von sich aus aktiv[166]. Eigene Geldmittel stellte sie jedoch kaum bereit[167]. So lehnte sie selbst einen Zuschuss für die Austragung des schon erwähnten Hanauer Heimattages 1925 ab[168]. Dies mag an den begrenzten eigenen Finanzmitteln gelegen haben. Es resultierte aber vor allem aus der Auffassung der Regierung, dass die Besetzung deutscher Gebiete durch fremde Armeen eine Folge des vom Reich geführten und verlorenen Weltkrieges bzw. des dann von diesem geschlossenen Waffenstillstandes und des Friedensvertrages war. Deshalb müsse, so die in Karlsruhe vorherrschende Meinung, das Reich auch für die hieraus erwachsenen Verpflichtungen aufkommen, zumal diesem dafür ja die Hauptsteuerquellen zur Verfügung stehen würden[169].

Aus der Sicht des Reiches hingegen stellten der Kehler Brückenkopf und die badischen »Einbruchsgebiete« eine Marginalie dar, ein Raum, der leicht und gern vergessen wurde. Schon im November 1923 hatten z. B. Vertreter der Stadt Offenburg bei einer Konferenz in Karlsruhe über Besatzungsprobleme den Eindruck, der aus Berlin angereiste Ministerialdirektor sei völlig *unorientiert* über die Lage in den badischen Besatzungsgebieten gewesen[170]. Der Kehler Bürgermeister Dr. Kraus zog für sich daraus die Konsequenz, *daß man in Berlin nicht genug wegen der trostlosen und traurigen Verhältnisse im Brückenkopfgebiet vorstellig werden kann*[171] und setzte sich mit großem Nachdruck und großer Ausdauer für eine finanzielle Unterstützung seiner Stadt ein. Doch auch er hatte nur bedingt Erfolg: So blieb ihm die gewünschte finanzielle Unterstützung bzw. Kreditgewährung für den Bau einer Gewerbeschule von Seiten des Reiches trotz umfangreicher lobbyistischer Hilfe der Landesregierung verwehrt. Kehl musste sie schließlich aus eigenen Mitteln errichten[172]. Mittel des Reiches flossen eher in andere Regionen. Dies zeigte sich ganz deutlich etwa 1926, als der Reichstag den Grenzgebieten im Osten des Reiches als Ersatz für nichtaufrechenbare Besatzungsschäden eine Zuwendung in Höhe von mehreren Mil-

---

[164] Vgl. z. B. GLAK 233/11958, Bezirksamt Kehl an Ministerium der Auswärtigen Angelegenheiten, 17.8.1920; 233/25932, Staatsministerium an Verband der Ladeninhaber in Kehl, 10.9.1928; Finanzministerium an Staatsministerium, 20.12.1928; 233/12065f.
[165] Vgl. GLAK 233/12065, Bürgermeister Dr. Kraus an Staatspräsident Trunk, 24.3.1926.
[166] GLAK 233/12065f.
[167] Anfang 1923 spendete das Kabinett aus eigenen privaten Mitteln zusammen aber 100.000 M für die notleidenden Menschen im Ruhrgebiet; vgl. GLAK 233/24315, Sitzung vom 27.1.1923, TOP III.
[168] Vgl. GLAK 233/24316, Sitzung vom 30.9.1925, TOP VII.
[169] Vgl. GLAK 233/12022, Leers an Reichsschatzkanzler, 9.3.1922; 233/27825, Ministerium des Innern an Staatsministerium, 22.9.1920.
[170] SCHOLTYSECK (wie Anm. 7), S. 60; vgl. Versprechungen von Reichsseite für den Bau von Sonderquartieren für Besatzungssoldaten, dessen Realisierung sehr auf sich warten ließ; GLAK 233/11960, Bezirksamt Kehl an Staatsministerium, 24.2.1921.
[171] GLAK 233/12065, Bürgermeister Dr. Kraus an Staatspräsident Trunk, 24.3.1926.
[172] Vgl. dazu ebd., diverse Schreiben 1925–1927; vgl. zur Finanzierung des Baues aus eigenen Mitteln: ebd., Bürgermeister Dr. Kraus an Staatspräsident, 14.12.1927.

lionen Reichsmark zubilligte, dies dem Kehler Raum, ungeachtet der Interventionen badischer Abgeordneter, jedoch versagte[173].

Die begrenzte Bedeutung des Brückenkopfes für die Reichsebene zeigte sich noch einmal besonders deutlich am Ende der Besatzungszeit: Auf der großen Reise von Reichspräsident Paul von Hindenburg (1847–1934)[174] anlässlich des Besatzungsendes 1930 durch die ehemals okkupierten Gebiete wurde ein Besuch in Kehl trotz intensiver Karlsruher Anstrengungen in Berlin abgelehnt[175]. Und auch der badische Versuch, Regierungsprominenz aus der Reichshauptstadt für eine Teilnahme an der regionalen Befreiungsfeier in Kehl zu gewinnen, blieb lange Zeit erfolglos. Es ergingen zunächst nur Absagen u. a. vom Reichskanzler und vom Reichsaußenminister[176]. Schließlich sagte nur der aus Baden stammende damalige Reichsinnenminister Josef Wirth zu.

Abschließend soll noch kurz auf die Frage eingegangen werden, wie die betroffene Bevölkerung auf die Besetzung und die Maßnahmen der Regierungen auf Reichs- und Landesebene reagiert hat. Ihr Ziel, die Menschen von separatistischen Bestrebungen abzuhalten, hat die badische Regierung, wie schon geschildert, erreicht. Gleichzeitig kam es auch zu keinen nennenswerten Gewaltakten der Bevölkerung gegenüber den Besatzungstruppen. Der einzige Sabotageakt in den besetzten badischen Gebieten gegen die Eisenbahnlinie bei Offenburg 1923 wurde von einer radikalen rechten Splittergruppe von außerhalb begangen[177]. Im Brückenkopfgebiet beschränkte sich der gewaltsame Widerstand nach Aktenlage auf ein paar herausgerissene Pflanzen im Garten eines französischen Offiziers und auf das Beschmieren von dessen Torpfosten mit der Aufschrift *Hund* sowie auf die Steinwürfe in die Wohnung des französischen Capitaines Merlet, durch die eine wertvolle Vase zerstört wurde[178]. Ansonsten überstiegen gewaltsame Konflikte zwischen Deutschen und Franzosen nicht das Niveau von Wirtshausprügeleien[179]. – Diese aller-

---

[173] Vgl. GLAK 233/12065, Innenminister Remmele an Staatspräsident Köhler, 10.12.1926.

[174] Zu ihm vgl. z. B. W. PYTA, Hindenburg. Herrschaft zwischen Hohenzollern und Hitler, München 2007.

[175] Aus der Umgebung des Reichspräsidenten wurde betont, dass eine Ausweitung der geplanten Reiseroute mit einem Besuch in Kehl aufgrund des hohen Alters des Reichspräsidenten nicht möglich sei. Hindenburg selbst hatte offenbar Befürchtungen, es könnte bei seiner Teilnahme zu Demonstrationen kommen, die gerade gegenüber Frankreich *unangenehme Verwicklungen und Folgen zeitigen* würden. Der Vorschlag von Reichsseite, man könne bei der Anfahrt des Reichspräsidenten in die Pfalz nach Speyer – der ersten großen Station seiner Reise – einen kurzen Zwischenstopp am Karlsruher Bahnhof einlegen, wurde vom stellvertretenden Staatspräsidenten Remmele als nicht *angängig* abgelehnt. Er schlug stattdessen vor, dass Baden dann besser an der zentralen Befreiungsfeier in der Pfalz in Speyer teilnehmen sollte, was letztlich auch umgesetzt wurde; GLAK 233/12064, Badische Gesandtschaft an Staatsministerium, 15. und 16.4.1930; Aktennotiz Remmele, 19.4.1920.

[176] Vgl. GLAK 233/12064, Brüning an Bürgermeister von Kehl, 4.7.1930; Dietrich an Staatspräsident, 3.7.1930; Curtius an Staatspräsident, 4.7.1930; Staatsministerium an Reichskanzler, 28.6.1930.

[177] Vgl. KUHN (wie Anm. 7), S. 320; HARBECK (wie Anm. 160), S. 568 f.

[178] GLAK 233/25932, Bezirksamt Kehl an Staatsministerium, 28.7.1921.

[179] Vgl. z. B. GLAK 233/25932, Bezirksamt Kehl an Staatsministerium, 30.3.1922.

dings kamen öfters vor. Überwiegend jedoch herrschte eine recht gelassene Haltung gegenüber den französischen Besatzern[180].

Mitunter gab es sogar Fälle zwischenmenschlicher Annäherung. So rettete der Kehler Gastwirt Max Fladt am 4. Juli 1923 zwei französische Soldaten, die bei einer Übung auf dem Rhein mit ihrem Kahn gekentert waren, vor dem Ertrinken[181]. Brückenkommandant General Michel gewährte diesem daraufhin den Wunsch nach Begnadigung von sieben im Ruhrkampf zum Tode verurteilten Deutschen. Phasenweise jedoch scheint das Verhältnis zur französischen Besatzungsarmee spannungsgeladen gewesen zu sein. So beklagte General Biesse 1921 *eine unerträgliche Stimmung* [in] *der Einwohnerschaft*[182].

Insgesamt machte sich bei vielen Menschen im Brückenkopfgebiet vor allem Resignation breit, die schon Hemingway 1922 bemerkte[183]. Denn im Verlauf der Besatzungszeit fühlte man sich gerade hinsichtlich der eigenen wirtschaftlichen Situation zunehmend vom Reich und vom badischen Staat im Stich gelassen[184]. Diese Gemengelage schlug in weiten Teilen der Bevölkerung zunehmend in Unmut um. Im Juni 1927 protestierten z. B. Vertreter aus 30 Gemeinden des Kehler Bezirks (besetzt und nichtbesetzt) gegen die Verteilung der Reichsmittel aus dem Grenzlandprogramm. Nach einem Bericht des ›Badischen Beobachters‹, dem Organ der badischen Zentrumspartei, erklärten sie dabei in ihrer Resolution, *nicht* [mehr] *durch Besuche von Regierungsvertretern beehrt werden zu wollen, um wohlklingende Worte entgegen zu nehmen, sondern sie verlangen, dass man ihnen in der Tat helfe*[185]. Die von der Regierung betriebene Symbolpolitik erwies sich also nur bedingt als erfolgreich. Nicht einmal zehn Monate später forderte eine Versammlung von mehreren tausend Angehörigen des Handwerks, der Wirte und Hausbesitzer aus dem Brückenkopfgebiet auf dem Kehler Rathausplatz die Umsetzung der von Reichs-, Landesregierung und Landtag zugesicherten Steuererleichterungen[186].

Dieser Unmut über die Verhältnisse im besetzten Gebiet schlug sich auch bei den Wahlen zum Badischen Landtag am 27. Oktober 1929 nieder. Während die NSDAP in Baden landesweit auf nur 7% der Stimmen kam, erreichte sie im Amtsbezirk Kehl mit knapp 32% ihr bestes Ergebnis[187]. Kehl wurde damit zur ersten wirklichen Hochburg der Partei in Baden. In welchem Ausmaß dies auf die Besetzung des Gebietes zurückzuführen

---

[180] Vgl. zur gelassenen Haltung der Deutschen gegenüber den Franzosen HEMINGWAY (wie Anm. 71), S. 54; ANF GR 19 NN 15, Halbjahres- und Monatsberichte des Kommandanten in Kehl über die wirtschaftliche und politische Lage dort, vgl. z. B. Bericht vom 30.7.1926.
[181] Vgl. Karlsruher Tagblatt, 4.7.1930, Artikel *Der Wunsch des Lebensretters*, in: GLAK 233/12016.
[182] Vgl. GLAK 233/25932, Bezirksamt Kehl an Staatsministerium, 28.7.1921.
[183] HEMINGWAY (wie Anm. 71), S. 53 f.; GLAK 233/23977, Eingabe der Vereinigung der Beamten des Brückenkopfgebietes, 18.9.1924.
[184] Vgl. GLAK 233/25932, Entschließung einer Versammlung auf dem Kehler Rathausplatz vom 5.4.1928.
[185] Badischer Beobachter, 18.6.1927, Artikel *Unzufriedenheit im badischen besetzten Gebiet*, auch in GLAK 233/12065.
[186] GLAK 233/25932, Entschließung einer Versammlung auf dem Rathausplatz in Kehl vom 5.4.1928.
[187] Badische Landtagswahl am 27. Oktober 1929 aufgrund amtlichen Materials bearb. und hg. vom Badischen Statistischen Landesamt, Karlsruhe 1930, S. 64 f.; M. BRAUN, Der badische Landtag 1918–1933, Düsseldorf 2009, S. 404.

Abb. 10   Abzug der französischen Truppen aus Kehl über die Rheinbrücke nach Straßburg, Ende Juni 1930.

ist, wird nicht mehr genau zu klären sein, dass die Besetzung dabei eine wichtige Rolle spielte, erscheint jedoch unzweifelhaft (*Abb. 10*).

Am 29. Juni 1930 zogen die letzten französischen Einheiten aus dem Brückenkopfgebiet ab. Die Besatzungszeit endete offiziell einen Tag später. Noch in der Nacht vom 30. Juni auf den 1. Juli kam es zu einer kleinen Feier in Kehl[188]. Die dann am 6. Juli 1930 in Kehl stattfindende große *Befreiungsfeier* war gespickt mit badischer Prominenz und von Reichsseite kam Innenminister Josef Wirth: Konzerte, Aufmärsche der Vereine, ein großes Festbankett, ein Festzug mit über 1.000 Teilnehmern in 60 Gruppen und mehrere tausend Besucher sorgten für einen würdigen Rahmen[189] (*Abb. 11*). Auffallend jedoch ist, dass im Vergleich zu vielen ähnlichen Feiern im restlichen Reichsgebiet der Ton der in Kehl gehaltenen Reden überwiegend moderat war. Es blieb nicht bei der Klage über die Bedrückungen der Vergangenheit, sondern der Blick wurde von mehreren Rednern in die Zukunft und auf eine erhoffte Kooperation mit dem französischen Nachbarn gerichtet[190]. Entsprang dies sicherlich einerseits der Überzeugung der Redner, stand dahinter vielleicht auch die Sorge, zu schroffe Töne könnten zu übermäßigen emotionalen Reak-

---

[188] Badische Presse, 27.6.1930.
[189] Vgl. Presseberichte in GLAK 233/12016.
[190] GLAK 233/12016 (passim).

DIE KARLSRUHER REGIERUNG UND DIE BESETZUNG BADISCHER GEBIETE

Abb. 11 Bericht der Badischen Presse vom 7. Juli 1919 über die am Tag zuvor stattgefundene *Befreiungsfeier* in Kehl.

tionen der Festteilnehmer führen und damit erneut diplomatische Verstimmungen im Ausland heraufbeschwören[191]. Reichspräsident Hindenburg jedenfalls begründete die Absage seiner Teilnahme an der Feier in Kehl damit, dass er fürchte, dass, wenn er teilnehme, es u. a. durch *deutschfreundliche Elemente aus dem Elsass* zu Demonstrationen kommen könnte, *die unangenehme Verwicklungen und Folgen zeitigen* dürften[192]. Zudem hatte die im Kehler Raum ja starke NSDAP im Vorfeld der Feier Anlass zur Sorge gegeben[193], da die Partei für den 19./20. Juli eine eigene *Befreiungsfeier* plante, bei der Adolf Hitler als Festredner auftreten sollte. Dieses Vorhaben kam jedoch offenbar nicht zustande bzw. konnte von Stadt und Land verhindert werden[194]. Insofern konnte sich die Republik durch die letztlich gelungene *Befreiungsfeier* noch einmal der Hoffnung auf eine bessere Zukunft hingeben, wenngleich bereits dunkle Wolken am Horizont erkennbar waren.

---

[191] Auch die Rede von Staatspräsident Schmitt war in Kehl etwas moderater als seine Ansprache am 19.7.1930 auf der offiziellen Befreiungsfeier in Speyer in Anwesenheit des Reichspräsidenten; vgl. Text der Reden in Badische Presse, 7.7.1930, Artikel *Befreiung des Hanauer Landes*; GLAK 233/12064, Rede des Staatspräsidenten Schmitt bei Befreiungsfeier in Speyer am 19.7.1930.
[192] GLAK 233/12064, Badische Gesandtschaft in Berlin, Honold, an Staatsministerium, 16.4.1930.
[193] Vgl. GLAK 233/12064, Staatsministerium an Auswärtiges Amt Berlin, 30.5.1930, 2.6.1930.
[194] Ebd.; GLAK 233/12016, Neue Zürcher Zeitung, 27.6.1930, Artikel *Die Schleifung des Kehler Brückenkopfes*.

Badische Woche, Heimattag, Grenzlandkundgebung – zum Umgang der Stadt Karlsruhe mit der Grenzlandsituation nach 1918

VON ERNST OTTO BRÄUNCHE

Der Erste Weltkrieg bedeutete für die badische Haupt- und Residenzstadt Karlsruhe einen tiefen Einschnitt in ihrer noch jungen Geschichte[1]. Die kontinuierliche Aufwärtsentwicklung zur Industriestadt mit Schwerpunkt in der Metallverarbeitung und dem Maschinenbau und das damit verbundene enorme Bevölkerungswachstum wurden nach dem Ersten Weltkrieg abrupt unterbrochen. Dabei spielte der durch die Revolution von 1918/19 bedingte Verlust des badischen Hofes nach der Abdankung des letzten Großherzogs am 22. November 1918 allerdings keine große Rolle mehr. Karlsruhe hatte sich von der Abhängigkeit vom Hof, welche die ersten 150 Jahre seiner Entwicklung geprägt hatte, weitgehend gelöst[2]. Es blieb unverändert Landeshauptstadt mit dem gesamten Verwaltungsapparat und den zentralen Landeseinrichtungen. Auch die großherzoglichen Kulturinstitutionen führte der Freistaat Baden fort.

Allerdings lag Karlsruhe nach den Bestimmungen des Versailler Vertrages in der entmilitarisierten Zone. Dadurch ging die Garnison in einer Stärke von rund 6.000 Mann – zählt man Angehörige dazu von rund 7.000 Personen (ca. 5% der Bevölkerung) – als ökonomischer Faktor verloren[3]. Bei der offiziellen Verabschiedung des letzten in Karls-

---

[1] Zu Karlsruhe in der Weimarer Republik vgl. E. O. BRÄUNCHE, Residenzstadt, Landeshauptstadt, Gauhauptstadt. Zwischen Demokratie und Diktatur 1914–1945, in: S. ASCHE u.a., Karlsruhe – Die Stadtgeschichte, Karlsruhe 1998, S. 358, 454, online zu finden auf der Seite: https://www.karlsruhe.de/b1/stadtgeschichte/literatur/stadtarchiv (Zugriff 12.12.2018); vgl. auch Ernst Otto BRÄUNCHE/Frank ENGEHAUSEN/Jürgen SCHUHLADEN-KRÄMER (Hgg.), Aufbrüche und Krisen. Karlsruhe 1918–1933, Karlsruhe 2020.

[2] Vgl. E. O. BRÄUNCHE, Vom markgräflichen »Lust-Hauß« zur großherzoglichen »Haupt- und Residenzstadt«. Die Entwicklung der Residenz Karlsruhe zwischen 1715 und 1918, in: K. ANDERMANN (Hg.), Residenzen. Aspekte hauptstädtischer Zentralität von der frühen Neuzeit bis zum Ende der Monarchie, Sigmaringen 1992, S. 199–222, hier: S. 218 ff. und Generalbebauungsplan der Landeshauptstadt Karlsruhe in Baden, Karlsruhe 1926, S. 40.

[3] Vgl. O. BERENDT, Karlsruhe und seine Umgebung nach den Ergebnissen der Volkszählung vom 16. Juni 1925, in: Adressbuch der Landeshauptstadt Karlsruhe, 53. Jg. 1926, Karlsruhe 1926, S. I.6–I.9, hier: S. I.6, und DERS., Karlsruhe die badische Landeshauptstadt, in: Festschrift zum Badener Heimattag Karlsruhe 1930, hg. von der Badischen Presse, Karlsruhe 1930, S. 40 f., hier: S. 40.

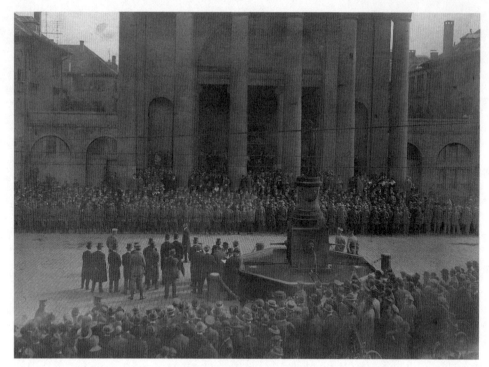

Abb. 1   Feierliche Verabschiedung der letzten Reichswehrtruppen auf dem Marktplatz, 22. September 1920.

ruhe verbliebenen Reichswehrbataillons am 22. September 1920 (*Abb. 1*) bedauerte Oberbürgermeister Julius Finter[4], dass *ein Stück aus dem Wesen unserer Stadt fortgenommen und eine ihrer wirtschaftlichen Stützen herausgebrochen* werde, *ein Stück Geschichte, dessen die Stadt sich stets mit stolzer Freude erinnern wird, sinkt dahin*[5]. Bereits Mitte der 1920er-Jahre sah Finter den Verlust der Garnison allerdings als überwunden aufgrund der erfreulichen wirtschaftlichen Entwicklung der Landeshauptstadt nach dem Ersten Weltkrieg[6].

Einschneidender war, dass Baden nach dem Verlust des 1871 vom Deutschen Reich annektierten Elsass-Lothringen wieder Grenzland wurde und die Karlsruher Industrie ein wichtiges Absatzgebiet verlor. Die vormals bedeutende Karlsruher Nähmaschinen-

---

[4]   Vgl.: E. O. Bräunche, Julius Finter, in: Stadtlexikon Karlsruhe, https://stadtlexikon.karlsruhe.de/index.php/De:Lexikon:bio-0006 (Zugriff 3.5.2019).
[5]   Chronik der Landeshauptstadt Karlsruhe für die Jahre 1918 und 1919, Jge. 34–35. Im Auftrag der Stadtverwaltung bearbeitet, Karlsruhe 1925, S. 41. Online zu finden auf: https://www.karlsruhe.de/b1/stadtgeschichte/literatur/chronik.de (Zugriff 3.5.2019).
[6]   Vgl. J. Finter, Zum Geleit, in: O. Berendt (Hg.), Karlsruhe. Das Buch der Stadt, Stuttgart 1926, S. 6 f., hier: S. 7.

industrie (Haid und Neu, Junker und Ruh, Gritzner in Durlach) z. B. hatte vor dem Krieg einen wesentlichen Teil der Produktion nach Elsass-Lothringen und in das Saarland geliefert. Nach der Erschwerung des Handels durch die hohen französischen Schutzzölle sank die Zahl der Beschäftigten in den Nähmaschinenfabriken von durchschnittlich 5.000 vor dem Krieg auf rund 3.000. Außerdem war auch Russland, wohin vor 1914 ein großer Teil der Produktion geliefert worden war, als Abnehmer verloren gegangen.

Noch dramatischer war der Rückgang bei dem vormals größten Arbeitgeber. Die Deutsche Waffen- und Munitionsfabriken AG (DWM) beschäftigten nun nur noch 1.500 Arbeiterinnen und Arbeiter. Vor dem Krieg hatte sie eine Belegschaft von rund 2.500, im Krieg war diese dann auf über 8.000 gestiegen[7]. Die Firma selbst schätzte den Einbruch so ein: *Die politische Ungewissheit nach Kriegsschluss zwang zudem zu einer starken Einschränkung des Betriebes, der einer Stilllegung ziemlich nahe kam*[8]. Die Umstellung von der nicht unbedeutenden Rüstungs- auf Friedensproduktion führte insgesamt zu einer hohen Labilität im Karlsruher und auch im badischen Wirtschaftsleben. Die vorübergehende Unterbrechung der Auslandsbeziehungen traf die exportorientierte Maschinenindustrie ebenfalls besonders hart. Schließlich wurde der Industriestandort Karlsruhe im Schatten der Grenze zu Frankreich für Investoren nun weniger attraktiv.

Zu dem Schock der bis kurz vor Ende des Ersten Weltkriegs von der Bevölkerung nicht erwarteten Niederlage kamen die Konfrontation mit der von den Siegermächten festgestellten deutschen Alleinschuld am Krieg sowie die harten Bedingungen des Versailler Vertrags. Die Folgen waren schwerwiegende, bereits unmittelbar nach Kriegsende einsetzende soziale Probleme und die Sorge vor dem Bedeutungsverlust der badischen Landeshauptstadt nicht zuletzt auch im kulturellen Bereich. Diesen Strömungen suchte die Stadt bald entgegen zu wirken. Ein geeignetes Instrument besaß sie seit 1903 im Karlsruher Verkehrsverein[9].

Der Verkehrsverein Karlsruhe

Dem Beispiel anderer Städte folgend hatten auf Initiative von Oberbürgermeister Karl Schnetzler acht Stadträte ein provisorisches Komitee zur Gründung eines Vereins zur Hebung des Fremden-Verkehrs für Karlsruhe und Umgebung ins Leben gerufen[10]. Ziel des dann am 2. November 1903 gegründeten Vereins war es, Karlsruhe *dem Strom des*

---

[7] Vgl. BERENDT, Karlsruhe die badische Landeshauptstadt (wie Anm. 3), S. 40. Leicht abweichende Zahlen bei M. KOCH, Rüstungsproduktion zwischen Krieg und Frieden. Die Deutschen Waffen- und Munitionsfabriken in Karlsruhe, in: Karlsruhes neues Kulturzentrum, hg. von der Stadt Karlsruhe, 2 Bde., Karlsruhe 1997, Bd. 2: Jenseits der Brauerstraße. Der Hallenbau A krönt eine neue Stadtlandschaft, S. 25–41, hier: S. 26 f. und S. 31.

[8] Überblick über die Entwicklung der Berlin-Karlsruher Industrie-Werke Actiengesellschaft in Karlsruhe, in: Festschrift zum Badener Heimattag Karlsruhe 1930, hg. von der Badischen Presse, Karlsruhe 1930, S. 52. KOCH, Rüstungsproduktion (wie Anm. 7), S. 30 f.

[9] Zum Verkehrsverein allgemein vgl. O. MÜSSLE, 25 Jahre Verkehrsverein Karlsruhe, Karlsruhe 1928; DERS., Der Verkehrsverein feiert Geburtstag. 50 Jahre Karlsruher Verkehrspolitik. Ein Erinnerungsblatt der Stadt Karlsruhe, Karlsruhe 1953; T. P. KLEINHANS, 75 Jahre Verkehrsverein Karlsruhe, Karlsruhe 1978.

[10] Vgl. StadtA Karlsruhe 1/Verkehrsverein 3.

Fremdenverkehrs zu eröffnen und auf diese Weise mit dazu beizutragen, unsere aufblühende Residenz in den weitesten Kreisen bekannt zu machen und die wirtschaftliche, soziale und künstlerische Bedeutung derselben zu heben[11]. Dazu sollte eine öffentliche Auskunftsstelle eingerichtet werden. Aufgabe des Vereins war darüber hinaus, werbewirksame Presseartikel zu verfassen oder verfassen zu lassen, illustrierte Stadtführer und periodisch erscheinende Druckschriften herauszubringen und zur Hebung des Fremdenverkehrs dienende Veranstaltungen zu fördern oder durchzuführen[12]. Drei Kommissionen wurden entsprechend der Aufgabenstellung eingerichtet: die aus 16 Mitgliedern bestehende Verkehrskommission, die Verschönerungskommission (15 Mitglieder) und die Pressekommission (acht Mitglieder). Später kam noch eine Literarische Abteilung hinzu.

Der Verein erhielt zunächst eine Geschäftsstelle im Rathaus, der 1906 ein Kiosk vor dem Hotel Germania in der Nähe des damaligen Hauptbahnhofs an der Kriegsstraße als Zweigstelle angegliedert wurde. Nach der Verlegung des Hauptbahnhofs 1913 wurde dort ein neues Verkehrsbüro eingerichtet, das aber schon bald wegen der Kriegsereignisse wieder geschlossen werden musste.

Eine Auskunftsstelle mit einem angegliederten Reisebüro wurde nach dem Krieg in der Kaiserstraße 158 gegenüber der Hauptpost eröffnet. Mitte des Jahres 1923 wurde das Reisebüro als Actiengesellschaft Reisebüro Karlsruhe AG weitergeführt, an der der Verkehrsverein beteiligt war, und die Auskunftsstelle an den alten Standort am Bahnhofsplatz 6 zurückverlegt[13]. Dieser Standort wurde aber schon drei Jahre später wieder aufgegeben und das Reisebüro zusammen mit der amtlichen Fahrplanauskunft im Bahnhofsgebäude selbst untergebracht[14]. 1927 war wieder eine Auskunftsstelle in der Innenstadt, in der Kaiserstraße 141, dazu gekommen, der Zeitungskiosk beim Hotel Germania bestand weiter als Zweigauskunftsstelle[15].

Als eine der ersten Aktionen druckte der Verein das Gemälde von Karl Biese[16] *Karlsruhe in Baden* als Plakat, das 1908 eine zweite Auflage erfuhr[17]. Artikel für Zeitschriften

---

[11] Badische Presse, 15. Januar 1904, Mittagsblatt. Die hier und im Folgenden zitierten Karlsruher Zeitungen sind im Original im Stadtarchiv Karlsruhe vorhanden und über die Webseite der Badischen Landesbibliothek digital abrufbar, auf Einzelnachweise auf die digitalisierten Zeitungen wird im Folgenden verzichtet, vgl. https://digital.blb-karlsruhe.de/zeitungen/topic/view/2965491 (Zugriff 3.5.2019). Vgl. auch Chronik der Haupt- und Residenzstadt Karlsruhe für das Jahr 1903, Jg. 19, im Auftrag der städtischen Archivkommission bearbeitet, Karlsruhe 1904, S. 64. Online zu finden auf: https://www.karlsruhe.de/b1/stadtgeschichte/literatur/chronik.de (Zugriff 3.5.2019).

[12] Satzungen des Vereins zur Hebung des Fremdenverkehrs für Karlsruhe und Umgebungen, Karlsruhe 1903, in: StadtA Karlsruhe 1/Verkehrsverein 3.

[13] Vgl. 20. Jahresbericht des Verkehrsvereins Karlsruhe e.V. für das Geschäftsjahr 1. April 1923/24, S. 11, StadtA Karlsruhe 8/StS 20/1143.

[14] Vgl. 23. Jahresbericht des Verkehrsvereins Karlsruhe e.V. für das Geschäftsjahr 1. April 1926/27, S. 5f., StadtA Karlsruhe 8/StS 20/1146.

[15] Vgl. 24. Jahresbericht des Verkehrsvereins Karlsruhe e.V. für das Geschäftsjahr 1. April 1927/28, S. 5f., StadtA Karlsruhe 8/StS 20/1147.

[16] Vgl. L. MÜLFAHRT, Kleines Lexikon Karlsruher Maler, Karlsruhe 1987, S. 26.

[17] Vgl. Verein zur Hebung des Fremden-Verkehrs für Karlsruhe und Umgebung. I. Jahresbericht für das Jahr 1904, Karlsruhe 1905, S. 5, StadtA Karlsruhe 8/StS 20/1138, und Verein zur Hebung des Fremden-Verkehrs für Karlsruhe und Umgebung. V. und VI. Jahresbericht für die Jahre 1908 und 1909, Karlsruhe 1908, S. 7, StadtA Karlsruhe 8/StS 20/1141.

und Tageszeitungen, Annoncen, Flugblätter und Reklamezettel für die Stadt liefen unter allgemeiner »Propaganda«. Von Anbeginn an bemühte sich der Verein auch um die Verbesserung der Verkehrsverhältnisse und ein angemessenes Hotelangebot. Besonders erfolgreich war ein kleiner Führer der Haupt- und Residenzstadt Karlsruhe, dem weitere Stadtführer folgten. Auch bei den Festlichkeiten zur Feier des 80. Geburtstags Großherzog Friedrichs I. im Jahr 1906 entfaltete der Verein eine vielfältige Tätigkeit[18]. Offiziell bezeichnete sich der Verein dann 1913 als Verkehrsverein[19].

Finanziell getragen wurde er einerseits durch einen städtischen Zuschuss – 1904 betrug dieser 2.000 M, 1910 3.000 M – andererseits durch die Beiträge der Vereinsmitglieder, deren Zahl von knapp 400 auf gut 500 im Jahr 1912 angestiegen war. Auf Rosen gebettet war der Verein damit nicht, das Bedauern über die nicht ausreichende Unterstützung vor allem der Karlsruher Geschäftswelt gehörte deshalb zum festen Bestandteil der Jahresberichte[20].

Die Badische Woche 1920

Erst über ein Jahr nach Kriegsende begannen die städtischen Bemühungen, gegen den drohenden Bedeutungsverlust und die damit verbundenen negativen mentalen, kulturellen und wirtschaftlichen Folgen des Ersten Weltkrieges anzugehen. Vom 18. bis 26. September 1920 fand eine Badische Woche statt. Treibende Kräfte dieser ersten größeren werbewirksamen Veranstaltung waren zunächst allerdings weniger der Verkehrsverein als das Badische Landestheater und der Theaterkulturverband[21]. Dessen Karlsruher Ortsgruppe war am 24. September 1919 von Journalisten der Karlsruher Zeitungen, der Gesellschaft Karlsruher Kunstfreunde und Vertretern des Badischen Landestheaters mit dem Ziel gegründet worden, *daß der Ruf Karlsruhes als einer Kunst- und Theaterstadt von vorbildlicher Bedeutung erhalten und vermehrt wird*[22].

In den Ankündigungen und Berichten über diese Badische Woche taucht recht bald der Begriff der Grenzmark auf, der schon im Zusammenhang mit der Diskussion über die nach dem Krieg verlorenen Grenzgebiete rasch Verwendung gefunden hatte. Schon im frühen Mittelalter waren die peripheren Gebiete des Deutschen Reiches als Marken oder Grenzmarken bezeichnet worden. Durch den Versailler Vertrag rückten vor allem die

---

[18] Vgl. Verein zur Hebung des Fremden-Verkehrs für Karlsruhe und Umgebung. III. und IV. Jahresbericht für die Jahre 1906 und 1907, Karlsruhe 1908, S. 12, StadtA Karlsruhe 8/StS 20/1140.

[19] Vgl. StadtA Karlsruhe 1/VV 3 und Chronik der Haupt- und Residenzstadt Karlsruhe für das Jahr 1913. Jg. 29, im Auftrag der städtischen Archivkommission bearbeitet, Karlsruhe 1914, S. 141, online zu finden auf: https://www.karlsruhe.de/b1/stadtgeschichte/literatur/chronik.de (Zugriff 3.5.2019). Inoffiziell wurde die Bezeichnung Verkehrsverein aber schon früher verwendet, so wählte Oberbürgermeister Karl Schnetzler schon 1906 in einem Schreiben an den ersten Vorsitzenden des Vereins Robert Ostertag diesen Namen.

[20] Vgl. z.B. Verein zur Hebung des Fremden-Verkehrs für Karlsruhe und Umgebung. VII. und VIII. Jahresbericht für die Jahre 1910 und 1911, Karlsruhe 1912, S. 34, StadtA Karlsruhe 8/StS 20/1142.

[21] So zurückblickend der Direktor des Verkehrsvereins Julius Lacher im Jahr 1921, in: Badische Presse, 10. Sonder-Ausgabe der badischen Presse, 8. September 1921.

[22] Badische Presse, 25. September 1919, Abendblatt.

Abb. 2   Erste Sonderbeilage der Badischen Presse zur Badischen Woche 1920.

Grenzmarken im Osten, Schlesien, West- und Ostpreußen, aber auch Nordschleswig sowie Eupen und Malmedy als von der Abtrennung betroffene oder bedrohte Gebiete ins Blickfeld. So wandte sich die Reichsregierung am 14. Oktober 1919 an die *Brüder und Schwestern in den bedrohten Grenzmarken*[23] und rief zum Bekenntnis für Deutschland in den anstehenden Volksabstimmungen auf. In Karlsruhe entstand am 3. Januar 1920 auch eine Geschäftsstelle des rechtsnationalen/völkischen Deutschen Schutzbundes für das Grenz- und Auslandsdeutschtum, dessen Geschäftsführer der 1906 ins Amt gekommene und 1919 abgewählte nationalliberale Oberbürgermeister Karl Siegrist wurde[24].

In der offiziellen Chronik der Stadt wird die Veranstaltung dieser ersten Badischen Woche als die bedeutendste des Jahres bezeichnet, die als Kooperation zwischen Stadtverwaltung, Theaterkulturverband und Verkehrsverein *eine Sammlung und Übersicht der*

---

[23]   Vgl. Badischer Beobachter, 15. Oktober 1919.
[24]   Vgl. Badische Presse 5. Januar 1920. Zu Siegrist vgl.: E. O. Bräunche, Siegrist, Karl Rudolf Julius, in: BB N. F. 4, S. 276–278, und Ders., Karl Siegrist, in: Stadtlexikon https://stadtlexikon.karlsruhe.de/index.php/De:Lexikon:bio-0026 (Zugriff 3.5.2019).

kulturellen und künstlerischen Kräfte des zur südwestdeutschen Grenzmark gewordenen Landes bot[25]. Die nationalliberale ›Badische Presse‹[26] betonte in der ersten von acht Sonderbeilagen zur Badischen Woche (*Abb. 2*), dass *Baden wieder die geistige Grenzmark im deutschen Westen geworden sei*[27]. Das Land sei angesichts der Kurzsichtigkeit und des Hasses, die das französische Wesen nun prägten, notgedrungen zum Bollwerk deutscher Kultur geworden. Die Badische Woche sei der Anstoß zum Erwachen als Grundstein für die kommenden Jahre, *um schließlich das Bild gesammelter deutscher Kraft eindrucksvoll zu umspannen*. Das offiziell keiner Partei zuneigende liberale ›Karlsruher Tagblatt‹[28] reklamierte für Baden *als der Grenzmark des schmählich beschnittenen Deutschen Reiches* eine *hohe und fernwirkende Bedeutung*[29]. Auch der Verkehrsverein sah dies so und präzisierte die Aufgabe auf die *durch Besetzung vernachlässigten Gebiete der Pfalz und des Saarlandes*, wo man *den Einflüssen welscher Art tatkräftig* begegnen müsse[30]. ›Badische Presse‹ und ›Karlsruher Tagblatt‹ berichteten auch in den folgenden Jahren ausführlich über die Badische Woche und ihre Nachfolgeveranstaltungen[31].

Für die Stadt hatte diese Woche wohl tatsächlich eine Art Signalwirkung. Intensiv wird in den Berichten auf die Vorkriegszeit Bezug genommen, als Festwochen häufig zu Jubiläen der großherzoglichen Familie das Bild der badischen Haupt- und Residenzstadt prägten[32]. Die größten Veranstaltungen dieser Art waren die Silberne Hochzeit Großherzog Friedrichs I. mit Großherzogin Luise und die Vermählung der Prinzessin Viktoria von Baden mit Gustav V., König von Schweden (18. bis 25. September 1881), die Vermählung von Großherzog Friedrich II. mit Prinzessin Hilda von Nassau (26. bis 29. September 1885) und die Goldene Hochzeit des Großherzogpaares (14. Juli bis 24. September 1906).

Doch nicht nur die bürgerliche Presse berichtete. Der sozialdemokratische ›Volksfreund‹[33] erinnerte an das Jahr 1914, als die Vorbereitungen für die Festveranstaltungen 1915 begannen, mit denen die Stadt ihren 200. Geburtstag hatte feiern wollen. Nach sechs Jahren kriegsbedingter Unterbrechung knüpfe die Badische Woche nun daran an und setze ein Zeichen dafür, dass *ein Aufbau aus den Ruinen möglich ist*[34]. Man beginne

---

[25] Chronik der Landeshauptstadt Karlsruhe für die Jahre 1920–1923, Jge. 36–39. Im Auftrag der Stadtverwaltung bearbeitet, Karlsruhe 1930, S. 63. Online zu finden auf: https://www.karlsruhe.de/b1/stadtgeschichte/literatur/chronik.de (Zugriff 3.5.2019).
[26] Vgl. E. O. BRÄUNCHE, Badische Presse, in: Stadtlexikon Karlsruhe, https://stadtlexikon.karlsruhe.de/index.php/De:Lexikon:ins-1147 (Zugriff 3.5.2019).
[27] Badische Woche, Sonderbeilage der Badischen Presse, 17. September 1920. Die bis zum 24. September erschienenen Sonderbeilagen bieten einen guten Überblick über die Bandbreite des kulturellen und sportlichen Angebots.
[28] Vgl. E. O. BRÄUNCHE, Karlsruher Tagblatt, in: Stadtlexikon Karlsruhe, https://stadtlexikon.karlsruhe.de/index.php/De:Lexikon:ins-1171 (Zugriff 3.5.2019).
[29] Karlsruher Tagblatt, 18. September 1920.
[30] MÜSSLE, 25 Jahre (wie Anm. 9), S. 31.
[31] Beide Zeitungen, die am ausführlichsten und häufig mit Sonderausgaben berichteten, wurden schwerpunktmäßig ausgewertet, weitere Zeitungen wie der sozialdemokratische Volksfreund und das Zentrumsorgan Badischer Beobachter ergänzend hinzugezogen.
[32] Vgl. Karlsruher Tagblatt, 18. September 1920.
[33] Vgl. E. O. BRÄUNCHE, Volksfreund, in: Stadtlexikon Karlsruhe, https://stadtlexikon.karlsruhe.de/index.php/De:Lexikon:ins-1171 (Zugriff 3.5.2019).
[34] Volksfreund, 18. September 1920.

auf dem Gebiet der Kultur und des Sports. Folgen sollten Industrie, Handel und Wissenschaft, so dass der Entwicklung von einer Beamten- und Behördenstadt zu einer Industrie- und Handelsstadt Rechnung getragen werde. Nationalistische und antifranzösische Töne und Hinweise auf die Grenzsituation der Stadt wie in den genannten bürgerlichen Presseorganen finden sich darin nicht.

Tatsächlich begann 1920 das im ehemaligen Residenzschloss untergebrachte neue Badische Landesmuseum am 19. September seine Ausstellungstätigkeit mit der Präsentation der Keramikbestände, die Kunsthalle eröffnete das Hans-Thoma-Museum, die Stadt bot ein Festkonzert in der Festhalle, Sportvereine organisierten eine Herbstregatta, das Sportfest des Arbeitersportkartells und Fußballspiele. Ein Höhepunkt war der vom Verkehrsverein ausgelobte Wettbewerb der Schaufensterdekorationen: *Man dachte an die märchenhaft weit zurückliegenden Friedensjahre, wenn man gestern durch die Straßen der Stadt pilgerte*[35]. Nach langer Unterbrechung waren abends auch wieder Schaufensterbeleuchtungen eingeschaltet – Der Verkehrsverein hatte die Geschäftsleute in der Innenstadt dafür gewinnen können, ihre Schaufenster festlich zu dekorieren.

Die Karlsruher Herbstwoche 1921 und 1922 mit einem Alemannisch-Pfälzischen Sonntag

Dieser aus Sicht der Veranstalter gelungene Auftakt legte es nahe, daran im folgenden Jahr anzuknüpfen. Diesmal unter Federführung des Verkehrsvereins fand vom 23. September bis 3. Oktober 1921 die Karlsruher Herbstwoche statt, die nach Diskussionen in der Stadtverwaltung und dem Verkehrsverein stärker durch Veranstaltungen der Industrie und des Handels geprägt waren als im Vorjahr (*Tafel 4*). Die Herbstwoche schloss zwar inhaltlich partiell an die Badische Woche von 1920 an, führte die Veranstaltungen aber auf die Stadt Karlsruhe zurück, weswegen auch der neue Name für die Veranstaltung, die nun jährlich stattfinden sollte, gewählt wurde[36]. Bezeichnenderweise ging ein erster Plakatentwurf zur Herbstwoche auf das zum Stadtjubiläum 1915 von August Groh, Professor an der Kunstgewerbeschule Karlsruhe, entworfene und von der Kunstdruckerei Albrecht & Cie gedruckte Plakat zurück. Die monarchisch geprägte Darstellung hielt man offensichtlich dann aber doch in demokratischer Zeit nicht mehr für präsentabel. Stattdessen wurde in einer Auflage von 2.000 Exemplaren ein von dem Maler Wilhelm Schnarrenberger entworfenes Plakat bzw. ein Plakatkopf verwendet, das den Karlsruher Marktplatz mit dem Badischen Greifen im Vordergrund zeigt, der das Stadtwappen hält. Dieses Motiv schmückte neben den Plakaten auch die Sonderseiten der Karlsruher Zeitungen und den Amtlichen Führer (*Tafel 5*). Dieser 72-seitige Amtliche Führer erschien mit zehn namentlich gekennzeichneten Textbeiträgen, darunter einem des badischen Ministers für Kultus und Unterricht Hermann Hummel (DDP)[37], in dem sich dieser für die Freiheit der Kunst aussprach: *Es gibt nichts Elenderes als die ›staatlich anerkannte‹ Kunst. Und nichts muss sich die Kunst mehr wünschen als Freiheit vor Bevormundung, als*

---

[35] Karlsruher Tagblatt, 18. September 1920.
[36] Vgl. Badische Presse, 11. Juni 1921, Abendausgabe.
[37] Zu Hummel vgl. G. KALLER, Hummel, Hermann, in: BB N. F. 3, S. 133–135.

Toleranz und Vorurteilslosigkeit[38]. Weitere namhafte Autoren waren u. a. der Direktor des Badischen Landesmuseums Hans Rott, der Direktor der Badischen Kunsthalle Willy F. Storck und der Intendant des Badischen Landestheaters Robert Volkner. Herausgeber war der Vorsitzende des Vereins Karlsruher Presse, der Generalsekretär und spätere Landtagsabgeordnete der DDP Karl Dees. Von ihm stammte auch das programmatische Geleitwort: Die Herbstwoche komme in einer Zeit erfüllt von Sorgen und Beschwernissen aller Art genau richtig. Karlsruhe sei als Hauptstadt der Grenzmark Baden geradezu verpflichtet, *zu zeigen, wie in ihr deutsche Kultur und Wirtschaft gepflegt werden*[39]. Auf die Schwerpunktverlagerung gegenüber der Badischen Woche des Vorjahrs ging Karl Joho ein, der Verständnis für die Stadtverwaltung äußerte, die die von dem Karlsruher Theaterkulturverband geplante *ausgesprochen künstlerische Einstellung* des Vorjahres in eine *mehr wirtschaftlich gerichtete Veranstaltung* gewandelt sehen wollte[40]. Als *Heimatpolitik* im besten Sinne sah er die Absicht, *der südwestdeutschen Hauptstadt, die nach dem Verlust des Elsaß auf dem wichtigsten vorgeschobenen Posten steht, Geltung und Zustrom zu verschaffen.*

Der Direktor des Verkehrsvereins Julius Lacher[41] hob in seinem Rückblick auf die Veranstaltungen hervor, dass es mit der Vielzahl der Angebote gelungen sei, *ein lebendiges Bild des reichentwickelten Kunst- und Schönheitssinns der Badischen Landeshauptstadt, ihres kulturellen Lebens und ihres werktätigen Handels* zu bieten und zu widerlegen, dass Karlsruhe eine *sterbende Stadt* sei, wie das in *einem Blatte eines Nachbarlandes* zu lesen war.

In die nächste Herbstwoche vom 10. bis 24. September 1922 – wieder beworben mit dem Schnarrenberger-Motiv des Vorjahres – war dann erstmals am 24. September 1922 ein Alemannisch-Pfälzischer Sonntag eingebunden, *eine Bereicherung*, die *das Band zwischen den beiden Stämmen am Oberrhein enger knüpfen sollte*[42]. Damit wollte man *die Pfälzer einmal als Gäste in unseren Mauern [...] sehen, damit sie sich wieder als freie Deutsche fühlen können*[43].

Negativ wirke sich dabei allerdings die nach wie vor fehlende Rheinbrücke aus. Über einen Ersatz für die alte, 1865 „nach ostindischem Vorbild gebaute Eisenbahn-Schiffs-

---

[38] H. HUMMEL, Kunst und Staat, in: Amtlicher Führer. Karlsruher Herbst-Woche, hg. von K. DEES, Karlsruhe 1921, in: StadtA Karlsruhe 8/StS 9/293.

[39] K. DEES, Karlsruhe und seine Herbstwoche 1921. Ein Geleitwort, in: Ebd., S. 1–3, hier: S. 1.

[40] K. JOHO, Alt- und Neu-Karlsruhe, in: Ebd., S. 4–12, hier: S. 12. Dort auch das folgende Zitat. Zu Joho vgl. R. GILBERT, Karl Joho, in: Stadtlexikon Karlsruhe 2017 (https://stadtlexikon. karlsruhe.de/index.php/De:Lexikon:bio-1463, Zugriff 12.12.2018).

[41] Julius Lacher wurde 1933 im Zuge der Neustrukturierung der Stadtverwaltung durch die neuen nationalsozialistischen Machthaber Leiter der Hauptabteilung I mit einer Zuständigkeit für verkehrswerbende Maßnahmen, heute Tourismus, das Nachrichtenwesen und die Büroorganisation. Lacher – über 30 Jahre Mitglied der linksliberalen Deutschen Demokratischen Partei (DDP) bzw. deren Vorläufer – trat am 1. Mai 1933 der NSDAP bei und gehörte damit zu den sogenannten Märzgefallenen, vgl. StadtA Karlsruhe 1/POA 1/1851, Personalakte Julius Lacher.

[42] Chronik 1922 (wie Anm. 25), S. 220.

[43] Karlsruher Tagblatt, 24. September 1922.

brücke"[44], war schon lange vor dem Ersten Weltkrieg diskutiert worden. Ein entschiedener Befürworter einer neuen Rheinbrücke war der gebürtige Karlsruher und Geograph Friedrich Metz[45], der nach dem Ersten Weltkrieg im Siedlungsreferat des Arbeitsministeriums und als Regierungsrat im Statistischen Landesamt in Karlsruhe tätig war. Der spätere Rektor der Universität Freiburg (1936 bis 1938) fasste dies programmatisch Mitte der 1920er Jahre in einem Beitrag zum *Buch der Stadt* mit der Überschrift *Grenzlage-Grenzaufgaben* zusammen. Er bemängelte, dass man sich in Karlsruhe zu wenig bewusst sei, *daß die Stadt, durch das Friedensdiktat gezwungen, in eine nationale Vorpostenstellung eingerückt ist. Das nahe Lauterburg ist französisch geworden und nach Weißenburg sind es in der Luftlinie nicht mehr als 30 km; vor den Toren der Stadt aber beginnt das vom Feinde besetzte Gebiet der Pfalz und nahe genug liegt das Saargebiet*[46]. Metz sah aber weniger die französische Besatzung als Ursache dafür, dass die Pfalz *nur in bescheidenem Maße* an dem reichen Kulturleben der Stadt Karlsruhe teilhaben könne. Dafür sei in erster Linie eben die fehlende feste Rheinbrücke verantwortlich. *Man hält es kaum für möglich, dass eine Großstadt, und dazu eine mit der ältesten Technischen Hochschule, im 20. Jahrhundert, im Zeitalter der Technik, ein solches Verkehrshindernis wie diese Schiffsbrücke erträgt*[47].

Auch auf das Saargebiet lenkte Metz den Blick, mit dem *Karlsruhe und Mittelbaden stets durch enge Bande verknüpft gewesen: Saarkohle und -Eisen waren die wichtigsten Güter des Handels und des Verkehrs. Viele Fäden sind durch Versailles zerrissen worden; sorgen wir wenigstens dafür, dass nicht alle abreißen zu unseren Brüdern, damit nicht im Jahr 1935 auf uns die Last der Verantwortung fällt, dass wir nichts getan hätten, jenes wertvolle Land dem Deutschen Reich zu erhalten*[48].

Ganz in diesem Sinne wurde der Alemannisch-pfälzische Sonntag 1922 als *machtvolle Kundgebung für den Gedanken des Deutschtums* gesehen, er sei Gelegenheit für die Pfälzer, Saarländer und die Leute aus dem Hanauerland, *den Treueschwur zum deutschen Vaterland zu erneuern*. Der badische Staatspräsident Hermann Hummel (DDP) zog den Vergleich zu ähnlichen Festzügen im Kaiserreich: *Mancher Festzug hat sich an diesem Schloß in der Geschichte des letzten Jahrhunderts vorüberbewegt, festliche Züge zu Ehren von anderen. Heute will das Blut selbst sich in einem Zuge ehren im Gedenken an die finsteren Pläne unserer ehemaligen Kriegsfeinde. Sie wollen das deutsche Volk und die deutsche Kultur wie die deutsche Wirtschaft auslöschen aus der Geschichte*. Er hatte aber die Hoffnung, *daß nun die Niederlage, die wir in dem großen Weltringen des letzten Krieges erlitten*

---

[44] F. METZ, Grenzlage-Grenzaufgaben, in: O. BERENDT (Hg.), Karlsruhe. Das Buch der Stadt, Stuttgart 1926, S. 271–274, hier: S. 272. Vgl. auch E. PFEIFF, Vom Kampf um eine feste Rheinbrücke bei Karlsruhe – Maxau, Karlsruhe 1938.

[45] Metz war Leiter der Abteilung »Grenz- und Auslandsdeutschtum« in der Reichsarbeitsgemeinschaft für deutsche Volksforschung der DFG, seit 1938 auch Leiter des Alemannischen Instituts in Freiburg, vgl. E. REINHARD, Metz, Friedrich, in: BB N. F. 1, S. 209–211, und LEO-BW, Friedrich Metz https://www.leo-bw.de/web/guest/detail/-/Detail/details/PERSON/kgl_biographien/118581511/biografie (Zugriff 3.5.2019).

[46] METZ, Grenzlage-Grenzaufgaben (wie Anm. 44), S. 271.

[47] Ebd., S. 273.

[48] Ebd., S. 274.

haben, uns auf ewig zu einem einig Volke gemacht hat [...] *Ein Blut, eine Seele ein Volk (Einstimmiger lauter Beifall)*[49]. Nationale Töne schlugen nach dem Ersten Weltkrieg auch Politiker der demokratischen Parteien an.

Oberbürgermeister Julius Finter (DDP) sah den Kulturauftrag der Stadt 1926 ebenfalls und betonte, *daß unsere Stadt nunmehr wieder zur Grenzstadt geworden, sich ihrer Aufgabe auf dem erinnerungsreichen Boden des Oberrheins deutsche Kultur als wesentlichen Teil des deutschen Wesens mit besonderer Sorgfalt zu hegen und zu pflegen, wohl bewußt ist*[50].

Die Herbstwoche 1923 im Zeichen von Inflation und Rheinlandbesetzung

Auch im Inflationsjahr 1923[51] wurde *trotz der Ungunst der Verhältnisse* die Karlsruher Herbstwoche vom 21. September bis 15. Oktober, diesmal wieder mit einem deutlichen Kulturschwerpunkt, organisiert. Man sah es als Pflicht an, *in Karlsruhe, an Deutschlands südwestdeutscher Grenzmark, der Welt darzutun, dass, aller Not dieser Zeit zum Trotz, das deutsche Volk in seiner Arbeit und seinem Streben sich nicht bremsen lässt*[52]. Das nahezu gleiche Programm mit gleicher Qualität führte aber nicht zur erhofften Resonanz, die Besucherzahlen blieben hinter denen des Vorjahrs zurück. Einen Grund sah das ›Karlsruher Tagblatt‹ darin, dass *Karlsruhe* [...] *durch den Feindeseinbruch abgerückt* [ist] *vom großen Durchgangsverkehr*[53]. Zu diesem Zeitpunkt waren die Inflation in vollem Gang und der Karlsruher Rheinhafen schon seit knapp sieben Monaten besetzt.

Das Jahr 1923 ist als Krisenjahr in die deutsche Geschichte eingegangen, in dem die Inflation ihren Höhepunkt erreichte. Verschärft wurde die Lage durch die Ruhrkrise, als Anfang des Jahres 1923 französische Truppen das Ruhrgebiet besetzten, weil Deutschland mit der Zahlung der im Versailler Vertrag auferlegten Reparationszahlungen in Verzug geraten war. Die deutsche Regierung proklamierte daraufhin den passiven Widerstand in den besetzten Gebieten. Frankreich wiederum besetzte im Februar Offenburg, Appenweier und zwei weitere mittelbadische Orte. Ins Blickfeld der Siegermacht rückte nun auch das grenznahe Karlsruhe. Schon seit dem Inkrafttreten des Versailler Vertrags war im Rheinhafen ein französisches Wachkommando stationiert, zunächst zwei Marokkaner, dann zwei Franzosen, denen das ›Karlsruher Tagblatt‹ bescheinigte, dass sie *den ganzen Tag in Nichtstun zubrachten*[54].

---

[49] Badische Presse, 25. September 1922, Mittagsausgabe.
[50] J. Finter, Zum Geleit, in: Berendt (wie Anm. 44), S. 6f., hier: S. 7. Zu den Festzügen in Karlsruhe bis 1914 vgl. B. Heck, Das Gemälde »Festzug der Badischen Landestrachten – Die goldene Hochzeit« von Johann Baptist Tuttiné. Ein Bild und seine Geschichte, in: Badische Heimat 2/1996, S. 231–246.
[51] Karlsruher Tagblatt, 24. August 1923, zweites Blatt.
[52] Karlsruher Tagblatt, 24. August 1923.
[53] Karlsruher Tagblatt, 15. Oktober 1923.
[54] Karlsruher Tagblatt, 4. März 1923.

Abb. 3   Besetzung des Rheinhafens durch französische Soldaten, 1923.

Am 3. März 1923 morgens überschritten 80 weitere französische Soldaten, die u. a. zwei Maschinengewehre mit sich führten, die Schiffsbrücke bei Maxau und besetzten das Rheinhafenamt (*Abb. 3*). Der Karlsruher Stadtrat protestierte am 5. März mit einer *Entschließung gegen diesen völkerrechtswidrigen Gewaltakt* und ermahnte die Bevölkerung zur Besonnenheit und Ruhe. Kein französischer Soldat sollte Anlass haben, sich über unwürdiges Verhalten, wozu auch zudringliche Neugierde gehört, zu freuen. Mit der Nachricht von der Rheinhafenbesetzung verbreiteten sich in der Stadt rasch Gerüchte, dass es sich bei den französischen Soldaten um Marokkaner handele – die »Schwarze Schmach«-Propaganda war auch in Karlsruhe bekannt[55]. Dieses Gerücht wurde in der Presse rasch als nichtzutreffend korrigiert. Die Besetzung traf aber einen Lebensnerv der Stadt, konnte sie nun zum Beispiel nicht auf den im Rheinhafengebiet gelagerten Auslandsweizen zurückgreifen, wodurch die ohnehin schwierige Versorgungslage zusätzlich erschwert wurde. Die französischen Truppen beschlagnahmten zudem Güter, die nach Frankreich gebracht wurden. Der Schaden betrug insgesamt mehrere Millionen Goldmark. Außerdem kam die Arbeit in den Betrieben im Hafengebiet weitgehend zum Erliegen, so dass der Jahresumsatz im Rheinhafen deutlich hinter dem des Vorjahres zu-

---

[55] Vgl. I. WIGGER, Die »Schwarze Schmach am Rhein«. Rassistische Diskriminierung zwischen Geschlecht, Klasse, Nation und Rasse, Münster 2006.

rückblieb. Von den rund 2.500 Arbeitern waren fast alle auf die Unterstützung durch die Rhein-Ruhrhilfe angewiesen. Am 12. Mai erweiterten die französischen Truppen die Besatzung bis zum städtischen Elektrizitätswerk (*Tafel 6*) Auch auf kulturellem Gebiet hatte die Besetzung Auswirkungen, als manche Leihgeber der *Großen Deutschen Kunstausstellung Karlsruhe 1923* angesichts der unsicheren Lage ihre Zusagen zurückzogen[56].

Obwohl der passive Widerstand am 16. September 1923 reichsweit eingestellt werden musste, dauerte es noch bis zum 21. Oktober 1924, ehe der Rheinhafen wieder geräumt wurde. Während der Veranstaltungen im Rahmen der Herbstwoche gab es keine öffentlichen Äußerungen zur Rheinhafenbesetzung. Sie unterblieben wohl, um eine Ausweitung der Besetzung zu verhindern, wie man dies schon zu Beginn der Aktion befürchtet hatte.

Die Herbstwoche 1924 mit Alemannisch-Fränkischem Heimatsonntag 1924

Als am 7. September 1924 die Herbstwoche 1924 mit einer Hans-Thoma-Ausstellung der Kunsthalle eröffnet wurde, war der Rheinhafen immer noch besetzt. In der Presse wurde aber hervorgehoben, dass nach dem Abschluss des Londoner Abkommens und des Dawes-Plans erstmals keine akute politische Bedrohung die Durchführung der Herbstwoche gefährde. In der Ansprache zur Eröffnung der Ausstellung betonte Bürgermeister Heinrich Sauer[57] (Zentrum) für die Stadt, dass die Herbstwoche nach anfänglichen kritischen Stimmen gegen die Erweiterung von einer eher kulturellen hin zu einer eher verkehrspolitischen und wirtschaftsorientierten Veranstaltung inzwischen in der Bevölkerung akzeptiert und verwurzelt sei. Man bekräftige damit die Absicht, *den guten Ruf, den die Stadt sich unter der Gunst seiner Fürsten in künstlerischer und wissenschaftlicher Beziehung erworben hat, zu erhalten und zu befestigen*[58]. Wieder gab es mit dem Alemannisch-Fränkischen Heimatsonntag eine öffentliche Inszenierung des Heimatgedankens, die von Oberbürgermeister Julius Finter als *ernste Feier im Geiste der Treue zu unserer lieben badischen Heimat* angekündigt wurde. Finter betonte in seinem Beitrag zur Sonderausgabe des ›Karlsruher Tagblatts‹, dass der alemannisch-fränkische Sonntag nicht nur die badischen *Volksstämme* anspreche, sondern auch Zeugnis ablege von den unlösbaren Banden, *die die Badener mit dem ganzen deutschen Volke, insonderheit mit den Teilen, die für uns die schwere Bürde der fremden Besatzung tragen, verknüpfen*[59]. Im Gespräch war im Vorfeld auch schon ein Badener Tag, zu dem alle Badener im Ausland eingeladen werden sollten, der dann aber doch nicht zustande kam[60]. Im Rahmen der Herbstwoche fand auch die Kola – *Ausstellung für Lebensmittel und Artikel des täglichen Bedarfs* vom 7. bis 14. September 1924 in der städtischen Ausstellungshalle statt, durch die die Verbindung von Heimat mit den wirtschaftlichen Interessen bei diesen städtischen Veranstaltungen

---

56 Vgl. Chronik 1923 (wie Anm. 25), S. 314.
57 Vgl.: E. O. BRÄUNCHE, Heinrich Sauer, in: Stadtlexikon Karlsruhe, https://stadtlexikon.karlsruhe.de/index.php/De:Lexikon:bio-0854 (Zugriff 3.5.2019).
58 Karlsruher Tagblatt, 8. September 1924.
59 Karlsruher Tagblatt, 13. September 1925.
60 Vgl. Badische Presse, 16. Januar 1924.

erneut deutlich wurde (*Tafel 7*). Kola steht für Einkaufsgenossenschaft Karlsruher Kolonialwarenhändler m. b. H., die dem deutschlandweiten Edeka-Verband angeschlossen war[61].

Die Herbsttage 1925 mit Südwestdeutschem Heimattag

Ein erster Höhepunkt der Heimatinszenierung war der besonders aufwändig im Rahmen der Herbsttage 1925 begangene Südwestdeutsche Heimattag am 13. September. Oberbürgermeister Finter begrüßte die Pfälzer, Saarländer und badischen Landsleute und hob hervor, dass die *Not unserer Tage das Bewusstsein von der Gemeinschaft aller Deutschen wieder erleuchtet*. Gleichzeitig betonte er aber auch, dass man keine politischen Grenzen verrücken und generell keine Politik betreiben wolle (*Abb. 4*). Die ›Badische Presse‹ berichtete, dass trotz des Erfolges der Veranstaltung auch Kritik aus der Karlsruher Geschäftswelt am Verkehrsverein laut geworden sei, dass dieser den Heimatgedanken für seine eigenen Interessen benutze[62]. Dem hielt die Zeitung entgegen, dass von der Festigung des Heimatgedankens und dem Massenbesuch der Veranstaltungen immer auch die Karlsruher Geschäftswelt profitiere.

Ein Verlagsdirektor Schuler aus Zweibrücken bezeichnete in seiner Festrede die Karlsruher Heimattage als einen *Gottesdienst am Deutschtum, sie sind für den auswärtigen Besucher aber vornehmlich eine Opferflamme selbstloser Gastfreundschaft, wie sie vorbildlicher keine Stadt bieten kann*. Er sah es darüber hinaus als erwiesen an, dass der Heimattag auch 1925 den Beweis erbracht habe, *daß die Pflege der Heimatkultur eine Notwendigkeit der Gegenwart ist und daß sie nur dann Früchte tragen kann, wenn das ganze Volk sich auf denselben Boden stellt*[63]. Der sozialdemokratische Volksfreund bescheinigte dem Heimattag, dass es ein Fest für das Volk *frei von irgend einem nationalistischen Einschlag* gewesen sei[64].

Trotz des Erfolges musste der Verkehrsverein, der sich mit der Großveranstaltung offensichtlich etwas übernommen hatte, das Personal der Geschäftsstelle des Verkehrsvereins im Rathaus bis auf eine Stelle reduzieren[65].

Die Herbsttage 1926–1929

Obwohl nach dem Ende der Inflation auch in Karlsruhe eine Phase der wirtschaftlichen Konsolidierung folgte, fanden die Herbsttage mit deutlich wirtschaftlichem Schwerpunkt im September 1926 nur auf kleiner Flamme statt. Für einen weiteren großen Heimattag wie 1925 reichten die Mittel des Verkehrsvereins nicht mehr aus. Betont wurde

---

[61] Vgl. Karlsruher Tagblatt, 10. Februar 1924.
[62] Vgl. Badische Presse, 4. Oktober 1925, vgl. dort auch zum Folgenden.
[63] Badische Presse, 30. Oktober 1925.
[64] Volksfreund, 15. September 1925.
[65] Vgl. 22. Jahresbericht für das Geschäftsjahr 1. April 1925/26, S. 5 f., StadtA Karlsruhe 8/StS 20/1145.

Abb. 4   Südwestdeutscher Heimattag am 13. September 1925, Motivwagen vor der Stadtkirche.

aber, dass man an den Herbstwochen festhalten wolle, da Karlsruhe in Konkurrenz zu anderen Städten stehe. Explizit genannt wurden Freiburg (Alemannische Woche), Mannheim mit seinen Maiveranstaltungen und Darmstadt mit der Kunstwoche[66]. Im folgenden Jahr fand am 1. Oktober 1927 ein Südwestdeutscher Heimatabend im Rahmen der Karlsruher Herbsttage (1. bis 7. Oktober) statt. Im Jahr 1928 wurde am 30. September 1928 ein Badischer Heimatabend in die Karlsruher Herbsttage eingebunden. Diskutiert und schließlich bejaht wurde im Verkehrsverein, ob sich der Heimatgedanke mit der unbestrittenen werbenden Absicht der Herbsttage für wirtschaftliche Unternehmungen vereinbaren ließe[67]. Als neues Element und Höhepunkt der Herbsttage wurde 1928 das Karlsruher Lichtfest vom 6. bis 8. Oktober 1928 durchgeführt[68] (*Tafel 8*) Die Stadtverwaltung sah die Karlsruher Herbsttage nach wie vor als *die Höhepunkte im geistigen, wirtschaftlichen, musikalischen und sportlichen Leben der Stadt* und dachte hier sicher auch an das in die Herbsttage integrierte Brucknerfest vom 6. bis 10. November[69] (*Tafel 9*).

---

[66] Badische Presse, 23. Mai 1926.
[67] Vgl. Karlsruher Wochenschau 8/1927, S. 4.
[68] Vgl. Verwaltungsbericht der Landeshauptstadt Karlsruhe für das Wirtschaftsjahr 1928, Karlsruhe 1929, S. 32, https://digital.blb-karlsruhe.de/blbihd/periodical/pageview/3348987 (Zugriff 25.6.2019); Verwaltungsbericht 1928, S. 32, StadtA Karlsruhe 7/Nl Lacher, 4 und 8/PBS X 5985.
[69] Verwaltungsbericht 1928, S. 32; StadtA Karlsruhe 8/PBS X 2257.

Abb. 5 Badische Heimattage 1930, Festpostkarte.

Die Badener Heimattage Karlsruhe 1930–1932

Besondere Bedeutung bekam der von der Stadt, dem Verkehrsverein und dem Landesverein Badische Heimat organisierte Badener Heimattag Karlsruhe 1930 (11. bis 14. Juli 1930) (*Abb. 5*). Dieses *Welttreffen der Badener* knüpfte an die Überlegungen Mitte der 1920er-Jahre an. Mit ihm fand auch der *Kongreß der führenden Badener in Wissenschaft, Kunst und Wirtschaft* statt[70]. Im Vorfeld waren Stimmen laut geworden, die Präsenz zahlreicher Politiker zu nutzen und aus dem Treffen der Badener aus aller Welt eine *Grenzland-Manifestation* zu machen. Es gehe dabei aber nur um Kulturpolitik und nicht um die Schürung politischer Gegensätze[71]. Tatsächlich stand die Grenzlandthematik dann aber nicht im Mittelpunkt der Veranstaltungen und Verlautbarungen, und auch nicht in der von der ›Badischen Presse‹ herausgebrachten großformatigen Festschrift (*Abb. 6*). In deren Geleitworten stellten sowohl der badische Staatspräsident Josef Schmitt als auch Oberbürgermeister Julius Finter heraus, dass sich der Heimattag in erster Linie an alle im Ausland lebenden Badener richte und die Festschrift diesen einen Überblick über die *geistige, wirtschaftliche und kulturelle Lage des Landes* geben wolle. Bei der Eröffnungsfeier betonte der Schirmherr Staatspräsident Josef Schmitt, dass *wir an Nationalbewusst-*

---

[70] Verwaltungsbericht der Landeshauptstadt Karlsruhe für das Wirtschaftsjahr 1930 (1. April 1930 – 31. März 1931), Karlsruhe 1930, S. 15.
[71] Vgl. Badische Presse, 26. August 1929.

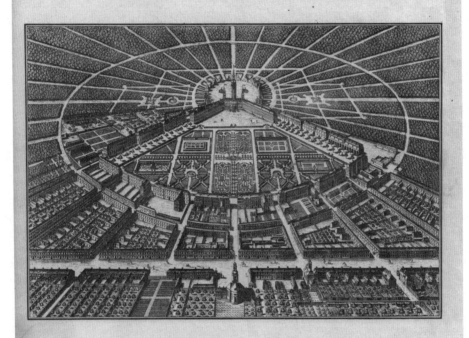

Abb. 6 Badische Heimattage 1930, Umschlag der Festschrift.

sein keinem anderen Volk der Erde nachstehen, daß wir aber auch bestrebt sind, uns mit den Völkern immer mehr und mehr zu verständigen[72].

Die reich bebilderte Festschrift wurde von einer achtköpfigen Redaktionskommission verantwortet, der u. a. der Vorsitzende der 1924 gegründeten Gesellschaft für geistigen Aufbau Heinrich Berl[73], der Journalist des ›Karlsruher Tagblatts‹ und Schriftsteller Karl Joho, der Bibliothekar Wilhelm Engelbert Oeftering und der Historiker Franz Schnabel[74] angehörten. Aus der Feder von Heinrich Berl, eine der treibenden Kräfte des Badener Heimattages, stammt der Leitartikel *Heimattag und Heimattagung*. Das Hauptaugenmerk des auch journalistisch tätigen Schriftstellers und Musikwissenschaftlers galt dem kulturpolitischen Auftrag Badens nach dem Verlust Elsass-Lothringens. Das Grenzland Baden müsse nun die *Brücke zwischen germanischer und romanischer Kultur* werden, Karlsruhe die Stelle von Straßburg einnehmen[75].

Die Festschrift, die in einer Auflage von 60.000 Exemplaren erschien, wurde kostenlos *in aller Welt* verbreitet[76]. Das umfangreiche Programm umfasste Ausstellungen: so die des Reichsverbandes bildender Künstler, Gau Südwestdeutschland, unter dem Titel *Das badische Kunstschaffen*, die Stadt verlieh anlässlich dieser Ausstellung eine goldenen Medaille an den Bildhauer Heinrich Ehehalt[77]. Der Verein für das Deutschtum im Ausland, Ortsgruppe Karlsruhe, zeigte *Badener im Ausland*, die Reichszentrale für Heimatdienst, Landesabteilung Baden, *Deutscher Lebenswille. Zehn Jahre Ringen um Wiederaufbau und Freiheit in der deutschen Republik* und die Koloniale Arbeitsgemeinschaft Karlsruhe die Kolonial- und Marineausstellung. Die beiden letztgenannten Organisationen veranstalteten mit dem Bund der Auslanddeutschen die *Volkskundgebung für das Deutschtum im Ausland und in unseren verlorenen Kolonien*. Ein Aufmarsch für den deutschen Wald war ebenso vorgesehen wie einer der badischen Bürgerwehren und Milizen. Der Festzug mit den Trachtengruppen aus ganz Baden galt den Veranstaltern als eine der schönsten Erinnerungen.

Ein Badischer Heimatabend wurde von dem Stellvertretenden Vorsitzenden der Badischen Heimat Hermann Erich Busse[78] organisiert: *Der Ruf der Heimat klang Euch ans Ohr, wie der lang entbehrte, fast vergessene Ruf der Mutter. Er weckte auf, was im Blute schlief: Heimweh und Heimbegehren [...]. Das Zusammentreffen der Badener gewinnt einen tiefen Sinn, es macht uns einig und stark, es gibt uns die Wehrkraft des Blutes*[79]. Bleibendes Ergebnis war schließlich die Gründung der Arbeitsgemeinschaft der Badener in aller Welt. In die Veranstaltungen integriert war am 13. Juli auch eine Kundgebung für die

---

[72] Ebd., S. 8.
[73] Vgl. U. WEBER, Berl, Heinrich, in: BB N. F. 1, S. 44–46, R. HAEHLING VON LANZENAUER, Der Schriftsteller Heinrich Berl und seine Verbindung zu Reinhold Schneider, in: Reinhold-Schneider-Blätter 20 (2008), S. 29–37.
[74] Vgl. A. BORGSTEDT/P. STEINBACH (Hgg.), »Ergriffen vom Leben und doch vom Leben nicht bestochen«. Franz Schnabel – Der Historiker des freiheitlichen Verfassungsstaates, Berlin 2009.
[75] Festschrift zum Badener Heimattag Karlsruhe 1930, S. 5, Stadtarchiv K 8/ZeE 87.
[76] Julius Finter: Zum Geleit, in: ebd., [S. 3].
[77] Vgl. W. LEISER, Ehehalt, Heinrich, in: BB N. F. 3, S. 71 f.
[78] Vgl. A. J. SCHMID, Busse, Hermann (Eris), in: BB N. F. 5, S. 39–42.
[79] Karlsruher Wochenschau, Heft 10, 1930, S. 11, https://digital.blb-karlsruhe.de/blbihd/periodical/pageview/3639343 (Zugriff 3.5.2019).

befreite Pfalz und die Saar vor dem Schloss, bei der Reichsaußenminister Julius Curtius eine Rede vom Balkon des Schlosses hielt.

Obwohl vor allem Heinrich Berl in seinen Beiträgen *Heimattag und Heimattagung* und *Karlsruhe als Grenzland-Hauptstadt* sowie Friedrich Metz in seinem Beitrag *Baden als Grenzland* die Grenzlandsituation Badens thematisierten, war das Heft insgesamt eher die angekündigte Leistungsschau des Landes, die auch einen umfangreichen 35-seitigen Werbeteil mit Anzeigen und Textbeiträgen der führenden badischen Unternehmen umfasste. Die Zahl der letztlich Teilnehmenden blieb zwar hinter dem aufgrund der nach den ersten Reaktionen auf die Einladung erhofften *Massenzustrom* zurück, wozu wohl auch das regnerische Wetter an den meisten Festtagen beigetragen hatte[80]. Dennoch wurde der Badenertag allgemein als Erfolg gewertet.

Da die Veranstaltung auch finanziell in den schwarzen Zahlen geblieben war, hielt der Verkehrsverein trotz der aktuellen Notsituation an der Herbstwoche auch 1931 fest. Im Rahmen der Herbsttage fand wiederum eine Badische Woche statt. In der Stadtverwaltung war der Stellenwert der Veranstaltung allerdings offensichtlich gesunken, sie fand im Verwaltungsbericht der Stadt keine Erwähnung.

Aus der Badischen Woche wurde angesichts der sich dramatisch verschlechternden sozialen und wirtschaftlichen Situation in der Weltwirtschaftskrise eine *heimatliche Notkundgebung* mit einem Schwerpunkt auf der Not der Kunst und Wissenschaft[81]. Hier sprachen tatsächliche oder vermeintliche badische Kulturgrößen wie der völkisch-nationale Dichter und Schriftsteller Hermann Burte[82] oder der Schriftleiter der Badischen Heimat Hermann Eris Busse[83]. 1932 fand am 1. Oktober ein Badisch-Pfälzisch-Saarländischer Sänger-Heimatabend (Kundgebung zur Erhaltung des Deutschtums in der Südwestecke des Reiches) im Rahmen der Karlsruher Herbsttage (29. September bis 16. Oktober) statt[84]. Unter lebhaftem Beifall verlas Verkehrsdirektor Lacher ein Geburtstagsglückwunschtelegramm an Reichspräsident Hindenburg, den *Schützer und Hüter des deutschen Vaterlandes*, in dem er der *felsenfesten Erwartung Ausdruck* gab, *daß das vom Reich widerrechtlich abgetrennte kerndeutsche Saargebiet raschestens zum deutschen Mutterlande zurückgeführt wird. Deutsch ist die Saar immerdar!*[85]. Angebot und Zuschauerzuspruch der Veranstaltungen blieben hinter denen der ersten zehn Jahre zurück, die wirtschaftliche Krise zeigte deutlich ihre Wirkung.

Die Nationalsozialistische Grenzland-Kundgebung 1933

Die 1. Nationalsozialistische Grenzland-Kundgebung vom 9. bis 27. September 1933 war geprägt von den neuen politischen Verhältnissen, aber auch von der Schwerpunktverlage-

---

[80] Vgl. Karlsruher Wochenschau, Heft 7, 1930, S. 3, https://digital.blb-karlsruhe.de/blbihd/periodical/pageview/3639258 (Zugriff 3.5.2019).
[81] Karlsruher Wochenschau, Heft 8, 1931, S. 8, https://digital.blb-karlsruhe.de/blbihd/periodical/pageview/3640776 (Zugriff 3.5.2019).
[82] E. WILL, Burte, Hermann, in: BB N. F. 2, S. 53–57.
[83] Vgl. Der Führer, 26. September 1931 und Badische Presse, 13. Oktober 1931.
[84] Vgl. StadtA Karlsruhe 8/StS 9/ 40 und 441.
[85] Karlsruher Zeitung, 3. Oktober 1932. Vgl. auch StadtA Karlsruhe 1/H-Reg 4920.

rung der Veranstaltung hin zur Betonung der Notsituation im Grenzland und dessen Hauptstadt[86]. Der Darstellung der NS-Propaganda zufolge kündete die Grenzlandkundgebung *weit über Badens Grenzen hinaus von der politischen, wirtschaftlichen und geistigen Not unseres Grenzlandes, gleichzeitig zeugte sie aber auch von dem unerschütterlichen Vertrauen des badischen Volkes zu der neuen nationalsozialistischen Führung*[87].

Diese Grenzlandnot war aber keine Erfindung der Nationalsozialisten und war auch nicht erst in der Endphase der Weimarer Republik als Begriff im Zusammenhang mit Baden aufgetaucht. Im Rahmen der Diskussionen auf Reichsebene um die Etablierung einer analog zur Osthilfe für die östlichen Grenzgebiete gestalteten Westhilfe tauchte Mitte der 1920er-Jahre der Begriff Grenzlandnot auch für die westlichen Gebiete des Reichs auf[88]. Initiiert wurde dies von der Zentrumspartei, die sich *als Hüterin und Fürsorgerin für das besetzte Gebiet* sah[89]. Und auch in Karlsruhe findet sich der Begriff erstmals im Zusammenhang mit der 48. Verbandstagung des Katholischen Kaufmännischen Vereins (KKV) 1928. Der Direktor des in Essen ansässigen Verbandes, der Zentrumspolitiker Peter Wages, sprach über *Die wirtschaftliche Bedeutung der deutschen Grenzgebiete unter besonderer Berücksichtigung der Westgrenze*. Der badische Justizminister Gustav Trunk bestätigte, dass Baden mit seiner langen *Rheinfront* ebenfalls Grenzland geworden sei, wünschte sich aber, dass sich keines der betroffenen Gebiete in den Vordergrund spiele. Der Karlsruher Bürgermeister Heinrich Sauer dankte dem Verband, dass er die *Grenzlandnot* der Öffentlichkeit so eindrücklich vor Augen führe[90]. In der ›Badischen Presse‹ und im ›Tagblatt‹ wurde die Grenzlandnot erstmals im Jahr 1929 mit diesem Begriff thematisiert[91]. Hintergrund war die Veröffentlichung der Badischen Denkschrift über die wirtschaftliche und kulturelle Notlage Badens als Grenzland und besetztes Gebiet, mit der sich die Badische Regierung in die Diskussion auf Reichsebene über die Hilfe für die westlichen Grenzgebiete einbrachte[92]. Auch daran konnten die Nationalsozialisten mit der Grenzlandkundgebung anknüpfen. Sichtbar wurde dies schon bei dem umfangreichen Programmheft (*Tafel 10*), welches das Drei-Türme-Motiv der Herbstwochen aus den 1920er-Jahren übernahm, dieses allerdings mit einem SA-Mann und der Hakenkreuzfahne umdeutete. Gauleiter Robert Wagner sah in seinem Aufruf zur Teilnahme die aktuelle wirtschaftliche Not als das Ergebnis der durch die westlichen Geistesrichtungen des Liberalismus und der Demokratie ausgelösten *weltanschaulichen Entartungen*. Die Grenzlandkundgebung solle nun das *Ringen um den deutschen Geist, um deutsche Kultur, aber auch um eine glückliche Überwindung der aus den geistigen Verwirrungen herrührenden wirtschaftlichen Not zeigen*[93].

---

[86] Vgl. StadtA Karlsruhe 8/StS 9/1276; 1172,4.
[87] Adressbuch 1933/34, S. II,4.
[88] Vgl. F. BLAICH, Grenzlandpolitik im Westen 1926–1936. Die ›Westhilfe‹ zwischen Reichspolitik und Länderinteressen, Stuttgart 1978, S. 7–19.
[89] Selbstdarstellung des Zentrums, zitiert nach ebd., S. 12.
[90] Vgl. Badischer Beobachter, 3. August 1928.
[91] Vgl. z. B. Badische Presse oder Karlsruher Tagblatt, jeweils 3. April 1929.
[92] Vgl. BLAICH (wie Anm. 88), S. 40 ff.
[93] Vgl. Führer durch die nationalsozialistische Grenzland-Kundgebung vom 9.–27. September 1933 in Karlsruhe, StadtA Karlsruhe 8/StS 9/1276, S. 4.

Gleichzeitig fand auch die Erste Nationalsozialistische Grenzlandwerbemesse mit einer starken Beteiligung aus ganz Baden statt, wodurch auch hier nahtlos an die Tradition der Herbstwochen der 1920er-Jahre angeknüpft wurde[94]. Ministerpräsident Walter Köhler[95] hob hervor, dass die *nationale Revolution* nach 14 Jahren des schwarz-roten Regiments den Alpdruck von der Wirtschaft genommen habe und diese nun in der Grenzlandwerbemesse ein anschauliches Bild ihrer Leistungsstärke vermitteln könne[96]. Mit der Grenzlandkundgebung und der Grenzlandwerbemesse wurde am 9. September auch die Ausstellung im Badischen Kunstverein *Deutsche Kunst* eröffnet, die erste Wanderausstellung der Deutschen Kunstgesellschaft, die u. a. von dem neuen Direktor der Kunsthalle Hans Adolf Bühler[97] kuratiert wurde. Der hatte bereits im April in Karlsruhe eine der ersten Ausstellungen zur »entarteten Kunst« in Deutschland initiiert.

Der neue NS-Oberbürgermeister Adolf Friedrich Jäger[98] hob hervor, dass die wirtschaftlichen Nöte des Grenzlandes Baden in der Nachkriegszeit wenig beachtet worden seien. Die nationalsozialistische Grenzlandkundgebung ändere dies nun – die jährlichen Veranstaltungen seit 1920 erwähnte Jäger ebenso wenig wie die Denkschrift der badischen Regierung aus dem Jahr 1929[99]. Blättert man das Programm durch, finden sich aber im Wesentlichen die Veranstaltungen, die schon die vorausgegangenen Badischen Wochen und Heimattage prägten, allerdings ergänzt um reine Parteiveranstaltungen wie Kraftwagenfahrten des NS-Kraftfahrkorps für Kriegsbeschädigte und Arbeitsopfer, NS-Großflugtag, Veranstaltungen der HJ und des BDM, Kundgebung der Deutschen Arbeitsfront, 1. NS-Turn- und Sporttag, Großer Amtswalterappell, Aufmarsch der SA und SS. Die Werbung, ein Stelldichein der Karlsruher und der badischen Wirtschaft, umfasst mit 60 Seiten allein 3/5 des Heftes. Einen Heimattag gab es während der Grenzlandwoche nicht, dafür aber am 16. September wieder ein Trachtentreffen.

In der Selbstdarstellung der Stadt Karlsruhe hielt die Bezeichnung als Grenzlandhauptstadt nun rasch Einzug. Der Verkehrsverein beließ es Ende 1933 noch bei *Karlsruhe. Die Landeshauptstadt im Grenzland Baden* als Titel für den neuen Stadtführer. Der Historiker Albert Schneider publizierte im Auftrag der Stadtverwaltung 1934 das vom neuen Geist der NS-Herrschaft geprägte Buch *Karlsruhe, die junge deutsche Grenzstadt*, der Verwaltungs- und Rechenschaftsbericht der Gau- und Grenzlandhauptstadt erschien erstmals 1935, das Adressbuch folgte erst 1939[100].

---

[94] Vgl. Der Führer, 20. August 1933.
[95] Zu Köhler vgl. E. O. Bräunche, Ein »anständiger« und »moralisch integrer« Nationalsozialist? Walter Köhler, Badischer Ministerpräsident, Finanz- und Wirtschaftsminister, in: M. Kissener/J. Scholtysek (Hgg.), Die Führer der Provinz: NS-Biografien aus Baden und Württemberg, Konstanz/München ³2016, S. 289–310.
[96] Vgl. Führer Grenzland-Kundgebung (wie Anm. 93), S. 6.
[97] Zu Bühler vgl. A. Ludwig, Bühler, Hans Adolf, Maler, in: BB N. F. 5, S. 33–35; C. Soltani, Leben und Werk des Malers Hans Adolf Bühler (1877–1951), Weimar 2016; K. Förster, Hans Adolf Bühler, in: Stadtlexikon Karlsruhe https://stadtlexikon.karlsruhe.de/index.php/De:Lexikon:bio-0392 (Zugriff 3.5.2019).
[98] Vgl. E. O. Bräunche, Adolf Friedrich Jäger, in: Stadtlexikon Karlsruhe, https://stadtlexikon.karlsruhe.de/index.php/De:Lexikon:bio-0012 (Zugriff 3.5.2019).
[99] Vgl. Führer Grenzland-Kundgebung (wie Anm. 93), S. 7.
[100] Vgl. Verkehrsverein Karlsruhe. Die Landeshauptstadt im Grenzland Baden, 1933; A. Schneider, Karlsruhe, die junge deutsche Grenzstadt, im Auftrag der Stadtverwaltung verfasst, Karls-

Die 2. Nationalsozialistische Grenzlandkundgebung mit dem 2. Südwestdeutschen Heimattag 1934

Auch an die schon in den 1920er-Jahren artikulierte Sorge um das Saarland knüpften die Nationalsozialisten nahtlos an. Mit Blick auf die bevorstehende Saarabstimmung am 13. Januar 1935 fand am 22./23. September 1934 der 2. Südwestdeutsche Heimattag Baden-Pfalz-Saar im Rahmen der 2. Nationalsozialistischen Grenzlandkundgebung vom 9. bis 27. September statt. Ministerpräsident Walter Köhler hob in seinem Grußwort hervor, dass die *unnatürliche Grenzmauer, die das Versailler Diktat zwischen der Saar und dem badisch-pfälzischen Wirtschaftsgebiet aufgerichtet hat,* in wenigen Monaten verschwunden sei und dann die *durch Versailles zerrissenen Wirtschaftsbeziehungen zwischen der Saar und dem badisch-pfälzischen Wirtschaftsgebiet* wieder hergestellt werden könnten[101]. Zur Aufgabe der Südwestmark führte der Lehrer und Schriftsteller Max Dufner-Greif aus, dass die *kulturpolitische Kampfaufgabe* gegen die *Gedankenwelt des westlerischen Liberalismus gerichtet* sei. *Das in Frankreich und in der Schweiz gegen uns wütende und hetzende Emigrantentum arbeitet Hand in Hand nach einem und demselben Ziel und Plan. [...] Das am weitesten gegen den Rhein vorgeschobene und somit am gefährlichsten wirkende Bollwerk ist Straßburg.* Karlsruhe sei nun das *Hauptquartier des völkischen Freiheitskampfes am Oberrhein*[102].

Im Mittelpunkt stand die feierliche Enthüllung des Albert-Leo-Schlageter-Denkmals am 22. September. Der gebürtige Schönauer war 1923 wegen der Beteiligung an Sabotageakten von Freicorps im von Frankreich besetzten Ruhrgebiet zum Tode verurteilt und hingerichtet worden. Er galt bald als ein »deutscher Volksheld«, der vor allem von den Nationalsozialisten als »Märtyrer der Bewegung« heroisiert und gefeiert wurde[103]. So stellten die Veranstalter 1934 zufrieden fest: *Es liegt eine schöne Bedeutung darin, daß das Denkmal am Heimattag enthüllt wird, wenn wir das Fest der Gemeinschaft der Südwestmark feiern. In inniger Verbundenheit mit Albert Leo Schlageter wollen wir, die Stämme der Südwestmark, ihm geloben, die Wache so treu und einsatzbereit zu halten, wie er*[104]. Die Veranstalter resümierten in ihrem Rückblick, dass die Reichsbahn einen Film habe drehen lassen, der in den nächsten Wochen in den Karlsruher Kinos und darüber hinaus in ganz Deutschland gezeigt werde[105]. Dieser Film, der unter dem Titel *Heimatfest in Karlsruhe* mit dem Untertitel *Ein Bildbericht vom zweiten südwestdeutschen Heimattag* im Bundesarchiv archiviert ist, belegt eindrucksvoll, wie sich die NS-Propaganda über den Heimatgedanken der 1920er-Jahre gelegt hatte. Besonders deutlich wird dies bei der Inszenierung der in die Veranstaltung integrierten Einweihung des Schlageterdenkmals am

---

ruhe 1934; Verwaltungs- und Rechenschaftsbericht der Gau- und Grenzlandhauptstadt 1935, Karlsruhe 1937 und Adreßbuch der Gau- und Landeshauptstadt Karlsruhe, Karlsruhe 1938.

[101] Karlsruher Wochenschau. Sonderheft zum 2. Südwestdeutschen Heimattag Baden-Pfalz-Saar 22. und 23. September 1934, S. 2.
[102] Ebd., S. 5.
[103] Vgl. zu dem Denkmal: B. VIERNEISEL, Albert-Leo-Schlageter-Denkmal, in: G. BRANDENBURGER u. a., Denkmäler, Brunnen und Freiplastiken in Karlsruhe 1715–1945, Karlsruhe ²1989, S. 632–640.
[104] Karlsruher Wochenschau Sonderheft (wie Anm. 101), S. 6.
[105] Heimatfest in Karlsruhe (MAVIS: 578284), Bundesarchiv-Filmarchiv 1134.

Abb. 7   Einweihung des Albert-Leo-Schlageter-Denkmals Ecke Beiertheimer Allee/Bahnhofstraße, 22. September 1934.

22. September (*Abb. 7*). Uniformierte SA- und SS-Leute stehen Spalier, eine Flamme lodert vor dem Denkmal empor zu den um das Denkmal aufgestellten Hakenkreuzfahnen. Würdenträger und NS-Prominenz wie der Gauleiter Robert Wagner werden wirkungsvoll präsentiert. Die von getragener Musik begleitete und in Szene gesetzte Denkmalenthüllung geht über in die nun von fröhlicher Musik untermalten bewegten Bilder vom Umzug durch die Stadt. Es fällt auf, dass abgesehen von den NS-Fahnen am Straßenrand und an den Häusern vor allem der Kaiserstraße, im Zug alle NS-Symbole fehlen, die Zugteilnehmer reagieren auch kaum und wenn, dann eher mit einem Winken auf die zuweilen zum »Deutschen Gruß« erhobenen Arme so mancher Zuschauer. Allerdings endet der Zug in der Hochschulkampfbahn, wo zum gleichzeitig stattfindenden Gausportfest des BDM sich die Teilnehmer und Zuschauer des Zuges mit den angetretenen Mädchen des BDM zu einem imposanten Abschluss treffen, bei dem es dann auch nicht an zum »Deutschen Gruß« erhobenen Händen fehlt. In diesem Sinne wertet der Sprecher auch die Veranstaltung als *Markstein bodenverwurzelter Volkstumspflege im Dienste der Heimat*. Durch diese geschickte Umrahmung des Umzugs mit der Einweihung des Schlage-

Abb. 8 Karte aus dem »Heimatatlas der Südwestmark Baden« von Karl Gärtner (1934). Gärtner war bis zu seiner Einstellung im badischen Kultusministerium 1934 NSDAP-Kreisleiter in Lahr.

terdenkmals und dem BDM-Gausportfest zeigt sich der Film als ein Musterbeispiel der NS-Propaganda.

Der Heimattag steht damit ebenso wie die Grenzlandkundgebung des Vorjahrs für die Vereinnahmung der seit 1920 durchgeführten Badischen oder Karlsruher Wochen, Heimattage und Badener-Treffen durch die NS-Propaganda im Sinne der NS-Ideologie. Anknüpfen konnte man an völkisch-nationalistisches Denken, das in der Weimarer Republik schon vorhanden und vor allem in den bürgerlichen liberalen Presseorganen – der sozialdemokratische Volksfreund und das Zentrumsorgan Badischer Beobachter verzichteten weitgehend auf solche Ausführungen – aufgegriffen worden war. Partiell fand es vor allem in der Endphase der Weimarer Republik Niederschlag in den Heimatveranstaltungen. Welche Auswirkungen dies konkret auf die Bevölkerung hatte, kann nur vermutet werden. Die NS-Propagandisten konnten auf jeden Fall davon ausgehen, dass dieses Denken bekannt war und von vielen auch geteilt wurde. Die Veranstaltungen hatten nun auch eine deutlichere antifranzösische Ausrichtung, es unterblieben aber nach wie vor direkte Angriffe, wie sie dann in dem vom NS-Kultusministerium 1934 in erster, 1937 in zweiter Auflage herausgegebenen Heimatatlas der Südwestmark in einigen Karten überdeutlich werden[106]. Beide Auflagen enthielten zwei Seiten *Baden unter dem Versailler Diktat*, in denen die militärische Bedrohung durch Frankreich seit 1918 betont wird (*Abb. 8*).

---

[106] Vgl. Heimatatlas der Südwestmark Baden, im Auftrag des Badischen Ministeriums des Kultus und Unterrichts bearb. und hg. von K. GÄRTNER, Karlsruhe 1934, S. 46. In der zweiten erweiterten Auflage von 1937, S. 54, ist die Remilitarisierung des Rheinlands *durch Adolf Hitler* am 7. März 1936 vermerkt.

Prinz Max von Baden und die Heidelberger Vereinigung. Zum Frankreich-Bild einer heterogenen Elite

VON KONRAD KRIMM

In einem Augenblick des hellsichtigen Erschreckens berichtete Prinz Max am 15. Oktober 1918 aus Berlin seinem Karlsruher Vetter Großherzog Friedrich II. von Baden von der Ausweglosigkeit der deutschen Politik. Der Prinz war am 3. Oktober zum Reichskanzler ernannt worden, hatte erst in Berlin die militärische Katastrophe begriffen und verfasste jetzt eine Art politischen Testaments[1]. Der Einfall der Alliierten ins Elsass stehe bevor. *Kommt es so, wird Baden verwüstet wie wir Frankreich und Belgien verwüstet haben. Denn alle Schuld rächt sich auf Erden.* Die Worte von Goethes Harfner überhöhen das Pathos des ohnehin schon hochdramatischen Briefs. Aber sie nehmen dem Befund nichts an Klarheit: Deutschland hat das neutrale Belgien überfallen und der Krieg hat in mehr als vier Jahren dort und in Nordfrankreich Mondlandschaften hinterlassen (und Ludendorff ist eben daran, den Rückzug mit »verbrannter Erde« zu organisieren). Der Prinz spricht vom ganzen Krieg und von der erdrückenden Schuld. Später reduzierte sich die »Schuldfrage« in Deutschland gerne auf den Ausbruch des Krieges, auf diplomatische Versäumnisse und Verknotungen. Jetzt, in der Erkenntnis der ungeheuerlichen Verantwortung, schont der Prinz nichts und niemanden. Der ungezügelte preußisch-deutsche Militarismus steht in der Anklage, die Unfähigkeit des Kaisers, der Bankrott der Monarchie überhaupt, die ausgedient hat und einem *Volksstaat* Platz machen muss.

Im Rückblick der »Erinnerungen und Dokumente« des Prinzen Max, die 1927 erschienen und stark auf authentischen Quellen beruhen, fehlt auch dieser Brief nicht. Aber er ist gekürzt; in einem längeren Redaktionsprozess war alles politisch Anstößige entfernt worden. Übrig blieben Rhetorik und Emphase, wie sie auch manche der publizierten Reden des Prinzen kennzeichnen. Die eingangs zitierten Sätze stammen aus einer solchen emotionalen Beschwörung: *Mit grenzenloser Liebe gedenke ich Eurer und der geliebten Heimat, und wenn ich in schwersten Stunden Kraft brauche, denke ich dorthin, die Ihr vom feindlichen Einbruch der Amerikaner bedroht seid [...] Wie die Dinge kommen werden, ich*

---

[1] GLAK FA N 5843, vgl. auch K. KRIMM, Prinz Max von Baden (1865–1929), Reichskanzler, in: Lebensbilder aus Baden-Württemberg 25 (2018), S. 328–359. Zu Biografie und Deutung der Kanzlerschaft des Prinzen Max vgl. allgemein L. MACHTHAN, Prinz Max von Baden. Der letzte Kanzler des Kaisers, Berlin 2013, bzw. DERS. (kaum verändert), Der Endzeitkanzler Prinz Max von Baden und der Untergang des Kaiserreichs, Stuttgart 2017, und K. KRIMM (Hg.), Der Wunschlose. Prinz Max von Baden und seine Welt, Karlsruhe 2016.

stehe und falle als echter Sohn meiner badischen Heimat, mich eins fühlend mit ihrer gottbegnadeten Natur. Immerhin: Die Klammern bezeichnen die Kürzung. Die Neuausgabe der »Erinnerungen« von Golo Mann und Andreas Burkhardt aus dem Jahr 1967 kommentierten diese fast immer substanziellen Veränderungen der Texte nicht, geschweige denn, dass sie sie aus den Originalen ergänzten; das ist schwer zu verstehen. Die einfachste Erklärung für den Verzicht auf eine kritische Textausgabe wäre die Salemer Überlieferungslage der 1960er Jahre. Das Zusammenstückeln der »Erinnerungen« durch das Sekretariat des Prinzen, durch Kurt Hahn und Lina Richter, hatten dort Berge von Originalen, Exzerpten, Abschriften, Textausschnitten, Gesprächsprotokollen und Notizen entstehen lassen, die schwer zu überblicken waren. Trotzdem bleibt es unverständlich, warum man für die Neuausgabe selbst bei Schlüsseltexten wie dem Brief vom 15. Oktober 1918 den Kürzungen nicht nachging. Immerhin waren die Editionseingriffe allein an diesem Brief in einem eigenen Ordner dokumentiert worden[2].

Genügt es, sich mit dem Befund der Kürzungen zufrieden zu geben? Die Auseinandersetzung mit dem Versailler Vertrag und seinem Postulat der deutschen Alleinschuld am Krieg, die Hochverratsvorwürfe gegen Prinz Max und sein nie mehr bereinigtes Verhältnis zum Exilkaiser mochten es redaktionell geraten sein lassen, sich im »Memoirenkrieg« der 1920er Jahre zurückzuhalten. Aber es wäre doch zu kurz gegriffen, die Veränderungen in den Texten der »Erinnerungen« nur als taktische Eingriffe nach den Erfordernissen des politischen Augenblicks zu verstehen. Könnten es nicht auch Veränderungen in der Erinnerung selbst sein? Diese Frage soll uns im Folgenden beschäftigen.

Die Quellen dazu stammen aus dem Salemer Büro des Prinzen Max – vor allem also von Kurt Hahn und Lina Richter – und der Geschäftsführung der sogenannten Heidelberger Vereinigung[3]. Prinz Max hatte sie im Februar 1919 im Haus Max Webers als »Arbeitsgemeinschaft für Politik des Rechts« ins Leben gerufen. Die Vereinigung beschäftigte sich in der kurzen Zeit ihres Bestehens vor allem mit der Kriegsschuldfrage. Mit ihrem Ziel, als völkerrechtliches Tribunal die Friedensverhandlungen und dann den Vertrag von Versailles mit seinem berüchtigten § 231 (deutsche Alleinschuld) öffentlich zu diskutieren und zu beeinflussen, gehörte sie zu den vielen revisionistischen Stimmen im Deutschland der Nachkriegszeit. Dabei war sie prominent besetzt; die »Professoren-Denkschrift« zur Kriegsschuld, die in Versailles übergeben wurde, stammte von Hans Delbrück, Albrecht Mendelssohn-Bartholdy, Max Graf Montgelas und Max Weber, alle Mitgründer der Heidelberger Vereinigung, und auch im Stab des Außenministers Ulrich von Brockdorff-Rantzau in Versailles waren ihre Mitglieder vertreten, nicht zuletzt durch Kurt Hahn. Als die großen Erwartungen, die man in die Vierzehn Punkte Wilsons und Versailles gesetzt hatte, sich als Illusionen entpuppten, verwandelte sich die Enttäuschung auch hier in erstarrtes, auf Feindbilder und Revision fixiertes Denken. Nach 1922 zerfiel die Vereinigung. Sich mit ihr zu befassen, lohnt sich bei unserer Fragestellung aber, weil die Heidelberger Vereinigung nicht nur prominent, sondern vor allem auch heterogen zusammengesetzt war. Pazifisten wie Walter Schücking und Hans Wehberg zählten

---

[2] Vgl. GLAK FA N 5801, dazu Prinz M. von BADEN, Erinnerungen und Dokumente, Stuttgart 1927, S. 407, Neuausgabe, hg. von G. MANN und A. BURKHARDT, Stuttgart 1968, S. 387.
[3] Sie sind seit 2014 im Nachlass des Prinzen Max von Baden im Großherzoglichen Familienarchiv im Generallandesarchiv Karlsruhe zusammengefasst, vgl. das Online-Inventar.

ebenso dazu wie Fürst Ernst II. von Hohenlohe, an dessen konservativ-monarchischer Überzeugung nicht zu zweifeln war[4]; Sozialethikern wie Friedrich Siegmund-Schultze oder Marie Baum ließen sich Bankiers oder Industrielle wie Max Warburg und Richard Freudenberg gegenüberstellen. Die Vereinigung repräsentierte also einen gesellschaftlichen Querschnitt, in dem nur die extremen politischen Positionen von rechts und links fehlten: Die »staatstragenden« Parteien waren mit Hugo Lindenmann (SPD), Constantin Fehrenbach (Zentrum) und – im Gewicht am stärksten – Politikern der liberalen DDP wie Ludwig Haas oder Conrad Haussmann vertreten. Hinter jedem der vielen Namen – eine Liste ist im Anhang angefügt – steht natürlich eine eigene Biografie, und für jedes Mitglied bedeutete die Heidelberger Episode nur eine kurze Durchgangszeit. Es waren aber die Anfangsjahre der neuen Republik: Jetzt bildeten sich die Denkmuster aus, nach denen die Gegenwart beurteilt, die Zukunft erhofft und die Vergangenheit, und das heißt vor allem: der Krieg gedeutet wurden. Unsere Ausgangsfrage nach Erinnerung, nach Umdeutung und nach Vergessen lässt sich an eine solche Periode besonders gut stellen. Wir verknüpfen sie aber nicht mit dem komplexen Thema Kriegsschuld, sondern mit einem schmalen, ein wenig leichter überschaubaren Segment: dem deutschen Blick auf Frankreich während der Besatzungszeit und vor allem bis zur Besetzung des Ruhrgebiets.

Die Erwartungen an Prinz Max als Anwalt Nachkriegs-Deutschlands gegenüber Frankreich waren naturgemäß verschieden. Die Freunde in der Heidelberger Vereinigung setzten auf seinen guten Namen im Ausland. Während des Krieges hatte er sich von der Kriegszieleuphorie nicht anstecken lassen und in der Kriegsgefangenenfürsorge international Vorbildliches geleistet. Dass er kein mitreißender Redner und einer harten politischen Debatte nicht gewachsen war, wusste man. Nur wenige trauten ihm ein solches Charisma zu wie der Mannheimer Pfarrer Ernst Lehmann vom Volksbund »Rettet die Ehre«, der nach dem Tod von Friedrich Naumann (1919), Max Weber (1920) und Walter Rathenau (1922) den Prinzen für den einzigen hielt, der Poincaré wegen der französischen Besatzungspolitik vor ein internationales Schiedsgericht fordern könne[5]. Kurt Hahn sah da die Rolle des Prinzen nüchterner; schon vor der Gründung der Heidelberger Vereinigung wusste er, dass der Prinz eine solche politische Gruppe nur ganz *oben* und nur nach außen repräsentieren könne (als Aushängeschild also) – Diskussionen waren nicht seine Sache[6]. Problematischer war wohl, dass von einem »Frankreich-Bild« des Prinzen selbst kaum zu sprechen war: Er kannte Frankreich nicht bzw. verfügte nur über die Feindbilder der Kriegszeit. Sein wichtigster Berater und Informant, Kurt Hahn, war nur mit den englischen Verhältnissen vertraut – dort hatte er studiert und seine Freunde gefunden, als Pressereferent im Auswärtigen Amt und dann in der Propagandaabteilung

---

[4] Der Fürst behindere als *Vertreter des alten Systems* einen Beitritt von Sozialdemokraten, befürchtete Robert Bosch, 5.2.1919 an Max Weber, GLAK FA N 5868 Qu. 21.

[5] 12.1.1923, an Prinz Max, GLAK FA N 6037 Qu. 13. Zum Volksbund unter seinem rabiaten Bremer Leiter Otto Hartwich vgl. unten S. 204. Lehmann distanzierte sich von der Bremer Zentrale aber auch immer wieder (vor allem unter dem Eindruck des Rathenau-Mords, der vom Volksbund nicht verurteilt wurde) und schloss sich später den Religiösen Sozialisten an. Vgl. allgemein E. LORENZ, Ernst Josef Lehmann (1861–1948). Jude, Christ, Streiter für Recht und Freiheit, in: Lebensbilder aus der evangelischen Kirche in Baden im 19. und 20. Jahrhundert, Bd. 2: Kirchenpolitische Richtungen, Heidelberg u. a. 2010, S. 296–315.

[6] 24.12.1918 an Robert Bosch, GLAK FA N 5868 Qu. 16.

Hans von Haeftens in der Obersten Heeresleitung hatte er sich ganz auf die angelsächsische Welt konzentriert. Überzeugt von der Wirkung und Beeinflussbarkeit der öffentlichen Meinung, übertrug Hahn die propagandistischen Modelle der Kriegszeit in die Nachkriegswelt und glaubte, das Lager der Entente publizistisch spalten und damit schwächen zu können. Die »Moralische Offensive«, die unter dem Namen des Prinzen Max 1921 erschien, war eine solche Kampfschrift – das verriet schon die doppeldeutige Kombination ethischer und militärischer Begriffe, die ebenso unglücklich gewählt waren wie im Jahr 1917 der »Ethische Imperialismus«. Adressaten waren 1921 nicht die Alliierten insgesamt, sondern England und die USA; Frankreich blieb Zielscheibe. In einer durchsichtigen Mischung aus Einsicht und Angriff wurden die Fragen der Kriegsschuld und der Greuel im Krieg marginalisiert gegenüber den Greueln im Frieden, der Wirtschaftsblockade Deutschlands durch die Entente und der französischen Besetzung. Gewiss war durch den deutschen Überfall auf Belgien Völkerrecht gebrochen worden, aber was wog das gegenüber dem Bruch der Vierzehn Punkte des Präsidenten Wilson, wiederum vor allem durch Frankreichs Schuld! Um die Position des Prinzen im deutschen Nachkriegsdiskurs dabei freilich richtig verorten zu können, muss man sich bewusst machen, dass bereits solche Sätze im rechten Lager als Landesverrat galten. Eine Rezension der »Moralischen Offensive« sah darin den *Widerschein jener pazifistischen und illusionären Anschauung, deren Vertreter ja gerade Prinz Max von Baden ist [...], die von dem Gedanken nicht loskommt, als ob Deutschland eine Mitschuld am Kriege trifft*. Aus der Schrift spreche *jener Geist der Halbheit und der Illusion, der uns ins Unglück gebracht hat* (damit war der »Dolchstoß« gemeint, den der Prinz als Kanzler geführt haben sollte). *Er trägt gewiß auch die Schuld daran, dass die »Heidelberger Vereinigung« im Grunde ein totgeborenes Kind geblieben ist*[7].

Die Verdächtigung des Prinzen als »Pazifisten«, die schon im Krieg kursierte, hatte sich Hahn damals durchaus zunutze gemacht und seine geheimen Kontakte zu Pazifisten und oppositionellen Labour-Mitgliedern in England damit fundamentiert. Bezeichnend für ihn wie für Prinz Max war aber, dass keiner von beiden je eine Verbindung zu französischen Pazifisten suchte, auch in der Nachkriegszeit nicht. Romain Rolland publizierte im September 1919 für die Vereinigung »Clarté« sein berühmtes Schuldbekenntnis über das Versagen der Intellektuellen im Krieg: Sie hätten dazu Hilfe geleistet, wo sie es doch besser hätten wissen müssen. Sein Angebot eines übernationalen Gesprächs ohne Sieger und Besiegte, ohne gegenseitige Anklage, nur als Zeugnis von Humanität und Menschenliebe, war im Lager der Entente Sensation, pazifistische Provokation[8]. Das war sie aber auch in Deutschland: Obwohl die Heidelberger Vereinigung die ehrliche Aufarbeitung eigenen Unrechts auch in ihr Programm geschrieben hatte, wollte sie sich auf einen solchen Diskurs nicht einlassen. Eine erste Hürde bestand darin, dass die Proklamation Rollands auf Deutsch durch die »Liga zur Beförderung der Humanität« bzw. Friedrich Wilhelm Förster publiziert worden war – als konsequenter Pazifist eine Art »Lieblingsfeind« der Heidelberger Vereinigung, die den *deutschen Sühnepriester* von links (Theo-

---

[7] 18.8.1921, Königsberger Allgemeine Zeitung, GLAK FA N 6490 Qu. 15.
[8] Vgl. allgemein M. KLEPSCH, Romain Rolland im Ersten Weltkrieg. Ein Intellektueller auf verlorenem Posten, Stuttgart 2000.

dor Wolff)⁹ nicht weniger ablehnte als die unbelehrbaren Alldeutschen von rechts. Als Grenzüberschreitung verstand man im Umkreis des Prinzen Max aber vor allem die Pathosformel im Manifest Rollands, nicht mehr einzelne Völkern kennen zu wollen, sondern nur das große, leidende Volk aller Menschen. In der deutschen Übersetzung war der Text um diese Passage gekürzt worden – wohl schon wegen seiner antinationalistischen Sprengkraft –, aber indem man die volle Sentenz in eine Fußnote versteckte, erreichte man natürlich das Gegenteil: Jetzt fiel sie erst recht auf. Eine Gegenerklärung bezeichnete das Manifest Rollands als Verleumdung, als Verrat an der Nation; nur das starke Empfinden für das eigene Volk lasse sich mit allgemeiner Menschenliebe fruchtbar verbinden¹⁰. Von den Unterzeichnern waren Moritz Bonn, Friedrich Curtius, Johannes Lepsius, Friedrich Meinecke und Ernst Troeltsch Mitglieder der Heidelberger Vereinigung; der liberale Theologe Adolf Deissmann war zumindest Mitglied der DDP (und hatte eben noch in hymnischen Worten die erste Nachkriegstagung des »Weltbunds für Freundschaftsarbeit der Kirchen« in Holland wegen ihrer Übernationalität und Versöhnungsbereitschaft gefeiert¹¹), und Ernst Robert Curtius stand wie sein Vater Friedrich dem badischen Haus nahe¹².

Die Unterzeichner sprachen für sich, nicht für die Heidelberger Vereinigung – und dort gab es auch gewichtige Gegenstimmen. Hans Delbrück, seit langem der Doyen unter den Beratern des Prinzen Max, hatte den Aufruf Rollands unterschrieben¹³. Max Graf Montgelas, zeitweise Geschäftsführer der Vereinigung, verteidigte gegenüber deren Sekretär Rudolf von Scholz das französische Manifest: Die Clarté sei *die einzige Richtung, in der über »responsabilité« vernünftige Ansichten zum Ausdruck kommen. [...] Daher [wäre es] meines Erachtens absolut verfehlt, diese Leute a limine abzuweisen. Ich habe daher auch die Erklärung gegen die Clarté zu unterzeichnen mich geweigert*¹⁴. Aber in eben dieser Mehrstimmigkeit lag auch ein Problem der Heidelberger Vereinigung: Sie vermochte so gut wie nie, als Ganze an die Öffentlichkeit zu treten. Ihre Mitglieder veröffentlichten jeweils unter eigenem Namen und schufen so auch keinen Resonanzraum für die Gruppe. Dabei war die »Gruppe« an sich durchaus kein Zufallsprodukt der Nachkriegszeit: Ihre Wurzeln reichten weit in den Krieg zurück. Fast die Hälfte der Mitglieder kannte sich bereits aus der »Deutschen Gesellschaft 1914«, die Wilhelm Solf seit 1915 als breite Gesprächsrunde für einen repräsentativen Gesellschaftsquerschnitt geleitet hatte¹⁵. Dort

---

9 Hier zitiert von Rudolf von Scholz in einem Brief an Kurt Hahn, 13.7.1920, GLAK FA N 6190 Qu. 81. Vgl. allgemein M. HOSCHEK, Friedrich Wilhelm Foerster (1869–1966), Frankfurt a. M. u. a. ³2006.
10 Vgl. GLAK FA N 5468.
11 Im Evangelischen Wochenbrief 137/141, ebd.
12 Zu seiner Clarté-Kritik vgl. S. MÜLLER, Ernst Robert Curtius als journalistischer Autor (1918–1932). Auffassungen über Deutschland und Frankreich im Spiegel seiner publizistischen Tätigkeit, Bern u. a. 2008, S. 296 ff.
13 Vgl. allgemein Ch. LÜDTKE, Hans Delbrück und Weimar. Für eine Konservative Republik – gegen Kriegsschuldlüge und Dolchstoßlegende, Göttingen 2018.
14 5.1.1920, GLAK FA N 6190 Qu. 3.
15 Für den Hinweis und die Quellenfundierung aus dem Schatz seiner umfassenden vereinsgeschichtlichen Datenbanken bin ich Edmund Steinschulte/Flörsheim besonders zu Dank verpflichtet. Allgemein vgl. F. D. TUNNAT, Die Deutsche Gesellschaft 1914 und ihr Gründer, Berlin 2014.

hatte auch Kurt Hahn referiert; eine ähnliche Formation, aber nun mit konzentrierter politischer Stoßkraft hatte ihm wohl vorgeschwebt, als er 1917 gegenüber Max Warburg Strukturen einer Verbandsgründung skizzierte[16]. Die »Deutsche Gesellschaft 1914« hatte sich ihrerseits mit anderen Kreisen überschnitten, etwa mit der »Mittwochs-Gesellschaft« von Hans Delbrück. In der eher pazifistischen »Vereinigung Gleichgesinnter« von 1916[17] begegnen wiederum die Namen Friedrich Curtius und Johannes Lepsius, nun aber auch Lujo Brentano, Albrecht Mendelssohn-Bartholdy und Friedrich Siegmund-Schulze, die wir ebenfalls aus der Heidelberger Vereinigung kennen. Hahn als genialer Netzwerker verstand es, diesen Gruppen und Grüppchen in der Person des Prinzen Max eine Mitte zu geben, schon vor der Kanzlerzeit; später betonte der Prinz, dass er der *Gruppe* wesentliche politische Anregungen verdankt habe[18]. Als Hahn unmittelbar nach dem Zusammenbruch daranging, diesen immer noch lockeren und nach außen unsichtbaren Personenkreis um den Prinzen zu formen, dachte er zunächst an die Bildung eines rechten Flügels innerhalb der Demokratischen Partei, an *sozial und national zuverlässige Männer*, die sowohl den Konservativen wie den Sozialdemokraten Paroli bieten könnten[19]. Robert Bosch scheint dagegen die Öffnung zur Sozialdemokratie hin durchgesetzt zu haben; er war bereits Geldgeber der Deutschen Gesellschaft 1914 und übernahm diese Rolle nun auch – nicht unbedingt mit Begeisterung – bei der Heidelberger Vereinigung.

Die Vereinigung konnte mit dieser breiten Ausrichtung zwar auf große Namen in ihren Reihen verweisen, auf Mitglieder vor allem, die wie Walter Schücking oder Friedrich Siegmund-Schulze im Ausland als »unbelastet« galten, aber es fiel ihr, wie gesagt, schwer, eine gemeinsame Sprache zu finden. Das lag nicht zuletzt an der Verteilung über ganz Deutschland. Heidelberg blieb auch nach dem frühen Tod Max Webers wichtiger Bezugspunkt, schon wegen der Nähe zur französisch besetzten linksrheinischen Pfalz; für demonstrative Auftritte und Botschaften über den Rhein hinweg war es wie Mannheim besonders geeignet. Ein Zentrum bildete sich aber auch in München, wo Lujo Brentano durchaus eigene Ansichten zum Auftritt der Vereinigung gegenüber dem Ausland vertrat. Hamburg besaß durch die Finanzkompetenz des Bankiers Max Warburg und den juristischen Rat von dessen Syndikus Carl Melchior immer eine gewichtige Stimme. Hier plante man vor allem das Institut für Auswärtige Angelegenheiten; seine Gründung als Institut für Auswärtige Politik unter Albrecht Mendelssohn-Bartholdy[20] können wir in diesem Rahmen nicht weiterverfolgen, sie war aber auf Engste mit der Entstehung der Heidelberger Vereinigung verknüpft und sollte zum eigentlich Bleibenden in den Ideen Kurt Hahns und des Prinzen werden. Die meisten Mitglieder wirkten in Berlin. Dort besaß

---

[16] 14.7.1917, GLAK FA N 6195.
[17] Vgl. K. HOLL, Die »Vereinigung Gleichsinnter«. Ein Berliner Kreis pazifistischer Intellektueller im Ersten Weltkrieg, in: Archiv für Kulturgeschichte 54 (1972), S. 364–384.
[18] O.D. an Kurt Hahn, GLAK FA N 6742.
[19] 24.12.1918 an Robert Bosch, GLAK FA N 5868. Hier auch zum Folgenden.
[20] Vgl. G. GANTZEL-KRESS, Zur Geschichte des Instituts für Auswärtige Politik. Von der Gründung bis zur nationalsozialistischen Machtübernahme, in: K.-J. GANTZEL (Hg.), Kolonialwissenschaft, Kriegsursachenforschung, Internationale Angelegenheiten, Baden-Baden 1983, S. 23–88.

Graf Montgelas – *als selbstgewählter Chef der Berliner Ortsgruppe*[21], wie Rudolf von Scholz bissig bemerkte – eine überzeugende Führungsposition. Er schlug vor, dass Berlin als größte Ortsgruppe Erklärungen in die Öffentlichkeit hinein für die ganze Vereinigung abgeben dürfe[22] und konnte durch die schiere Mehrheit hinter sich auch einmal Abstimmungen gegen die Salemer – Prinz Max, Kurt Hahn, Lina Richter – gewinnen. Das passte Hahn natürlich nicht ins Konzept; für ihn blieben »Salem« und der Prinz doch Ausgangs- und Bezugspunkt der Vereinigung, und sein Demokratieverständnis geriet an seine Grenzen, wenn er überstimmt wurde – das galt im größeren politischen Diskurs wie in der kleineren Welt der Salemer Schulorganisation[23]. Der Sekretär der Heidelberger Vereinigung, Rudolf von Scholz (er kam aus dem Generalstab und war wie Hahn Freund von Paul Rohrbach und Lina Richter[24]), stand auch hier auf Hahns Seite: Das *pseudo-demokratische Verfahren einer Berliner Mehrheitsregierung* passe nicht zum *Vertrauen zu dem ursprünglichen Kern der Vereinigung [...] Wir sind kein Verein, in dem durch Abstimmung etwas erledigt wird*[25]. Montgelas spürte diese Kritik sehr genau. In seinem Abschiedsbrief an Hahn Ende 1920, der zugleich zu einer Abrechnung mit dem Scheitern der Heidelberger Vereinigung wurde, zeigte er auch auf diesen offenbar nie genügend ausdiskutierten Dissens innerhalb der Vereinigung und stellte sie damit grundsätzlich in Frage: Von Scholz habe *einen so festen Widerwillen gegen die »Demokratie«, schon gegen das bloße* Wort *bekundet, daß es mir fraglich erscheint, ob unsere Vereinigung noch berechtigt ist, sich als Vorkämpferin demokratischer Institutionen zu bezeichnen*[26]. Damit war natürlich mehr gemeint als Verfahrensfragen bei Abstimmungen. Scholz hatte von der Heidelberger Vereinigung aus die eher pazifistische »Liga für Völkerbund« angegriffen, obwohl Graf Montgelas, Walter Schücking und auch der für die Heidelberger Vereinigung wichtige badische Innenminister Ludwig Haas (DDP) in deren Vorstand saßen[27]. Letztlich ging es um die Bereitschaft der Heidelberger Vereinigung, auf Gesprächspartner im Inland und vor allem im Ausland wirklich zu zu gehen und sich auch dem Diskurs mit der Entente zu öffnen. Haas, vor Montgelas kurz Geschäftsführer der Vereinigung, drückte das gegenüber Prinz Max einmal knapper aus: *Auf die Dauer ist eine Politik, die sich zum Protest vor der Welt verschließt, unmöglich*[28].

So belastend die politischen Gegensätze in der Heidelberger Vereinigung waren: Im taktischen Denken nicht nur Kurt Hahns spielten sie für die Außenwahrnehmung der Vereinigung eine nicht zu unterschätzende Rolle. Das galt vor allem auch für das Auswärtige Amt, zu dem die Vereinigung engen Kontakt hielt. Dieser blieb nach außen unsichtbar, war aber Teil einer systematischen Informationspolitik des Amtes gegenüber der

---

[21] 23.8.1920 an Kurt Hahn, GLAK FA N 6190 Qu. 95.
[22] 15.4.1920 an Prinz Max, GLAK FA N 6053 Qu. 60.
[23] Vgl. K. Krimm, Unordnung und früher Streit. Golo Mann probt den Aufstand, in: Schule Schloss Salem 1920–2020: Beständigkeit und Wandel, hg. von der Schule Schloss Salem, Stuttgart 2020, S. 79-105.
[24] Vgl. auch seine Kriegskorrespondenz mit Lina Richter in deren Nachlass, Berlin-Brandenburgisches Wirtschaftsarchiv N 02.
[25] 23.8.1920 an Kurt Hahn, GLAK FA N 6190 Qu. 95.
[26] 28.12.1920, GLAK FA N 6194 Qu. 57.
[27] 4.9.1920, Montgelas an Ludwig Haas, GLAK FA N 5903.
[28] 2.1.1919, GLAK FA N 6013 Qu. 26.

Öffentlichkeit, bei der »neutrale« Institutionen wie die Heidelberger Vereinigung möglichst viele und möglichst krasse Fälle von Besatzungsunrecht anzuprangern hatten: Es ging um die »Greuelpropaganda«, die den Krieg so nachhaltig überdauern sollte[29]. In sehr nüchternen Anweisungen an Hahn erklärte Richard Kiliani von der Zentralstelle für Auslandsdienst, dass die Wirkung einer Greuelmeldung ganz von der Qualität der Quelle abhänge – ein und derselbe Tatbestand sei aus dem Mund eines Alldeutschen wertlos, könne aber politisch brauchbar sein, wenn dahinter die Namen der Pazifisten Walter Schücking oder Hans Wehberg stünden. Da die Heidelberger Vereinigung ja vor allem die internationale Öffentlichkeit erreichen wollte, sah das Amt vor, dass sie *in der Greuelfrage zu dem Ende tätig wird, um die gesteigerte Aufmerksamkeit des Auslands in geeignet erscheinender Weise noch durch die besondere Methode zu erwecken, die in dem persönlichen, privaten Eintreten unabhängiger, im Ausland bekannter Männer zu erblicken ist. Dabei wäre in erster Linie aggressiv vorzugehen, d. h. also zuerst die gegen unsere Landesangehörigen begangenen Greuel aufzugreifen und erst in zweiter Linie auf die feindlicherseits uns gegenüber erhobenen Beschuldigungen zu erwidern*[30]. Die »Fälle« wollte das Amt in ausreichender Zahl liefern.

Das war ganz nach Hahns Geschmack, der zwar gerne programmatisch, noch viel lieber aber taktisch dachte. Der erste Aufruf der Heidelberger Vereinigung hatte noch nachdrücklich die deutsche Missachtung der Rechte anderer Nationen im Krieg, vor allem das *Unrecht an Belgien* genannt[31]. In einer Art interner Handlungsanweisung an die Mitglieder vom Spätjahr 1919 wiederholte Hahn seine Überzeugung, dass deutsches Unrecht nicht verschwiegen werden dürfe, fuhr aber fort: *Unsere Anklagen müssen das letzte Jahr, vom 11. November 18 an in den Vordergrund stellen. Unser Krieg hat aufgehört, der feindliche aber nicht. Dieser willkürlich fortgesetzte Krieg gegen ein Volk von Nichtkämpfern, das ist die ungeheuerlichste aller Greueltaten* [...] – und gab, wie er es in der Propagandastelle der OHL gelernt hatte, auch gleich konkrete Regeln weiter: *Auch bei dieser Propaganda muss ganz anders mit der Wiederholung gearbeitet werden als bisher. Deutsche Greuel sind unsterblich, Ententegreuel leben bisher immer nur einen Tag. Das liegt besonders daran, dass unsere Tageszeitungen eine Art wissenschaftliche oder künstlerische Scheu vor Wiederholungen haben. – Die Heidelberger Vereinigung beabsichtigt in Reichstagsreden und Interviews die Aufmerksamkeit immer wieder auf das besetzte Gebiet lenken zu lassen. Verabredungen mit englischen und amerikanischen Korrespondenten sind bereits getroffen worden*[32]. Das entsprach den Direktiven des Auswärtigen Amtes. Die Heidelberger Vereinigung sollte eine *Greuelkommission* einrichten[33]. Nicht mehr der Krieg, sondern die prekäre Gegenwart wurde zum Thema; damit glaubte man, das Völkerrecht und die öffentliche Meinung leichter auf seine Seite zu bekommen. Die Erinnerung an eigene frühere Positionen verblasste, auf jeweils eigene Art. Sehen wir uns diesen Wandel bei eini-

---

[29] Vgl. allgemein U. HEINEMANN, Die verdrängte Niederlage. Politische Öffentlichkeit und Kriegsschuldfrage in der Weimarer Republik, Göttingen 1983.
[30] 17.3.1919, GLAK FA N 6209 Qu. 5.
[31] 7.2.1919, GLAK FA N 5735 Qu. 3.
[32] 18.12.1919, GLAK FA N 5735 Qu. 10.
[33] 5.1.1920 Rudolf von Scholz an Kurt Hahn, GLAK FA N 6093 Qu. 2.

gen wenigen Mitgliedern der Heidelberger Vereinigung an, bezogen auf die Auseinandersetzung mit Frankreich und Belgien.

Max Graf Montgelas, der die Heidelberger Vereinigung etwas mehr als 1½ Jahre als Geschäftsführer vertrat, hatte sich schon im Krieg militärhistorisch mit Kriegsursachen und Kriegsbeginn beschäftigt; jetzt wurde er zum profilierten Mitherausgeber der amtlichen und halbamtlichen Quelleneditionen in der Kriegsschuldfrage[34]. Deren apologetische Tendenz ändert nichts am Quellenwert der immens fleißig zusammengetragenen »Beweismittel«. Sie steht aber in eindrucksvollem Gegensatz zum Anlass dieser Arbeiten: Montgelas war 1915 im Generalsrang entlassen worden, weil er sich in Belgien nicht am brutalen Umgang der deutschen Besatzungstruppen mit der Zivilbevölkerung beteiligen wollte – wegen seines *zu milden Vorgehens*[35] musste er den Dienst quittieren und arbeitete von jetzt an als Historiker des Krieges. Während eines längeren Aufenthalts in der Schweiz zur Kriegsberichterstattung für die Neue Züricher Zeitung fand er Kontakt zu Pazifisten; der wurde wesentlich für die Zusammenarbeit mit Schücking während der Friedenskonferenz und bei den Quelleneditionen der Nachkriegszeit. Seine Überzeugung vom Unrecht des deutschen Einfalls in Belgien revidierte er.

Walter Schücking[36] vertrat einen gerade entgegengesetzten Weg: Er war schon vor dem Krieg als Pazifist international bekannt, war Mitglied der Deutschen Friedensgesellschaft und erhielt wegen seiner profilierten Teilnahme an der Haager Friedenskonferenz 1915 in Deutschland Korrespondenzverbot mit dem Ausland. Erst die enttäuschten Hoffnungen auf den Friedensvertrag, an dessen Verhandlung er teilgenommen hatte, führten bei Schücking zu einer Wende; als Mitglied der DDP wandte er sich gegen die deutsche Unterzeichnung. Dass sein Engagement für die pazifistische »Liga für Völkerbund« nationalistischen Tendenzen in der Heidelberger Vereinigung zuwiderlief, haben wir schon gehört. Trotzdem blieb er wegen seines internationalen Ansehens als Völkerrechtler für die Vereinigung wohl das wichtigste »Aushängeschild« für das Ausland, da Hans Wehberg schon bald wieder ausschied.

Auch Ludwig Haas, Reichstagsabgeordneter der DDP und 1919 badischer Innenminister, war vom Erlebnis der internationalen Friedensbemühungen vor dem Krieg geprägt. In der Euphorie des Abgeordneten, der dem Parlament die Außenpolitik als neue Domäne zu öffnen hoffte, nahm er 1913 an der Berner Verständigungskonferenz teil; zugleich wollte er die Liberalen (damals FVP) der ja traditionell internationalistischen SPD näherbringen. An das missverständliche Nachgeben der französischen Delegierten in Bern in der Elsass-Lothringen-Frage glaubte Haas 1919 wieder anknüpfen zu können: Sein Vorschlag, Elsass-Lothringen als Pufferzone zwischen Frankreich und Deutschland

---

[34] Vgl. D. VOGEL, Max Graf Montgelas (1860–1944). Ein Offizier im Spannungsfeld zwischen nationalen Ansprüchen und Menschlichkeit, in: W. WETTE (Hg.), Pazifistische Offiziere in Deutschland 1871–1933, Bremen 1999, S. 83–97.

[35] Heinrich Graf Luxburg in seiner ungedruckten Biografie Montgelas' (freundliche Mitteilung von Tassilo Graf Montgelas/München), vgl. zur Überlieferung auch VOGEL (wie Anm. 34), S. 95 Anm. 1.

[36] Vgl. allgemein A. THIER, Schücking, Walther, in: NDB 23 (2007), S. 631–633 mit Literatur, online: https://www.deutsche-biographie.de/pnd118762117.html#ndbcontent (Zugriff 1.10.2019).

zu neutralisieren, war ähnlich illusionär wie andere deutsche Erwartungen an einen Friedensschluss[37].

Viel mehr als bei Haas wurde die Behandlung des Elsass für Friedrich Curtius zur Lebensfrage. Er hatte als Kreisdirektor in Thann und Colmar gewirkt. Als Präsident des lutherischen Oberkonsistoriums in Straßburg war er im Herbst 1914 aus Protest zurückgetreten, als durch die Militärverwaltung französische Gottesdienste in Elsass-Lothringen außerhalb frankophoner lothringischer Gemeinden verboten wurden. Nach Kriegsende musste er das Elsass verlassen und übersiedelte nach Heidelberg. In seiner 1919 in Stuttgart erschienenen Schrift »Deutschland und das Elsass« rechnete er mit den Fehlern der deutschen Regierung ab: *Wir müssen den Verlust des Elsass als Strafe hinnehmen für die heillose Politik, die uns in den Krieg geführt und der das deutsche Volk nicht wie es mußte, Widerstand geleistet hat*[38]. Allenfalls in einer Internationalisierung im sozialistischen Sinn konnte er sich künftige elsässisch-deutsche Beziehungen denken. Dass eine Volksabstimmung im Elsass zu Gunsten Frankreichs ausfallen würde, galt ihm als sicher, er kannte ja die starken französischen Traditionen nicht nur aus dem Oberelsass, sondern gerade auch aus Straßburg. Trotzdem galt für ihn ein moralisches deutsches Recht auf das Elsass, war die Annexion von 1871 für ihn ein *Akt politischer Sittlichkeit*[39]. Eine elsäßische Abstimmung wäre für ihn sittenwidrig gewesen: *Das Selbstbestimmungsrecht der Völker ist eine Absurdität, wenn es dahin verstanden wird, daß jeder Teil eines Volkes die Befugnis haben müsse, über seine Zugehörigkeit zum Ganzen des Volkes und dessen Staatswesen nach freiem Ermessen zu verfügen.* Das war abstraktes Postulat, es gab ja keine Abstimmung. Konkret war aber die Rückgliederung des Elsass nach Frankreich vollzogen worden, und mit der Deutung dieses Aktes schloss sich Curtius wieder ganz den gängigen deutschen Geschichts- und Feindbildern an: *Frankreichs Stellung zum Elsass ist von der Deutschlands grundverschieden. Die Bewohner des Landes sind den Franzosen vollkommen gleichgültig. Frankreichs Idee ist die Rheingrenze, und diese Idee hat keine andere Wurzel, als den brutalen Instinkt einer aggressiven Machtpolitik [...]. Wenn die Franzosen könnten, würden sie auch am Rhein nicht haltmachen. Sie würden Süddeutschland unterwerfen*[40] – das galt seit den Kriegen des 17. Jahrhunderts. Hier berührte er sich in der Heidelberger Vereinigung mit Hermann Oncken. Dessen ganze historiografische Leidenschaft galt der Entlarvung des »Erbfeindes«, und er verband dies aktuell mit der *Blosslegung nicht nur der einzelnen Missgriffe, sondern der ganzen planmässigen vertragswidrigen Französisierungspolitik* in der Pfalz[41].

Wie erklärt sich dieses Denken? Unsere vier »Probanden« vertraten zwar ganz verschiedene gesellschaftliche und politische Traditionen, aber sie alle hatten vor und im Krieg Distanz gewonnen, hatten die Regierungspolitik und das Kriegsgeschehen kritisch gesehen. Waren sie jetzt alle *Verwandlungskünstler*, wie es eine pazifistische Polemik ge-

---

[37] Vgl. T. Riotte, Auf der Berner Verständigungskonferenz von 1913. Ludwig Haas, die Sozialdemokratie und die deutsch-französischen Beziehungen, in: E. Grothe u. a. (Hgg.), Ludwig Haas. Ein deutscher Jude und Kämpfer für die Demokratie, Berlin 2017, S. 55–77.
[38] Ebd., S. 76.
[39] Ebd., S. 72.
[40] Ebd., S. 71.
[41] 4.3.1919, Prinz Max an Ludwig Haas, GLAK FA N 6013 Qu. 27. Vgl. zu Oncken den Beitrag von Ph. Rosin in diesem Band.

gen Graf Montgelas[42] im Titel formulierte? Eine einfache Formel wird sich für dieses Phänomen der gebrochenen Erinnerung nicht finden lassen. Die Hoffnungen, mit denen man in die Friedensverhandlungen gegangen war, und der Schock über den Friedensvertrag waren ja nicht Auslöser, sondern schon Folge einer Selbsttäuschung und Blickveränderung: Man glaubte, befreit vom Ballast des Krieges und seiner Propaganda, in eine Welt des wiedergewonnenen Völkerrechts und der »vernünftigen« politischen Beziehungen eintreten zu können. Wie groß dieser Ballast des Krieges gerade in Frankreich gewesen war, verblasste im Erleben der Kriegsfolgen für Deutschland. Nur wenige Stimmen erreichten Prinz Max, die wie Graf Herbert von Hindenburg eine lange deutsche Vergangenheit in die Gegenwart miteinbezogen und für die Unterzeichnung des Versailler Vertrags warben: *Wenn wir unser schweres Kreuz, das uns fast zu Boden drücken wird, mit soviel ehrlicher Gesinnung, wie wir nach der ethischen Versumpfung der letzten 48 Jahre noch aufbringen können, auf uns nehmen, und dadurch den goodwill der Welt zurückgewinnen, dann sehe ich einen Hoffnungsschimmer*[43]. In der Heidelberger Vereinigung glaubte man dagegen, den Krieg und seine Folgen als völkerrechtliches Problem auf juristischer Ebene behandeln zu können; der Alleinschuld-Paragraph erhielt gerade dadurch seine gespenstischen Umrisse, die den Blick auf Anderes verstellten.

Die Hoffnung auf eine völkerrechtliche Normdiskussion verband die Heidelberger Vereinigung eigentlich mit der »Liga für Völkerbund«[44]. Auch dort stand der Rechtsdiskurs im Vordergrund, nicht der Krieg selbst; entsprechend deutlich fiel auch dort der Widerstand gegen den Versailler Vertrag aus. Von der personalen Nähe zur Liga war schon die Rede. Schücking, Haas und Graf Montgelas waren ebenso führende Mitglieder beider Vereinigungen wie Robert Bosch oder Walter Simons. Johann Heinrich Graf Bernstorff – 1922 Präsident der Liga – stand in engem Kontakt mit Prinz Max und Kurt Hahn, und auch das Liga-Mitglied Friedrich Rosen besaß das Vertrauen des Prinzen[45]. Dass Deutschland dem Völkerbund dann zunächst nicht beitreten durfte, bestärkte in der Heidelberger Vereinigung allerdings die Skepsis gegen den optimistischen Internationalismus der Liga. Wenn Prinz Max davon sprach, dass manche Verbände *extrem pazifistisch verseucht* seien, hatte er wohl die Liga im Blick, denn im selben Zusammenhang erwähnte er, dass das Liga-Mitglied Hans Wehberg aus der Heidelberger Vereinigung ausgeschieden sei; für Wehberg *stünde die Hauptschuld Deutschlands* [am Krieg] *fest*, im Gegensatz zur Haltung führender Mitglieder der Heidelberger Vereinigung[46]. Aus dem-

---

[42] Richard GRELLING, Der Verwandlungskünstler. Eine Erinnerung aus meiner Schweizer Refugiezeit, in: Der Pazifist 5–7 (1925), zitiert nach VOGEL (wie Anm. 34), S. 88 bzw. S. 97 Anm. 21.

[43] 21.6.1919, GLA K FA N 6322 Qu. 20. Das Schreiben betrifft vor allem die Freilassung der deutschen Kriegsgefangenen durch die Entente; Hindenburg arbeitete als Referent in der deutschen Botschaft in Bern.

[44] Vgl. allgemein J. DÜLFFER, Vom Internationalismus zum Expansionismus. Die Deutsche Liga für Völkerbund, in: W. ELZ/S. NEITZEL (Hgg.), Internationale Beziehungen im 19. und 20. Jahrhundert, Paderborn 2003, S. 251–266.

[45] Vgl. die jeweiligen Korrespondenzen im Nachlass des Prinzen Max, GLA K FA N 5892 und 5969 (Bernstorff), 6088 (Rosen; Prinz Max hatte ihn 1918 in sein Kabinett holen wollen).

[46] 6.12.1921 an den bayerischen Ministerpräsidenten Graf Hugo von Lerchenfeld, GLA K FA N 6039 Qu. Zu den stark divergierenden politischen Taditionen bei den Grafen Bernstorff vgl. E. CONZE, Von deutschem Adel. Die Grafen von Bernstorff im 20. Jahrhundert, Stuttgart/München 2000, passim.

selben Grund wehrte sich auch Rudolf von Scholz gegen die Versuche des Grafen Montgelas, die Heidelberger Vereinigung der Liga für Völkerbund anzunähern: *Wir sind nicht dazu da, um diesem unsauberen Gewächs als edler Trieb aufgepfropft zu werden*[47].

Hier zeichnet sich ein weiteres Problem der Heidelberger Vereinigung ab: Sie wollte in die nationale und internationale Öffentlichkeit hineinwirken, scheute dabei aber durchweg die engere Kooperation mit anderen politischen Gruppierungen. War ihr die Liga für Völkerbund zu links, schien dafür der Volksbund »Rettet die Ehre« zu rechts, obwohl auch dessen Polemik sich vor allem gegen den Friedensvertrag und die französische Besatzung richtete. Mit dem Bremer Vorsitzenden des Volksbunds, Otto Hartwich – dem sogenannten »Ehrenretterich«, einem hartnäckigen Verfechter der Dolchstoß-Legende – hatte Prinz Max keinen Kontakt; seine guten Beziehungen zum gemäßigteren Mannheimer Vertreter des Volksbunds, Pfarrer Lehmann, haben wir aber schon kennengelernt. Lehmann drängte, gemeinsam gegen *die Wirthsche Nachlaufepolitik* zu agitieren[48]. Dem gegenüber hielt Prinz Max auf Distanz – nicht nur, seitdem er mit der Publikation der »Moralischen Offensive« ins Visier der französischen Presse geraten war (sie habe seinen »höchstgefährlichen Plänen« die Totfeindschaft [!] angesagt und er müsse öffentlich vorsichtig auftreten), sondern auch im Bewusstsein, sich von Demagogen lieber fernhalten zu sollen: *Es ist ganz unvermeidlich, dass ein Volksbund wie die Organisation »Rettet die Ehre« eine grosse Anzahl von Männern in seinen Reihen haben muss, deren Gesinnungstüchtigkeit grösser ist als ihre Sachlichkeit*[49]. Sachlichkeit in der Auseinandersetzung mit dem Gegner sollte aber sowohl für die Heidelberger Vereinigung wir für das Institut für Auswärtige Angelegenheiten oberstes Gebot sein; die Vereinigung sollte sich als geistige Elite von untadeligem Ruf präsentieren können.

Dieser Vorbehalt galt auch gegenüber dem »Volksbund für Gerechtigkeit«: *Der habe tausende nichtssagende Mitglieder, während die Heidelberger Vereinigung ein Club sei*, formulierte Rudolf von Scholz spitz[50]. Und selbst die Dachorganisation aller dieser revisionistischen Stimmen, der »Ausschuss der deutschen Verbände«, kam als Partner nicht in Frage, nicht für die Heidelberger Vereinigung und noch weniger für das Institut für Auswärtige Angelegenheiten, wie es Kurt Hahn seinem ehemaligen Chef Hans von Haeften vorsichtiger erklärte: *Der Ausschuss muss das Ehrgefühl des deutschen Volkes sprungbereit halten und nicht müde werden, immer wieder aufs neue die trägen Seelen an unsere Not und Schande zu mahnen. Das bedeutet, dass er durchaus nicht wählerisch sein darf in der Aufnahme neuer Mitglieder. Er muss Männer von internationalem Taktgefühl und chauvinistisch erregte Schreier, Sozialdemokraten, die nicht ganz taktfest in ihrem nationalen Gefühl sind, wie Alldeutsche in einer gemeinsamen Front gegen den äusseren Feind vereinen. Das ist eine große erzieherische Aufgabe, die ich sehr ernst nehme und die ich um keinen Preis stören möchte. Aber das Institut für Auswärtige Angelegenheiten kann keine pädagogische Behörde*

---

[47] 23.8.1920 an Kurt Hahn, GLAK FA N 6190 Qu. 95.
[48] 29.1.1921, GLAK FA N 6037 Qu. 2, vgl. auch oben Anm. 5. Wirth wurde erst im Mai 1921 Reichskanzler, vertrat aber bereits als Reichsfinanzminister seine Politik der Vertragstreue bei den Reparationen. Vgl. allgemein B. Braun, Die Reichskanzler der Weimarer Republik. Zwölf Lebensläufe in Bildern, Düsseldorf 2011, S. 202–235 mit älterer Literatur.
[49] 29.11.1921 an Ernst Lehmann, GLAK FA N 6037 Qu. 4.
[50] 10.9.1920 an Lina Richter, GLAK FA N 6190 Qu. 102.

sein, sondern ein ausführendes Organ der öffentlichen Diplomatie. Wir brauchen als weithin hörbare Sprecher für das deutsche Volk Männer, die geeignet sind, uns Vertrauen im Ausland zu werben[51].

Diese Kontaktscheu gegenüber potentiellen Partnern hatte ihren Peis: Die Heidelberger Vereinigung wurde wenig wahrgenommen. Auf ein optimistisches, breit angelegtes Programmschreiben des Prinzen Max antwortete der bayerische Ministerpräsident Graf Lerchenfeld sehr kühl: *Daß die bisherige Vereinigung für eine Politik des Rechts des durchgreifenden Erfolges entbehrt hat, ist auf den Mangel der äußeren Geschlossenheit und Folgerichtigkeit ihres Auftretens zurückzuführen*[52]. Eine Ursache dafür sah Lerchenfeld in der Abgrenzung der Heidelberger Vereinigung gegen Rechts: *Ich kann, wenn ich mich offen ausdrücken darf, nicht übersehen, wie sich* Ihre [des Prinzen Max] *Stellung zu den Extremisten gestaltet hat, von welchen Kreisen sie von vornerein abgelehnt werden, in welchem Umfang es Ihnen dennoch möglich sein wird, führend aufzutreten*. Prinz Max lehnte die Anbiederung an Rechts zwar als Pakt mit dem Teufel ebenso offen ab: Extremisten mit einzubeziehen, sei für ihn *eine unlösbare Aufgabe. Das ganze Gebäude ihrer Politik ruht auf der Lüge, dass sie an dem deutschen Zusammenbruch unschuldig sind [... Als] Sündenbock [...] haben sie mich gewählt*. Das änderte aber nichts am Befund, dass das Programm der Heidelberger Vereinigung in Deutschland nie einen »Durchbruch« erlebte. Als das Auswärtige Amt 1921 die »Zentralstelle zur Erforschung der Kriegsursachen« als Instrument gegen die Alleinschuldthese des Friedensvertrags initiierte, waren 47 Organisationen daran beteiligt – nicht aber die Heidelberger Vereinigung. Graf Montgelas, der das bitter vermerkte, bezweifelte zugleich, dass die Vereinigung stattdessen im Ausland ein Echo fände: *Mir möchte erscheinen, dass die Heidelberger Vereinigung ihren Einfluss im Auslande doch erheblich überschätzt. Wir haben eine recht kleine und wenig einflussreiche Gruppe in England, die in uns eine vertrauenswürdige Quelle der Wahrheit sieht. Damit aber ist unser Einfluss zu Ende*[53].

Die »kleine Gruppe« in England war die »Union of Democratic Control« (UDC). Zu deren Protagonisten – Parlamentariern der Liberalen wie Charles Trevelyan, Arthur Ponsonby oder Edmund Dene Morel und von Labour wie Ramsay MacDonald – pflegte Kurt Hahn schon in der Vorkriegszeit, im Krieg und erst recht seit Kriegsende enge, freundschaftliche Beziehungen. Die »große« Zeit der UDC begann erst 1924, als Labour an die Regierung kam; in der direkten Nachkriegszeit war sie für die Heidelberger Vereinigung aber die wichtigste Verbindung in die Entente-Staaten. Auch die UDC bemühte sich um den Kontakt mit der Heidelberger Vereinigung, wesentlich intensiver als die genannten deutschen Organisationen. Sie suchte einen renommierten Partner im Lager der Unterlegenen, um gemeinsam den Weg zu vernünftigen und friedensichernden Nachkriegsverhältnissen zu finden. Das Drängen der UDC nach *Affiliation* fand bei der Mehrzahl der Mitglieder der Heidelberger Vereinigung starkes Echo, Lujo Brentano und Graf Montgelas wurden zu korrespondierenden Mitgliedern der UDC. Die Anbindung scheiterte schließlich am Misstrauen des Prinzen Max, der über die politischen Unter-

---

51 29.11.1921, GLAK FA N 5904 Qu. 14.
52 2.12.1921, GLAK FA N 6039 Qu. 6, die Antwort des Prinzen Max vom 6.12.1921 Qu. 7. Lerchenfeld war Mitglied der Heidelberger Vereinigung.
53 30.4.1921 an Kurt Hahn, GLAK FA N 6053 Qu. 89.

schiede nicht hinwegsehen wollte: *Die U.D.C besteht, wie sich zeigt, noch zu einem guten Teil aus extremen Pazifisten der Färbung, die wir nicht billigen können, nämlich der natürlichen Bundesgenossen der deutschen Unabhängigen*[54] (gemeint war damit die USPD).

Dieses fast dramatische und wohl auch tragische Verhältnis von Nähe und Distanz im politischen Denken kann hier nicht Thema sein; eine eigene Untersuchung würde sich lohnen. Die UDC wurde aber für die Heidelberger Vereinigung auch ohne Vertragsverhältnis, allein im praktischen Informationsaustausch, zum starken Motor in der Auseinandersetzung mit Frankreich. Für ihre Polemik gegen die französische Besatzungspolitik benötigte die UDC einen bekannten deutschen Namen und authentisches deutsches Quellenmaterial. Den »Namen« hatte Prinz Max: *Your name ist respected in this country*, beteuerte Morel am 11. April 1920 und bat für eine großangelegte Demonstration in Westminster Central Hall am 27. April um eine kurze Botschaft des Prinzen, die er als Hauptsprecher verlesen würde. *It need [...] no more than a protest against the policy of quartering Black troops in Germany towns in principle, unless you wish to add something about the results to which this giving rise*[55]. Die »Folgen« wollte Morel in seinen Pressecampagnen gegen den *Black Horror on the Rhine* beschreiben; Lieferant der Fallberichte sollte die *Heidelberg Group* sein: *May I most earnestly urge upon you the <u>enormous importance</u> for your friends to communicate to me copies of this evidence <u>immediatly</u>? So far I have only 21 specific cases of Violence, and in view of the denials of the French Government this is not enough to make a further move in the campaign to get the black troops out of Germany. I can do nothing more now until I get more evidence, and needless to say if no more evidence is forth-coming quickly, there will be a serious set-back to the attempts I am making, and there will be a tendency to discredit those attempts.* Morels Artikel im Daily Herald (einer Labour-Zeitung) lösten in Frankreich nicht nur Dementi aus: Wegen ihrer Publikation in der sozialistischen Zeitschrift »Le Populaire« wurde gegen deren Herausgeber Jean Longuet ein Strafprozess eingeleitet, und Morel sah die Heidelberger Vereinigung in der Mitverantwortung für dessen Ausgang: *If Longuet ist not able to put up a good case on this specific issue, it will be very bad for all concerned – above all for the Cause*[56].

Die Heidelberger Vereinigung ihrerseits reagierte in diesem Fall einmal prompt und versorgte Morel mit 38 Fällen, die das Auswärtige Amt bzw. das Reichsamt des Inneren geliefert hatten. Der unverhohlene Rassismus Morels stand dem nicht im Weg. Wie Morel – der vor dem Krieg in einer erfolgreichen Pressekampagne gegen König Leopold II. von Belgien die Ausbeutung und Misshandlung von Kongolesen angeprangert hatte – polemisierten die Heidelberger Erklärungen zwar gegen den Missbrauch der Kolonialtruppen und bedauerten sie als Opfer französischer Machtpolitik, ließen aber auch keinen Zweifel an ihrer Verachtung der Schwarzen. Mit seinem Presseartikel *Genug der schwarzen Schande* steuerte Montgelas ganz im Gewässer der »Schwarzen Schmach«, in

---

[54] 5.8.1920 an Graf Montgelas, GLAK FA N 6053 Qu. 74.
[55] 11.4.1920 an Prinz Max, GLAK FA N 6054 Qu. 6.
[56] 25.5.1920 an Prinz Max, GLAK FA N 6054 Qu. 7. Allgemein vgl. R. REINDEERS, Racialism on the Left. E. D. Morel and the ›Black Horror on the Rhine‹, in: International Review of Social History 13 (1968), S. 1–28; I. WIGGER, The ›Black Horror on the Rhine‹. Intersections of Race, Nation, Gender and Class in 1920s Germany, London 2017. Hermann Lutz von der Zentralstelle zur Erforschung der Kriegsursachen publizierte in deutscher Übersetzung E. D. MOREL, Der Schrecken am Rhein, Berlin 1920, mit einem Vorwort von Arthur PONSONBY.

dem auch – in Verständigung mit der Heidelberger Vereinigung – die Rheinische Frauenliga[57] und viele andere segelten. Prinz Max wünschte sich für Montgelas' Text, *daß noch etwas mehr über den beleidigenden Punkt der Besetzung überhaupt darin stünde,*[58] dass also der Kern der Auseinandersetzung über den Begleitumständen nicht vergessen werde. Den Protagonisten der Heidelberger Vereinigung scheint aber gerade der Skandal um die farbigen Truppen mit seinen Ingredienzien aus Empörung, Grusel und Sex besonders willkommen gewesen zu sein; die interne Korrespondenz vermittelt den Eindruck, dass sie hier ein breites Feld öffentlichkeitswirksamen Auftritts vor sich sahen, das taktisch und kühl zu bespielen war – für Graf Montgelas schien *diese Frage ganz besonders gut geeignet, um von der Heidelberger Vereinigung aufgegriffen zu werden*[59].

Welche Rolle das Kalkül auf das Publikum spielte, zeigte in fast grotesker Konstellation der Besuch einer holländisch-amerikanischen Pazifistin Anfang 1920 in Salem, die wünschte, *dass wir ihr Material zusammenstellen, und zwar besonders über das besetzte Gebiet, das was dort von den schwarzen Truppen geschieht (was nach ihrer Meinung in Amerika eine spontane Entrüstung hervorrufen würde wegen des Rassengegensatzes)*[60]. Die Rassenkonflikte in den USA wurden bewusst in die Stimmungsmache miteinbezogen; Hermann Oncken versprach sich davon sogar eine Wirkung, bei der *diese Nachrichten in Amerika an Stärke des Eindrucks ungefähr die umgekehrte Rolle von »Onkel Toms Hütte« spielen könnten*[61]. Und wie es sich für deutsche Organisationskunst gehörte, verwandelten sich solche strategischen Überlegungen in systematisierte Regieanweisungen für die Autoren der Heidelberger Vereinigung, in Richtlinien für künftige Veröffentlichungen: *Besonders lieb wäre uns Material aus dem besetzten Gebiet, denn wir möchten versuchen, das Gewissen der Welt so weit zu wecken, dass die Besetzung von 15 Jahren nicht aufrecht erhalten werden kann. Hier würde es sich besonders handeln um*
1. *Gewalttätigkeiten, mutwilliges Schiessen, Morden, Attentate gegen Frauen und Mädchen; sind sie von Schwarzen geschehen, so sind sie in Amerika besonders willkommen;*
2. *die unerträgliche Störung, welche die Einquartierung in den durch sie betroffenen Familien hervorruft; die Ausquartierung ganzer Familien, die Inanspruchnahme der Küche, Ruinieren der Wohnungen und Wäsche usw.;*
3. *die ungeheuerlichen Ansprüche und Ausgaben, welche (mir besonders aus Köln berichtet) die Besatzungsoffiziere für die Ausstattung ihrer Büros, Kantinen und Kasinos machen und dann von den unglücklichen Städten die Bezahlung verlangen;*
4. *das Gefühl der Rechtlosigkeit und des Ausgeliefertseins an Willkür infolge von Missachtung gesetzlicher Vorschriften durch die Besatzungsbehörde [...].*
5. *den Ausverkauf Deutschlands [...]*
6. *die Verhinderung einer Zollgrenze [...]*
7. *ein besonderes Kapitel hätte die Verbreitung der Unsittlichkeit zu sein [...].*

---

[57] Vgl. deren Bitte um ein Vorwort des Prinzen Max zu einer Fall-Sammlung der Frauenliga, 7.6.1920 Lina Richter an Prinz Max, GLAK FA N 5864 Qu. 28, zum Materialaustausch zwischen Frauenliga und Heidelberger Vereinigung GLAK FA N 6514–6518.
[58] Nach 19.6.1920, Randvermerk des Prinzen auf Schreiben Montgelas' an Prinz Max, GLAK FA N 6053 Qu. 61.
[59] 19.6.1920 an Prinz Max, GLAK FA N 6053 Qu. 61.
[60] 23.2.1920 Lina Richter an Rudolf von Scholz, GLAK FA N 6190 Qu. 33.
[61] 28.2.1920 Rudolf von Scholz an Lina Richter, GLAK FA N 6190 Qu. 35.

usw.⁶² Bei solcher geschäftsmäßigen Behandlung lag die Grenze zum Zynismus nahe. Marie Baum und der aus Rheinhessen ausgewiesene Pfarrer Adolf Korrell (beide für die DDP im Reichstag) warnten *dringend* davor, *nicht alles auf die* schwarze *Besatzung zu schieben, da die weisse noch viel demoralisierender wirke*⁶³, und sogar Rudolf von Scholz berichtete von einer Informationsreise, *die Bevölkerung der Pfalz* [wünsche], *daß lieber die Neger bleiben als Franzosen kommen sollen!*⁶⁴. Dem hielt Lina Richter in Salem ungerührt den Vorrang strategischen Denkens entgegen: *Hieraus sehe ich natürlich keinen Grund, die Agitation gegen die schwarze Besatzung einzustellen; denn ich bin überzeugt, wenn wir durchsetzen, dass die Schwarzen in Deutschland nicht mehr so verwendet werden dürfen, nehmen wir den Franzosen die Möglichkeit, ihre Besetzungen sehr auszudehnen, einmal wegen der Unwilligkeit der Franzosen, solange von der Heimat fernzubleiben, noch mehr aber vor der Furcht, dass sie bolschewistisch verseucht werden könnten. Wenn also auch die französische schwarze Besatzung von manchen deutschen Landesteilen, die nicht gerade nationale Würde gepachtet haben* [damit war der linksrheinische Separatismus gemeint], *der weissen vorgezogen wird, so würde ich sagen: Lieber soll diese Gegend etwas mehr leiden und im allgemeinen das Besatzungsrecht durch die Franzosen zur Last werden.*⁶⁵ Denn man misstraute in der Heidelberger Vereinigung dem Willen zum konsequenten Widerstand gegen die Besatzer bzw. fürchtete die Kraft des Faktischen und des Alltags im Besatzungsgebiet. Hermann Oncken warnte Prinz Max, *er habe überhaupt das Gefühl, daß der französische Druck am Oberrhein, der sich jetzt so akut geltend macht, auch mit dem Friedensschluß eine chronische Wirkung auf die öffentliche Meinung, auf die Gesinnung, auf die Haltung der Behörden ausüben wird. Das braucht noch kein »Französischer« im schlimmen Sinne zu sein, aber doch eine Anpassung, bei der ein aufrechtes und bewußtes Nationalgefühl Not leidet. Ein »unabhängiges« Organ im höchsten moralischen Sinn vermag ich jetzt z. B. in der Frankfurter Zeitung nicht mehr zu erblicken* [sie hatte vorgeschlagen, die *Ehrenpunkte* im Friedensvertrag, also die Erklärung der deutschen Alleinschuld, nicht so hoch zu hängen], *und in die Mannheimer »Neue Badische Landeszeitung« gelang es fremden Agenten von Landau aus Artikel über die Lage in der Pfalz zu lancieren, die höchst verwirrend wirken mußten*⁶⁶.

Freilich änderte auch die ausgefeilteste Strategie nichts daran, dass die Heidelberger Vereinigung fast nie in der Lage war, das benötigte Skandalmaterial für die wirksame Bearbeitung der Öffentlichkeit zu liefern. Rudolf von Scholz konnte als einziger fester Mitarbeiter, ohne Hilfspersonal und ohne weitere Mittel, keine Nachrichten in der erwünschten Masse beschaffen. Resigniert berichtete er im Frühjahr 1920 nach Salem, dass ihm der Leiter der »Pfalzzentrale«, von Eberlein, zwar Material versprochen habe, er habe *aber bis jetzt nur vier Vergewaltigungen von deutschen Frauen geschickt, mit denen nicht viel anzufangen ist*⁶⁷. Mit Geld könne man wohl *sauberere Information* bekommen; ein – offenbar kostenloser – Mannheimer Informant müsse leider inkognito bleiben, *da*

---

⁶² 11.3.1920 Lina Richter an Rudolf von Scholz, GLAK FA N 6190 Qu. 47.
⁶³ 30.6.1920 Kurt Hahn an Prinz Max, GLAK FA N 5864 Qu. 18.
⁶⁴ 26.4.1920 an Lina Richter, GLAK FA N 6190 Qu. 63.
⁶⁵ 30.6.1920 am Rudolf von Scholz, GLAK FA N 6190 Qu. 73.
⁶⁶ 22.6.1919, GLAK FA N 6068 Qu. 7.
⁶⁷ Wie Anm. 64, hier auch die folgenden Zitate.

er wegen irgend einer undurchsichtigen Sache in Belgien auf der Auslieferungsliste stehe; wenn diese Quelle herauskäme, *sind wir natürlich für alle Zeiten erledigt*. Kurt Hahn hielt das allerdings jetzt schon für eine *vollendete Bankrotterklärung*[68]. Das Ergebnis wurde auch nicht dadurch besser, dass er Scholz zum *Nachrichtenoffizier* ernennen wollte[69] und dass Scholz sich wieder einmal eine Geschäftsverteilung ausdachte: Pfarrer Korrell sollte über die Besatzungszonen informieren, Hermann Voigt, Saar-Referent im Auswärtigen Amt, über das Saargebiet; der Völkerrechtsreferent in der Reichswehr Otto von Stülpnagel (später, 1940, dann Militärbefehlshaber in Frankreich) hatte die französische Annexionspolitik zu beobachten usw.[70]. Aber die Belieferung der Partner, vor allem der UDC, blieb trotz aller beschwörender Mahnungen schwierig – und auch nicht alle Mitglieder der Heidelberger Vereinigung ließen sich dafür einspannen, Friedrich Meinecke etwa, Friedrich Siegmund-Schultze und andere zeigten ihr Desinteresse.

Die eben genannte »Pfalzzentrale«, die »Bayerische Zentralstelle für pfälzische Angelegenheiten« in Mannheim scheint im Übrigen eine der ganz wenigen Organisationen – besser: Dienststellen – gewesen zu sein, um deren Partnerschaft die Heidelberger Vereinigung aktiv und mit allen Kräften warb[71]. Ihr Leiter, August Ritter von Eberlein, stand mit Prinz Max und Rudolf von Scholz in Kontakt. Die Pfalzzentrale besaß den großen Vorteil, von Bayern und auch vom Reich aus stabil finanziert zu sein und so einen funktionierenden Agentendienst in die Besatzungszone hinein aufbauen zu können; die Heidelberger Vereinigung konnte dagegen immer nur punktuell auf Informationen hoffen, z. B. über Carl Bosch, den Vetter Robert Boschs, der bei der BASF in Ludwigshafen arbeitete[72]. Als die Pfalzzentrale auf Druck der Alliierten in Mannheim am 1. Oktober 1921 geschlossen wurde, etablierte sie sich unter einem Firmen-Decknamen in Heidelberg neu und vereinigte dort auch die Abteilungen für die französischen Besatzungsgebiete auf hessischem und preußischem Boden. Wohl in diesem Zusammenhang kam es offenbar zu einem Grundsatz-Gespräch des Prinzen Max mit von Eberlein und dem für Hessen zuständigen Wilhelm Schneider; beide reagierten damit auch auf die Publikation der »Moralischen Offensive«. In einem Resumée und in Übereinstimmung mit Eberlein und Winkler (*für die Herren und mich*) schlug Prinz Max dem bayerischen Ministerpräsidenten Graf Lerchenfeld vor, die »Haupthilfsstelle für die Pfalz« an das künftige Institut für Auswärtige Angelegenheiten – und damit auch an die Heidelberger Vereinigung – anzuschalten. Die Hilfsstelle leiste hervorragende Arbeit, aber es fehle *ihr die Stelle im Reich, die, ausgestattet mit der genügenden internationalen Autorität und die richtigen psychologischen Methoden beherrschend, einen dauernden Kampf für das besetzte Gebiet führen könnte und die öffentliche Aufmerksamkeit in den neutralen und feindlichen Ländern erzwänge*. Eben diese Resonanz im Ausland besitze die Heidelberger Vereinigung und das aus ihr hervorgehende Institut für Auswärtige Angelegenheiten, *besonders in den Kreisen*

---

[68] 2.6.1920 an Rudolf von Scholz, GLAK FA N 6190 Qu. 67.
[69] 10.2.1920 Rudolf von Scholz an Kurt Hahn, GLAK FA N 6190 Qu. 21.
[70] 13.7.1920 Rudolf von Scholz an Kurt Hahn, GLAK FA N 6190 Qu. 81.
[71] Vgl. allgemein H. GEMBRIES, Verwaltung und Politik in der besetzten Pfalz zur Zeit der Weimarer Republik, Kaiserslautern 1992, mit älterer Literatur.
[72] Vgl. z. B. 3.12.1921 Prinz Max an Walter Simons, GLAK FA N 6100 Qu. 42; 12.8.1919 Kurt Hahn an Carl Bosch, GLAK FA N 5868 Qu. 29.

der Opposition, die bereitsteht, echtes und geeignetes Material in die Oeffentlichkeit zu werfen; drei der größten englischen Tageszeitungen warteten nur darauf, mit Meldungen beliefert zu werden – noch fehle aber ein stabiler Informationsdienst und hierfür sei die pfälzische Hilfsstelle der richtige Partner[73].

Das waren große Worte. Wir haben die ernüchternde Reaktion Lerchenfelds schon kennengelernt; er hielt die Heidelberger Vereinigung für zu unbedeutend und zu diffus strukturiert, Gewicht hatte sie für ihn nicht[74]. Um die Vereinigung wurde es still; Rudolf von Scholz war als Sekretär nur noch bis Mitte des Jahres 1922 tätig, das Sekretariat in Salem übernahm seine Aufgaben[75]. Erst der französische Einmarsch ins Ruhrgebiet im Folgejahr versetzte die deutsche Öffentlichkeit noch einmal in den Zustand einer Dauererregung, die weit über die der direkten Nachkriegsjahre hinausging. Die Ruhrbesetzung begann am 11. Januar 1923. Am 12. Januar richtete Prinz Max eine Botschaft an eine Mannheimer Großkundgebung. In ihrem hohen Pathos – vom *heiligen Zorn* ist die Rede, von der *heißen Flamme*, aus deren *Glut Deutschland gestählt* hervor gehen werde, von den Badenern als *Hüter*[n] *der deutschen Grenze* seit den Zeiten Ludwigs XIV. und Napoleons – stammt sie wohl aus der Feder des Prinzen selbst[76]. Erst in eine Salemer Rede des Prinzen vom 7. Februar, die dann auch als »Der Weckruf aus Westfalen« separat gedruckt wurde, ging die Diktion Kurt Hahns mit ein: jetzt war auch von *Heilung* die Rede (eine Lieblingsvokabel Hahns) und vor allem wieder von der öffentlichen Meinung im angelsächsischem Ausland, von der notwendigen Spaltung der Alliierten und der Isolierung des verbrecherischen Frankreich, immerhin auch von Rücksicht auf dessen Sicherheitsbedürfnis. Damit war der Ton auf Mäßigung gestimmt; vor allem wurde der Weg des passiven Widerstands, den die Regierung gewählt hatte, gutgeheißen und Gewaltanwendung strikt abgelehnt. Erst am Schluss erhielten noch einmal Motive der Untergangs-Rhetorik Raum (*Lieber den Tod, als in der Knechtschaft leben*), die Prinz Max schon einmal, in seiner Reichstagsrede vom 5. Oktober 1918, für noch immer unverzichtbar gehalten hatte[77].

Konkreter wurde die Rede in den Passagen über die inneren Bedingungen für eine solche gewaltfreie, aber zielgerichtete Politik. Die Parteien, die sich vor 1923 in einem *Bürgerkrieg* befunden hätten, müssten nun zur Einigkeit zurückfinden, zu einem neuen Burgfrieden; für Klassenkampf sei in solcher Notlage kein Raum. Diesen Gedanken verschärfte Kurt Hahn noch in einem – anonym gedruckten – Artikel für die ›Deutsche Allgemeine Zeitung‹ vom 8. August[78]. Frankreich finanziere im Ruhrgebiet die KPD, in

---

[73] 24.11.1921, GLAK FA N 6039 Qu. 1–5.
[74] Vgl. dazu auch die Bitte des Prinzen Max an Hermann Oncken, in dessen von Bayern finanzierten Schrift über die französische Pfalz-Politik – die dann in 12.000 Exemplaren gedruckt wurde – die Heidelberger Vereinigung ein Vorwort beisteuern zu lassen oder den Autor wenigstens im Titel als *Mitglied der Arbeitsgemeinschaft des Rechts* oder ähnlich zu bezeichnen. Dem hielt Oncken in gewundener Argumentation entgegen, dass Bayern darin badische Pläne zur Angliederung der linksrheinischen Pfalz für die Zeit nach der Besetzung herauslesen könne (6. und 11.3.1920, GLAK FA N 6068 Qu. 10 und 12).
[75] Vgl. GLAK FA N 6248 Qu. 34.
[76] GLAK FA N 5516.
[77] GLAK FA N 5267. Die Rede bei der *vaterländischen Feier* in Salem wurde *beschlossen durch die Aufführung der Rütli-Szene*.
[78] Im Manuskript mit der Überschrift *Videant consules* bezeichnet, GLAK FA N 5342.

Bayern die NSDAP, um den endgültigen Zerfall Deutschlands vorzubereiten; strategisches Ziel sei der Einmarsch in ganz Deutschland, die Trennung Nord- und Süddeutschlands und die endgültige französische Hegemonie. Der Parteienstaat könne dagegen nichts mehr ausrichten, also: *Fort mit der Lähmung durch Parteibeschlüsse! Fort mit der ganzen Zerteilung der Verantwortung. Nur der Führergedanke kann uns retten. Der Führer muß vom Vertrauen des Parlaments getragen werden.* Und hemmungslos setzte Hahn wiederum die Parolen aus der Zeit des Kriegsausbruchs ein: *im Sturmwind des August 1914 wurde die Klassenkampfgesinnung des deutschen Arbeiters weggefegt.* Wie weggefegt war in Wirklichkeit die Erinnerung an das Ende des Krieges, an die Parlamentarisierung der Regierung unter der Kanzlerschaft des Prinzen Max, an die Einbettung vor allem in die Politik der Liberalen, der DDP. Die alte Abneigung gegen die Demokratie brach durch. Es war nur eine konsequente Fortführung dieses Programms, als Prinz Max im November 1923 an Reichspräsident Ebert offen appellierte, in einer Präsidialdiktatur die Macht an sich zu ziehen[79]. Anlass dafür war das Entsetzen über den Hitlerputsch, nicht die Ruhrbesetzung – über die Instrumentarien für einen solchen Staatsstreich hatten der Prinz und Hahn aber schon länger nachgedacht.

Die Haltung des Prinzen Max und seiner Umgebung zur Weimarer Verfassung und den Parteien würde weit aus unserer Fragestellung herausführen. In einem letzten öffentlichen Auftritt des Prinzen, im Frühjahr 1924, lässt sich aber beides, das Verhältnis zu Frankreich wie das zur Republik, wie auf einen Punkt konzentriert fassen. Der Prinz lud am 16. April dreiundzwanzig aus der Besatzungszone ausgewiesene Pfälzer in den Europäischen Hof in Heidelberg ein; die Veranstaltung war nicht eigentlich öffentlich, aber die Presse berichtete ausführlich[80]. Da die Reichsregierung den passiven Widerstand gegen die Ruhrbesetzung bereits aufgegeben hatte, waren die Signale eigentlich auf Deeskalation gestellt, aber jetzt gingen die regionalen Wogen noch einmal hoch. Dramaturgisch bis ins Detail ausgefeilt, orientierte sich die Planung für den Auftritt des Prinzen offenbar an Kundgebungen, wie sie auch Ritter von Eberlein abzuhalten pflegte: Auf die Begrüßung jedes Einzelnen durch Prinz Max folgte eine Deklamation über das Heimweh des Pfälzers, dann hielt eine Rednerin den französischen Verbrechen den Willen des badischen Prinzen zur Völkerverständigung entgegen. Das war das Stichwort für Prinz Max. An eine Rede Eberleins anknüpfend, setzte er Krieg und Nachkrieg bedenkenlos gleich. Die besetzte Pfalz war die *Front*, rechts des Rheins die *Etappe,* die *Heimatfront* – das waren aber nicht nur traditionell militärische, sondern auch gefährliche Begriffe, denn indem er den heldenhaften *Geist des besetzten Gebiets* dem *faulenden und kranken politischen Leben* in der Heimat gegenüberstellte, gab er selbst den Mythen Raum, die sich um die Katastrophe von 1918 gebildet hatten. Nicht vorne vor dem Feind war die Front gefährdet, sondern in ihrem Rücken, von der Heimat aus. Prinz Max war in seinem Handeln als Kanzler durch die alldeutsche und völkische Polemik zur verhassten und schuldbeladenen Symbolfigur der Dolchstoßlegende geworden; jetzt nahm er in seiner eigenen Gedankenführung die Parallelen offenbar nicht mehr wahr. Auch sein starker religiöser

---

[79] Vgl. die Broschüre und begleitendes Material in GLAK FA N 5348. Nicht im Druck, aber in einem der Entwürfe wird die *tatsächlich vaterlandslose Gesinnung* der Sozialdemokraten *im Reich* – im Gegensatz zur badischen Sozialdemokratie – wieder aus der Versenkung geholt.
[80] Vgl. zum Folgenden GLAK FA N 5343.

Appell erinnert an die kirchliche Rhetorik der Kriegszeit. Sehen wir genauer hin, war es aber weniger das siegbewusste »Gott mit uns« der Hohenzollern-Devise als vielmehr die Anrufung des göttlichen Richters:

Er waltet und haltet
ein strenges Gericht.
Er läßt von den Schlechten
die Guten nicht knechten[81],

Verse aus dem sog. Niederländischen Dankgebet (»Wir treten zum Beten ...«). Prinz Max scheint es besonders geliebt zu haben, in Salem wurde es zur Schul-Hymne bei jeder feierlichen Veranstaltung. Hier liest es sich wie ein Subtext auch für das Programm der Heidelberger Vereinigung »für eine Politik des Rechts«:

Im Streite zur Seite
ist Gott uns gestanden,
Er wollte, es sollte
das Recht siegreich sein.

Wie in Kriegszeiten waren auch jetzt Recht und Unrecht eindeutig zugeteilt, ein Nachdenken über Reue und Schuld hatte in diesem *Gebet* keinen Platz. Im Gegenteil: Bewusst unscharf, aber doch wohl gegen den Pazifismus von links formuliert, richtete der Prinz den Kampfbegriff des pfälzischen »Separatismus« in neuer Sinngebung gegen innenpolitische Gegner. *S e p a r a t i s t ist, wer aus parteipolitischer Rechthaberei die deutsche Vergangenheit besudelt, und dadurch die S c h u l d l ü g e , das Fundament des Versailler Friedens, befestigt und das Ehrgefühl jedes deutschen Patrioten kränkt. Es gibt nicht nur den Landesverrat, der in der Preisgabe militärischer Geheimnisse besteht. Es gibt auch den Verrat an der deutschen S e e l e , der die erprobten Werte unserer Geschichte preisgibt* – das schloss deutsche Schuld am und im Krieg kategorisch aus und hätte auch aus dem rechten Lager stammen können. Nach Hieben gegen Großkapital und Arbeiter, die im Klassenkampf aufgehetzt würden, gegen *alle politischen Vereinigungen, die unter der Herrschaft von Interessengruppen stehen*, suchte der Prinz trotzdem auch die Abgrenzung nach rechts und verurteilte die Hetzjagd auf den politischen Gegner, bis dieser *vogelfrei wird*: Der *Mißbrauch des völkischen Gedankens* öffne *die Seele der deutschen Jugend der Balkanmoral, bis sie den angeborenen Schauder vor dem Morde verlernt.* Der gewaltsame Tod des pfälzischen Separatisten Franz Josef Heinz-Orbis im Januar und die Pirmasenser Lynchmorde im Februar lagen erst wenige Wochen zurück; im Kontext der Heidelberger Rede konnte nur davon die Rede sein[82].

Gegen die Dissonanz der Parteien und den Kampf aller gegen alle schickte der Prinz eine *heilende Botschaft* (wir hören wieder Kurt Hahn); sie kulminierte in dem Ruf nach einer neuen, einigenden Partei, die sich *Christlich-National* verstehen sollte, und nach

---

[81] Im Pressebericht wohl versehentlich *Er läßt von den Schlechten nicht die Guten knechten*. Prinz Max verwendete die freie Nachdichtung von Josef Weil (1877), vgl. https://de.wikipedia.org/wiki/Wir_treten_zum_Beten (Zugriff 16.10.2019).

[82] Vgl. allgemein W. KREUTZ/K. SCHERER (Hgg.), Die Pfalz unter französischer Besetzung (1918/19–1930), Kaiserslautern 1999, zur Pfalzhilfsstelle darin G. GRÄBER/M. SPINDLER, 100 Tage »Autonome Pfalz« (1923/24). Einige Thesen zu Legenden und Wirklichkeit, S. 187–200, hier: S. 198.

einem *Führer, dessen bloße Persönlichkeit bereits die befreiende Parole verkörpert. Er muß in einfachen und großen Umrissen vor dem Volke dastehen.* Prinz Max berief sich dabei auf seinen oben genannten Appell an Friedrich Ebert, als Reichspräsident diktatorisch zu handeln. Seine Mythengestalt vom großen Befreier griff freilich viel weiter aus als seine Überlegungen zum Schutz des Rechtsstaats vor seinen Zerstörern. Die Demokratie, die immer neu den Kompromiss suchen musste, hatte für ihn bereits ausgedient. In einer von Hahn entworfenen Passage der Heidelberger Rede hieß es aggressiver, *die alten Parteien sind alle schuldig und alle verbraucht.* Das strich Prinz Max; vielleicht schien ihm dieser Angriff doch zu riskant, denn er würde ja auch die DDP treffen, die einzige Partei, die ihn unterstützte; die deutlichen Spitzen gegen die Linke und gegen rechtsextreme Gruppen mochten genügen. So blieb die Rede aber auch im Ungefähren. Sie zeichnete das Wunschbild einer Einheitspartei, aber sie war nicht zugleich Gründungsaufruf. Auch die Gestalt des Führers blieb Vision. Der Prinz konnte sie mit keinem Namen verbinden. Offen blieb ebenso, ob er sich die Republik oder nicht doch die Monarchie als Staatsform für diese neuen Inhalte dachte. Jetzt gehe es darum, dem französischen *Alleinherrscher Europas* standzuhalten, der *täglich das Recht bricht in dem triumphierenden Gefühl irdischer Straflosigkeit* – bis zur *Stunde der nationalen Erhebung* [...] *Darum ist es nationale Ehrenpflicht, den Meinungsstreit: Republik oder Monarchie ruhen zu lassen, bis die Franzosen aus dem Lande sind.*

Einen Monat später löste Bayern nach dem Wunsch der badischen Regierung die Heidelberger »Haupthilfsstelle« als Dauer-Ärgernis der französischen Besatzungsverwaltung auf. Durch den Dawes-Plan vom August und die MICUM-Abkommen mit Belgien und Frankreich wurden bis zum Herbst 1924 die Härten aus der Ruhrbesetzung genommen. England und die USA hatten sich mit ihrer Entspannungspolitik tatsächlich durchgesetzt, obwohl es Prinz Max in Heidelberg anders prophezeit hatte: *Ramsay Macdonalds gütiges Zureden wird Poincaré nicht wankend machen. Die Gruppen, die in Frankreich zur Einkehr mahnen, sind gegenwärtig zur völligen Ohnmacht verurteilt. Es ist ganz falsch zu glauben, wir könnten sie durch pazifistische Geständnisse stärken, im Gegenteil, die s t ä r k s t e Waffe, die die Anhänger der europäischen Verständigung in England und Frankreich haben, ist der Hinweis auf den nationalen Willen des deutschen Volkes, der früher oder später seine Ketten sprengen m u ß , wenn Vernunft und guter Wille sie nicht vorher lösen.* Briand und Stresemann fanden andere Wege; als die Ruhrbesetzung im Sommer 1925 offiziell zu Ende ging, stand schon die Konferenz von Locarno auf dem Programm. Jetzt machte sogar Prinz Max inneren Frieden mit dem Versailler Vertrag und erkannte an, dass die deutsche Unterzeichnung unvermeidbar gewesen sei; nur die Idee einer christlich-nationalen Einheitspartei beschäftigte ihn noch länger[83]. Die Heidelberger Vereinigung hatte sich längst still aufgelöst. Sie hatte die Niederlage umdeuten wollen in ein Problem von Vertragstreue und Vertragsbruch – damit war sie gescheitert, der Krieg ließ sich allein in völkerrechtlichen Kategorien nicht bewältigen.

Was könnte eine Bilanz aus den Programmen der Heidelberger Vereinigung enthalten (denn von ihrem »Wirken« können wir kaum sprechen)? Am Feindbild Frankreichs änderte sich trotz einzelner Gegenstimmen nichts. Durch den Friedensvertrag, die Dauer

---

[83] Vgl. 25.11.1926 Prinz Max an Graf Montgelas, GLAK FA N 6053 Qu. 108.

der Besatzung und die wirtschaftliche Notlage verfestigte sich dieses Bild noch weiter. Die Erschütterung über Krieg und Schuld verwandelte sich in Empörung über erlittenes Unrecht; hatte man anfangs gehofft, gemeinsam mit den Kriegsgegnern den Weg zur politischen Vernunft wiederzufinden, wuchs jetzt die Überzeugung, Opfer zu sein. Wir sprechen von »Lernprozessen« – hier müsste man einen Gegenbegriff erfinden: Wo das Vergessen begann, setzte eine Art »Verlernprozess« ein. Die Suche nach Schuldigen richtete sich in diesem Prozess auch nach innen und erklärte die Vielstimmigkeit zum Verhängnis. Wer sich nach wie vor im Krieg glaubte, verlangte Kriegsrecht und Einstimmigkeit. Gegenüber dem Zwang zum Kompromiss wuchs die unbestimmte Sehnsucht nach einem starken Mann.

Wie eine symbolische Klammer für beides, für den Appell nach innen und die Anklage nach außen, wirkt das Gedenkblatt für den verstorbenen Prinz Max vom November 1929[84]. Kurt Hahn stellte dafür eine Reihe von Zitaten zusammen, so aus der genannten Rede an die Pfälzer vom 16. April 1924, in der Prinz Max davon gesprochen hatte, wie *abstoßend* die *deutsche Gegenwart* wirke. Und als wollte er auch in die Zukunft hinein das Löschen der Erinnerung sichern, setzte Kurt Hahn die Worte des Prinzen über Heimatliebe und Opfertod aus dem Brief vom 15. Oktober 1918 hierher (von denen wir in unserer Untersuchung ausgingen), wieder in ihrer gekürzten Fassung. Er musste wissen, was die Auslassungspunkte bedeuteten; Prinzessin Marie Luise, die das vermutlich nicht ahnte, bat, diese Worte unbedingt an den Schluss des Gedenkblattes zu setzen[85].

Der Diskurs der Heidelberger Vereinigung lässt sich aber auch anders beschreiben. Der Versuch, Vergangenheit historisch zu erfassen und damit zu bewältigen, setzte enorme Kräfte zur Quellenaufbereitung frei – das gilt für die großen amtlichen und halbamtlichen Editionen mit ihren Mitarbeitern aus den Reihen der Vereinigung wie für die »Erinnerungen und Dokumente« des Prinzen Max von Baden. Der Alleinschuld-Paragraph 231 des Versailler Vertrags zwang dabei diese Kräfte geradezu in apologetische Denkmuster, die den Quellenwert der Editionen beeinträchtigen. Aber auch Hans Wehberg, ein Kritiker dieser »Weißbücher«, war eine Zeitlang Mitglied der Heidelberger Vereinigung gewesen: Die Vereinigung war keine Wagenburg, sondern ihrerseits eine vielstimmige, heterogene Elite. Und auch wer in dieser Gruppe eher nationalkonservativ dachte wie Prinz Max oder Kurt Hahn, zog strikte Grenzen gegen den Rechtsextremismus, vor allem gegen die NSDAP. Rudolf von Scholz vermochte den Versailler Vertrag nur als Willkürakt zu verstehen, nicht als Kriegsfolge, und lehnte ihn kategorisch ab. Seine Analyse der innenpolitischen Konsequenzen hatte gleichwohl etwas beklemmend Prophetisches: *[...] durch die Unterwerfung des deutschen Volkes, die man als Vernichtung des Militarismus beschönigt, [ist] moralisch der Boden bereitet [...] für den giftigsten Zynismus und den unbeschränkten Glauben an Gewalt-Politik, den es je in Deutschland gab, also gerade für jene moralische Haltung, aus der der sog. Militarismus seine Kraft hernahm.*

---

[84] GLAK FA N 5263 und 6298, Entwürfe und Endfassung.
[85] 28.11.1929 an Lina Richter, Berlin-Brandenburgisches Wirtschaftsarchiv N02 (Nachlass L. Richter), Nr. 557. Die dann ausgeführte Version (ein Satz der persönlichen Freundschaft aus der Grabrede des Prinz Max für den Salemer Schulleiter Karl Reinhard von 1923) scheint von Prinz Berthold vorgeschlagen worden zu sein, vgl. GLAK FA N 5263.

Deutschland werde dadurch zur *Brutstätte des Nihilismus*[86]. In diesem Sinn verabscheute auch Prinz Max das Handeln Hitlers als kriminell. In seiner Rede an die ausgewiesenen Pfälzer – um sie ein letztes Mal zu zitieren – forderte er *Selbstdisziplin* und *freien Bürgersinn* als *Kennzeichen staatlicher Gesittung*[87]: Das war ein Appell zur Verteidigung des demokratischen Staates gegen seine Feinde. Die Rechte wusste das. Als sich der Badische Landtag beim Tod des Prinzen 1929 zu einem Nachruf erhob, verließen NSDAP und DNVP aus Protest den Saal.

Anhang: Mitglieder der Heidelberger Vereinigung[88]

Die vielfach korrigierten Listen aus dem Sekretariat der Heidelberger Vereinigung sind meist erst nachträglich und damit unzuverlässig datiert. Wechselnde Ortsangaben beziehen sich auf veränderte Fassungen. Die akademischen Titel sind z. T. in den Vorlagen genannt, z. T. sind sie, ebenso wie die Parteizugehörigkeit, für die Zeit bis 1922 aus Wikipedia ergänzt, also sicher erweiterungsfähig. Namen von Personen, die für die Vereinigung noch geworben werden sollten, sind nicht aufgenommen.

Fett: Gründungsmitglied[89]
Kursiv: Mitglied in der Deutschen Gesellschaft 1914[90]

[NN Graf Arco, Berlin?]
Prinz Max von Baden
Dr. Marie Baum MdR (DDP), Karlsruhe, Sozialpolitikerin
[Albrecht] *Graf Bernstorff* (DDP), Starnberg, Diplomat
Prof. Dr. Moritz Bonn, München/Berlin, Nationalökonom
Prof. Dr. Carl Bosch, Heidelberg, Chemiker
Dr. Robert Bosch, Stuttgart, Industrieller
Prof. Dr. Lujo Brentano, München/Prien, Nationalökonom
[Bernhard Wilhelm von Bülow?], Berlin, Diplomat
Dr. Friedrich Curtius, Heidelberg/Weimar, Verwaltungsbeamter
Prof. Dr. Hans Delbrück (DDP nahe), Berlin, Historiker
Prof. Dr. [Christian?] Eckert, Köln, Wirtschaftswissenschaftler
Franz Carl Endres, Gauting, Schriftsteller
H. R. Engelmann, Berlin, Verlagskaufmann
Constantin Fehrenbach, MdR (Zentrum), Freiburg/Berlin, Reichstagspräsident
Prof. Dr. Ernst Francke (DDP), Diessen a. A., Journalist
Richard Freudenberg MdL (Baden, DDP), Weinheim, Industrieller

---

86 3. 1.1920 an Johannes Lepsius, GLAK FA N 6093 Qu. 1.
87 Hier zitiert nach dem in Anm. 84 und 85 genannten Gedenkblatt von 1929.
88 nach GLAK FA N 6211 und 6248.
89 Unterzeichner der Erklärung des Prinzen Max vom 7.2.1919, etwas abweichend veröffentlicht am 13.2.1919 im Frankfurter Zeitung und Handelsblatt 63, Nr. 117, vgl. GLAK FA N 5735.
90 Nach Edmund Steinschulte, vgl. Anm. 15.

Anton Geiß, MdL (SPD), Mannheim, badischer Staatspräsident
Dr. Ludwig Haas MdR (DDP), Karlsruhe, Rechtsanwalt
[Hans von Haeften?], Berlin, Direktor des Reichsarchivs
Kurt Hahn, Baden-Baden/Berlin/Salem, Sekretär des Prinzen Max von Baden
Prof. Dr. Martin Hahn, Freiburg/Berlin, Mikrobiologe
Conrad Haussmann MdR (DDP), Weimar/Stuttgart, Rechtsanwalt
Prof. Dr. Heinrich Herkner, Berlin, Nationalökonom
Dr. Martin Hobohm, Berlin, Historiker
Hermann Hummel MdL (Baden, DDP), Karlsruhe, badischer Minister und Staatspräsident
Dr. R[osa] Kempf MdL (Bayern, DDP), Frankfurt, Sozialpolitikerin
Adolf Korrell MdR (DDP), Berlin, Pfarrer
Hermann Künzer, Berlin, Reichskommissar für Überwachung der öffentlichen Ordnung
Dr. Johannes Lepsius, Potsdam, Theologe
Hugo Graf Lerchenfeld (BVP), Darmstadt/München, bayerischer Ministerpräsident
Prof. Dr. Hugo Lindemann (SPD), Stuttgart/Köln, württembergischer Minister
Hermann Lutz [DDP], München, Schriftsteller
Prof. Dr. Friedrich Meinecke (DDP), Berlin, Historiker
Dr. Carl Melchior (DDP-nahe), Hamburg, Syndikus des Bankhauses Warburg
Prof. Dr. Albrecht Mendelssohn-Bartholdy, Würzburg/Hamburg, Jurist
[Dr. Ottmar?] von Mohl, Berlin, Diplomat
Max Graf Montgelas, Heidelberg/Berlin/Bergen, Militärhistoriker
Pauline Gräfin Montgelas, Berlin/Bergen
Alfred von Nostitz-Wallwitz, Bad Nauheim/Berlin/Wilhelmshagen, Diplomat
[Helene] von Nostitz-Wallwitz, Bad Nauheim/Berlin/Wilhelmshagen
NN Ollendorff, Berlin, Verwaltungsbeamter
Prof. Dr. Hermann Oncken, Heidelberg/München, Historiker
Rudolph Oppenheim, Berlin, Jurist
Prof. Dr. M[einhard] von Pfaundler, München, Mediziner
Dr. Hermann M. Popert, Poppenbüttel/Hamburg, Jurist
Dr. Friedrich von Prittwitz und Gaffron, Berlin/Rom, Diplomat
Lina Richter, Baden-Baden/Salem, Sekretärin des Prinzen Max von Baden
Dr. Paul Rohrbach (DDP), Berlin, Theologe
Dr. Colin Ross, Berlin, Journalist
[Dr. Elisabeth Rotten, Berlin?], Reformpädagogin
Prof. Dr. [Samuel] J[unius] Saenger, Prag, Diplomat
Dr. A[lwin] Saenger MdL (Bayern, SPD), München, Jurist
Prof. Dr. Alice Salomon, Berlin, Sozialreformerin
Rudolf von Scholz, Riederau, Sekretär der Heidelberger Vereinigung
Prof. Dr. Walther Schücking MdR (DDP), Weimar/Berlin, Jurist
Lic. Friedrich Siegmund-Schultze, Berlin, Theologe
[Bernhard] Schwertfeger, Pyrmont/Neckargemünd, Militärhistoriker
Dr. Walter Simons, Berlin/Leipzig, Jurist
Dr. Karl Sonnenschein, Berlin, Theologe

Oskar Stark, Berlin
Prof. Dr. Richard Thoma, Heidelberg, Völkerrechtler
Johannes Tiedje (DDP), Berlin, Theologe
Prof. Dr. Ernst Troeltsch (DDP), Berlin, Theologe
Dr. Fritz Wahl, München
Max M. Warburg, Hamburg, Bankier
Prof. Dr. Alfred Weber (DDP), Heidelberg, Soziologe
Marianne Weber MdL (Baden, DDP), Heidelberg, Frauenrechtlerin
Prof. Dr. Max Weber (DDP), Heidelberg, Nationalökonom
Hans Wehberg, Berlin, Völkerrechtler

... in jeder Stadt und in jedem Dorf der Pfalz dafür Sorge trägt, daß Land und Leute deutsch bleiben.
Der Faktor »Frankreich« im publizistischen Werk Hermann Onckens 1914–1933

VON PHILIP ROSIN

Einleitung

Bis zum Kriegsausbruch hatte das amtliche Frankreich sich sehr selten öffentlich zur Revanche bekannt. [...] Ohne daß dieses Ziel in einem Vertrage mit Namen genannt oder nur angedeutet wurde, es stand doch wie eine für jeden lesbare Geheimschrift über der französischen Geschichte seit 1871: hier lag der Sinn, die verborgene Triebkraft ihrer Politik[1].

Diese Worte schrieb Hermann Oncken in seinem 1933 erschienenen zweibändigen Werk über die Vorgeschichte des Ersten Weltkrieges. Sie suggerieren eine inhaltliche Verbindung zwischen den Ereignissen von 1870/71 und 1914 und fassen seine fortdauernd kritische Position gegenüber Frankreich in Geschichte und Gegenwart prägnant zusammen.

Die Lebensjahre des Historikers Oncken, der als Professor in Gießen (1906/07), Heidelberg (1907–1923), München (1923–1928) und Berlin (1928–1935) wirkte, sind fast identisch mit denen des Deutschen Reiches. Er wurde am 16. November 1869 in Oldenburg/Oldb. geboren, in seinem letzten Lebensjahr († 28. Dezember 1945) erlebte er dessen Untergang[2]. Eine außenpolitische Konstante jener Jahrzehnte war die deutsch-französische Erbfeindschaft mit insgesamt drei Kriegen.

---

[1] H. ONCKEN, Das Deutsche Reich und die Vorgeschichte des Weltkriegs, Bd. 2, Leipzig 1933, S. 829.

[2] Eine Biographie Hermann Onckens ist bislang ein Desiderat der Forschung und wird durch den Verfasser vorbereitet. Es existieren einige kürzere biographische Abrisse: C. CORNELISSEN, Hermann Oncken (1869–1945), in: M. FRÖHLICH (Hg.), Das Kaiserreich. Porträt einer Epoche in Biographien, Darmstadt 2001, S. 388–399; DERS., Art. Oncken, Hermann, in: G. HIRSCHFELD/G. KRUMEICH/I. RENZ (Hgg.), Enzyklopädie Erster Weltkrieg. Aktualisierte und erweiterte Studienausgabe, Paderborn 2009, S. 756; K. SCHWABE, Hermann Oncken, in: H.-U. WEHLER (Hg.), Deutsche Historiker, Bd. 2, Göttingen 1971, S. 81–97; W. GÜNTHER, Art. Oncken, Karl Hermann Gerhard, in: Biographisches Handbuch zur Geschichte des Landes Oldenburg, Oldenburg 1992, S. 537–541; D. DRÜLL, Heidelberger Gelehrtenlexikon 1803–1932, Berlin 1986, Art. Oncken, Karl Hermann Gerhard, S. 197; R. VOM BRUCH, Art. Oncken, Hermann, in: DERS./R. A. MÜLLER (Hgg.), Historiker-Lexikon. Von der Antike bis

Im Folgenden soll untersucht werden, inwieweit der deutsch-französische Antagonismus Eingang in die Publizistik und in die wissenschaftliche Forschung Onckens als einem »führende[n] Vertreter der Geschichtswissenschaft in den zwanziger Jahren«[3] fand.

Von R. A. Höhne ist die These aufgestellt worden, Oncken habe, »wenn auch sicherlich wider Willen, wesentlich zur Herausbildung der NS-Frankreichideologie beigetragen«[4]. Vor diesem Hintergrund soll der Faktor »Frankreich« in der Publizistik Hermann Onckens zwischen 1914 und 1933 im Folgenden näher dargestellt und historisch eingeordnet werden.

Die Einsicht, dass auch der Andere berechtigte Ängste und Interessen haben könnte und dass die unbestreitbare Nähe im deutsch-französischen Verhältnis nicht antagonistisch, sondern auch kooperativ angelegt sein könnte, blieb dem 1945 Verstorbenen versagt. Sein Schüler Gerhard Ritter wirkte ab Anfang der 1950er Jahre hingegen prominent daran mit, zu einer deutsch-französischen Annäherung auch auf Seiten der Historiker zu gelangen[5]. Wie tief das »Anti-Versailles-Syndrom«[6] selbst bei dem Nationalsozialismus gegenüber kritisch eingestellten Personen wie Oncken und Ritter saß, zeigt sich daran, dass beide 1940 eine Art Genugtuung oder Freude über den gegen Frankreich errungenen militärischen Sieg empfanden[7]. Aber daran, dass Oncken dieses Ereignis in die Kontinuität der neuzeitlichen Kriege um die Frage der Hegemonie in Europa einordnete, als Ergebnis der deutschen Revisionspolitik gegen *Versailles* interpretierte und er einen der Macht Deutschlands *entsprechenden Anteil* am kolonialen Besitz, *vor allem auf dem Boden Afrikas*[8], forderte, zeigt sich gerade, dass er dem klassischen nationalen und imperialen Denken des 19. und frühen 20. Jahrhundert verhaftet blieb – und eben nicht dem zügellosen nationalsozialistischen Rasse- und Expansionsdogma anhing, dessen Charakter er gerade in seiner Radikalität und seinem Dogmatismus nicht wirklich begriffen hat.

---

zur Gegenwart, München ²2002, S. 242 f.; C. STUDT, Art. Oncken, Karl Hermann Gerhard, in: NDB 19 (1999), S. 538 f. (Online-Version: URL: https://www.deutsche-biographie.de/pnd118589997.html#ndbcontent) (Zugriff 9.3.2019).

3   C. WEISZ, Geschichtsauffassung und politisches Denken. Münchener Historiker der Weimarer Zeit. Konrad Beyerle, Max Buchner, Michael Doeberl, Erich Marcks, Karl Alexander von Müller, Hermann Oncken, Berlin 1970, S. 37.

4   R. A. HÖHNE, Die Frankreichhistoriographie der Weimarer Republik am Beispiel von Hermann Oncken, in: M. NERLICH (Hg.), Kritik der Frankreichforschung 1871–1975, Karlsruhe 1977, S. 96–109, S. 105.

5   C. CORNELISSEN, Gerhard Ritter. Geschichtswissenschaft und Politik im 20. Jahrhundert, Düsseldorf 2001, S. 470–476.

6   DERS., »Schuld am Weltfrieden«. Politische Kommentare und Deutungsversuche deutscher Historiker zum Versailler Vertrag 1919–1933, in: G. KRUMEICH (Hg.), Versailles 1919. Ziele, Wirkung, Wahrnehmung, Essen 2001, S. 237–258, hier: S. 257.

7   DERS., Ritter (wie Anm. 5), S. 296; K. SCHÖNWÄLDER, Historiker und Politik. Geschichtswissenschaft im Nationalsozialismus, Frankfurt/New York 1992, S. 179 f.

8   H. ONCKEN, Der Frieden Europas. Die Friedensordnungen der europäischen Staatsgesellschaft in den letzten drei Jahrhunderten, in: Der Türmer 42 (1940), S. 553–562, S. 562.

Frankreich in Onckens Kriegspublizistik

Hermann Onckens Geschichtsverständnis ging vom Primat der Außenpolitik aus, insofern spielte die Ebene der internationalen Politik in seinem Denken eine wichtige Rolle[9]. Die zentralen Akteure waren die Staaten, die jeweils ihre nationalen Interessen verfolgten und um Macht und Einfluss miteinander konkurrierten.

Gegenüber den Vereinigten Staaten von Amerika bestand seit Onckens Aufenthalt in Chicago 1905/06 ein besonderes persönliches und fachliches Interesse[10]. Das britische Empire wurde als Konkurrent gesehen, aber für seine Machtstellung wohl auch ein Stück weit bewundert oder beneidet und ein bilateraler Ausgleich, wie er sich als mögliche Option etwa 1912 mit der allerdings gescheiterten »Haldane-Mission«[11] kurzzeitig andeutete, befürwortet. Hieraus erklärt sich – nicht nur bei Oncken – die große Enttäuschung vieler deutscher Professoren über das als Verrat empfundene Verhalten der »treulosen« Briten im August 1914, denen Oncken fortan eine bewusste antideutsche Einkreisungspolitik in den Jahren vor dem Kriegsausbruch vorwarf[12].

Hingegen wird Frankreich in Onckens Publizistik durchgehend ablehnend bis feindselig betrachtet. Ein frühes publizistisches Beispiel vor dem Ersten Weltkrieg behandelt zwar primär das deutsch-britische Verhältnis[13], enthält in diesem Kontext aber auch Aussagen Frankreich betreffend. Bei der Heidelberger Sektion des Deutschen Flottenvereins hielt Oncken 1912 eine Ansprache – die im Anschluss auch in gedruckter Form erschien – über *Deutschland und England. Heeres- oder Flottenverstärkung?*. Darin plädierte Oncken vor einem eine verstärkte Seerüstung weiterhin befürwortenden Publikum durchaus unkonventionell statt dessen für eine verstärkte Heeresrüstung, ein Anliegen, das in der aktuellen innenpolitischen Debatte auch Reichskanzler Theobald von Bethmann Hollweg – gegen die Position von Wilhelm II. und von Großadmiral Tirpitz – vertrat[14]. Die Heeresrüstung sollte sich primär gegen Frankreich richten, dessen Gegnerschaft als gegeben vorausgesetzt wurde, im Mittelpunkt stand jedoch auch in dieser Variante indirekt Großbritannien. In diesem Zusammenhang argumentierte Oncken, *auch die Heeresverstärkung enthält eine tatsächliche und zwar die kräftigste Sicherung gegen England selbst, ohne es durch unmittelbare Bedrohung zu exaltierten Schritten zu reizen. Einmal indirekt, indem sie den englischen Degen auf dem Kontinent bindet, indem sie Frankreich im Zaume hält. Wir müssen nun einmal die französische Revanchelust, den wichtigsten Faktor in der traditionellen englischen Rechnung, dauernd in möglichst kühler*

---

[9] STUDT, Art. Oncken (wie Anm. 1).
[10] DERS., »Ein geistiger Luftkurort« für deutsche Historiker. Hermann Onckens Austauschprofessur in Chicago 1905/06, in: HZ 264 (1997), S. 361–389, hier: S. 387.
[11] Vgl. K. HILDEBRAND, Das vergangene Reich. Deutsche Außenpolitik von Bismarck bis Hitler, Stuttgart ²1996, S. 269–277.
[12] CORNELISSEN, Art. Oncken (wie Anm. 1), S. 756.
[13] Vgl. zu den deutsch-britischen Beziehungen vor dem Ersten Weltkrieg D. GEPPERT, Pressekriege. Öffentlichkeit und Diplomatie in den deutsch-britischen Beziehungen (1896–1912), München 2007; A. ROSE, Zwischen Empire und Kontinent. Britische Außenpolitik vor dem Ersten Weltkrieg, München 2011.
[14] HILDEBRAND, Reich (wie Anm. 11), S. 269–271.

Temperatur halten[15]. Mit Blick auf eine Annäherung im deutsch-britischen Verhältnis machte sich bei Oncken nach der zweiten Marokkokrise und der gescheiterten »Haldane-Mission« Resignation breit, wenn er ausführte, *daß wir Schiffsladungen von Geistlichen aller Konfessionen und Friedensfreundinnen jeglichen Temperaments, von Abgeordneten und Journalisten hinüber und herüber schicken könnten, ohne einen anderen Erfolg als leere Bankettreden heimzutragen; ich bezweifle übrigens, ob jetzt noch irgendwelche Gruppen oder Parteien bei uns vorhanden sind, um in den Dienst der pax Anglica zu treten*[16].

Ein verstärktes deutsches Heer sollte nach Onckens Ansicht also Frankreich mit Blick auf einen möglichen Revanchekrieg abschrecken und im Falle eines deutsch-französischen Konflikts Großbritannien zudem davon abhalten, sich militärisch an der Seite von Paris zu engagieren. Für den 1869 geborenen Oncken und die bürgerliche Gesellschaft des Kaiserreichs gehörte der deutsch-französische Antagonismus gewissermaßen zur geschichtspolitischen »DNA« und umfasste sowohl die Erinnerung an die »Befreiungskriege« gegen Napoleon als auch den Sieg im Krieg von 1870/71 mit der Reichsgründung als direkter Folge. Das verdeutlicht auch Onckens Festansprache *Der Kaiser und die Nation*. Im Jahr 1913 gedachten alle deutschen Universitäten in einer reichsweiten Doppelfeier sowohl der hundertjährigen Wiederkehr der Völkerschlacht von Leipzig und begingen zugleich das fünfundzwanzigjährige Regierungsjubiläum Kaiser Wilhelms II.[17]. In der Feier an der Heidelberger Universität betonte Oncken das seiner Meinung nach Verbindende dieser beiden Ereignisse: *Wir dürfen beide Feiern, die Vergangenheit und die Gegenwart, als etwas innerlich Zusammengehöriges mit einander verbinden. [...] Der Nationalstaat von heute, dessen höchstem Repräsentanten wir unsere Huldigung darbringen, wurzelt nach seinen tiefsten Anfängen doch in jenen heroischen und ergreifenden Ereignissen von 1813*[18].

In ähnlicher Form hatte der Heidelberger Ordinarius in einer weiteren Publikation über das Jubiläum von 1813 den erfolgreichen Widerstand gegen Napoleon sowie die preußischen Reformen der damaligen Zeit gewürdigt und zog hieraus die zeittypische Schlussfolgerung einer Überlegenheit der deutschen Staats- und Gesellschaftsform[19], wie sie sich nach Kriegsbeginn schließlich in der begrifflichen Gegenüberstellung von positiver deutscher »Kultur« und negativer westlicher »Zivilisation« manifestierten

---

[15] H. ONCKEN, Deutschland und England. Heeres- oder Flottenverstärkung. Ein historisch-politischer Vortrag, Heidelberg 1912, S. 40 f.
[16] Ebd., S. 34 f.
[17] Vgl. T. MAURER, Engagement, Distanz und Selbstbehauptung. Die patriotischen Jubiläen des Jahres 1913 als Brennspiegel der Gesellschaftsgeschichte der deutschen Universitäten, in: Jahrbuch für Universitätsgeschichte 14 (2011), S. 149–164.
[18] H. ONCKEN, Der Kaiser und die Nation. Rede bei dem Festakt der Universität Heidelberg zur Erinnerung an die Befreiungskriege und zur Feier des 25jährigen Regierungsjubiläums Wilhelms II., Heidelberg 1913, S. 3.
[19] C. CORNELISSEN, Politische Historiker und deutsche Kultur. Die Schriften und Reden von Georg v. Below, Hermann Oncken und Gerhard Ritter im Ersten Weltkrieg, in: Wolfgang J. MOMMSEN (Hg.), Kultur und Krieg. Die Rolle der Intellektuellen, Künstler und Schriftsteller im Ersten Weltkrieg, München 1996, S. 119–142, S. 132.

sollte[20]. In seinen Betrachtungen zum Erbe von »1813« kam Oncken zu dem Schluss, dass gerade in der Verbindung von Geist und Macht das Vermächtnis der Zeit der Befreiungskriege liege, denn es sei nicht so, *daß wir allein mit Blücher, allein mit dem militärischen Vorwärts, die Schlachten schlagen können, die uns beschieden sind – wir müssen Stein und Fichte hinzunehmen!*[21]. Frankreich bildete nicht nur in Onckens Publikationen gewissermaßen die Negativfolie für den eigenen deutschen machtpolitischen Aufstieg und für das positive Selbstbild im Kaiserreich, wie es sehr anschaulich beispielsweise auch in dem bekannten Schluss von Heinrich von Sybels Werk *Die Begründung des Deutschen Reiches unter Wilhelm I.* zum Ausbruch des deutsch-französischen Krieges 1870 zum Ausbruch kam: [D]*as Volk hatte im patriotischen Zorne zum Schwerte gegriffen, um die seit Jahrhunderten erduldete fremde Einmischung in deutsche Angelegenheiten von Grund aus zu Nichte zu machen und die Unabhängigkeit und Einheit des Vaterlandes hoffentlich für alle Zeiten zu sichern. Frankreich ging für eine alte Ehrenstellung, Deutschland für sein junges Dasein in den Kampf*[22].

Bereits in seiner Heidelberger Festrede von 1913 hatte Oncken hervorgehoben, im Falle einer neuen äußeren Bedrohung würden Monarch und Volk wie einst als einige Nation zusammenstehen[23]. In seiner Kriegspublizistik ab dem August 1914 verorte Oncken die Ursachen des Kriegsausbruchs wesentlich im französischen Revanchegedanken und ihren Ursprung bereits im Jahre 1871. So betonte er in dem 1915 erschienenen (zweite erweiterte Auflage 1916) offiziösen Sammelband *Deutschland und der Weltkrieg*[24], bei welchem er als Mitherausgeber fungierte und das Kapitel über die Vorgeschichte und den Kriegsausbruch verfasste: *Die beiden ursprünglichsten Tatsachen, auf die der Ursprung des gegenwärtigen Weltkrieges zurückgeht, sind der Bestand des im Jahre 1870/71 geschaffenen Deutschen Reiches auf der einen Seite und die Entschlossenheit des französischen Revanchegeistes, die damals begründete Ordnung der Dinge in Europa eines Tages gewaltsam umzustürzen auf der anderen Seite*[25]. Anders als im Falle der britischen Regierung, von der man deutscherseits ein anderes Verhalten erhofft und erwartet hatte, habe man sich in Berlin über das französische Verhalten keinerlei Illusionen gemacht. Die Schuld der Pariser Re-

---

[20] E. PIPER, Nacht über Europa. Kulturgeschichte des Ersten Weltkriegs, Berlin 2013, S. 65–67; vgl. auch S. BRUENDEL, Volksgemeinschaft oder Volksstaat. Die »Ideen von 1914« und die Neuordnung Deutschlands im Ersten Weltkrieg, Berlin 2003.

[21] H. ONCKEN, Die Ideen von 1813 und die deutsche Gegenwart. Eine säkulare Betrachtung, in: DERS., Historisch-politische Aufsätze und Reden, Bd. 1, München/Berlin 1914, S. 21–36, S. 36.

[22] H. von SYBEL, Die Begründung des Deutschen Reiches unter Wilhelm I., Bd. 7, München/Leipzig 1894, S. 408.

[23] H. ONCKEN, Kaiser (wie Anm. 18), S. 31.

[24] Vgl. O. HINTZE/F. MEINECKE/H. ONCKEN/H. SCHUMACHER (Hgg.), Deutschland und der Weltkrieg, 2 Bde., Leipzig/Berlin ²1916; Siehe zu diesem Werk näher F. ENGEHAUSEN, »vom politischen Nerv erfaßt und von nationaler Farbe durchleuchtet«. Hermann Onckens publizistisches Wirken im Ersten Weltkrieg, in: I. RUNDE (Hg.), Die Universität Heidelberg und ihre Professoren während des Ersten Weltkriegs. Beiträge zur Tagung im Universitätsarchiv Heidelberg am 6. und 7. November 2014, Heidelberg 2017, S. 179–181; CORNELISSEN, Kultur (wie Anm. 19), S. 127–131.

[25] H. ONCKEN, Die Vorgeschichte des Krieges, in: DERS./HINTZE/MEINECKE/SCHUMACHER (Hgg.), Weltkrieg (wie Anm. 24), Bd. 2, S. 531–621, hier: S. 533.

gierung liege insbesondere darin, dass sie die Kriegslust ihres russischen Bündnispartners von Beginn an geschürt habe[26] – ein Argument, das man freilich genauso auch auf die Reichsregierung bezogen auf ihr Verhalten gegenüber Österreich-Ungarn anwenden konnte, insofern zeigt sich auch an dieser Stelle Onckens einseitiger Blickwinkel.

Noch deutlich zugespitzter findet sich die Revanche-These in einer Publikation des Heidelberger Ordinarius von 1918 mit dem Titel *Die Kriegsschuld unserer Feinde*. Sie erschien als Nummer 84 in der Reihe *Schützengraben-Bücher für das deutsche Volk* in einer Auflage von 120.000 Stück und diente insofern der Massenpropaganda. Das Büchlein war in einem Miniformat von circa 19 mal 12,5 Zentimeter gedruckt und damit – wie der Name der Reihe bereits anzeigt – speziell für die Tornister der Frontsoldaten konzipiert worden. Der französische Revanchegedanke wurde erneut betont und der vermeintliche historische Anspruch auf Elsass-Lothringen deutlich zurückgewiesen: *Sie [die französischen Entscheidungsträger, P.R.] wollen wieder an den Rhein und von neuem die Tricolore auf dem Straßburger Münster aufpflanzen, sie wollen ein Unrecht, das ihnen geschehen sei, wieder gutmachen. Sie verlangen Elsaß-Lothringen zurück als ein rein französisches Land, das von jeher ihrem Staate zu eigen gewesen sei. Sie verschweigen aber, daß alle großen Traditionen dieser oberrheinischen Gebiete in Kultur und Geistesleben bis in das 17. und 18. Jahrhundert hinein allein der deutschen Geschichte angehören, und das dieses Land noch heute nicht französisch, sondern deutsch ist*[27]. Die detaillierte Bezugnahme auf Elsass-Lothringen – Oncken erwähnte im Anschluss noch die sprachliche Verteilung zugunsten des Deutschen, wobei dem Elsässischen keine sprachliche Eigenständigkeit zuerkannt wurde – ist auch vor dem Hintergrund der Erklärung der 14 Punkte durch den amerikanischen Präsidenten Woodrow Wilson vom Januar 1918 zu sehen, in der explizit die französische Forderung nach Rückgabe unterstützt wurde, das Thema gewann im Propagandakrieg an Relevanz. Ein weiterer Ausdruck dessen war beispielsweise das ebenfalls 1918 erschienene Buch des Bonner Historikers Aloys Schulte über *Frankreich und das linke Rheinufer*[28], in dem der Rhein nicht als Grenze, sondern im Gegenteil als Mittelpunkt eines einheitlichen deutsch-elsässischen Sprach- und Kulturraums definiert wurde[29]. Aber schon Anfang der 1920er Jahre scheint sich Oncken – anders als bei den übrigen Gebietsabtretungen infolge von Versailles – mit dem Verlust von Elsass-Lothringen abgefunden zu haben. So sprach er 1922 bei der Tagung der elsass-lothringischen Studentenbünde in Heidelberg zwar davon, dass das ehemalige deutsche Land zwar weiterhin zur deutschen Kulturnation zähle und man eine gemeinsame *Schicksalsgemeinschaft* bilde, zwar gehörten die Elsässer und Lothringer *nicht mehr unserem sichtbaren Reiche an – damit haben wir uns zu finden –, wohl aber sind sie auch heute noch Bürger jener unsichtbaren zweiten Welt, Glieder der deutschen Kulturnation jenseits des Staates*[30].

---

[26] DERS., Der Ausbruch des Krieges, in: Ebd., Bd. 2, S. 622–663, S. 650f.
[27] DERS., Die Kriegsschuld unserer Feinde, Berlin 1918, S. 7.
[28] Vgl. A. SCHULTE, Frankreich und das linke Rheinufer, Stuttgart/Berlin ²1918.
[29] P. ROSIN, Kleine Bonner Universitätsgeschichte, Bonn 2018, S. 75.
[30] H. ONCKEN, Staatsnation und Kulturnation. Elsaß-Lothringen und die deutsche Kulturgemeinschaft, in: DERS., Nation und Geschichte. Reden und Aufsätze 1919–1935, Berlin 1935, S. 251–265, hier: S. 264.

Mit Blick auf die französischen Kriegsziele im Ersten Weltkrieg stellte Oncken diese in seinem »Schützengraben-Buch« in eine angeblich jahrhundertealte Traditionslinie. Sie seien wie eh und je geleitet von dem *alte*[n] *Eroberergeist, den wir Deutsche seit Jahrhunderten kennen: unversöhnlich, grenzenlos ausgreifend, unersättlich selbst bevor er mit den Waffen das Eroberungsziel erreicht hatte. Wie würde er erst um sich gegriffen haben, wenn die Franzosen so tief in Deutschland ständen wie wir in Frankreich! Dann würden Ludwig XIV. und Napoleon wieder aufgelebt und das ganze linke Rheinufer [...] gefordert worden sein*[31]. Gleichwohl verortete der Heidelberger Historiker auch in dieser Propagandaschrift den eigentlichen Verantwortlichen nicht in Paris. Die französische Regierung sei nur *ein dienendes Glied, ein Werkzeug in den Händen Stärkerer*[32] gewesen. Der Groll gegenüber Großbritannien als dem vermeintlichen geistigen Urheber der antideutschen Einkreisungspolitik brach sich auch in dieser Schrift Bahn[33], die »Analyse« der französischen Motive wirkt trotz oder gerade wegen der offensichtlichen Feindschaft im Vergleich dazu fast schon nüchtern. Sehr viel stärker als bei der Beschreibung der Motive der anderen Feindstaaten wurden von Oncken in Bezug auf Frankreich historische Argumente bemüht und die deutsch-französische Erbfeindschaft betont, mit den deutschen Landen als wehrlosem Schauplatz von Großmachtkriegen und französischer Expansionsgelüste seit der Frühen Neuzeit. Die These »eine[r] Kontinuität der französischen Rheinpolitik von Richelieu bis Poincaré«[34] wurde von Oncken auch über die Kriegsdauer hinaus durchgehend und vehement vertreten, so dass sie mit Sicherheit seine persönliche Überzeugung darstellte. Dass dies nicht unbedingt bei allen Aspekten dieser Kriegspublikation der Fall war, zeigt der Tagebucheintrag des Heidelberger Professorenkollegen Karl Hampe vom 3. August 1916, wonach das Auswärtige Amt *Oncken eine Darstellung des Ausbruchs der Feindseligkeiten zwischen Türkei und Rußland hineinkorrigiert [hat], die nach seiner Meinung so ziemlich das Gegenteil der Wahrheit ist*[35].

Versailler Vertrag und europäische Nachkriegsordnung

Für gleich mehrere Generationen deutscher Historiker waren die Veränderungen 1918/19 mit dem Versailler Vertrag als negativem Höhepunkt prägende Schlüsselereignisse[36]. Die militärische Niederlage im Weltkrieg, die territorialen Verluste und der Kriegsschuldparagraph bedeuteten auch für Hermann Oncken einen politischen Einschnitt. Die Fassungslosigkeit über die Entwicklung der vergangenen Monate spiegelt sich deutlich in seinen Worten anlässlich der Trauerfeier der Universität Heidelberg für ihre gefallenen Angehörigen im Juli 1919 wider, denn, so Oncken, *als Nation sind wir, nach Taten und Opfern ohnegleichen, schließlich doch unterlegen. Unsere Trauerfeier steht im Zeichen eines*

---

[31] DERS., Kriegsschuld (wie Anm. 27), S. 13.
[32] Ebd., S. 6.
[33] Ebd., S. 14–24.
[34] HÖHNE, Frankreichhistoriographie (wie Anm. 4), S. 98.
[35] F. REICHERT/E. WOLGAST (Hgg.), Karl Hampe. Kriegstagebuch 1914–1919, Eintrag vom 03.08.1916, München ²2007, S. 423; siehe auch ENGEHAUSEN, Wirken (wie Anm. 24), S. 181.
[36] CORNELISSEN, Deutungsversuche (wie Anm. 6), S. 240.

Friedens, der ein Deutschland in seiner tiefsten Erniedrigung begründet, nach der Absicht unserer Feinde für immer begründen soll. Noch will die Seele das Ungeheure und Unvermittelte des Umschwungs nicht fassen[37].

Innenpolitisch wandelte er sich zum »Vernunftrepublikaner«, außenpolitisch erkannte er – wie die allermeisten seiner Zeitgenossen in Deutschland – die neue europäische Ordnung nicht an. Hatte Oncken sich bereits während des Krieges publizistisch der Abwehr der Kriegsschuldfrage gewidmet, so fand dieses Engagement nun seine konsequente Fortsetzung und zugleich seine Erweiterung in der literarischen und rhetorischen Bekämpfung des Versailler Vertrages.

In einem im Juli 1919 publizierten Aufsatz über die *Weltpolitische Ansicht des Versailler Friedensentwurfes* ordnete Oncken die aktuellen Geschehnisse, in denen er eine *Vergewaltigung* Deutschlands sah, aus seiner Perspektive historisch ein und erneuerte dabei seine These einer traditionell expansionistisch ausgerichteten französischen Außenpolitik: *Das, was die Franzosen durch die formelle Fassung ihrer Friedensbestimmungen anzubahnen suchen [...], würde auf der ganzen Linie die Rückkehr zu jenem System Ludwigs XIV. bedeuten, das in der großen Revolution seine Vollendung erlebt hat. Die große Grenzauseinandersetzung zwischen der germanischen und romanischen Rasse in einem Gebiete, auf dem die Sprachgrenze sich in einem Jahrtausend nicht verschoben hat, würde politisch endgültig zu Ungunsten Deutschlands entschieden sein*[38].

Im März 1921 sprach Oncken in einem vor dem Bürgerausschuss in Frankfurt am Main gehaltenen Vortrag von einem diktierten Frieden, der nur unter der Drohung der Wiederaufnahme der Kampfhandlungen zustande gekommen sei. Darüber hinaus seien die Deutschen getäuscht worden, weil sie sich auf Wilsons 14 Punkte als Grundlage für Friedensverhandlungen verlassen hätten. Die Kenntnis des Zustandekommens der Versailler Bestimmungen sei unerlässlich, denn *[j]edes Kind bei uns muß wissen, aus welchem Betruge dieser Vertrag hervorgegangen ist*[39].

Historisch ging der Heidelberger Historiker nun sogar bis in die Antike zurück und verglich die aktuelle Situation mit der erbarmungslosen Unterdrückung der unterlegenen Karthager durch die Römer. In der Konsequenz fand er diese Analogie jedoch aus deutscher Perspektive unbefriedigend und nahm sie deshalb gleich wieder zurück: *Lassen wir uns durch den Ausgang dieser Parallele nicht schrecken. Wir sind nicht Karthago, und die Franzosen sind nicht Rom*[40].

Zurecht hat die historische Forschung darauf hingewiesen, dass die Weimarer Historiker den Versailler Vertrag scheinbar als etwas in seiner Dimension Singuläres eingeschätzt haben, statt ihn, wie es nahegelegen hätte, historisch einzuordnen und miteinander zu vergleichen. Hier hätten sich etwa die Wiener Schlussakte von 1815, der Frankfurter Friede von 1871 und aktuell der Vertrag von Brest-Litowsk angeboten. Dar-

---

[37] Die Universität Heidelberg ihren Toten des großen Kriegs zum Gedächtnis. 16. Juli 1919, hg. von der Universität Heidelberg, Heidelberg 1919, S. 7–16, hier: S. 7.
[38] H. ONCKEN, Weltpolitische Ansicht des Versailler Friedensentwurfes, in: Gerechtigkeit. Monatshefte für Auswärtige Politik 7 (1919), S. 422–440, hier: S. 424f.
[39] Weltgeschichte und Versailler Friede. Rede gehalten am 8. März 1921 von Professor Hermann Oncken, hg. vom Bürgerausschuß Frankfurt am Main, Frankfurt a. M. 1921, S. 5.
[40] Ebd., S. 7.

über hinaus wurde trotz der während des Krieges heftig diskutierten Kriegsdiskussion nicht reflektiert, wie – gerade mit Blick auf Brest Litowsk – im Falle eines deutschen Sieges wohl die Vertragsinhalte gelautet hätten[41].

In einer von Oncken gehaltenen Radioansprache am 28. Juni 1929 zur zehnjährigen Wiederkehr des Versailler Vertrages scheint sich seine Haltung eher noch verhärtet zu haben, zumindest sind die Sprache und die Formulierungen weiterhin sehr klar und eindeutig, wenn etwa vom *Vernichtungsfrieden* und vom *Friedensdiktat* die Rede ist[42]. Auch nach zehn Jahren noch wird die Zeit seit der erzwungenen Vertragsunterzeichnung als Zeit des Leidens und der Prüfung betrachtet, die damit den Kriegsjahren 1914–1918 durchaus vergleichbar sei. Der Vertrag von Versailles, so Oncken, *war nicht ein Abschluß, ein Tor, das aus dem fürchterlichsten aller Kriege in ein Zeitalter des wahren Völkerfriedens hinüberführte. Für uns Deutsche [...] war es nur ein Durchgangstor zu einem neuen Lebenswege, auf dem sich der Krieg noch lange Zeit in veränderten Formen fortsetzte*[43]. Die Aufgabe bestehe darin, die Bemühungen fortzusetzen, um den *Sieg über Versailles und den Geist von Versailles*[44] zu erringen. Der Denkansatz hinter diesen harten Formulierungen war, wie Christoph Cornelißen betont, gerade mit dem zum Ausdruck gebrachten Pathos durchaus ein idealistischer[45] – und wies damit bewusst auch Parallelen zur Gedankenwelt der Zeit der Befreiungskriege auf.

Zur richtigen Einordnung von Onckens Positionen muss betont werden, dass diese bei aller scharfen Rhetorik im Vergleich der deutschen Öffentlichkeit und der Historikerzunft noch vergleichsweise gemäßigt waren[46]. So betonte er beispielsweise in der erwähnten Radioansprache die Bedeutung der Diplomatie und verfocht ein zurückhaltendes Vorgehen als richtiges Mittel, um die Revisionsziele letztendlich zu erreichen. In diesem Sinne zeigte er ein gewisses Verständnis und Sympathie für die kooperative Außenpolitik Gustav Stresemanns, auch wenn diese zwangsläufig mit Kompromissen verbunden war. In diesem Sinne betonte er in seiner Ansprache anlässlich der Reichgründungsfeier an der Münchner Universität im Januar 1926, nach den harten Auseinandersetzungen des Jahres 1923 *wuchsen doch allmählich die Symptome der Entspannung*. Dadurch sei es gelungen, die noch weit über die Versailler Vertragsbestimmungen hinausgehenden französischen Territorialansprüche im Westen Deutschlands abzuwehren und den unerklärten Krieg zu beenden: *durch Dawesplan und Locarnovertrag ist er zum Abschluss gebracht worden*[47]. Oncken argumentierte nicht etwa aus einem Impetus der Kooperation oder gar der Versöhnung heraus, sondern rein interessengeleitet, aber er hatte – anders als beispielsweise Vertreter der radikalen Rechten, die von Verrat sprachen – erkannt, dass Diplomatie als effektives Mittel der Revisionspolitik unverzichtbar war – auch wenn diese

---

[41] WEISZ, Geschichtsauffassung (wie Anm. 3), S. 233.
[42] H. ONCKEN, Nach zehn Jahren/Versailles, in: DERS., Nation und Geschichte (wie Anm. 30), S. 91–102, hier: S. 92.
[43] Ebd., S. 98.
[44] Ebd., S. 101.
[45] CORNELISSEN, Deutungsversuche (wie Anm. 6), S. 244.
[46] WEISZ, Geschichtsauffassung (wie Anm. 3), S. 233 f., S. 240; CORNELISSEN, Deutungsversuche (wie Anm. 6), S. 257 f.
[47] H. ONCKEN, Deutsche Vergangenheit und deutsche Zukunft. Rede gehalten bei der Reichsgründungsfeier am 16. Januar 1926, München 1926, S. 14.

mit der Anerkennung der Westgrenze und dem endgültigen Verlust Elsass-Lothringens eben doch zumindest eine indirekte Teilanerkennung von »Versailles« bedeutete.

Noch deutlicher wird die Unterstützung der Stresemannschen Außenpolitik in einem Nekrolog, den Oncken nach dessen Ableben am 3. Oktober 1929 in »Der Heimatdienst« veröffentlichte[48]. Mit der Aussage, dass sein Tod *ein*[en] *Abschnitt* bilde, sollte er stärker Recht behalten, als er damals wohl vermutet hat. Zwei Leistungen des früheren Reichskanzlers und Außenministers hob Oncken hervor. In der Fortsetzung der Argumentation der Rede von 1926 erstens die durch die Locarno-Verträge und den Dawes-Plan eingeleitete Sicherung der westdeutschen Gebiete vor einem französischen Zugriff und deren mittlerweile teils bereits erfolgte, teils noch bevorstehende Reintegration in das Reichsgebiet. Zweitens betonte er die Rückkehr Deutschlands auf die Bühne der internationalen Politik und den Beitritt zum Völkerbund. In der *Rückführung Deutschlands [...] in den Kreis gleichberechtigter Nationen*[49] sah der Berliner Historiker das bleibende Verdienst Stresemanns, dem er zudem eine zeitgemäße und den Machtverhältnissen in Europa angepasste Fortsetzung der Realpolitik Bismarcks zuerkannte.

Die französische Besatzung der Pfalz, des Saarlandes und des Rheinlandes

Der Heidelberger Ordinarius hatte 1918/19 die territorialen Konsequenzen der militärischen Niederlage für die westlichen Grenzregionen des Reiches deutlich vor Augen, das galt vor allem für die benachbarte Pfalz, aber auch für das Saarland und für das Rheinland. Bereits am 1. März 1919 sprach Oncken bei einer Protestkundgebung der Universität Heidelberg zur Zurückweisung der französischen Ansprüche auf die Pfalz und das Saarland während der noch laufenden Verhandlungen in Versailles. Auch bei dieser Gelegenheit betonte er die angebliche Kontinuität der französischen Gebietsansprüche auf westdeutsche Gebiete: *Es ist, wie sie sehen, immer derselbe Geist in wechselnden Gestalten: im 17. Jahrhundert nannte er sich Réunion, im Jahre 1866 Compensation, heute nach dem großen Kriege Réparation*[50]. Überzeugender als der Rückgriff auf vorgebliche nationale französische Stereotype erscheint rückblickend Onckens Verweis auf das insbesondere von den USA propagierte Prinzip des Selbstbestimmungsrechts der Völker sowie der Hinweis auf die Ablehnung maßloser deutscher Kriegsziele, wie sie etwa die Alldeutschen vertreten hatten, gerade auch durch Teile der Heidelberger Professorenschaft. So wies Oncken darauf hin, *daß von Angehörigen dieser Universität während des Krieges mehr als eine Kundgebung ausgegangen ist, die sich gegen nationalistische Überspannung der Kriegsziele im eigenen Lager gewandt hat*[51]. Dabei rekurrierte er unter anderem auf den Professoren-Aufruf *Gegen die Vaterlandspartei* vom 24. Oktober 1917, die in dem an das Kaiserwort von 1914 angelehnten Aufruf *Wir kennen keine ›Vaterlandspartei‹, sondern nur ein*

---

[48] DERS., Stresemann als historische Gestalt, in: Der Heimatdienst (1929), S. 350 f.
[49] Ebd.
[50] Gegen Frankreichs Anspruch auf Pfalz und Saarbecken. Protestkundgebung von Lehrkörper und Studentenschaft der Ruprecht-Karls-Universität Heidelberg, 1. März 1919, hg. von der Universität Heidelberg, Heidelberg 1919, S. 4–14, S. 10.
[51] Ebd., S. 11.

allen Parteien gemeinsames Vaterland gegipfelt⁵² und die Oncken einst selbst mit unterschrieben hatte⁵³. Die Hoffnungen, die Oncken und große Teile der deutschen Bevölkerung bezogen auf moderate Friedensbedingungen in die USA und den amerikanischen Präsidenten Wilson setzten – Oncken erinnerte am Vortag von Carl Schurz' 90. Geburtstages daran, dass schließlich auch dieser ein Westrheinischer gewesen sei⁵⁴ – sollten sich hingegen nicht erfüllen.

Im Wintersemester 1919/20 fand an der Universität Heidelberg dann eine Vortragsreihe zu den Inhalten und Folgen des Versailler Vertrages statt. Onckens Beitrag, ein historischer Überblick über *Die Franzosen in der Pfalz*, wurde, wie erwähnt, prominent in den Preußischen Jahrbüchern veröffentlicht. Der Heidelberger Ordinarius ging konkret auch auf die schwierige Situation in der besetzten Nachbarschaft ein: *Es handelt sich um dasjenige Einzelbeispiel für den feindlichen Vernichtungswillen, das uns hier in Heidelberg am nächsten liegt: die Pfalz jenseits des Rheins, der Schauplatz auf dem für unseren engeren akademischen Kreis die besonderen nationalen Sorgen und Aufgaben der Zukunft liegen werden*⁵⁵.

Als Ziele der französischen Politik in der Pfalz nannte Oncken die enge wirtschaftliche Anbindung der Region an Frankreich, mit dem Ziel, über die Beendigung der wirtschaftlichen Einheit schließlich auch die politische zu zerstören, und die Unabhängigkeit der bayerischen Provinz im Sinne des Separatismus, um auch politisch eine enge Anbindung an Frankreich zu erreichen: *So war die Leimrute auf allen Seiten bestrichen: eine freie Pfalz, eine neutrale Pfalz, eine wirtschaftlich gerettete Pfalz, eine vergrößerte Pfalz – nur das Schlagwort der französischen Pfalz war wohlweislich vermieden*⁵⁶. Diese von Oncken so bezeichnete *Politik der Verlockung* sei Gott sei Dank gescheitert. An die Stelle dieser Strategie sei nun eine Politik der offenen Repression getreten⁵⁷. Die Universität Heidelberg habe nun eine besondere patriotische Verantwortung, so wie *im fernen Osten die Albertina den Posten einer geistigen Marienburg zu beziehen* [und] *mit treuer und unermüdlicher Arbeit [...] in jeder Stadt und in jedem Dorf der Pfalz dafür Sorge* [zu tragen]*, daß Land und Leute deutsch bleiben*⁵⁸.

In den folgenden Jahren folgten weitere Publikationen mit einem ähnlichen Tenor, darunter im Jahr 1922 ebenfalls auf eine patriotische Ansprache zurückgehend *Die Historische Rheinpolitik der Franzosen*. Darin betont Oncken einen französischen Expansionsdrang nach Osten als angebliches Kontinuitätsmerkmal französischer Außenpolitik seit dem Spätmittelalter und endete mit folgenden Worten: *Die historische Rheinpolitik der Franzosen ist in früheren Jahrhunderten die Schule für unsere Einheit und nationale Erziehung gewesen. An der Einheit und Freiheit deutscher Nation wird sie auch diesmal*

---

52 K. BÖHME (Hg.), Aufrufe und Reden deutscher Professoren im Ersten Weltkrieg, Stuttgart 1975, Dokument 25, S. 185 f., hier: S. 186.
53 C. JANSEN, Professoren und Politik. Politisches Denken und Handeln der Heidelberger Hochschullehrer 1914–1935, Göttingen 1992, Tabelle 2, S. 403.
54 Protestkundgebung (wie Anm. 50), S. 13.
55 H. ONCKEN, Die Franzosen in der Pfalz. Ein akademischer Vortrag, in: Preußische Jahrbücher 179 (1920), S. 359–382, hier: S. 382.
56 Ebd., S. 366.
57 Ebd., S. 381.
58 Ebd., S. 382.

zugrunde gehen[59]. Hier zeigt sich exemplarisch der Prozess der Verflechtung und des Aufeinanderbezogenseins[60] im deutsch-französischen Verhältnis – selbst wenn das lange Zeit nur in einem gegenseitig negativen Kontext der Fall gewesen ist.

Im Jahr 1924 war Oncken darüber hinaus Festredner bei den Pfalztagen in München und Stuttgart und hielt eine identische Ansprache, die ebenfalls einen stark patriotischen Tenor hatte. Der alte französische Schlachtruf aus dem Jahr 1689 *Brûlez le Palatinat!* gelte auch heute wieder[61]. 1925 wurde nicht nur im teilweise noch besetzten Rheinland selbst, sondern reichsweit die sogenannte »Jahrtausendfeier« der Rheinlande begangen. Auch an der Universität München fand eine solidarische Feier – zugleich das Stiftungsfest der Universität – statt, bei der Oncken die Festrede hielt. Es handelte sich nicht um einen rein historischen Vortrag, sondern auch hier stellte der Historiker die aktuellen Herausforderungen heraus, denn *es wäre für uns gar nicht möglich, diese Feier allein mit dem historischen Sinn zu begehen, der, seiner Väter gedenkend, das Buch der Vergangenheit aufschlägt, um sich an dem bunten Reichtum ihrer Bilder zu erfreuen. Unser politischer Sinn verlangt in dieser Stunde auch Antwort auf politische Fragen*[62]. In diesem Sinne kam Oncken zu dem Schluss, dass weiterhin Wachsamkeit geboten sei hinsichtlich der französischen Bemühungen einer friedlichen, indirekten französischen Durchdringung der noch besetzten Gebiete, nachdem der frühere Ansatz der Förderung des Separatismus gescheitert sei. Das Rheinland sei heute *das Symbol der Selbstbestimmung und der Freiheit der Nation*[63].

Die wissenschaftlich-historische Beschäftigung mit dem »Erbfeind« Frankreich

Bei Hermann Oncken lassen sich das politische und das wissenschaftliche Engagement inhaltlich kaum voneinander trennen, in seinem Selbstverständnis sah Oncken seine Rolle als Historiker auch als die eines nationalpädagogischen Erziehers[64], wie sie seit Mitte des 19. Jahrhunderts von Teilen der deutschen Professorenschaft verstanden wurde. Trotzdem fühlte er sich in der Tradition Rankes zugleich der wissenschaftlichen Objektivität verpflichtet – ein Zielkonflikt, der sich nicht wirklich auflösen ließ[65]. Trotzdem

---

[59] H. ONCKEN, Die historische Rheinpolitik der Franzosen, in: DERS., Nation und Geschichte (wie Anm. 30), S. 135–184, hier: S. 184.

[60] Diese Aspekte werden von der neueren Forschung herausgestellt. Im Vorwort zur teilweise bereits erschienenen elfbändigen Reihe »Deutsch-Französische Geschichte« betonen die Herausgeber die Notwendigkeit, »die Darstellung deutscher und französischer Geschichte in ihren jeweiligen Verflechtungen wie auch in ihren Besonderheiten, ihren jeweiligen Differenzierungen und Abschottungsvorgängen« darzustellen. W. PARAVICINI/M. WERNER, Vorwort, in: R. GROSSE, Vom Frankenreich zu den Ursprüngen der Nationalstaaten 800–1214, Darmstadt 2005, S. 7.

[61] Vgl. H. ONCKEN, »Brûlez le Palatinat«. Eine Rede zum Pfalztage, Berlin/Leipzig 1924.

[62] DERS., Festrede zur Jahrtausendfeier der Rheinlande. Zugleich Stiftungsfeier der Universität am 20. Juni 1925, München 1925, S. 9.

[63] Ebd., S. 21.

[64] CORNELISSEN, Oncken (wie Anm. 1), S. 390 f.

[65] SCHWABE, Oncken (wie Anm. 1), S. 92–94. Rüdiger vom Bruch führte hierzu aus, insbesondere Oncken und sein akademischer Lehrer Max Lenz »haben die mit der stärkeren Betonung Rankes verbundene Absage an eine Historie im Dienste der Politik nie als Bruch, vielmehr als

gibt es durchaus einen qualitativen Unterschied zwischen Ansprachen in patriotischen Veranstaltungen und seinem wissenschaftlichen Werken, in denen er sich zumindest in der Form des wissenschaftlichen Arbeitens und in der Diktion um ein höheres Maß an Objektivität bemühte.

Die militärische Niederlage und der Versailler Vertrag führten bei Oncken zu einer verstärkten Beschäftigung mit der Geschichte der französischen Außenpolitik, während bis 1914/18 eindeutig die USA und Großbritannien im Mittelpunkt seines Interesses gestanden und der Faktor Frankreich allenfalls eine Nebenrolle gespielt hatte. So verfasste er etwa 1924 die Einleitung zu einer – vom Herausgeber sicher nicht autorisierten – deutschen Übersetzung des amtlichen französischen Gelbbuchs zur Sicherheitspolitik Frankreichs gegenüber Deutschland zwischen 1919 und 1923. Oncken wertete die Dokumentensammlung *als ein amtliches Bekenntnis zu jenem Eroberungswillen, der seit Jahrhunderten die elementare Triebkraft und die große Tradition der französischen Politik bildet*[66].

Im Rahmen seiner intensiveren Beschäftigung mit Frankreich nach 1918 publizierte Oncken 1926 die dreibändige Edition *Die Rheinpolitik Kaiser Napoleons III. von 1863 bis 1870 und der Ursprung des Krieges von 1870/71* inklusive einer rund 120-seitigen Einleitung. Auch in diesem Fall ging es im Grunde um Aspekte der Kriegsschuld, nur bezogen auf einen anderen Konflikt – wie im Vorwort bereits anklingt: *Mit dem von mir vorgelegten Material wird die Frage nach dem Ursprung des Krieges von 1870/71 wohl zu einer endgültigen Entscheidung geführt werden. Die neuere Legende von dem Überfall Frankreichs durch die Deutschen im Jahr 1870 scheint immer noch Gläubige zu finden*[67].

Oncken ging es anscheinend darum, im Sinne seiner Kontinuitätsthese von der vorgeblich expansiven französischen Außenpolitik eine Parallele von 1870 zu 1914 zu ziehen. Den direkten Bezug zwischen beiden Ereignissen stellte er entsprechend an das Ende seiner Editions-Einleitung: *Die nationale Tradition, die Napoleon III. in den Krieg getrieben und den verhängnisvollen Zusammenstoß zwischen der historischen Rheinpolitik der Franzosen und dem Selbstbestimmungsrecht der deutschen Nation herbeigeführt hat, ist die Wiege des Revanchegeistes, der an der Herbeiführung der zum Weltkrieg führenden Weltspannung einen zentralen Anteil hat*[68]. Die These Onckens zu den Parallelen beider Kriegsausbrüche hat sich in der Forschung nicht durchgesetzt, wie schon sein Schüler und Freund Gerhard Ritter in den 1950er Jahren betont hat[69].

---

organische Weiterentwicklung begriffen, ohne sich freilich einzugestehen, daß durch solche Konstituierung des wissenschaftlichen Charakters der Geschichte durch die prägenden zeitgenössischen Tendenzen eine autonome Wissenschaftslogik von vornherein problematisch war«, R. vom Bruch, Wissenschaft, Politik und öffentliche Meinung. Gelehrtenpolitik im Wilhelminischen Deutschland (1890–1914), Husum 1980, S. 382.

[66] H. Oncken, Zur Einführung, in: Die Französischen Dokumente zur Sicherheitsfrage 1919– 1923. Amtliches Gelbbuch des Französischen Ministeriums der Auswärtigen Angelegenheiten. Urkunden über die Verhandlungen betr. die Sicherheitsbürgschaften gegen einen deutschen Angriff (10. Januar 1919 bis 7. Dezember 1923), Berlin 1924, S. VII.

[67] Ders., Die Rheinpolitik Kaiser Napoleons III. von 1863 bis 1870 und der Ursprung des Krieges von 1870/71. Nach den Staatsakten von Österreich, Preußen und den süddeutschen Mittelstaaten, 3 Bde., ND Osnabrück 1967, S. IX.

[68] Ebd., S. 121.

[69] Schwabe, Oncken (wie Anm. 1), S. 89.

In den Jahren 1929/30 lieferte sich Hermann Oncken eine kleine Schreib-Fehde mit dem französischen Politikwissenschaftler und Publizisten René Pinon. Sein inhaltlicher Schwerpunkt lag in der Geschichte der französischen Außenpolitik, und 1929 veröffentlichte er einen Band *Histoire diplomatique 1515–1928* in der renommierten Reihe »Histoire de la Nation Française«[70] und publizierte im selben Jahr einen Aufsatz in der Zeitschrift »Current History« über *Permanent Guiding Principles of French Foreign Policy*. Das Hauptziel französischer Außenpolitik sei die rein defensive Sicherung der östlichen Grenze gegen deutsche Aggression, der Rhein bilde im französischen Sinne *the line of defense which protects [...] the domain where they desire only to live and work in peace and harmony*[71]. In Deutschland gehe der Trend hingegen wieder stark in Richtung Nationalismus und es sei alles andere als sicher, ob der alte preußische Militarismus nicht doch wieder die Oberhand über den aktuellen friedlichen Kurs gewinne.

Von diesen Aussagen musste sich Oncken herausgefordert fühlen, stellten sie doch das genaue Gegenteil seiner eigenen These von der bellizistischen Kontinuität der französischen (und indirekt der friedlichen deutschen) Außenpolitik dar. Der Berliner Ordinarius antwortete Pinon nicht direkt, sondern verfasste einen Beitrag für die »Berliner Monatshefte für internationale Aufklärung«, die, von der »Zentrale für Erforschung der Kriegsursachen« herausgeben, Teil der Anti-Versailles Publizistik war. Damit wandte sich Oncken nicht an das amerikanische, sondern an ein deutsches Publikum. Dem defensiven Charakter der französischen Außenpolitik mit dem Ziel der Grenzsicherung widersprach er vehement, etwa mit Blick auf die Außen- und Kriegsziele Ludwig XIV., denn *die historische Muse M. Pinons weiß nichts davon zu melden, wieweit der Eroberungswille Ludwigs XIV. über diese Linie* [der Grenzsicherung, P.R.] *hinausgegriffen hat. Nichts davon, wie er durch die elsässischen Reunionen seine Stellung am Oberrhein ausbaute und durch den Überfall Hollands im Jahr 1672 an die Rheinmündungen vorstieß. Nichts von dem pfälzischen Erbfolgekriege, in dem er den deutschen Mittelrhein – die Spuren der Verwüstung sind unauslöschlich geblieben – zu gewinnen suchte*[72].

In ihrer Ausgabe vom August 1931 druckte die »Current History« unter der Überschrift *The Franco-German Feud* jeweils eine französische und eine deutsche Position zur Frage möglicher Versailler Vertragsrevisionen ab. Hintergrund war vermutlich die international kontrovers geführte Debatte über das mögliche Projekt einer deutsch-österreichischen Zollunion. Für die französische Seite plädierte Pinon für das Festhalten am Status quo und verwies vor allem auch auf die von Deutschland nicht anerkannten Ostgrenzen. Hier liege Potential für neuen Konfliktstoff und er warnte, [t]*o reopen the territorial question would be to plunge Europe into insoluble difficulties*. In diesem Sinne kam Pinon zu dem Schluss, dass *the treaties of 1919 must remain firmly fixed. They constitute an incontestable, remarkable advance beyond the Europe of Bismarck*[73].

---

[70] Vgl. R. PINON, Histoire diplomatique 1515–1928, Paris 1929.
[71] DERS., Permanent Guiding Principles of French Foreign Policy, in: Current History 2 (1929), S. 206–216, hier: S. 207.
[72] H. ONCKEN, Das angebliche Leitmotiv in der Geschichte der französischen Außenpolitik, Berlin 1930, S. 6.
[73] R. PINON, The French Case for the treaty of Versailles, in: Current History 5 (1931), S. 646–652, hier: S. 652.

Die Stellungnahme für die deutsche Seite übernahm Hermann Oncken. Er ging direkt auf Pinons frühere Aussagen zum Leitmotiv der französischen Außenpolitik ein und widersprach ihm deutlich: *In the hundred years before the World War the French did not assume the attitude which was to be expected according to M. Pinons theses, but followed precisely the opposite course, which, as a basic element of unrest, openly or tacitly aimed at the overthrow of the existing system of States*[74]. Und er warnte, sollte der Vertrag nicht verändert und insbesondere der Kriegsschuldparagraf nicht gestrichen werden, könne das auf Dauer unabsehbare Folgen haben, denn das deutsche Volk würde sich diese Behandlung nicht ewig gefallen lassen, es sei besser, jetzt Veränderungen vorzunehmen, später sei das vielleicht gar nicht mehr möglich[75]. Mit dieser Einschätzung sollte er leider recht behalten.

Paradoxer Weise argumentierten Oncken und Pinon in ihrer Denkstruktur vergleichbar, beide schilderten das Handeln ihres jeweiligen Landes als defensiv und begründeten es entsprechend mit Motiven der Sicherheit, umgekehrt wurde der Gegenseite ein strukturell aggressiv-offensives Verhalten unterstellt. Woran es beiden Diskutanten – und den meisten politisch Verantwortlichen beider Länder insgesamt – fehlte, waren die Bereitschaft und die Fähigkeit, die Interessen und Ängste des jeweils anderen zu verstehen und anzuerkennen.

Fazit

Im Untersuchungszeitraum ist kein wesentlicher Wandel im Frankreichbild Hermann Onckens festzustellen. Der deutsch-französische Antagonismus wurde als Naturgesetz betrachtet und die Verantwortung hierfür einseitig auf der französischen Seite gesehen. Der Grund hierfür war die vorgebliche Kontinuität einer offensiven französischen Außenpolitik, insbesondere bezogen auf die westrheinischen Grenzregionen. Diese deterministische These ist nicht haltbar[76], sie verkennt die jeweils unterschiedlichen Zeitkontexte und jeweiligen äußeren und inneren Einflussfaktoren sowie die Multikausalität des Handelns der beiden Mächte. Unbestreitbar waren die Regionen am Rhein und an der Saar jedoch über Jahrhunderte Gegenstand von Auseinandersetzungen und die Grenzfrage nicht eindeutig geklärt. Nicht zuletzt aber hat auch die positive Entwicklung im deutsch-französischen Verhältnis nach 1945 »[v]on der ›Erbfeindschaft‹ zur ›Entente élémentaire‹«[77] Onckens These eindrucksvoll widerlegt.

Eine weitere Dimension in Onckens Beschäftigung mit Frankreich kam mit der militärischen Niederlage im Ersten Weltkrieg und dem Versailler Vertrag hinzu. Wie Höhne zurecht betont[78], wurde die Kontinuitätsthese etwa mit Blick auf die französische Politik in den besetzten Grenzgebieten nun bis in die Gegenwart verlängert und diente insofern

---

[74] H. ONCKEN, The German Stand for Treaty Revision, in: Ebd., S. 652–658, hier: S. 653.
[75] Ebd., S. 657 f.
[76] HÖHNE, Frankreichhistoriographie (wie Anm. 4), S. 105.
[77] Vgl. U. LAPPENKÜPER, Die deutsch-französischen Beziehungen 1949–1963. Von der »Erbfeindschaft« zur »Entente élémentaire«, 2 Bde., München 2001.
[78] HÖHNE, Frankreichhistoriographie (wie Anm. 4), S. 104.

auch dazu, die Legitimität des Versailler Friedens und der europäischen Nachkriegsordnung zu diskreditieren. Gleichzeitig, was er nicht erwähnt, gab es bei Oncken später auch Sympathie und Unterstützung für die Locarno-Politik Stresemanns.

Der eingangs vorgetragene These Höhnes, wonach Oncken ein Wegbereiter der NS-Frankreichideologie gewesen sein soll, ist hingegen aus zwei Gründen zu widersprechen. Erstens liefert er gar keine Belege für die behauptete und zum Schluss noch einmal wiederholte These, Hermann Oncken habe »wesentlich zur Herausbildung der NS-Frankreichideologie beigetragen«[79]. Hierzu wäre die Rezeption und Wirkung seiner Ansprachen und Veröffentlichungen näher zu untersuchen gewesen, was hinsichtlich der unzureichenden Quellenlage systematisch kaum möglich ist. Selbst Angaben über Auflage- bzw. Verkaufszahlen geben keine zuverlässige Angabe über reale Leserzahlen und den inhaltlichen Effekt. Trotzdem hätte Höhne zumindest punktuell den Versuch unternehmen müssen, seine These zu belegen, was jedoch nicht der Fall ist.

Zweitens ist der sich aus Höhnes These ergebenden Schlussfolgerung zu widersprechen, Oncken habe bezogen auf Frankreich den Nationalsozialisten inhaltlich nahegestanden, entsprechend hätten NS-Historiker seine Ansichten übernommen. Bereits Christoph Cornelißen hat in seiner Untersuchung der Positionen zum Versailler Vertrag bei drei Historikergenerationen darauf hingewiesen, dass sich hierbei »weitreichende Abstufungen zwischen verschiedenen Historikern«[80] erkennen lassen, sprich: Er betont die wissenschaftliche Notwendigkeit der Differenzierung im Sinne der feinen Unterschiede Pierre Bourdieus. Nicht alles, was auf den ersten Blick gleich aussieht, ist dasselbe.

Um eine Formulierung Klaus Hildebrands zu den Unterschieden zwischen der späten Weimarer Außenpolitik und der NS-Außenpolitik abzuwandeln, lässt sich feststellen, dass die zentralen Begriffe in Onckens politischem Denken »Staat« und »Nation« waren und blieben, nicht etwa »Rasse« und »Raum« der NS-Ideologie. In diesem Sinne war Onckens Welt- und Frankreichbild zwar eindeutig nationalistisch geprägt und viele Formulierungen muten heute befremdlich an – aber es war eben nicht nationalsozialistisch[81].

---

[79] Ebd., S. 105.
[80] CORNELISSEN, Deutungsversuche (wie Anm. 6), S. 258.
[81] HILDEBRAND, Reich (wie Anm. 11), S. 557–559.

Abkürzungsverzeichnis

ABSp	Bistumsarchiv Speyer
Abt.	Abteilung
AEK	Historisches Archiv des Erzbistums Köln
AmrhKG	Archiv für mittelrheinische Kirchengeschichte
ANF	Archives nationales de France
Anm.	Anmerkung
ao.	außerordentliche/r
apl.	außerplanmäßig
BATr	Bistumsarchiv Trier
BB N. F.	Badische Biographien Neue Folge Bd. I–VI, hg. von Bernd Ottnad (†), ab Bd. V hg. von Fred L. Sepaintner, Stuttgart 1982–2011.
BVP	Bayerische Volkspartei
BWB	Baden-Württembergische Biographien, bisher VII Bde., Bd. I–II hg. von Bernd OTTNAD, Bd. III hg. von Bernd Ottnad (†) und Fred L. SEPAINTNER, ab Bd. IV hg. von Fred L. SEPAINTNER Stuttgart 1994–2019
CDU	Christliche Demokratische Union Deutschlands
DAF	Deutsche Arbeitsfront
DDP	Deutsche Demokratische Partei
Dép.	Département
DNVP	Deutschnationale Volkspartei
DVP	Deutsche Volkspartei
ev.	evangelisch
GLAK	Generallandesarchiv Karlsruhe
HCITR	Haute Commission Interalliée des Territoires Rhénans (Interalliierte Rheinlandkommission)
HZ	Historische Zeitschrift
KPD	Kommunistische Partei Deutschlands
LASp	Landesarchiv Speyer
MdI	Ministerium des Innern
MICUM	Mission interalliée de Contrôle des Usines et des Mines
NDB	Neue Deutsche Biographie
NL	Nationalliberale Partei; Nachlass
NSDAP	Nationalsozialistische Deutsche Arbeiterpartei
OB	Oberbürgermeister
OHL	Oberste Heeresleitung
Red.	Redaktion
RGBl.	Reichsgesetzblatt
rk.	römisch-katholisch

SHD/DAT	Service historique de la Défense (Frankreich)
SPD	Sozialdemokratische Partei Deutschlands
StadtA	Stadtarchiv
StAF	Landesarchiv Baden-Württemberg, Abt. Staatsarchiv Freiburg
UDC	Union of Democratic Control
USPD	Unabhängige Sozialdemokratische Partei Deutschlands
ZGO	Zeitschrift für die Geschichte des Oberrheins
ZWLG	Zeitschrift für württembergische Landesgeschichte

Abbildungsnachweis

Bräunche
Abb. 1:   StadtA Karlsruhe8/PBS VI o225.
Abb. 2:   Badische Presse 17. September 1920.
Abb. 3:   StadtA Karlsruhe8/PBS oVI 352.
Abb. 4:   StadtA Karlsruhe8/Alben 117, 08.
Abb. 5:   StadtA Karlsruhe8/Alben 429_143.
Abb. 6:   StadtA Karlsruhe8/StS 9, 110a.
Abb. 7:   StadtA Karlsruhe8/Alben 5, 49.
Abb. 8:   Heimatatlas der Südwestmark Baden, im Auftrag des Badischen Ministeriums des Kultus und Unterrichts bearb. und hg. von K. GÄRTNER, Karlsruhe 1934, S. 46.

Engelen
Abb. 1:   Archives nationales de France AJ/9/5996 Nr. 18.
Abb. 2:   Foto: Heinrich Doerr, StadtA Mainz, BPSF7374, © Claudia Klein.
Abb. 3:   StadtA Mainz, NL Schreiber / 101.
Abb. 4:   StadtA Mainz 71 / 323.
Abb. 5:   © Ute Engelen.
Abb. 6:   © Boehringer Ingelheim.

Furtwängler
Abb. 1:   StadtA Kehl R1 Nr. 12c
Abb. 2:   StadtA Kehl R1 Nr. 12a
Abb. 3:   GLAK 233 Nr. 39366, Verordnung 8
Abb. 4:   GLAK-J-Ac Nr. B 116
Abb. 5:   GLAK 231 Nr. 2937 (924)
Abb. 6:   StadtA Kehl RB12 Nr. 7
Abb. 7:   StadtA Kehl B10 Nr. 1489 Kraus
Abb. 8:   GLAK 236 Nr. 29299
Abb. 9:   GLAK-231 Nr. 2937 (869)
Abb. 10: StadtA Kehl RB12 Nr. 7
Abb. 11: aus: GLAK 233 Nr. 12016

Martin
Abb. 1:   Bilder aus der Heimat. Heinrich Strieffler. Fotografien 1900 – 1920, hg. von M. MARTIN, Edenkoben 1998, S. 66.
Abb. 2:   Stadtarchiv Landau, Bildsammlung.

Schlegel
Abb. 1: Im Besitz des Verfassers, Fotograf unbekannt
Abb. 2: Bibliothèque Nationale de France
Abb. 3: Le Petit Journal, vom 28. Januar 1923, Darstellung Raymond Moritz
Abb. 4: La Domenica del Corriere vom 4. Februar 1923, Darstellung Achille Beltrame

Selbach
Abb. 1: Besatzungs- und Einbruchzonen, in: Karl Dietrich Erdmann, Adenauer in der Rheinlandpolitik nach dem Ersten Weltkrieg, Stuttgart: Ernst Klett Verlag, 1966, S. 389
Abb. 2: Bistumsarchiv Speyer
Abb. 3: Verfasser

Teske:
Abb. 1. StadtA Mainz BPSK/625
Abb. 2: StadtA Mainz BPSF/5385A
Abb. 3: StadtA Mainz BPSF/2415A
Abb. 4: StadtA Mainz BPSF/7756A
Abb. 5: StadtA Mainz BPSF/872B
Abb. 6: StadtA Mainz BPSF/8424A

Tafelteil
Tafel 1: Karte gezeichnet von Axel Bengsch, Vorlage https://de.i´wikipédia.org/wiki/ Alliierte_Rheinlandbesetzung#/media/DateiLOccupation_of_the_ rhineland.png
Tafel 2: GLAK 233 Nr. 39378, Plan
Tafel 3: StadtA Kehl 158 Nr. 2018
Tafel 4: StadtA Karlsruhe8/StS 9,20.
Tafel 5: StadtA Karlsruhe8/StS 9/923.
Tafel 6: Heimatatlas der Südwestmark Baden, im Auftrag des Badischen Ministeriums des Kultus und Unterrichts, bearb. und hg. von K. GÄRTNER, Karlsruhe 1934.
Tafel 7: StadtA Karlsruhe8/PBS X 1754.
Tafel 8: StadtA Karlsruhe8/PBS X 1758.
Tafel 9: StadtA Karlsruhe8/PBS X 5985.
Tafel 10: StadtA Karlsruhe8/StS 9, 1276.

Literaturverzeichnis

100 Jahre Chemische Werke Albert 1858–1958, hg. von den Chemischen Werken Albert, Wiesbaden 1958

H. T. ALLEN, Die Besetzung des Rheinlandes, Berlin 1927

H. AMMERICH (Hg.), Lebensbilder der Bischöfe von Speyer seit der Wiedererrichtung des Bistums Speyer 1817/21, Speyer 1992

W. ANGERBAUER (Red.), Die Amtsvorsteher der Oberämter, Bezirksämter und Landratsämter in Baden-Württemberg 1810–1972, hg. von der Arbeitsgemeinschaft der Kreisarchive beim Landkreistag Baden-Württemberg, Stuttgart 1996

Les armées françaises dans la Grande Guerre, Bd. VII/2: La campagne offensive de 1918 et la marche au Rhin (18 juillet 1918 – 28 juin 1919), Paris 1938

M. AULENBACHER, Das Baugewerbe im Raum Kaiserslautern in der Zeit der französischen Besatzung 1918–1930, in: Mitteilungen des Historischen Vereins der Pfalz 117 (2020), im Druck

H. BALL (Hg.), Almanach der Freien Zeitung, Bern 1918

J. BARIÉTY, Die französische Besatzungspolitik im Rheinland nach dem Ersten Weltkrieg. Historisch-politische Mythen und geostrategische Realitäten, in: T. KOOPS/ M. VOGT (Hgg.), Das Rheinland in zwei Nachkriegszeiten. Ergebnisse einer Tagung des Bundesarchivs in der Universität Trier vom 12. bis 14. Oktober 1994, Koblenz 1995, S. 5–18

F.-J. BAUER/D. ALBRECHT (Bearb.), Die Regierung Eisner 1918/19. Ministerratsprotokolle und Dokumente, Düsseldorf 1987

N. BEAUPRÉ, Occuper l'Allemagne après 1918, in: Revue historique des armées n° 254 (2009), S. 9–19

A. BECKER, Les cicatrices rouges. 1914–1918, France et Belgique occupées, Paris 2010

S. BÉGUÉ, Francq (Léon), in: M. PREVOST/R. D'AMAT/H. TRIBOUT DE MOREMBERT (Hgg.), Dictionnaire de Biographie Française 8, Paris 1959, Sp. 1091 f.

W. BEHRINGER, Geschichte des Saarlandes, München 2009

O. BERENDT, Karlsruhe die badische Landeshauptstadt, in: Festschrift zum Badener Heimattag Karlsruhe 1930, hg. von der Badischen Presse, Karlsruhe 1930

O. BERENDT, Karlsruhe und seine Umgebung nach den Ergebnissen der Volkszählung vom 16. Juni 1925, in: Adressbuch der Landeshauptstadt Karlsruhe, 53. Jg. 1926, Karlsruhe 1926, S. I.6–I.9

J. BISSON, Sieben Speyerer Bischöfe und ihre Zeit. 1870–1950, Speyer 1956

F. BLAICH, Grenzlandpolitik im Westen 1926–1936. Die ›Westhilfe‹ zwischen Reichspolitik und Länderinteressen, Stuttgart 1978

H. BOBERACH, Hans Adam Dorten, in: W. BENZ/H. GRAML (Hgg.), Biographisches Lexikon zur Weimarer Republik, München 1988

K. BÖHME (Hg.), Aufrufe und Reden deutscher Professoren im Ersten Weltkrieg, Stuttgart 1975

G. BÖNNEN (Hg.), Geschichte der Stadt Worms, Darmstadt ²2015

G. BÖNNEN/D. NAGEL (Hg.), »In Worms ist keine Fensterscheibe gesprungen« – Revolution, Kriegsende und Frühzeit der Weimarer Republik in Worms 1918–1923, Worms 2018

A. BORGSTEDT/P. STEINBACH (Hgg.), „Ergriffen vom Leben und doch vom Leben nicht bestochen. Franz Schnabel – Der Historiker des freiheitlichen Verfassungsstaates, Berlin 2009

M. BRAUN, M., Der badische Landtag 1918–1933, Düsseldorf 2009

E. O. BRÄUNCHE, Adolf Friedrich Jäger, in: Stadtlexikon Karlsruhe, https://stadtlexikon.karlsruhe.de/index.php/De:Lexikon:bio-0012

E. O. BRÄUNCHE, Badische Presse, in: Stadtlexikon Karlsruhe, https://stadtlexikon.karlsruhe.de/index.php/De:Lexikon:ins-1147

E. O. BRÄUNCHE, Die Pfalz muß deutsch bleiben. Finanzierung und Organisation der Abwehr gegen separatistische Bestrebungen in der Rheinpfalz 1918–1924, in: H. AMMERICH/O. ROLLER (Hgg.), Festschrift zum 100jährigen Bestehen der Pfälzischen Hypothekenbank. 2. Teil: Beiträge zur Pfälzischen Geld- und Finanzgeschichte, Speyer 1986, S. 227–268

E. O. BRÄUNCHE, Ein »anständiger« und »moralisch integrer« Nationalsozialist? Walter Köhler, Badischer Ministerpräsident, Finanz- und Wirtschaftsminister, in: M. KISSENER/J. SCHOLTYSEK (Hgg.), Die Führer der Provinz: NS-Biographien aus Baden und Württemberg, Konstanz/München ³2016, S. 289–310

E. O. BRÄUNCHE, Heinrich Sauer, in: Stadtlexikon Karlsruhe, https://stadtlexikon.karlsruhe.de/index.php/De:Lexikon:bio-0854

E. O. BRÄUNCHE, Karl Siegrist, in: Stadtlexikon https://stadtlexikon.karlsruhe.de/index.php/De:Lexikon:bio-0026

E. O. BRÄUNCHE, Karlsruher Tagblatt, in: Stadtlexikon Karlsruhe, https://stadtlexikon.karlsruhe.de/index.php/De:Lexikon:ins-1171

E. O. BRÄUNCHE, Residenzstadt, Landeshauptstadt, Gauhauptstadt. Zwischen Demokratie und Diktatur 1914–1945, in: S. ASCHE/E. O. BRÄUNCHE/M. KOCH/H. SCHMITT/C. WAGNER, Karlsruhe – Die Stadtgeschichte, Karlsruhe 1998; online: https://www.karlsruhe.de/b1/stadtgeschichte/literatur/stadtarchiv/HF_sections/content/ZZmoP1XI2Dw44t/Karlsruhe%20Die%20Stadtgeschichte.pdf

E. O. BRÄUNCHE, Siegrist, Karl Rudolf Julius, in: BB N. F. 4, S. 276–278

E. O. BRÄUNCHE, Volksfreund, in: Stadtlexikon Karlsruhe, https://stadtlexikon.karlsruhe.de/index.php/De:Lexikon:ins-1171

E. O. BRÄUNCHE, FINTER, J., in: Stadtlexikon Karlsruhe, https://stadtlexikon.karlsruhe.de/index.php/De:Lexikon:bio-0006

E. O. BRÄUNCHE, Vom markgräflichen »Lust-Hauß« zur großherzoglichen »Haupt- und Residenzstadt«. Die Entwicklung der Residenz Karlsruhe zwischen 1715 und 1918, in: K. ANDERMANN (Hg.), Residenzen. Aspekte hauptstädtischer Zentralität von der frühen Neuzeit bis zum Ende der Monarchie, Sigmaringen 1992, S. 199–222

W. Breunig, Friedrich Profit (1874–1951). Vom Eisenbahner zum Parteiführer, in: M. Geis/G. Nestler (Hgg.), Die pfälzische Sozialdemokratie. Beiträge zu ihrer Geschichte von den Anfängen bis 1948/49, Edenkoben 1999, S. 380–386

R. vom Bruch, Oncken, Hermann, in: Ders./R. A. Müller (Hgg.), Historiker-Lexikon. Von der Antike bis zur Gegenwart, München ²2002, S. 242 f.

R. vom Bruch, Wissenschaft, Politik und öffentliche Meinung. Gelehrtenpolitik im Wilhelminischen Deutschland (1890–1914), Husum 1980

H. Brüchert-Schunk, Städtische Sozialpolitik vom wilhelminischen Reich bis zur Weltwirtschaftskrise. Eine sozial- und kommunalhistorische Untersuchung am Beispiel der Stadt Mainz 1890–1930, Stuttgart 1994

S. Bruendel, Volksgemeinschaft oder Volksstaat. Die »Ideen von 1914« und die Neuordnung Deutschlands im Ersten Weltkrieg, Berlin 2003

M. Buchner, Gebsattel, Ludwig Freiherr von, in: A. Chroust (Hg.), Lebensläufe aus Franken 5, Erlangen 1936, S. 85–100

V. Carl, Lexikon Pfälzer Persönlichkeiten, Edenkoben ³2004, S. 973 f.

Chronik der Haupt- und Residenzstadt Karlsruhe für das Jahr 1903, Jg. 19. Im Auftrag der städtischen Archivkommission bearbeitet, Karlsruhe 1904, online: https://www.karlsruhe.de/b1/stadtgeschichte/literatur/chronik/HF_sections/content/ZZmmyjO0p4wP6K/10_Dq1_Karl_Chronik_1904.pdf

Chronik der Haupt- und Residenzstadt Karlsruhe für das Jahr 1913. Jg. 29. Im Auftrag der städtischen Archivkommission bearbeitet, Karlsruhe 1914, online: https://www.karlsruhe.de/b1/stadtgeschichte/literatur/chronik/HF_sections/content/1450265428447/10_Dq1_Karl_Chronik_1914.pdf

Chronik der Landeshauptstadt Karlsruhe für die Jahre 1918 und 1919, Jgg. 34–35. Im Auftrag der Stadtverwaltung bearbeitet, Karlsruhe 1925, online: https://www.karlsruhe.de/b1/stadtgeschichte /literatur/chronik/HF_sections/content/1450265519372/10_Dq1_Karl_Chronik_1918_1919.pdf

Chronik der Landeshauptstadt Karlsruhe für die Jahre 1920–1923, Jgg. 36–39, im Auftrag der Stadtverwaltung bearbeitet, Karlsruhe 1930, online: https://www.karlsruhe.de/b1/stadtgeschichte/literatur/chronik/HF_sections/content/ZZmmykWtUetaPQ/10_Dq1_Karl_Chronik_1920-23.pdf

Chronik der Stadt Kehl am Rhein, Kehl 1939

C. Cornelissen, »Schuld am Weltfrieden«. Politische Kommentare und Deutungsversuche deutscher Historiker zum Versailler Vertrag 1919–1933, in: G. Krumeich (Hg.), Versailles 1919. Ziele, Wirkung, Wahrnehmung, Essen 2001, S. 237–258

C. Cornelissen, Gerhard Ritter. Geschichtswissenschaft und Politik im 20. Jahrhundert, Düsseldorf 2001

C. Cornelissen, Hermann Oncken (1869–1945), in: M. Fröhlich (Hg.), Das Kaiserreich. Porträt einer Epoche in Biographien, Darmstadt 2001, S. 388–399

C. Cornelissen, Oncken, Hermann, in: G. Hirschfeld/G. Krumeich/I. Renz (Hgg.), Enzyklopädie Erster Weltkrieg. Aktualisierte und erweiterte Studienausgabe, Paderborn 2009, S. 756

C. Cornelissen, Politische Historiker und deutsche Kultur. Die Schriften und Reden von Georg v. Below, Hermann Oncken und Gerhard Ritter im Ersten Weltkrieg, in: Wolfgang J. MOMMSEN (Hg.), Kultur und Krieg. Die Rolle der Intellektuellen, Künstler und Schriftsteller im Ersten Weltkrieg, München 1996, S. 119–142

M. DIGNE, Gérard (Augustin-Grégoire-Arthur), in: M. PRÉVOST/R. D'AMAT/H. TRIBOUT DE MOREMBERT (Hgg.), Dictionnaire de Biographie Française 15, Paris 1982, Sp. 1208–1210

R. DÖRRLAMM, 200 Jahre Spedition G. L. Kayser 1787–1987. Festschrift in Verbindung mit einer Entwicklungsgeschichte von Handel und Verkehr in Mainz, Mainz ²1997

D. DRÜLL, Oncken, Karl Hermann Gerhard, in: DIES., Heidelberger Gelehrtenlexikon 1803–1932, Berlin 1986, S. 197

H. DUCHÈNE-MARULLAZ, Foch (Ferdinand), in: M. PREVOST/R. D'AMAT/H. TRIBOUT DE MOREMBERT (Hgg.), Dictionnaire de Biographie Française 14, Paris 1979, Sp. 153–157

J. DÜLFFER, Vom Internationalismus zum Expansionismus. Die Deutsche Liga für Völkerbund, in: W. ELZ/S. NEITZEL (Hgg.), Internationale Beziehungen im 19. und 20. Jahrhundert, Paderborn 2003, S. 251–266

J.-B. DUROSELLE, Histoire diplomatique de 1919 à nos jours, 4 Bde., Paris 1966

H. DYCKERHOFF, Entwicklung der Dyckerhoff Zementwerke AG nach der Fusion der Dyckerhoff und Söhne GmbH mit dem Wicking-Konzern 1931–1980, Mainz-Amöneburg 1980

O. EBERHARDT, Die industrielle Entwicklung der Stadt Worms, Worms 1922

W. EGER, Geschichte der Stadt Speyer, Bd. 2, Stuttgart u. a. ²1983

F. ENGEHAUSEN, »vom politischen Nerv erfaßt und von nationaler Farbe durchleuchtet«. Hermann Onckens publizistisches Wirken im Ersten Weltkrieg, in: I. RUNDE (Hg.), Die Universität Heidelberg und ihre Professoren während des Ersten Weltkriegs. Beiträge zur Tagung im Universitätsarchiv Heidelberg am 6. und 7. November 2014, Heidelberg 2017

K. EPSTEIN, Erzberger, Matthias, in: NDB 4 (1959), S. 638–640

S. ERBACH, Waggonfabrik Gebrüder Gastell, 2014, http://www.wirtschaftsgeschichte-rlp.de/a-z/w/waggonfabrik-gebrueder-gastell.html

R. ERBAR, Dr. Heinrich Claß (1868–1953). Ein Wegbereiter des Nationalsozialismus? in: H.-G. MEYER/H. BERKESSEL (Hgg.), Die Zeit des Nationalsozialismus in Rheinland-Pfalz, Bd. 1: »Eine nationalsozialistische Revolution ist eine gründliche Angelegenheit«, Mainz 2000, S. 41–49

G. D. FELDMAN (Hg.), Die Nachwirkungen der Inflation auf die deutsche Geschichte 1924–1933, München 1985

H. FENSKE, Bayern und die Pfalz, in: W. KREUTZ/K. SCHERER (Hgg.), Die Pfalz unter französischer Besetzung (1918/19–1930), Kaiserslautern 1999

H. FENSKE, Johannes Hoffmann (1867–1930), in: K. BAUMANN (Hg.), Pfälzer Lebensbilder 3, Speyer 1977, S. 267–299

H. FENSKE, Speyer im 19. Jahrhundert (1814–1918), in: W. EGER (Red.) Geschichte der Stadt Speyer, Bd. 2, Stuttgart u. a. ²1983, S. 115–290

H. FENSKE, Speyer in der Weimarer Republik (1918 bis 1933), in: W. EGER (Red.), Geschichte der Stadt Speyer, Bd. 2, Stuttgart u. a. ²1983, S. 293–354

K. Förster, Hans Adolf Bühler, in: Stadtlexikon Karlsruhe https://stadtlexikon.karlsruhe.de/index.php/De:Lexikon:bio-0392

É. Franceschini, Fayolle (Marie-Émile), in: R. d'Amat (Hg.), Dictionnaire de Biographie Française 13, Paris 1975, Sp. 913 f.

M. Furtwängler (Bearb.), Die Lebenserinnerungen des ersten badischen Staatspräsidenten Anton Geiß (1858–1944), Stuttgart 2014

M. Furtwängler (Bearb.), Die Protokolle der Regierung der Republik Baden, Bd. 2: Das Staatsministerium April 1919–November 1921, Stuttgart 2016

M. Furtwängler, »… ganz ohne Eitelkeit und Machtgier«. Der erste badische Staatspräsident Anton Geiß (1858–1944), in: ZGO 161 (2013), S. 297–324

M. Furtwängler, Heinrich von Bodman und Karl von Weizsäcker. Regierungspolitik und Handlungsstrategien im letzten Kriegsjahr, in: ZWLG 79 (2020), S. 13–27

G. Gantzel-Kress, Zur Geschichte des Instituts für Auswärtige Politik. Von der Gründung bis zur nationalsozialistischen Machtübernahme, in: K.-J. Gantzel (Hg.), Kolonialwissenschaft, Kriegsursachenforschung, Internationale Angelegenheiten, Baden-Baden 1983, S. 23–88

E. Gatz, Die katholische Kirche in Deutschland im 20. Jahrhundert, Freiburg 2009

P. Gaujac, Les Généraux de la victoire, 1914–1918, Bd. 2, Paris 2007, S. 9

H. Gembries, Der Handlungsspielraum der pfälzischen Behörden, in: W. Kreutz/ K. Scherer (Hgg.), Die Pfalz unter französischer Besetzung (1918/19–1930), Kaiserslautern 1999, S. 189–211

H. Gembries, Ruhrbesetzung 1923, https://www.historisches-lexikon-bayerns.de/Lexikon/Ruhrbesetzung,_1923

H. Gembries, Verwaltung und Politik in der besetzten Pfalz zur Zeit der Weimarer Republik, Kaiserslautern 1992

D. Geppert, Pressekriege. Öffentlichkeit und Diplomatie in den deutsch-britischen Beziehungen (1896–1912), München 2007

M. Geyer, Rückzug und Zerstörung 1917, in: G. Hirschfeld/G. Krumeich/I. Renz (Hgg.), Die Deutschen an der Somme 1914–1918. Krieg, Besatzung, verbrannte Erde, Essen ⁴2016, S. 231–247

R. Gilbert, Karl Joho, in Stadtlexikon Karlsruhe 2017 (https://stadtlexikon.karlsruhe.de/index.php/De:Lexikon:bio-1463

E. Giran, Sous le joug. Placards et avis de l'Armée Allemande dans les régions envahies, Paris 1919

E. Goebel, Die pfälzische Presse im Abwehrkampf der Pfalz gegen Franzosen und Separatisten, Ludwigshafen am Rhein 1931 (Diss. München)

G. Goldbeck, Kraft für die Welt. 1864–1964, Klöckner-Humboldt-Deutz AG, Düsseldorf 1964

F. Goldschmidt, Festschrift zum 50jährigen Geschäftsjubiläum der Firma J. Diemer Verlag Mainz. 1. Oktober 1871 bis 1. Oktober 1921, Mainz 1921

G. Gräber/M. Spindler, 100 Tage »Autonome Pfalz« (1923/24). Einige Thesen zu Legenden und Wirklichkeit, in: W. Kreutz/K. Scherer (Hgg.), Die Pfalz unter französischer Besetzung (1918/19–1930), Kaiserslautern 1999, S. 187–200

G. Gräber/M. Spindler, Revolverrepublik am Rhein. Die Pfalz und ihre Separatisten, Bd. 1: 11. 1918–11. 1923, Landau 1992

R. GRELLING, Der Verwandlungskünstler. Eine Erinnerung aus meiner Schweizer Refugiezeit, in: Der Pazifist 5–7 (1925)

A. GÜNTHER, Das besetzte französische Gebiet. Seine Bedeutung für Frankreich und die Weltwirtschaft, für deutsche und europäische Wirtschaftspolitik. München/Berlin 1918

K. W. GÜNTHER, Oncken, Karl Hermann Gerhard, in: Biographisches Handbuch zur Geschichte des Landes Oldenburg, Oldenburg 1992, S. 537–541

R. HAEHLING VON LANZENAUER, Der Schriftsteller Heinrich Berl und seine Verbindung zu Reinhold Schneider, in: Reinhold-Schneider-Blätter 20 (2008), S. 29–37

G. HANKE, Die Leipziger Prozesse. Deutsche Kriegsverbrechen und ihre strafrechtliche Verfolgung, Hamburg 2003

K. H. HARBECK (Bearb.), Akten der Reichskanzlei, Weimarer Republik, Das Kabinett Cuno: 22. November 1922 bis 12. August 1923, Boppard 1968

W. HECK, 100 Jahre Erdal. Markenqualität im Zeichen des Frosches 1901–2001, Mainz 2001

M. HEIM, Ludwig Sebastian. Bischof von Speyer (1917–1943), in: H. AMMERICH (Hg.), Lebensbilder der Bischöfe von Speyer seit der Wiedererrichtung des Bistums Speyer 1817/21, Speyer 1992, S. 257–262

Heimatatlas der Südwestmark Baden, im Auftrag des Badischen Ministeriums des Kultus und Unterrichts bearb. und hg. von K. GÄRTNER, Karlsruhe 1934, 2. erweiterte Auflage 1937

U. HEINEMANN, Die verdrängte Niederlage. Politische Öffentlichkeit und Kriegsschuldfrage in der Weimarer Republik, Göttingen 1983

K. H. HENN, Zur Ingelheimer Wirtschaftsgeschichte oder von bäuerlichen zu Industriedominierten Gesellschaftsstrukturen, 2009 (unveröffentlichtes Manuskript im Stadtarchiv Ingelheim)

K. HILDEBRAND, Das vergangene Reich. Deutsche Außenpolitik von Bismarck bis Hitler, Stuttgart ²1996, S. 269–277

S. HINKEL, Der Erste Saarländische Katholikentag 1923 in der Berichterstattung des Münchener Nuntius Eugenio Pacelli, in: AmrhKG 67 (2015), S. 239–267

O. HINTZE/F. MEINICKE/H. ONCKEN/H. SCHUMACHER (Hgg.), Deutschland und der Weltkrieg, 2 Bde., Leipzig/Berlin ²1916

J. v. HOEGEN, Der Held von Tannenberg. Genese und Funktion des Hindenburg-Mythos, Köln Weimar 2007

R. A. HÖHNE, Die Frankreichhistoriographie der Weimarer Republik am Beispiel von Hermann Oncken, in: M. NERLICH (Hg.), Kritik der Frankreichforschung 1871–1975, Karlsruhe 1977, S. 96–109

K. HOLL, Die »Vereinigung Gleichgesinnter«. Ein Berliner Kreis pazifistischer Intellektueller im Ersten Weltkrieg, in: Archiv für Kulturgeschichte 54 (1972), S. 364–384

H. HOMBURG, Die Neuordnung des Marktes nach der Inflation. Probleme und Widerstände am Beispiel der Zusammenschlußprojekte von AEG und Siemens 1924–1933 oder: »Wer hat den längeren Atem?«, in: G. D. FELDMAN (Hg.), Die Nachwirkungen der Inflation auf die deutsche Geschichte 1924–1933, München 1985, S. 117–156

J. HORNE/A. KRAMER, Deutsche Kriegsgreuel 1914. Die umstrittene Wahrheit, Hamburg 2004

U. HÖRSTER-PHILIPPS, Joseph Wirth 1879–1956. Eine politische Biographie, Paderborn u. a. 1998

M. HOSCHEK, Friedrich Wilhelm Foerster (1869–1966), Frankfurt a. M. u. a. ³2006

P. JACQUOT, Le Général Gérard et le Palatinat. Novembre 1918 – Septembre 1919. Strasbourg 1919; dt. Übers.: Enthüllungen aus dem französischen Generalstab. General Gérard und die Pfalz. Von Paul Jacquot, Major im Generalstab der französischen VIII. Armee, hg. von Dr. RITTER, Mannheim, Berlin 1920

C. JANSEN, Professoren und Politik. Politisches Denken und Handeln der Heidelberger Hochschullehrer 1914–1935, Göttingen 1992

P. JARDIN, L'occupation française en Rhénanie, 1918–1919. Fayolle et l'idée palatine, in: Revue d'histoire moderne et contemporaine (33) 1986, S. 404–426

S. JEANNESSON, Poincaré, la France et la Ruhr (1922–1924): Histoire d'une occupation, Strasbourg 1998

K. JOHO, Alt- und Neu-Karlsruhe, in: Amtlicher Führer. Karlsruher Herbst-Woche, hg. von K. DEES, Karlsruhe 1921, S. 4–12

E. JÜNGER, In Stahlgewittern, Stuttgart 2005

G. KALLER, Hummel, Hermann, in: BB N. F. 3, S. 133–135

Kampf um den Rhein, Beiträge zur Geschichte des Rheinlandes und seiner Fremdherrschaft 1918–1930, Mainz 1930

E. J. KEIM, Parteitage und Vorstände der pfälzischen Sozialdemokratie von 1889 bis 1919, in: M. GEIS/G. NESTLER (Hgg.), Die pfälzische Sozialdemokratie. Beiträge zu ihrer Geschichte von den Anfängen bis 1948/49, Edenkoben 1999, S. 687–731

J. KERMANN/H.-J. KRÜGER (Bearb.), Separatismus 1923/24 im rheinisch-pfälzischen Raum. Eine Ausstellung der Landesarchivverwaltung Rheinland-Pfalz auf dem Hambacher Schloß, Koblenz 1989

M. KITZING, Josef Schmitt, in: BB N.F. VI, S. 346–350

G. KLEIN, Wilhelm Cuno, in: NDB 3 (1957), S. 438 f.

T. P. KLEINHANS, 75 Jahre Verkehrsverein Karlsruhe, Karlsruhe 1978

M. KLEPSCH, Romain Rolland im Ersten Weltkrieg. Ein Intellektueller auf verlorenem Posten, Stuttgart 2000

J. KLING, Aspekte der französischen Rheinlandbesetzung in Worms und seinem Umland vor dem Hintergrund der deutsch-französischen Beziehungen in der Nachkriegszeit, in: G. BÖNNEN/D. NAGEL (Hgg.), »In Worms ist keine Fensterscheibe gesprungen« – Revolution, Kriegsende und Frühzeit der Weimarer Republik in Worms 1918–1923, Worms 2018, S. 252–323

M. KOCH, Rüstungsproduktion zwischen Krieg und Frieden. Die Deutschen Waffen- und Munitionsfabriken in Karlsruhe, in: Karlsruhes neues Kulturzentrum, hg. von der Stadt Karlsruhe, 2 Bde., Karlsruhe 1997

B. KÖTTNITZ-PORSCH, Novemberrevolution und Räteherrschaft 1918/19 in Würzburg, Würzburg 1985, S. 46, 51 f.

A. KREBS, Clemenceau (Georges), in: M. PREVOST/R. D'AMAT (Hgg.), Dictionnaire de Biographie Française 8, Paris 1959, Sp. 1420–1423

W. Kreutz, Französische Rheintheorie und französische Kulturpolitik im besetzten Rheinland nach dem Ersten Weltkrieg, in: T. Koops/M. Vogt (Hgg.), Das Rheinland in zwei Nachkriegszeiten. Ergebnisse einer Tagung des Bundesarchivs in der Universität Trier vom 12. bis 14. Oktober 1994, Koblenz 1995

W. Kreutz/Scherer, K. (Hgg.), Die Pfalz unter französischer Besetzung (1918/19–1930), Kaiserslautern 1999

K. Krimm (Hg.), Der Wunschlose. Prinz Max von Baden und seine Welt, Karlsruhe 2016

K. Krimm, Prinz Max von Baden (1865–1929), Reichskanzler, in: Lebensbilder aus Baden-Württemberg 25 (2018) S. 328–359

K. Krimm, Unordnung und früher Streit. Golo Mann probt den Aufstand, in: Schule Schloss Salem 1920–2020, hg. von der Schule Schloss Salem, Stuttgart 2020, S.79–106.

W. Kripp (Hg.), Die Landauer Regimenter von 1900 bis 1918, Landau [1936]

G. Krumeich, Die Rheinlandbesetzung, 11.4.2012, https://www.bpb.de/geschichte/zeitgeschichte/geschichte-im-fluss/135676/die-rheinlandbesetzung?p=all

G. Krumeich/G. Hirschfeld/I. Renz (Hgg.), Die Deutschen an der Somme. 1914–1918. Krieg, Besatzung, Verbrannte Erde, Essen 2016

F. Kuhn, Die französische Besetzung von Offenburg 1923/24, in: ZGO 125 (1977), S. 315–329

U. Lappenküper, Die deutsch-französischen Beziehungen 1949–1963. Von der »Erbfeindschaft« zur »Entente élémentaire«, 2 Bde., München 2001

Y. Le Naour, La honte noire: l'Allemagne et les troupes coloniales françaises, 1914–1945, Paris 2003

K. Legrum, Die Anfänge der Sozialdemokratie in Blieskastel, in: Saarpfalz. Blätter für Geschichte und Volkskunde 2003, Heft 2, S. 5–22

W. Leiser, Heinrich Ehehalt, in: BB N.F. 3, S. 71 f.

Firma Karl Lekisch, Zum 25. Geschäfts-Jubiläum am 1. November 1924 der Firma Carl Lekisch GmbH Weineinkaufsgeschäft, Mainz Kaiserstr. 42, S. 11

Leo-BW, Friedrich Metz https://www.leo-bw.de/web/guest/detail/-/Detail/details/PERSON/kgl_biographien/118581511/biografie

E. Lorenz, Ernst Josef Lehmann (1861–1948). Jude, Christ, Streiter für Recht und Freiheit, in: Lebensbilder aus der evangelischen Kirche in Baden im 19. und 20. Jahrhundert, Bd. 2, Kirchenpolitische Richtungen, Heidelberg u. a. 2010, S. 296–315

Ch. Lüdtke, Hans Delbrück und Weimar. Für eine Konservative Republik – gegen Kriegsschuldlüge und Dolchstoßlegende, Göttingen 2018

A. Ludwig, Bühler, Hans Adolf, Maler, in: BB N.F. 5, S. 33–35

L. Machtan, Der Endzeitkanzler Prinz Max von Baden und der Untergang des Kaiserreichs, Stuttgart 2017

L. Machtan, Prinz Max von Baden. Der letzte Kanzler des Kaisers, Berlin 2013

K. M. Mallmann/H. Steffens, Lohn der Mühen. Geschichte der Bergarbeiter an der Saar, München 1989

L.-E. Mangin, Le Général Mangin, 1866–1925. Paris 1986

S. MASS, Die schwarze Schmach. Kolonialsoldaten im Rheinland 1920–1923, in: B. BURKARD (Hg.), Gefangene Bilder. Wissenschaft und Propaganda im Ersten Weltkrieg, Petersberg 2014, S. 123–125

T. MAURER, Engagement, Distanz und Selbstbehauptung. Die patriotischen Jubiläen des Jahres 1913 als Brennspiegel der Gesellschaftsgeschichte der deutschen Universitäten, in: Jahrbuch für Universitätsgeschichte 14 (2011), S. 149–164

F. METZ, Grenzlage – Grenzaufgaben, in: Karlsruhe. Das Buch der Stadt, Stuttgart 1926, S. 271–274

E. D. MOREL, Der Schrecken am Rhein, mit einem Vorwort von Arthur Ponsonby, Berlin 1920

S. MÖRZ, Vom Westboten zur Rheinpfalz. Die Geschichte der Presse im Raum Ludwigshafen. Von den Anfängen bis zur Gegenwart, Ludwigshafen 1994

L. MÜHLFAHRT, Kleines Lexikon Karlsruher Maler, Karlsruhe 1987

S. MÜLLER, Ernst Robert Curtius als journalistischer Autor (1918–1932). Auffassungen über Deutschland und Frankreich im Spiegel seiner publizistischen Tätigkeit, Bern u. a. 2008

O. MÜSSLE, 25 Jahre Verkehrsverein Karlsruhe, Karlsruhe 1928

O. MÜSSLE, Der Verkehrsverein feiert Geburtstag. 50 Jahre Karlsruher Verkehrspolitik; ein Erinnerungsblatt der Stadt Karlsruhe, Karlsruhe 1953

H. ONCKEN, Das angebliche Leitmotiv in der Geschichte der französischen Außenpolitik, Berlin 1930

H. ONCKEN, Das Deutsche Reich und die Vorgeschichte des Weltkriegs, Bd. 2, Leipzig 1933

H. ONCKEN, Der Ausbruch des Krieges, in: O. HINTZE, /F. MEINICKE/H. ONCKEN/ H. SCHUMACHER (Hgg.), Deutschland und der Weltkrieg, 2 Bde., Leipzig/Berlin ²1916, S. 622–663

H. ONCKEN, Der Frieden Europas. Die Friedensordnungen der europäischen Staatengesellschaft in den letzten drei Jahrhunderten, in: Der Türmer 42 (1940), S. 553–562

H. ONCKEN, Der Kaiser und die Nation. Rede bei dem Festakt der Universität Heidelberg zur Erinnerung an die Befreiungskriege und zur Feier des 25jährigen Regierungsjubiläums Wilhelms II., Heidelberg 1913

H. ONCKEN, Deutsche Vergangenheit und deutsche Zukunft. Rede gehalten bei der Reichsgründungsfeier am 16. Januar 1926, München 1926

H. ONCKEN, Deutschland und England. Heeres- oder Flottenverstärkung. Ein historisch-politischer Vortrag, Heidelberg 1912

H. ONCKEN, Die Franzosen in der Pfalz. Ein akademischer Vortrag, in: Preußische Jahrbücher 179 (1920), S. 359–382

H. ONCKEN, Die historische Rheinpolitik der Franzosen, in: DERS., Nation und Geschichte. Reden und Aufsätze 1919–1935, Berlin 1935, S. 135–184

H. ONCKEN, Die Ideen von 1813 und die deutsche Gegenwart. Eine säkulare Betrachtung, in: DERS., Historisch-politische Aufsätze und Reden, Bd. 1, München/Berlin 1914, S. 21–36

H. ONCKEN, Die Kriegsschuld unserer Feinde, Berlin 1918

H. Oncken, Die Rheinpolitik Kaiser Napoleons III. von 1863 bis 1870 und der Ursprung des Krieges von 1870/71. Nach den Staatsakten von Österreich, Preußen und den süddeutschen Mittelstaaten, 3 Bde., ND Osnabrück 1967

H. Oncken, Die Vorgeschichte des Krieges, in: O. Hintze/F. Meinicke/H. Oncken/H. Schumacher (Hgg.), Deutschland und der Weltkrieg, 2 Bde., Leipzig/Berlin ²1916, S. 531–621

H. Oncken, Nach zehn Jahren/Versailles, in: Ders., Nation und Geschichte. Reden und Aufsätze 1919–1935, S. 91–102

H. Oncken, Staatsnation und Kulturnation. Elsaß-Lothringen und die deutsche Kulturgemeinschaft, in: Ders., Nation und Geschichte. Reden und Aufsätze 1919–1935, Berlin 1935, S. 251–265

H. Oncken, Stresemann als historische Gestalt, in: Der Heimatdienst (1929), S. 350f.

H. Oncken, The German Stand for Treaty Revision, in: Current History 5/1931, S. 652–658

H. Oncken, Weltgeschichte und Versailler Friede. Rede gehalten am 8. März 1921 von Professor Hermann Oncken, hg. vom Bürgerausschuß Frankfurt am Main, Frankfurt 1921

H. Oncken, Weltpolitische Ansicht des Versailler Friedensentwurfes, in: Gerechtigkeit. Monatshefte für Auswärtige Politik 7/1919, S. 422–440

H. Oncken, Zur Einführung, in: Die Französischen Dokumente zur Sicherheitsfrage 1919–1923. Amtliches Gelbbuch des Französischen Ministeriums der Auswärtigen Angelegenheiten. Urkunden über die Verhandlungen betr. die Sicherheitsbürgschaften gegen einen deutschen Angriff (10. Januar 1919 bis 7. Dezember 1923), Berlin 1924

F.-A. Paoli, L'Armée française de 1919 à 1939, 4 Bde. Paris 1969–1974

W. Paravicini/M. Werner, Vorwort, in: R. Grosse, Vom Frankenreich zu den Ursprüngen der Nationalstaaten 800–1214, Darmstadt 2005, S. 7

E. Penicaut, L'armée française en Sarre, 1918–1930, in: Revue historique des armées, n° 254 (2009), online: http//rha.revues.org/index6363.html

E. Pfeiff, Vom Kampf um eine feste Rheinbrücke bei Karlsruhe-Maxau, Karlsruhe 1938

R. Pinon, Histoire diplomatique 1515–1928, Paris 1929

R. Pinon, Permanent Guiding Principles of French Foreign Policy, in: Current History 2/1929, S. 206–216

R. Pinon, The French Case for the treaty of Versailles, in: Current History 5/1931, S. 646–652

E. Piper, Nacht über Europa. Kulturgeschichte des Ersten Weltkriegs, Berlin 2013, S. 65–67

M. Pohl, Ludwig Marum. Ein Sozialdemokrat jüdischer Herkunft und sein Aufstieg in der badischen Arbeiterbewegung 1882–1919, Karlsruhe 2003

R. Poidevin/J. Bariéty, Les relations franco-allemandes, 1815–1975, Paris 1977

W. Pyta, Hindenburg. Herrschaft zwischen Hohenzollern und Hitler, München 2007

F. Reichert/E. Wolgast (Hgg.), Karl Hampe. Kriegstagebuch 1914–1919, Eintrag vom 03.08. 1916, München ²2007

R. Reindeers, Racialism on the Left. E. D. Morel and the ›Black Horror on the Rhine‹, in: International Review of Social History 13 (1968), S. 1–28

T. Riotte, Auf der Berner Verständigungskonferenz von 1913. Ludwig Haas, die Sozialdemokratie und die deutsch-französischen Beziehungen, in: E. Grothe u.a. (Hgg.), Ludwig Haas. Ein deutscher Jude und Kämpfer für die Demokratie, Berlin 2017, S. 55–77

A. Ritter (Bearb.), Das K. B. 18. Infanterie-Regiment Prinz Ludwig Ferdinand, München 1926

A. Ritthaler, Eisner, Kurt, in: NDB 4 (1959), S. 422 f.

A. Rose, Zwischen Empire und Kontinent. Britische Außenpolitik vor dem Ersten Weltkrieg, München 2011

P. Rosin, Kleine Bonner Universitätsgeschichte, Bonn 2018

K.-H. Rothenberger, Die elsass-lothringische Heimat- und Autonomiebewegung zwischen den beiden Weltkriegen, Bern u.a. 1975

H.-J. Rupieper, Wilhelm Cuno, in: W. von Sternburg (Hg.): Die deutschen Kanzler. Von Bismarck bis Schmidt, Königstein/Taunus 1985, S. 231–242

O. Rusch, Geschichte der Stadt Kehl und des Hanauerlandes von den ältesten Zeiten bis heute, Kehl 1928

H. Schäfer, Wirtschaftliche und soziale Probleme des Grenzlandes, in: Josef Becker u.a., Badische Geschichte. Vom Großherzogtum bis zur Gegenwart, Stuttgart ²1987, S. 168–189

K. Scherer, Kaiserslautern – Bürger, Besatzer und Separatisten (1918–1924), in: W. Kreutz/K. Scherer (Hgg.), Die Pfalz unter französischer Besetzung (1918/19–1930), Kaiserslautern 1999, S. 349–420

W. Schineller, Die Regierungspräsidenten der Pfalz. Festgabe zum 60. Geburtstag des Regierungspräsidenten Hans Keller am 6. Mai 1980, Speyer 1980

A. Schlechter, Kriegsende, in: M. Krauss/W. Rummel (Hgg.), »Heimatfront«. Der Erste Weltkrieg und seine Folgen im Rhein-Neckar-Raum (1914–1924), Ubstadt-Weiher u.a. 2014, S. 190 f.

M. Schlemmer, Die Rheinlandbesetzung (1918–1930), in: Internetportal Rheinische Geschichte, http://www.rheinische-geschichte.lvr.de/start

M. Schlemmer, »Los von Berlin«: die Rheinstaatbestrebungen nach dem Ersten Weltkrieg, Köln/Weimar/Wien 2007

J. Schlich (Hg.), Erster Saarländischer Katholikentag in Saarbrücken am 3. Juni 1923, Saarbrücken o.J.

A.J. Schmid, Busse, Hermann (Eris), in: BB N.F. 5, S. 39–42

A. Schneider, Karlsruhe, die junge deutsche Grenzstadt, im Auftrag der Stadtverwaltung verfasst, Karlsruhe 1934

J. Scholtyseck, Offenburg in den Jahren der Weimarer Republik, in: K. Eisele/ Ders., Offenburg 1919–1949. Zwischen Demokratie und Diktatur, Konstanz 2004, S. 21–102

K. Schönwalder, Historiker und Politik. Geschichtswissenschaft im Nationalsozialismus, Frankfurt/New York 1992

K. Schramm, Mainzer Gold im Glas. Die Geschichte der Mainzer Aktien-Bierbrauerei erzählt im Jahre ihres hundertjährigen Bestehens, 1859–1959, Mainz 1959

E. M. Schreiber, Die Stadt Mainz in der Besatzungszeit 1918–1930. Mit besonderer Berücksichtigung der historischen Rheinpolitik Frankreichs, in: Kampf um den

Rhein. Beiträge zur Geschichte des Rheinlandes und seiner Fremdherrschaft 1918–1930, Mainz 1930

Aus alten Schriften der Portland-Cement-Fabrik Dyckerhoff und Söhne. Der Chronik Zweiter Teil 1896–1924, Mainz-Amöneburg 1954

A. SCHULTE, Frankreich und das linke Rheinufer, Stuttgart/Berlin ²1918

H. SCHUNK, Städtische Sozialpolitik vom wilhelminischen Reich bis zur Weltwirtschaftskrise. Eine sozial- und kommunalhistorische Untersuchung am Beispiel der Stadt Mainz 1890–1930, Stuttgart 1994

F. SCHÜTZ, Bernhard Adelung rief am 10. November 1918 vor der Stadthalle die Republik aus. Vor 75 Jahren: Das Ende des Ersten Weltkriegs und die Ereignisse in Mainz, in: Mainz. Vierteljahreshefte für Kultur, Politik, Wirtschaft, Geschichte 13 (1993), H. 4, S. 121–128

F. SCHÜTZ, Vom Ersten zum Zweiten Weltkrieg (1914–1945), in: F. DUMONT/F. SCHERF/F. SCHÜTZ (Hgg.), Mainz. Die Geschichte der Stadt, Mainz ²1999, S. 475–509

J. SCHWAB, Eine eiserne Tradition 1859–1959, Herausgegeben anlässlich des hundertjährigen Bestehens der Firma Julius Römheld, Eisengießerei, Maschinen- und Stahlbau, Mainz 1959

K. SCHWABE, Hermann Oncken, in: H.-U. WEHLER (Hg.), Deutsche Historiker, Bd. II., Göttingen 1971, S. 81–97

H. L. SELBACH, Katholische Kirche und Frankreichs Politik in der Pfalz nach dem Ersten Weltkrieg (1918–1924), in: AmrhKG 69 (2017), S. 259–295

H. L. SELBACH, Katholische Kirche und französische Rheinlandpolitik nach dem Ersten Weltkrieg. Nationale, regionale und kirchliche Interessen zwischen Rhein, Saar und Ruhr (1918–1924), Köln 2013

M. SIEBLER, Mit Menschen für Menschen. Aus der Geschichte des forschenden Pharmaunternehmens Boehringer Ingelheim, Ingelheim am Rhein 2010

C. SOLTANI, Leben und Werk des Malers Hans Adolf Bühler (1877–1951), Weimar 2016

G.-H. SOUTOU, La Grande Illusion, Quand la France perdait la paix, 1914–1920, Paris 2015

W. STALLMEISTER, Willy Hugo Hellpach, in: BWB II, S. 209–212

C. STEEGMANS, Die finanziellen Folgen der Rheinland- und Ruhrbesetzung 1918–1930, Stuttgart 1999

P. STEPHANI, Sedan sous la dominaton allemande, Paris 1919

C. STUDT, »Ein geistiger Luftkurort« für deutsche Historiker. Hermann Onckens Austauschprofessur in Chicago 1905/06, in: HZ 264 (1997), S. 361–389

C. STUDT, Oncken, Karl Hermann Gerhard, in: NDB 19 (1999), S. 538 f., online: www.deutsche-biographie.de/sfz73534.html (Zugriff 09.03. 2019)

W. STUMME, Kriegsbeginn und »Augusterlebnis« im Spiegel der Mainzer Presse, in: Mainzer Geschichtsblätter 14 (2008), S. 45–60

M SÜSS, Rheinhessen unter französischer Besatzung. Vom Waffenstillstand im November 1918 bis zum Ende der Separatistenunruhen im Februar 1924, Stuttgart 1988

H. v. SYBEL, Die Begründung des Deutschen Reiches unter Wilhelm I., Bd. 7, München/Leipzig 1894

H. THALMANN, Die pfälzische Sozialdemokratie in der Zeit des Ersten Weltkriegs, in: M. GEIS/G. NESTLER (Hgg.), Die pfälzische Sozialdemokratie. Beiträge zu ihrer Geschichte von den Anfängen bis 1948/49, Edenkoben 1999, S. 283–287

H. THALMANN, Die Pfalz im Ersten Weltkrieg. Der ehemalige bayerische Regierungskreis bis zur Besetzung Anfang Dezember 1918, Kaiserslautern 1990, S. 229–237

K. THEYSON, (Bearb.), Das K.B. 20. Feldartillerie-Regiment, München 1934

K. THEYSON, (Bearb.), Geschichte des K. bay. 12. Feldartillerie-Regiments. München 1935

D. THIÉBAUT, Lemaire. Une famille vosgienne dans les guerres des 19e et 20e siècles, online: http://ouvroir.info/libresfeuillets/?m=20121102 (Zugriff 14.10.2018)

K. THIELEN, Nach dem Krieg: Die alliierte Rheinlandbesetzung 1918–1930, online: https://www.regionalgeschichte.net/index.php?id=14577

A. THIER, Schücking, Walther, in: NDB 23 (2007), S. 631–633, online: https://www.deutsche-biographie.de/pnd118762117.html#ndbcontent (Zugriff 01.10. 2019)

F. D. TUNNAT, Die Deutsche Gesellschaft 1914 und ihr Gründer, Berlin 2014

Überblick über die Entwicklung der Berlin-Karlsruher Industrie-Werke Actiengesellschaft in Karlsruhe, in: Festschrift zum Badener Heimattag Karlsruhe 1930, hg. von der Badischen Presse, Karlsruhe 1930

Verkehrsverein Karlsruhe, Die Landeshauptstadt im Grenzland Baden, 1933

Der Vertrag von Versailles. Mit Beiträgen von Sebastian Haffner, Gregory Bateson, J.M. Keynes, Harold Nicolson, Arnold Brecht, W. I. Lenin u. a., München, 1978

B. VIERNEISEL, Albert-Leo-Schlageter-Denkmal, in: G. BRANDENBURGER u. a., Denkmäler, Brunnen und Freiplastiken in Karlsruhe 1715–1945, Karlsruhe ²1989, S. 632–640

D. VOGEL, Max Graf Montgelas (1860–1944). Ein Offizier im Spannungsfeld zwischen nationalen Ansprüchen und Menschlichkeit, in: W. WETTE (Hg.), Pazifistische Offiziere in Deutschland 1871–1933, Bremen 1999

C. WALLART, Déportation de prisonniers civils »au camp de concentration« d'Holzminden, Novembre 1916–Avril 1917, in: *Revue du Nord,* tome LXXX, Avril – Juin 1998, Nr. 325, S. 417–448

U. WEBER, Berl, Heinrich, in: BB N.F. 1, S. 44–46

W. WEIDMANN, Schul-, Wirtschafts- und Sozialgeschichte der Pfalz, Bd. 2, Otterbach 2000

C. WEISZ, Geschichtsauffassung und politisches Denken. Münchener Historiker der Weimarer Zeit. Konrad Beyerle, Max Buchner, Michael Doeberl, Erich Marcks, Karl Alexander von Müller, Hermann Oncken, Berlin 1970

I. WIGGER, Die »Schwarze Schmach am Rhein«, Münster 2007

I. WIGGER, The ›Black Horror on the Rhine‹. Intersections of Race, Nation, Gender and Class in 1920s Germany, London 2017

E. WILL, Burte, Hermann, in: BB N. F. 2, S. 53–57

G. WIMMER, Adam Remmele. Ein Leben für die soziale Demokratie, Ubstadt-Weiher u. a. 2009

P. WOLFF/H. BREIDENSTEIN, C. H. Boehringer Sohn AG 1885–1935, Ingelheim 1935

H. WOTHE, Rheinhessen. Ein Heimatbuch, Mainz 1930

M. WÜRZ, Kampfzeit unter französischen Bajonetten. Die NSDAP in Rheinhessen in der Weimarer Republik, Stuttgart 2012

J. ZEDLER, Bayern und der Vatikan. Eine politische Biographie des letzten bayerischen Gesandten am Heiligen Stuhl Otto von Ritter (1909–1934), Paderborn u. a. 2013

M. ZENNER, Parteien und Politik im Saargebiet unter dem Völkerbundsregime 1920–1935, Saarbrücken 1966

G. ZERFASS (Hg.), Die Pfalz unter französischer Besatzung von 1918 bis 1930. Kalendarische Darstellung der Ereignisse vom Einmarsch im November 1918 bis zur Räumung am 1. Juli 1930, Nachdruck Koblenz 1996

H.-G. ZIER, Politische Geschichte von 1918 bis 1933, in: Josef BECKER u. a., Badische Geschichte. Vom Großherzogtum bis zur Gegenwart, Stuttgart ²1987

Orts- und Personenregister

bearbeitet von Katharina Raifarth

Personenregister

Abresch, Eugen 47
Ackermann, Friedrich 43
Adelung, Bernhard 100 f., 106, 108
Adenauer, Konrad 106
Albert, Kurt 116
Andlauer, Joseph Louis Marie 27 f., 82 f.

Baden
–, Berthold, Markgraf von 214
–, Friedrich I., Großherzog von 171, 173
–, Friedrich II., Großherzog von 167, 173, 193
–, Hilda, Großherzogin von, geb. Prinzessin von Nassau 173
–, Luise, Großherzogin von, geb. Prinzessin von Preußen 173
–, Marie-Luise, Prinzessin von, geb. Hannover-Cumberland, 214
–, Max, Prinz von 8, 23, 193–199, 203–216
–, Viktoria, Prinzessin von → Viktoria
Bamberger, Franz 118
Baum, Marie 195, 208, 215
Baumann, Franz Xaver 51, 59, 67
Bayern
–, Ludwig III. König → Ludwig
–, Rupprecht, Kronprinz von Bayern 18
Becker, Annette 10
Belgien → Leopold II.
Benedikt XV., Papst 84 f., 89
Bergen, Diego von 84
Berl, Heinrich 184 f.
Bernstorff, Johann Heinrich Graf von 203, 215
Bethmann Hollweg, Theobald von 221
Bettinger, Franz von 76
Biese, Karl 170
Biesse, Camille Charles 159, 163
Bismarck, Otto Fürst von 228, 232
Blanck, Heinrich 10 f.
Boehringer, Albert 120, 126

Bonn, Moritz 197, 215
Bornewasser, Franz Rudolf 84, 86, 89–91, 96
Bosch, Carl 209, 215
–, Robert 198, 203, 209, 215
Bourdieus, Pierre 234
Brentano, Lujo 198, 205, 215
Briand, Aristide 37, 213
Brissaud-Desmaillet, Georges 82
Brockdorff-Rantzau, Ulrich von 194
Bruch, Rüdiger vom 230
Brümmer, Johannes 137
Bühler, Hans Adolf 187
Bülow, Bernhard Wilhelm von 215
Burkhardt, Andreas 194
Burte, Hermann 185
Busse, Hermann Erich 184 f.

Canet, Louis 88
Chlingensperg, Friedrich von 76, 87
Claß, Heinrich 102
Clemenceau, Georges Benjamin 14, 24, 30, 49, 74, 107, 140
Clive, Robert Henry 95
Coqueret, Pfarrer 84
Cuno, Wilhelm 119, 160
Curtius, Ernst Robert 197
–, Friedrich 197 f., 202, 215
–, Julius 185

Dawes, Charles G. 36, 97, 122, 179, 213, 227 f.
Deckers, Leo 109
Dees, Karl 175
Degoutte, Jean-Marie 34, 36
Deissmann, Adolf 197
Delbrück, Hans 194, 197 f., 215
Denis, NN, Major 80
Dietrich, Hermann 136 f., 158
Dorten, Hans Adam 75, 106, 109, 144
Dufner-Greif, Max 188
Dyckerhoff, Karl 126 f.

Eberhardt, Otto 118
Eberlein, August Ritter von 208 f., 211
Ebert, Friedrich 32, 211, 213
Eckert, [Christian?] 215
Ehehalt, Heinrich 184
Ehrhard, Wilhelm 99
Eisner, Kurt 46–48, 70, 73
Endres, Franz Carl 215
Engelmann, H. R. 215
Erzberger, Matthias 24, 43, 61

Faulhaber, Michael 76
Fayolle, Marie-Émile 59, 74 f.
Fehrenbach, Constantin 195, 215
Finter, Julius 168, 177, 179 f., 182
Fladt, Max 163
Foch, Ferdinand 24–28, 30, 38, 40, 43, 50 f., 60, 62 f., 67, 74 f., 79, 140
Forster, Friedrich Wilhelm 196
Francke, Ernst 215
Francq, Léon 41
Frankreich → Napoleon I., III.
Freudenberg, Richard 195, 215
Freytag-Loringhoven, Hugo von 15
Frisch, Karl 143

Gärtner, Karl 190
Gasparris, Pietro 91 f., 96
Gebsattel, Ludwig von 42
Geiß, Anton 137 f., 156, 159, 215
George, David Lloyd 30, 81
Gérard, Augustin-Grégoire-Arthur 9, 60–64, 67, 71, 74–80, 96
Goebel, Joseph 128
–, Lorenz 128 f.
–, Nikolaus 128
Goethe, Johann Wolfgang von 193
Goetz, Karl Xaver 29
Göttelmann, Karl 101 f., 105
Groenesteyn, Otto Ritter zu 84, 92 f.
Günther, Adolf 14 f.
Gustaf V. Adolf, König von Schweden 173

Haas, Eberhard 76, 79
–, Ludwig 137, 195, 199, 201–203, 216
Haeften, Hans von 196, 204, 216
Hahn, Kurt 194–200, 203–205, 209–214, 216
–, Martin 216
Haldane, Richard 221 f.
Hampe, Karl 225
Hankel, Gerhard 19
Hannover-Cumberland, Marie-Luise, Prinzessin von → Baden

Hartwich, Otto 195, 204
Hauck, Jacobus von 78
Haussmann, Conrad 195, 216
Heinz-Orbis, Franz Josef 21, 94, 212
Hellpach, Willy Hugo 147 f.
Hemingway, Ernest 146 f., 155, 163
Herkner, Heinrich 216
Hildebrand, Klaus 234
Hindenburg, Herbert von 203
–, Paul von 19, 36, 99, 162, 166, 185
Hirschauer, André Auguste Edouard 131 f.
Hirschfeld, Gerhard 9
Hitler, Adolf 166, 191, 211, 215
Hobohm, Martin 216
Hoffmann, Johannes 46
Hohenlohe-Langenburg, Ernst II. Fürst zu 195
Holderer, Julius 132, 157
Hompa, Stanislaus 143 f.
Horne, John 9 f., 13 f.
Hummel, Hermann 174, 176, 216

Jacquot, Paul 79 f.
Jäger, Adolf Friedrich 187
Joho, Karl, 175, 184
Jonnart, Charles 84
Jünger, Ernst 19

Kayser, Georg Ludwig 128
Kellog, Frank Billings 36
Kempf, Rosa 216
Kiefer, Ernst 144
Kiliani, Richard 200
Klingelschmitt, Franz Theodor 106
Knoch, Sigmund 93
Köhler, Walter 187 f.
Korell, Adolf 127, 208 f., 216
Korum, Michael Felix 84 f., 89
Kramer, Alan 9 f., 14
Kraus, Emil 154 f., 158, 161
Krebs, Wilhelm 44
Krumeich, Gerd 9
Külb, Karl 105, 107 f.
Künzer, Hermann 216

Lacher, Julius 171, 175, 185
Langhauser, Adam 89
Lansing, Robert 42
Lehmann, Ernst 195, 204
Lenz, Max 230
Leopold II., König von Belgien 206
Lepsius, Johannes 197 f., 216
Lerchenfeld, Hugo Graf von 205, 209 f., 216
Lindemann, Hugo 195, 216

Longuet, Jean 206
Louvois, François Michel Le Tellier de 18
Ludendorff, Erich 18, 193
Ludwig III., König von Bayern 74, 76, 80, 96
Ludwig XIV., König 210, 225 f., 232
Lutz, Hermann 216
Luxburg, Heinrich Graf von 201

Mac Donald, Ramsay 205, 213
Mangin, Charles 25 f., 38, 56, 74 f., 83, 104–107, 118
Mann, Golo 194
Martzloff, Philipp 137
Marum, Ludwig 137 f.
Matthes, Albrecht 42
–, Josef Friedrich 109
Meinecke, Friedrich 197, 209, 216
Melchior, Carl 198, 216
Mendelssohn-Bartholdy, Albrecht 194, 198, 216
Merlet, Capitaine 162
Metz, Friedrich 176, 185
Metz, NN de, Colonel 76, 79
–, NN de, General 87, 93–95
Michel, Camille César Gustave Adolphe 159, 163
Moericke, Otto 57 f.
Mohl, [Ottmar von?] 216
Moltke-Huitfeldt, Léon Albin Gebhardt Graf von 85, 90
Molz, Friedrich 84, 93
Montgelas, Max, Graf von 194, 197 f., 201, 203–207, 216
–, Pauline, Gräfin von 216
Morel, Edmund Dene 205 f.

Napoleon I., Kaiser 210, 222, 225
Napoleon III., Kaiser 231
Nassau, Hilda, Prinzessin von → Baden
Naumann, Friedrich 195
Nostitz-Wallwitz, Alfred von 216
–, Helene von 216

Oeferting, Wilhelm Engelbert 184
Ollendorff, NN, Verwaltungsbeamter 216
Oncken, Hermann 8, 202, 207 f., 210, 216, 219–234
Oppenheim, Rudolph 216
Orlando, Vittorio Emanuele 30
Oscar Gustaf V. Adolf, König von Schweden → Gustav

Pacelli, Eugenio 83–85, 89–91, 93
Pfaundler, Meinhard von 216

Pfeiffer, Hauptmann 12
Pinon, René 232 f.
Pius XI., Papst 91–93, 95
Poincaré, Raymond 74, 144, 195, 213, 225
Ponsonby, Arthur 205
Popert, Hermann M. 216
Prittwitz und Gaffron, Friedrich von 216
Preußen, Luise, Prinzessin von → Baden
Profit, Friedrich 45
Proust, Marcel 20

Ranke, Leopold von 230 f.
Rathenau, Walter 195
Rault, Victor 31, 81, 83, 87, 92
Rehfuß, Carl 151
Reinhard, Karl 214
Remmele, Adam 148 f., 159 f., 162
Rémond, Paul 88
Rey, NN, Lieutenant-Colonel 141, 144 f., 147 f., 151, 158 f.
Richelieu, Armand-Jean du Plessis, Duc de 225
Richter, Lina 194, 199, 208, 216
Ritter, Gerhard 220, 231
Rohrbach, Paul 199, 216
Rolland, Romain 196 f.
Rosen, Friedrich 203
Ross, Colin 216
Rott, Hans 175
Rotten, Elisabeth 216
Rückert, Leopold 137 f.

Saenger, Alwin 216
–, Samuel Junius 216
Salomon, Alice 216
Sauer, Heinrich 179, 186
Saufaus, Franz 120
Scheffelmeier, Karl 156
Scheidemann, Philipp 7
Scheider, Wilhelm 209
Schindele, Wilhelm 142, 148, 150, 157 f.
Schlageter, Albert Leo 188 f.
Schlich, Johannes 84
Schmidt, NN, Soldat 34
Schmitt, Josef 145 f., 155, 166, 182
Schnabel, Franz 184
Schnarrenberger, Wilhelm 174 f.
Schneider, Albert 187
Schnetzler, Karl 169, 171
Scholz, Rudolf von 197, 199, 204, 208–210, 214, 216
Schreiber, Ernst Martin 99
Schröder, Rudolf Alexander 20
Schücking, Walter 194, 198–201, 203, 216

Schuler, NN, Verlagsdirektor 180
Schulte, Aloys 224
Schulte, Karl Joseph 89 f., 93
Schurz, Carl 229
Schwartz, Christian 47
Schwarz, Adolf 137
Schweden → Gustav, Viktoria
Schwertfeger, Bernhard 216
Schwind, Joseph 93
Sebastian, Ludwig 76, 78–80, 84–87, 89–97
Siegmund-Schultze, Friedrich 195, 198, 209, 216
Siegrist, Karl 172
Simons, Walter 203, 216
Smeets, Josef 109
Sonnenschein, Karl 216
Stark, Oskar 217
Steck, Günter 11
Stephani, Philippe 15 f.
Stockinger, Friedrich 137 f.
Storck, Willy F. 175
Stresemann, Gustav 36 f., 120, 213, 227 f., 234
Struth, Friedrich 120
Stülpnagel, Otto von 209
Sybel, Heinrich von 223

Testa, Gustavo 91 f., 95–97
Thoma, Hans 174, 179
–, Richard 217
Thyssen, Fritz 107 f.
Tiedje, Johannes 217
Tirard, Paul 84, 95
Tirpitz, Alfred von 221
Trevelyan, Charles 205
Troeltsch, Ernst 197, 217
Trunk, Gustav 137, 186

Urach, Wilhelm Karl von 14

Viktoria, Königin von Schweden, geb. Prinzessin von Baden 173
Voigt, Hermann 209
Volkner, Robert 175
Vollmer, Herrmann 44
Vulpius, Oskar 14

Wages, Peter 186
Wagner, Robert 186, 189
Wahl, Fritz 217
Warburg, Max 195, 198, 216
Weber, Adam 120
–, Alfred 217
–, Marianne 217
–, Max 194 f., 198, 217

Wehberg, Hans 194, 200–203, 214, 217
Weinkauf, Karl 65
Weiß, Gustav 132
Wenz, NN, Justizrat 46 f.
Werber, Ernst 143
Wichert, Fritz 20
Wilhelm I., Kaiser 223
Wilhelm II., Kaiser 19, 23, 221 f.
Wilson, Woodrow 23 f., 30, 75, 81, 107, 194, 196, 224, 226, 229
Winkler, NN 209
Winterstein, Theodor von 42, 44, 52, 76, 79
Wirbel, Henri 82
Wirth, Josef 137, 162, 164, 204
–, NN, Leutnant 100
Wittenmeier, Wilhelm 47
Wolff, Theodor 196 f.
Wülk, Hans 67

Young, Owen D. 36

Zapf, Albert 42

Ortsregister

Aachen 24, 28, 89
Achern 141
Afrika 55, 93, 220
Aisne (Dép.) 17
Alsenz 55
Alzey 102
Amiens (Dép. Somme) 14
Ansbach 15, 76
Antwerpen (Belgien) 12
Appenweier 133, 177
Ardennen, Gebirge 16 f.
Asien 55

Bad Dürkheim 60 f.
Bad Ems 119
Bad Nauheim 216
Bad Pyrmont 216
Bad Rappenau 14
Baden (Großherzogtum, Republik) 7, 45, 49, 71, 131, 133, 136–138, 140 f., 145, 147, 149 f., 152 f., 155, 158, 163, 167 f., 170 f., 173–175, 179, 182–188, 190 f., 193 f., 196, 214–217
–, Mittelbaden 176
Baden-Baden 135, 216
Balkan 212
Bamberg 76, 78
Bapaume (Dép. Pas-de-Calais) 19

Bayern (Königreich, Freistaat) 19, 45–47, 49 f., 70 f., 73–76, 80–85, 89, 92, 94–96, 160, 209–211, 213, 216
Belgien 7, 9 f., 12–14, 17, 20, 32, 34, 36, 40, 43, 59, 64, 81, 87, 108, 193, 196, 200 f., 206, 209, 213
Bergamo (Italien) 95
Berghausen, Gemeinde Römerberg 58
Berlin 7, 24, 31 f., 34, 36, 41, 45, 52, 133, 138, 140, 156, 161 f., 193, 198 f., 215–217, 219, 223, 228
Bern (Schweiz) 201
Besancon (Dép. Doubs) 88
Bethune (Dép. Pas-de-Calais) 65
Bingen 25
Birkenfeld 28
Blieskastel 90
Bliestal, Tal 56
Bochum 34
Bonn 25, 89, 224
Braunschweig 17
Bremen 195
Brest (Dép. Finistère) 226
Britisches Empire 221
→ auch Großbritannien
Brüssel 12
Bühl 133
Bulgarien 39

Chicago (USA) 221
Colmar (Dép. Haut-Rhin) 85, 202
Compiègne (Dép. Oise) 7, 24, 101, 133

Darmstadt 32, 104, 181, 216
Den Haag 26, 36, 201
Deutschland 7, 13–15, 17, 19, 23–26, 28–34, 36–44, 46 f., 49 f., 53, 58–61, 66 f., 70–74, 79–81, 83–85, 88, 90, 94, 102, 106 f., 119 f., 125, 131, 133 f., 136, 138, 140, 142, 144, 147, 150, 152 f., 155, 168, 171–173, 176, 177, 187 f., 190, 193–196, 198, 201–203, 205–208, 210 f., 214, 219–221, 223, 225–228, 231 f.
–, → Nord-, Süd-, Südwestdeutschland, Südwestmark
Dießen am Ammersee 215
Dinant (Belgien) 13
Donaueschingen 155
Dortmund 34, 36
Dudweiler, Stadt Saarbrücken 65
Duisburg 32, 36
Dürkheim → Bad Dürkheim
Durlach, Stadt Karlsruhe 169
Düsseldorf 25, 32, 36

Edenkoben 61
Elberfeld, Stadt Wuppertal 89
Elsass-Lothringen 23, 41, 45, 48, 74, 148, 168 f., 184, 201 f., 224, 228
–, Elsass 45, 57, 131, 135, 139, 141, 144, 147 f., 152 f., 166, 175, 194, 202
–, Oberelsass 202
Ems → Bad Ems
England 64, 196, 205, 213, 221
→ auch Großbritannien, Britisch Empire
Essen 34–36, 186
Eupen (Belgien) 172
Europa 26, 30, 44, 55, 60, 213, 220, 223, 228, 232

Flandern (Region, Belgien) 20
Frankenstein 76
Frankenthal 58, 61, 155
Frankfurt am Main 32, 62, 129, 208, 216, 226
Frankreich 7–10, 12–15, 17, 20, 23–25, 30 f., 33 f., 36–38, 40, 43–49, 51, 53, 58–60, 62–64, 71–75, 79, 81, 83–88, 90, 92, 94–97, 108, 110, 131, 133, 135–137, 139–144, 147 f., 155, 158, 169, 177 f., 188, 190 f., 193, 195 f., 201–203, 206, 209–211, 213, 219–225, 229–231, 233 f.
Freiburg i. Br. 143, 176, 181, 215 f.

Germersheim 58
Gersheim 56
Gießen 219
Großbritannien 30, 34, 36, 81, 221 f., 225, 231

Ham (Dép. Somme) 18
Hamburg 126, 198, 216 f.
Hanau 142, 147 f., 156, 161
Hanauerland (Region) 131, 136, 139–144, 151, 155, 159, 176
Hasselsweiler, Gemeinde Titz 89
Heidelberg 14, 93, 143, 147, 156, 160, 193–217, 219, 221–226, 228 f.
Hessen (Land) 45, 209
–, Rheinhessen 7, 20, 48, 106 f., 110, 113, 119, 131, 144, 208
Hinterweidenthal 65
Holzminden 17

Ilbesheim 46
Indochina 93
Ingelheim 113 f., 120
Ingelheimer Aue → Mainz
Innsbruck 15, 85
Italien 30

Japan 30
Jülich 89

Kaiserslautern 50 f., 59, 67, 70, 74, 76
Karlsruhe 8, 49, 131, 133, 138, 140–142, 145, 147, 150, 155, 158 f., 161 f., 167–190, 193 f., 215 f.
Karthago 46, 226
Kehl 26, 131–145, 147 f., 150–159, 161–166
–, Fort Blumenthal 135
–, Fort Bose 135
–, Fort Kirchbach 135
–, Rheinbrücke 140, 164
Kiel 7
Kislau 138
Koblenz 24–26, 31, 36, 41, 81, 101, 115 f., 134
Köln 24–26, 36, 41, 81, 89 f., 93, 101, 106, 115, 207, 215 f.
Konstanz 136, 143
Kork 144
Krefeld 24
Kurpfalz 36
→ auch Pfalz

Landau 21, 30, 46, 57, 60, 65 f., 74, 152
Lauter, Fluss 25
Lauterburg (Dép. Bas-Rhin) 176
Legelshurst, Gemeinde Willstätt 143
Leipzig 19, 216, 222
Leutesheim, Stadt Kehl 141
Lille (Dép. Nord) 17
Litauen 17
Locarno (Schweiz) 36, 145, 213, 227 f., 234
London 32, 36, 40, 118
–, Westminster Central Hall 206
Lothringen 20, 57, 87, 131
Löwen (Belgien) 14
Ludwigshafen 40, 52, 55, 58, 60–62, 66, 116, 148, 209
–, Rheinbrücke 53, 58, 61
Lüttich (Belgien) 12
Luxemburg 26, 190

Madagaskar 29, 54
Mainz 20, 24–26, 28, 36, 41, 74 f., 81, 99–111, 113–118, 120, 122–126, 155
–, Halleplatz 100
–, Ingelheimer Aue 123
–, Landgerichtsgefängnis 100
–, Mainz-Mombach 113
–, Militärgefängnis 100
Mainz-Amöneburg, Stadt Wiesbaden 113
Mainz-Kastel, Stadt Wiesbaden 117
Malmedy (Belgien) 172

Mannheim 20, 58, 60 f., 133, 140, 148, 156, 195, 198, 204, 208–210, 216
–, Mannheim-Rheinau (Hafen) 133, 140
Marburg 89
Marokko 36, 222
Maxau, Stadt Karlsruhe 178
Metz (Dép. Moselle) 83, 143
Mittelbaden → Baden
Mittelrhein → Rhein
Mosel, Fluss 94
Moyon (Dép. Manche) 18
München 7, 45, 47 f., 53, 73 f., 84 f., 93, 95, 156, 198, 215–217, 219, 227, 230

Namur (Belgien) 12
Nancy (Dép. Meurthe-et-Moselle) 88
Nassau 106
Nauheim → Bad Nauheim
Neckargemünd 216
Nesle (Dép. Somme) 18
Neunkirchen 86, 88
Neuß 89
Neustadt an der Weinstraße 47–49, 61
Neuville-Saint-Vaast (Dép. Pas-de-Calais) 11
Niedergailbach, Gemeinde Gersheim 56
Niederingelheim, Stadt Ingelheim 124
Niederlande 140, 190, 197, 232
Niederrhein → Rhein
Nizza (Dép. Alpes-Maritimes) 13
Nord (Dép.) 17
Norddeutschland 211
Nordschleswig 172
Nordsee 190
Noyon (Dép. Oise) 15

Oberingelheim, Stadt Ingelheim 124
Oberrhein → Rhein
Offenburg 133, 148, 154, 159–162, 177
Oggersheim, Stadt Ludwigshafen a. Rh. 61
Oldenburg (Stadt, Großherzogtum) 219
Österreich-Ungarn 23, 39, 224
Ottweiler 28

Paris 10, 12–14, 16, 21, 32 f., 46, 53 f., 63, 67, 69, 71, 74 f., 81 f., 86 f., 91–95, 139–141, 222 f., 225
Pfalz 7, 9, 18, 20, 31, 39–50, 52–57, 59–64, 66, 70–76, 79–81, 87, 92–97, 106, 113, 115, 119 f., 131, 145, 160, 162, 173, 176, 185, 188, 198, 202, 208–211, 219, 228–230
→ auch Kurpfalz
Pfälzerwald 16
Pforzheim 138, 143, 154, 157

Pierrefitte-sur-Seine (Dép. Seine-Saint-Denis) 10
Pirmasens 20, 212
Poppenbüttel, Stadt Hamburg 216
Potsdam 216
Prag 216
Preußen (Königreich, Freistaat) 71, 75 f., 81–85, 89, 106, 135, 172, 229
–, Rheinpreußen 48
–, Rheinprovinz 81
Prien 215
Pyrmont → Bad Pyrmont

Queichheim, Stadt Landau 65

Radevormwald 89
Rappenau → Bad Rappenau
Recklinghausen 34
Reims (Dép. Marne) 65
Reinheim (Gemeinde Gersheim) 56
Rethondes (Dép. Oise) 24
Rhein, Fluss 24–30, 34, 36, 38, 40–42, 44–46, 48, 59, 61 f., 70, 74 f., 81, 94, 99, 101 f., 106, 110, 113, 118–120, 123, 131, 133, 135 f., 138–140, 155, 163 f., 175–179, 186, 188, 198, 202, 206, 211, 224 f., 229, 231–233
–, Mittelrhein 232
–, Niederrhein 115
–, Oberrhein 7 f., 140, 175, 177, 188, 208, 232
Rheinhessen → Hessen
Rheinische Republik 106 f., 109
Rheinland 7 f., 23, 26, 28–32, 34, 36–38, 45, 49, 74–76, 79–81, 83 f., 87 f., 94, 96, 99, 108, 113, 115 f., 126, 131, 133 f., 138, 141, 144, 147, 150 f., 191, 228, 230
Rheinpfalz → Pfalz
Rheinpreußen/Rheinprovinz → Preußen
Riederau, Markt Dießen am Ammersee 216
Rogécourt (Dép. Aisne) 14
Rom 84 f., 89, 95, 216, 226
Ruhr, Fluss 17, 23, 32–37, 87 f., 91 f., 94 f., 107 f., 113, 115, 122 f., 125–127, 129, 133, 136, 148 f., 154, 159 f., 163, 177, 179, 210 f., 213
Ruhrgebiet 33, 107, 119, 161, 177, 188, 195, 210
Ruhrort 32, 36
Russland 169, 225

Saar, Fluss 73 f., 82–84, 86–92, 185, 188, 209, 233
Saarbrücken 26–29, 31, 46, 55 f., 83 f., 87, 89–91, 96

Saargemünd 67
Saarland/Saargebiet 7, 23, 26–31, 36 f., 74, 81–85, 88–92, 95 f., 115, 119, 131, 169, 173, 176, 185, 188, 209, 228
Saarlouis 46
Saarpfalz 80 f., 83 f., 92
Saint-Quentin (Dép. Aisne) 14
Salem 194, 199, 207 f., 210, 212, 214, 216
St. Wendel 28
Sanremo (Italien) 32
Schifferstadt 55
Schlesien 172
Schleswig-Holstein → Nordschleswig
Schweden 140, 173
Schweiz 17, 45, 136, 140, 188, 190, 201
Sedan (Dép. Ardennes) 9, 15–17
Senegal 29
Speyer 7 f., 10 f., 40, 43, 45, 51, 54 f., 58 f., 62, 65, 68 f., 73 f., 76–80, 82–84, 87–92, 94–96, 145, 162, 166
Starnberg 215
Staufen 143
Straßburg (Dép. Bas-Rhin) 85, 131, 135 f., 139, 141, 144, 145, 147, 155, 164, 184, 188, 202, 224
–, Bitche 67
Stuttgart 202, 215 f., 230
Süddeutschland 202, 211
Südwestdeutschland 184
Südwestmark 190 f.
Sulzbach/Saar 65

Thann (Dép. Haut-Rhin) 202
Trier 28, 61, 82–85, 87–92, 96, 116
Türkei 39, 225

Überlingen 143
USA 23 f., 30, 41, 55, 80 f., 196, 207, 213, 221, 228 f., 231

Vatikan 85 f., 88, 90, 92 f.
Verdun (Dép. Meuse, Frankreich) 54
Vereinigtes Königreich → Großbritannien
Versailles (Dép. Yvelines, Frankreich) 7, 14, 19, 23, 29–32, 37 f., 75, 80 f., 85, 96, 118, 125, 133, 135, 138, 140 f., 153, 167, 169, 171, 176 f., 188, 191, 194, 203, 212–214, 220, 224–229, 231–234
Villingen, Stadt Villingen-Schwenningen 154 f.
Vincennes (Dép. Val-de-Marne, Frankreich) 21

Weimar 74, 211, 215 f., 226, 234

Weinheim 215
Weißenburg/Wissembourg (Dép. Bas-
　Rhin) 57, 176
Westfalen 210
Wien 15, 71, 95, 226
Wiesbaden 25, 27, 75, 106
Wiesloch 143
Wilhelmshagen, Stadt Berlin 216
Willstätt 159

Wilna/Vilnius 17
Worms 20, 114, 116, 118–120, 122–124
–, Rheinbrücke 120
Wülfrath 89
Würzburg 42, 44, 76, 216

Zweibrücken 40, 42, 45–47, 50, 52, 54 f., 57 f.,
　64, 66 f., 69, 180

Mitarbeiterverzeichnis

Dr. Ernst Otto Bräunche, Karlsruhe
Dr. Ute Engelen, Mainz
Dr. Martin Furtwängler, Karlsruhe
Prof. Dr. Konrad Krimm, Karlsruhe
Dr. Michael Martin, Landau
Dr. Lenelotte Möller, Speyer
Katharina Raifarth, Neuruppin
Dr. Philip Rosin, Potsdam
Dr. Armin Schlechter, Speyer
Sebastien Schlegel, Haguenau
Dr. Hans-Ludwig Selbach, Bergisch-Gladbach
Dr. Frank Teske, Mainz